# 원서 잡아먹는 VOCA BASIC

초판 1쇄 인쇄 2012년 2월 27일
초판 1쇄 발행 2012년 3월 5일

지은이 신상현
펴낸이 김선식

**Chief Editing Creator** 박경란
**Editing Creator** 김희정
**Marketing Creator** 이주화
**Outsourcing** 편집 신은실, 디자인 정현아

**1st Creative Editorial Dept.** 박경란, 신현숙, 김희정, 이 정, 송은경
**Creative Marketing Dept.** 이주화, 원종필, 백미숙
**Communication Team** 서선행, 김선준, 전아름, 이예림
**Contents Rights Team** 이정순, 김미영
**Creative Design Dept.** 최부돈, 황정민, 김태수, 박효영, 이명애, 손은숙, 박혜원
**Creative Management Dept.** 김성자, 송현주, 권송이, 김민아, 류수민, 윤이경, 김태옥

펴낸곳 (주)다산북스
주소 서울시 마포구 서교동 395-27번지
전화 02-702-1724(기획편집) 02-703-1725(마케팅) 02-704-1724(경영지원)
팩스 02-703-2219
이메일 dasanbooks@hanmail.net
홈페이지 www.dasanbooks.com
출판등록 2005년 12월 23일 제313-2005-00277호
필름 출력 스크린그래픽센터 종이 한솔PNS(주) 인쇄·제본 (주)현문

ISBN 978-89-6370-805-8 14740

- 책값은 표지 뒤쪽에 있습니다.
- 파본은 본사와 구입하신 서점에서 교환해드립니다.
- 이 책은 저작권법에 의하여 보호를 받는 저작물이므로 무단 전재와 복제를 금합니다.

> 다산북스(DASANBOOKS)는 독자 여러분의 책에 관한 아이디어와 원고 투고를 기쁜 마음으로 기다리고 있습니다. 책 출간을 원하는 아이디어가 있으신 분은 이메일 dasanbooks@hanmail.net 또는 다산북스 홈페이지 '투고 원고'란으로 간단한 개요와 취지, 연락처 등을 보내주세요. 머뭇거리지 말고 문을 두드리세요.

# 원서 잡아먹는 VOCA

**BASIC**

신상현 지음

BEYOND
A·L·L

# 목차

|  |  |  |
|---|---|---|
| Day 01 | head 머리 | 8 |
| | 정리해보자 | 11 |
| | check up | 12 |
| Day 02 | ear 귀 | 14 |
| | 정리해보자 | 17 |
| | check up | 18 |
| Day 03 | nose 코 | 20 |
| | 정리해보자 | 23 |
| | check up | 24 |
| Day 04 | skin 피부 | 26 |
| | 정리해보자 | 30 |
| | check up | 31 |
| Day 05 | neck 목 | 32 |
| | 정리해보자 | 35 |
| | check up | 36 |
| Day 06 | arm 팔 | 38 |
| | 정리해보자 | 41 |
| | check up | 42 |
| Day 07 | body 신체, 몸통 | 44 |
| | 정리해보자 | 48 |
| | check up | 49 |
| Day 08 | leg 다리 | 50 |
| | 정리해보자 | 54 |
| | check up | 55 |
| Day 09 | finger 손가락 | 56 |
| | 정리해보자 | 59 |
| | check up | 60 |
| Day 10 | height 키, 높이 | 62 |
| | 정리해보자 | 65 |
| | check up | 66 |
| Day 11 | hat 모자 | 68 |
| | 정리해보자 | 71 |
| | check up | 72 |
| Day 12 | clothes 옷 | 74 |
| | 정리해보자 | 77 |
| | check up | 78 |
| Day 13 | sweater 스웨터 | 80 |
| | 정리해보자 | 83 |
| | check up | 84 |
| Day 14 | glove 장갑 | 86 |
| | 정리해보자 | 89 |
| | check up | 90 |
| Day 15 | underwear 속옷 | 92 |
| | 정리해보자 | 95 |
| | check up | 96 |
| Day 16 | sense 감각 | 98 |
| | 정리해보자 | 100 |
| | check up | 101 |
| Day 17 | person 사람 | 102 |
| | 정리해보자 | 105 |
| | check up | 106 |
| Day 18 | baby 아기 | 108 |
| | 정리해보자 | 111 |
| | check up | 112 |
| Day 19 | marriage 결혼 | 114 |
| | 정리해보자 | 117 |
| | check up | 118 |
| Day 20 | father 아버지 | 120 |
| | 정리해보자 | 123 |
| | check up | 124 |
| Day 21 | life 삶 | 126 |
| | 정리해보자 | 129 |
| | check up | 130 |
| Day 22 | businessman 사업가 | 132 |
| | 정리해보자 | 135 |
| | check up | 136 |
| Day 23 | entertainer 연예인 | 138 |
| | 정리해보자 | 142 |
| | check up | 143 |
| Day 24 | announcer 아나운서 | 144 |
| | 정리해보자 | 147 |
| | check up | 148 |
| Day 25 | shepherd 목회자 | 150 |
| | 정리해보자 | 154 |
| | check up | 155 |
| Day 26 | policeman 경찰관 | 156 |
| | 정리해보자 | 160 |
| | check up | 161 |

|  |  |  |
|---|---|---|
| Day 27 | enemy 적 | 162 |
| | 정리해보자 | 166 |
| | check up | 167 |
| Day 28 | doctor 의사 | 168 |
| | 정리해보자 | 171 |
| | check up | 172 |
| Day 29 | professor 교수 | 174 |
| | 정리해보자 | 177 |
| | check up | 178 |
| Day 30 | farmer 농부 | 180 |
| | 정리해보자 | 184 |
| | check up | 185 |
| Day 31 | school 학교 | 186 |
| | 정리해보자 | 189 |
| | check up | 190 |
| Day 32 | classroom 교실 | 192 |
| | 정리해보자 | 195 |
| | check up | 196 |
| Day 33 | gym 체육관 | 198 |
| | 정리해보자 | 201 |
| | check up | 202 |
| Day 34 | restroom 화장실 | 204 |
| | 정리해보자 | 207 |
| | check up | 208 |
| Day 35 | desk 책상 | 210 |
| | 정리해보자 | 213 |
| | check up | 214 |
| Day 36 | chalk 분필 | 216 |
| | 정리해보자 | 219 |
| | check up | 220 |
| Day 37 | sharp 날카로운 | 222 |
| | 정리해보자 | 225 |
| | check up | 226 |
| Day 38 | book 책 | 228 |
| | 정리해보자 | 231 |
| | check up | 232 |
| Day 39 | locker 사물함 | 234 |
| | 정리해보자 | 237 |
| | check up | 238 |
| Day 40 | schedule 시간표 | 240 |
| | 정리해보자 | 243 |
| | check up | 244 |
| Day 41 | vacation 방학 | 246 |
| | 정리해보자 | 248 |
| | check up | 249 |
| Day 42 | picnic 소풍 | 250 |
| | 정리해보자 | 253 |
| | check up | 254 |
| Day 43 | weather 날씨 | 256 |
| | 정리해보자 | 259 |
| | check up | 260 |
| Day 44 | season 계절 | 262 |
| | 정리해보자 | 266 |
| | check up | 267 |
| Day 45 | day 날 | 268 |
| | 정리해보자 | 271 |
| | check up | 272 |
| Day 46 | traffic 교통 | 274 |
| | 정리해보자 | 278 |
| | check up | 279 |
| Day 47 | accident 사고 | 280 |
| | 정리해보자 | 283 |
| | check up | 284 |
| Day 48 | attendance 출석 | 286 |
| | 정리해보자 | 289 |
| | check up | 290 |
| Day 49 | exam 시험 | 292 |
| | 정리해보자 | 295 |
| | check up | 296 |
| Day 50 | language 언어 | 298 |
| | 정리해보자 | 301 |
| | check up | 302 |
| | 정답 및 해설 | 304 |
| | 단어 색인 | 315 |

## 저자의 말

　〈원서 잡아먹는 영단어 1, 2, 3〉을 출판한 후 많은 분들이 기존에 공부하던 방식과는 전혀 다르게 영단어를 쉽고 재밌게 공부할 수 있어서 좋았다는 얘기를 해주셨습니다. 이러한 얘기를 들었을 때, 부족하지만 제 책이 영어를 공부하려는 분들에게 조금이나마 도움을 주었다는 생각에 뿌듯함을 느꼈습니다.

　그렇지만 다른 한편에서는 책에 나오는 단어들 중 생활에서 흔히 쓰는 단어가 아닌 것도 많이 포함되어 있어, 영어를 처음 공부하거나 다시 공부하고 싶어 하는 분들에게는 단어가 낯설고 어렵다는 얘기도 들었습니다. 그래서 어떻게 하면 이러한 분들께 도움이 될 수 있을까 오랫동안 고민을 한 끝에 〈원서 잡아먹는 VOCA BASIC〉을 집필하게 되었습니다.

　이 책은 기존에 출시된 책들보다 좀 더 쉽고 재미있게 단어를 익힐 수 있도록 사람의 신체, 학생들의 생활과 관계된 단어들을 줄줄이 엮어 이야기 형식으로 구성하였습니다. 그렇기에 영단어를 전혀 공부하지 않았던 분들도 자신의 신체부위를 생각하면서 단어를 공부할 수 있고 또 어근에서 파생된 많은 단어들도 한번에 익힐 수 있습니다.

　또 이러한 방법으로 영단어를 공부하다 보면 단어는 무조건 외우는 것이 아니라 이해하면서 알아가는 것이 되기에 영어를 공부할 때 많은 도움이 됩니다. 국제화 시대, 많은 분들이 영어 공부를 하고 싶지만 무엇부터 해야 할지 막막할 때가 많을 것입니다. 영어 공부의 시작이 되는 것은 단어인 만큼, 쉽게 책을 읽듯이 단어를 익혀가며 자신의 것으로 만드시기를 바랍니다.

신상현

## 책속의 마인드맵 따라잡기

### 단락마다 마인드맵 제공!

책 본문의 매 단락이 끝날 때마다, 그 단락에 나온 단어들을 **한눈에 정리할 수 있도록** 바로 밑에 마인드맵으로 그려놓았습니다. 단어가 **언급된 순서대로** 번호를 매겨놓아 따라가기가 수월합니다.

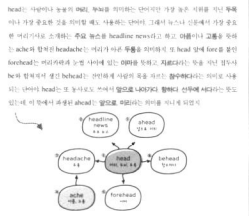

### 단어들의 관계를 보여주는 색깔 표시!

시작 단어는 **짙은 색 동그라미**, 앞 단어의 어원은 **옅은 색 동그라미**, 파생어 관계는 아니지만 간접적인 관련이 있는 단어는 **회색 동그라미**로 표시했습니다.

### 단어들의 흐름을 나타내는 화살표시!

**화살표 방향**은 보다 기본이 되는 단어에서 파생된 단어쪽을 향합니다. 파생어 관계는 아니지만 간접적인 관련이 있는 단어는 **화살표가 아닌 줄표**로 연결하였습니다. 관련이 있을 거라고 오해할 수 있지만 전혀 연관이 없는 단어는 ─┤─ 표시로 연결됩니다. 서로 반의어 관계는 ←→로 연결됩니다.

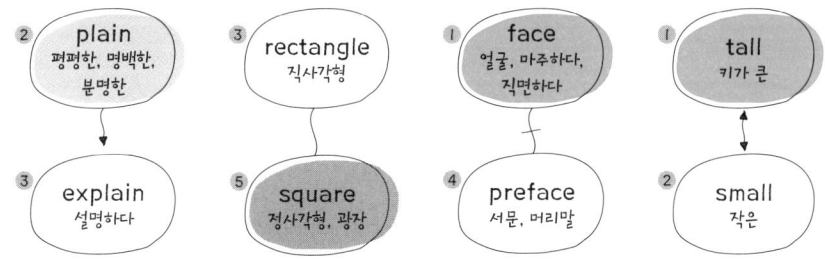

head는 사람이나 동물의 **머리, 두뇌**를 의미하는 단어지만 가장 높은 지위를 지닌 **두목**이나 가장 중요한 것을 의미할 때도 사용하는 단어야. 그래서 뉴스나 신문에서 가장 중요한 머리기사로 소개하는 **주요 뉴스**를 headline news라고 하고, **아픔**이나 **고통**을 뜻하는 ache와 합쳐진 headache는 머리가 아픈 **두통**을 의미하지. 또 head 앞에 fore를 붙인 forehead는 머리카락과 눈썹 사이에 있는 **이마**를 뜻하고, **자르다**라는 뜻을 지닌 접두사 be와 합쳐져서 생긴 behead는 잔인하게 사람의 목을 자르는 **참수하다**라는 의미로 사용되는 단어야. head는 또 동사로도 쓰여서 **앞으로 나아가다, 향하다**, 선두에 서다라는 뜻도 있는데, 이 뜻에서 파생된 ahead는 **앞으로, 미리**라는 의미를 지니게 되었지.

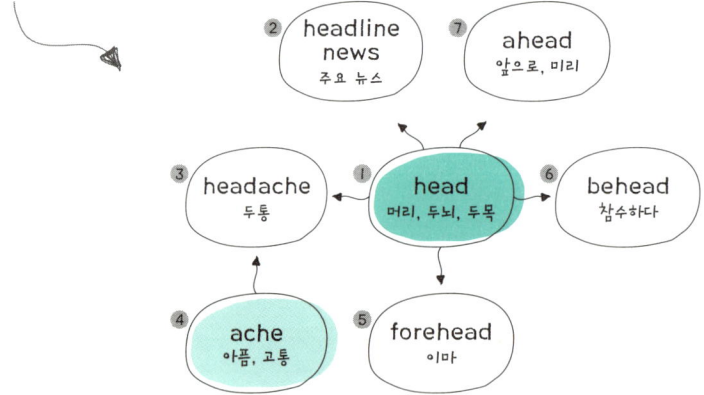

식당 주방을 책임지고 요리를 만드는 **주방장**을 chef라 하지. 그 중에서도 **수석 주방장**은 head를 앞에 붙인 head chef라고 해. chef는 **우두머리**나 **추장** 등 가장 높은 위치에 있는 사람을 의미하는 chief에서 나온 단어야. chief라는 단어도 원래는 사람 몸의 가장 윗부분인 머리를 의미했어. 그래서 무리 중에서 가장 높은 위치에 있는 **우두머리**나 **추장**이란

뜻을 갖게 되었고, 나중에는 형용사로도 쓰이기 시작해서 가장 높은 위치나 중요한 것을 표현하는 **최고의, 주된**이란 의미도 갖게 되었지. 회사에서 **최고 경영자**를 뜻하는 CEO는 chief executive officer의 약자로, 여기서도 chief가 쓰여.

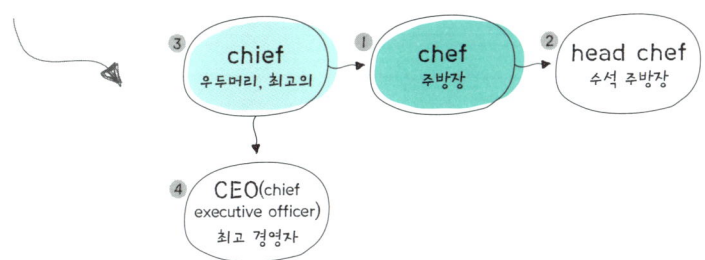

사람의 두피를 덮고 있는 **머리카락**을 hair라고 하는데, 사실 몸에 나 있는 털은 모두 hair야. 따라서 사람의 몸에 나는 털인 **체모(體毛)**를 body hair라고 하지. 머리를 관리하고 미모를 단정하게 만들어 주는 **미용실**은 hair salon이나 hair shop이라고 해. salon은 백화점에서 자주 접할 수 있는 **판매**나 **할인판매**를 뜻하는 sale에서 파생되어 나온 단어로, 물건을 사고파는 **상점**을 의미하는 단어야. 이 sale을 통해서 **팔다**라는 뜻을 지닌 sell도 나오게 되었지. shop도 물건을 사고파는 **상점**이나 **가게**를 의미하는 단어야. shopping은 상점에 전시해 놓은 물건을 구입하거나 구경하는 **쇼핑**을 의미하지. 물건을 사지는 않으면서 눈요기로 상품을 구경하기만 하는 쇼핑은 window shopping이라고 해.

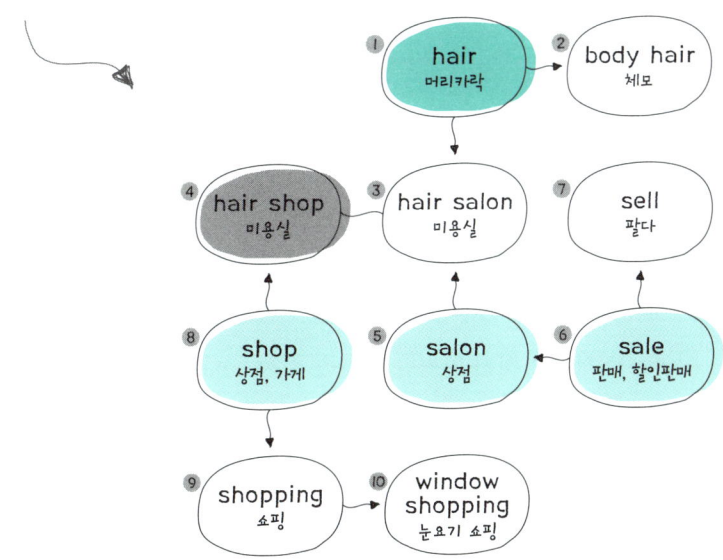

긴 생머리는 바로, 곧바로라는 뜻을 지닌 straight를 써서 straight hair라고 해. straight 는 펴다, 늘리다라는 뜻을 지닌 stretch에서 파생된 단어야. 운동을 하기 전에 몸을 풀거나 근육을 늘려주는 것을 스트레칭이라고 하는데, 이 stretch에 현재분사로 만드는 ing를 붙여서 stretching이라고 쓰지. 곱슬머리는 곱슬곱슬한이라는 뜻의 curly를 붙여서 curly hair라고 해. curly는 둥글게 감다라는 뜻의 curl에 형용사로 만드는 접미사 y가 붙어 생겨난 단어로, 둥글게 말린 머리카락의 형태를 표현하고 있어.

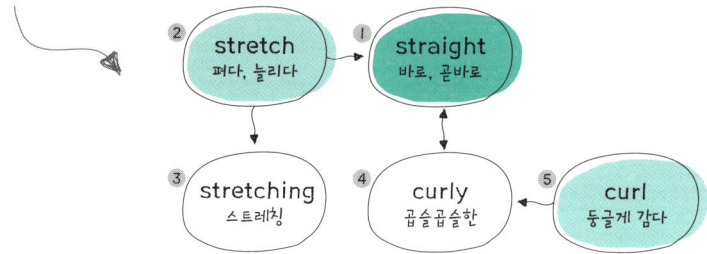

머리카락이 전혀 없는 대머리는 baldhead라고 하는데 앞에 붙은 bald는 형용사로 대머리의라는 뜻이야. 재밌는 것은 미국을 상징하는 흰머리 독수리를 bald eagle라고 하는데, 여기서 사용된 bald도 '대머리'를 의미하는 단어지만 독수리의 하얀 머리털을 잘못 표현해서 만들어진 단어라는 거야. 실제로 머리털이 없는 대머리 독수리는 무더운 사막에서 동물의 죽은 고기를 먹고 사는데, vulture나 condor라고 하지.

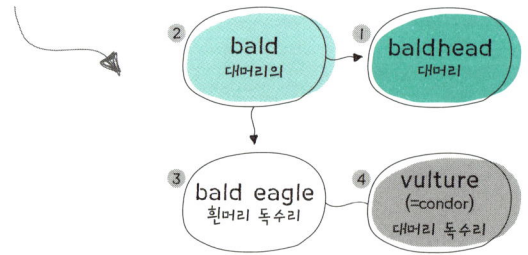

남성의 머리도 손질해주고 수염을 정리하거나 깎아주는 장소인 이발소를 barbershop이라 하는데, barber는 지금은 거의 사용하지 않지만 수염을 뜻하는 barb라는 단어에서 파생된 단어로, 남성의 수염이나 머리를 정리하거나 잘라주는 이발사를 뜻해.

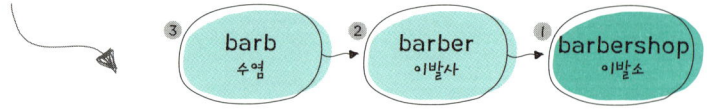

## 정리해보자

**head** [hed] 명 머리, 두목, 책임자 동 향하다
He nodded his **head** in agreement. 그는 동의하며 **머리를** 끄덕였다.

**headline news** [hedlàin-njuːz] 명 주요 뉴스

**ache** [eik] 명 아픔, 고통

**headache** [hédèik] 명 두통
I've got a severe **headache**. 나는 심한 **두통**이 있다.

**forehead** [fɔ́ːrhéd] 명 이마
She put her hand on my **forehead**. 그녀는 나의 **이마**에 손을 댔다.

**behead** [bihéd] 명 참수하다
They decided to **behead** him. 그들은 그를 참수하기로 결정했다.

**ahead** [əhéd] 부 앞으로, 미리

---

**chef** [ʃef] 명 주방장
She is one of the top **chefs** in this country. 그녀는 이 나라에서 가장 유명한 **요리사들** 중 하나이다.

**head chef** [hed-ʃef] 명 수석 주방장

**chief** [tʃiːf] 명 우두머리, 추장 형 최고의, 주된
The **chief** problems are now completely solved. **주된** 문제들은 현재 완전히 해결됐다.

**CEO(chief executive officer)** 명 최고 경영자

---

**hair** [hɛər] 명 머리카락, 털
You have beautiful **hair**. 너는 아름다운 **머리카락을** 가졌구나.

**body hair** [bádi-hɛər] 명 털, 체모
**Body hair** was found at the scene of the crime. 범죄 현장에서 **체모**가 발견되었다.

**hair salon** [hɛər-səlán] 명 미용실
I got my hair cut at my cousin's **hair salon**. 나는 사촌의 **미용실**에서 머리를 잘랐다.

**hair shop** [hɛər-ʃap] 명 미용실

**salon** [səlán] 명 상점

**sale** [seil] 명 판매, 할인판매
Are these clothes for **sale**? 이 옷 **판매**하는 거예요?

**sell** [sel] 동 팔다
I **sell** books on the street. 나는 거리에서 책을 **판다**.

**shop** [ʃap] 명 상점, 가게

**shopping** [ʃápiŋ] 명 쇼핑
Are you going **shopping** today? 오늘 쇼핑하러 갈 겁니까?

**window shopping** [wíndou-ʃápiŋ] 명 눈요기 쇼핑
She likes **window shopping**. 그녀는 눈요기 쇼핑을 좋아합니다.

---

**straight** [streit] 부 바로, 곧바로 형 곧은, 똑바른
Go **straight** up the road. 그 길을 따라 곧바로 올라가세요.

**stretch** [stretʃ] 동 펴다, 늘리다
Please **stretch** your legs. 다리를 쭉 펴세요.

**stretching** [stretʃi] 명 스트레칭

**curly** [káːrli] 형 곱슬곱슬한
My hair is so **curly**. 내 머리는 너무 곱슬곱슬해요.

**curl** [káːrl] 동 둥글게 감다

---

**baldhead** [bɔ́ːldhèd] 명 대머리

**bald** [bɔ́ːld] 형 대머리의
At twenty he was already going **bald**. 그는 스무 살에 이미 **대머리**가 되고 있었다.

**bald eagle** [bɔ́ːld-íːgəl] 명 흰머리 독수리
The **bald eagle** is a symbol of the USA. 흰머리 독수리는 미국의 상징이다.

**vulture** [vʌ́ltʃər] 명 벌쳐(대머리 독수리)

**condor** [kándɔː] 명 콘도르(대머리 독수리)

---

**barbershop** [báːrbərʃáp] 명 이발소
There is a **barbershop** on the corner. 길모퉁이에 이발소가 있어요.

**barber** [báːrbər] 명 이발사
He is a **barber**. 그는 이발사입니다.

**barb** [baːrb] 명 수염

✼ 빈 칸에 들어갈 우리말 해석을 쓰시오.

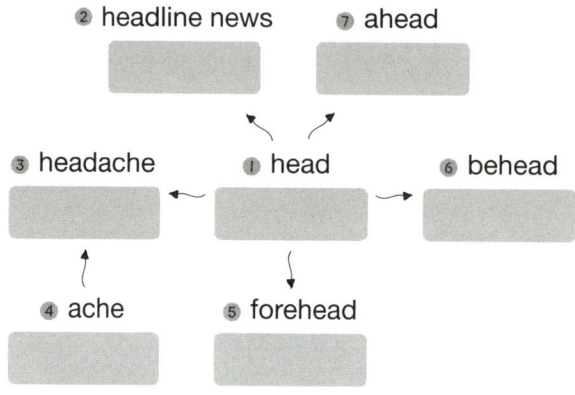

✼✼ 빈 칸에 들어갈 영어 단어를 쓰시오.

○ 답은 본문에서 확인하세요!

1. 다음 빈칸에 들어갈 가장 적절한 단어를 고르시오.

   **He became a _____ who cooks in a hotel or restaurant.**

   ① chief   ② condor   ③ chef   ④ thief   ⑤ officer

2. 다음 문장 중 head의 의미가 다른 하나를 고르시오.

   ① He is the head of a company that makes software.
   ② I banged my head on the car as I got in.
   ③ Many people in the audience nodded their heads in agreement.
   ④ Put a hat on your head to keep it warm!
   ⑤ A head is the part of the body above the neck that contains the eyes, nose and brain.

3. 다음 주어진 관계가 나머지와 다른 하나를 고르시오.

   ① curly – straight
   ② bald – hairy
   ③ sale – purchase
   ④ ache – health
   ⑤ wide – wider

4. 다음 밑줄 친 부분과 바꿔 쓸 수 있는 말을 고르시오.

   **They have appointed a new chief to mange our factory.**

   ① head   ② employee   ③ servant   ④ slave   ⑤ student

   ◎ 정답은 304쪽에!

귀는 소리를 듣기 위한 기관이지. 귀를 영어로는 ear라 하는데 이 ear에 고리나 반지를 뜻하는 ring을 붙이면 귀를 장식하는 귀고리라는 뜻의 earring이 만들어지지. ear에서 파생되어 만들어진 hear는 '귀를 통해 소리를 느끼다'라는 의미의 듣다를 뜻하고, 명사형인 hearing은 '소리를 들을 수 있는 능력'인 청력을 의미해. 듣다라는 뜻을 지니고 있는 또 다른 단어가 있는데 바로 listen이야. 우리말로는 같은 '듣다'이지만, hear가 내 의지와는 상관없이 저절로 들려오는 소리를 듣는 걸 의미한다면, listen은 의식적으로 귀를 기울여서 경청하는 것을 의미해. 그래서 '영어듣기시험'에서의 듣기 혹은 청취를 말할 때는 listening이라는 단어를 사용하지.

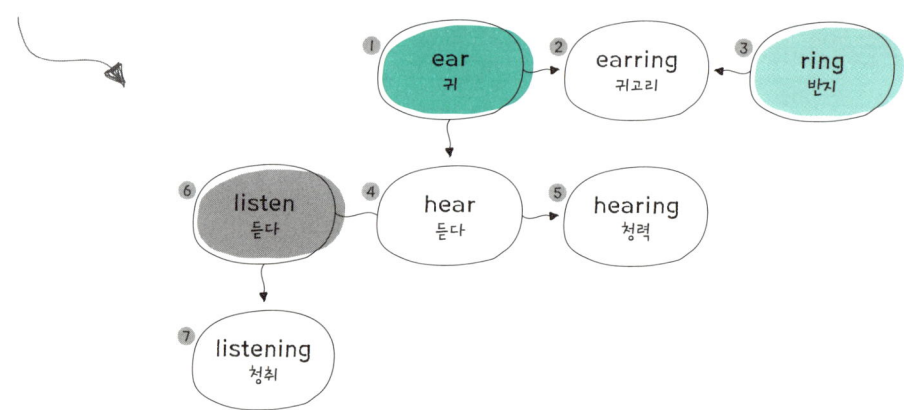

단어 속에 ear라는 철자가 들어있어서 마치 ear에서 파생된 단어가 아닐까 하는 단어가 몇 개 있어. 하지만 ear와는 별 상관이 없는 단어도 있으니 주의하도록 해. 먼저 ear에 접미사 ly가 붙어서 생긴 것 같은 early는, 지금은 자주 사용하지 않지만 ~전에라는 의미를

갖는 말인 ere에 ly가 붙어서 생긴 단어가 변형된 거야. 부사로는 **일찍**, 형용사로는 **이른**, **빠른**이라는 뜻으로 사용되는 단어지. earth도 마치 ear에 th가 붙어서 만들어진 단어처럼 보이지만 ear와는 전혀 상관이 없어. **땅**이나 **지구**를 의미하는 말이야.

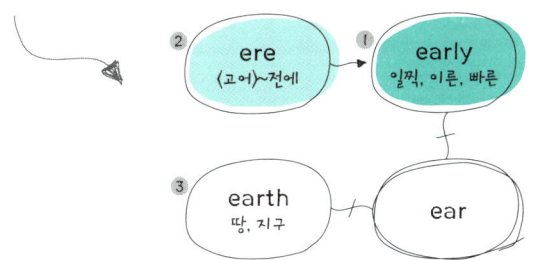

사물을 보는 기관인 **눈**은 eye라는 단어를 사용하는데, eye는 동사로 **쳐다보다**라는 의미로도 쓰여. eye에 ball(공)을 붙인 eyeball은 공처럼 둥근 모양을 하고 있는 **눈알**, 즉 **안구**를 의미해. 눈 위에 나 있는 털인 **눈썹**은 eyebrow라고 하는데, brow는 지금은 앞에서 배운 forehead와 같은 뜻인 사람의 **이마**라는 의미로 많이 쓰이지만 과거에는 눈 위에 나 있는 아치형 털인 눈썹을 뜻했어. 그래서 eyebrow가 오늘날 '눈썹'이란 뜻으로 쓰이게 되었지. 눈을 떴다 감았다 하는 데 필요한 **눈꺼풀**은 eyelid라 하는데, 뒤에 붙은 lid는 **뚜껑**을 의미하는 단어야. 눈을 열었다 닫았다 하는 뚜껑이라는 말이지. **쓰레기통의 뚜껑**도 trash can lid라 하고 **병뚜껑**은 bottle lid나 모자나 덮개를 의미하는 cap을 써서 bottle cap이라고도 해.

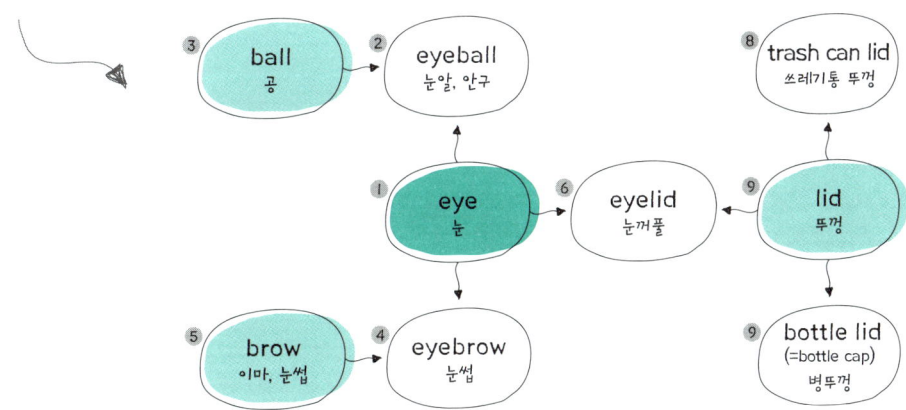

사물을 분별하고 인식하는 눈의 능력, 즉 시력을 eyesight라고 하지. sight는 보다라는 뜻을 지닌 see에 명사로 만드는 접미사 th가 붙은 단어가 변형되어 만들어진 거야. eye를 뺀 sight 역시 눈으로 볼 수 있는 것을 의미하기에 시력이라는 뜻을 지니고 있어. 또 시력이 미치는 범위를 나타내는 시야나 볼 수 있는 감각인 시각이라는 뜻도 갖고 있지. 어떠한 사건이나 상황을 눈으로 본 사람을 뜻하는 목격자나 증인을 eye witness라고 하는데, 여기서 witness는 wit에 명사로 만드는 접미사 ness가 붙어 생긴 단어지. 이 wit는 원래 '지식'을 뜻하는 단어였는데, 시간이 흐르면서 머릿속에 담고 있는 지식을 순간순간 재미있는 말이나 행동으로 표현한다는 의미에서 재치라는 뜻을 갖게 되었지. 흔히 '위트가 넘친다'고 할 때의 위트가 바로 이 wit야. wit에서 파생된 형용사인 wise가 현명한이라는 의미를, 명사인 wisdom이 지혜라는 뜻을 갖게 된 것도 모두 '지식'이라는 wit의 원래 의미에서 유래된 것이지. 위에서 얘기한 witness도 자신이 경험했거나 알고 있는 '지식'을 사람들 앞에서 고백한다는 의미에서 '증인'이나 '목격자'라는 뜻을 지니게 된 것이고, eye witness와 같은 뜻으로 사용돼.

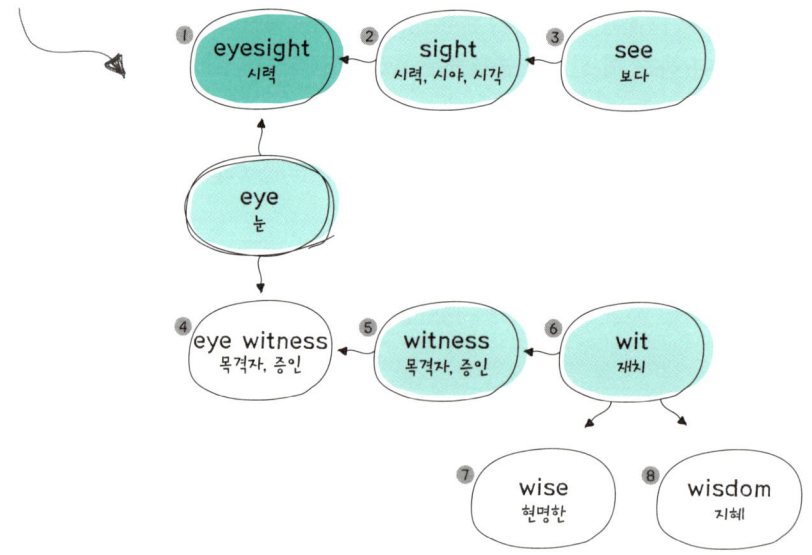

## 정리해보자

**ear** [iər] 몡 귀
My right **ear** is killing me. 내 오른쪽 **귀**가 아파 죽겠어요.

**earring** [íəriŋ] 몡 귀고리
The girl is wearing an **earring**. 그 소녀는 **귀고리**를 하고 있다.

**ring** [riŋ] 몡 고리, 반지
He put the **ring** on her finger. 그는 **반지**를 그녀의 손가락에 끼워주었다.

**hear** [hiər] 동 듣다
I'm sorry to **hear** that. 그 말을 **들으니** 유감이네요.

**hearing** [híəriŋ] 몡 청력
She lost her **hearing** after an accident. 그녀는 사고로 **청력**을 잃게 되었다.

**listen** [lísən] 동 듣다
You should **listen** to me. 제 말을 **들어야** 해요.

**listening** [lísniŋ] 몡 청취

---

**early** [ə́ːrli] 부 일찍 형 이른, 빠른
The **early** bird catches the worm. **일찍** 일어나는 새가 벌레를 잡는다.

**ere** [ɛər] 부 〈고어〉~전에

**earth** [əːrθ] 몡 땅, 지구
The **earth** goes around the sun. **지구**는 태양의 주위를 돈다.

---

**eye** [ai] 몡 눈 동 쳐다보다
Please Open your **eyes**. 제발 **눈**을 떠요.

**eyeball** [ai-bɔ́ːl] 몡 눈알, 안구

**ball** [bɔːl] 몡 공
Toss me the **ball**. 나에게 **공**을 던져.

**eyebrow** [ai-bràu] 몡 눈썹
I trimmed my **eyebrows**. 나는 **눈썹**을 다듬었다.

**brow** [brau] 몡 이마
He wrinkled his **brow** as he thought. 그는 생각할 때 **이마**를 찡그렸다.

**eyelid** [ai-lìd] 몡 눈꺼풀
The doctor pulled up her **eyelid**. 의사는 그녀의 **눈꺼풀**을 뒤집어 보았다.

**lid** [lid] 몡 뚜껑
I closed the **lid**. 나는 **뚜껑**을 닫았다.

**trash can lid** [træʃ-kæn-lid] 몡 쓰레기통 뚜껑

**trash** [træʃ] 몡 쓰레기
I picked up **trash**. 나는 **쓰레기**를 주웠다.

**trash can** [træʃ-kæn] 몡 쓰레기통
I threw trash in the **trash can**. 나는 쓰레기를 **쓰레기통**에 던져 넣었다.

**bottle lid** [bátl-lid] 몡 병뚜껑

**bottle cap** [bátl-kæp] 몡 병뚜껑
I collect **bottle caps** on my own. 내 스스로 **병뚜껑**을 모은다.

**bottle** [bátl] 몡 병
There is a **bottle** of beer. 맥주 한 **병**이 있다.

---

**eyesight** [aisàit] 몡 시력
The eye doctor tested my **eyesight**. 그 안과 의사가 내 **시력**을 검사했다.

**sight** [sait] 몡 시야, 시각, 시력
Get out of my **sight**. 내 **시야**에서 사라져버려.

**see** [siː] 동 보다
When can I **see** her? 언제 그녀를 볼 수 있나요?

**eye witness** [ai-wítnis] 몡 목격자, 증인

**witness** [wítnis] 몡 목격자, 증인
I called a **witness**. 나는 **증인**을 소환했다.

**wit** [wit] 몡 재치
She is famous for her **wit**. 그녀는 **재치**있기로 유명하다.

**wise** [waiz] 형 현명한
He appeared to be a **wise** man. 그는 **현명한** 사람으로 보인다.

**wisdom** [wízdəm] 몡 지혜
He grew in **wisdom**. 그는 **지혜**가 늘었다.

✽ 빈 칸에 들어갈 우리말 해석을 쓰시오.

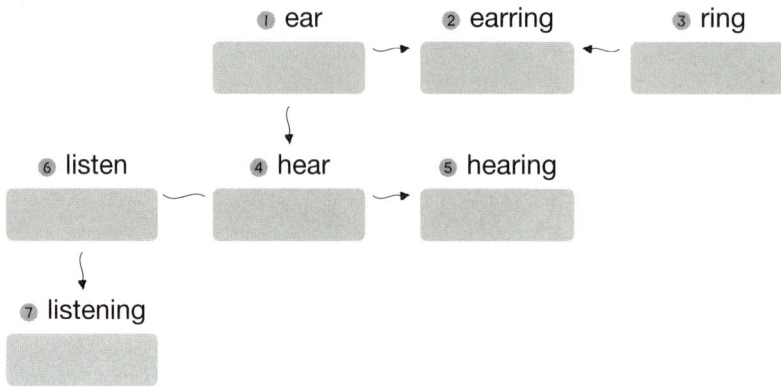

✽✽ 빈 칸에 들어갈 영어 단어를 쓰시오.

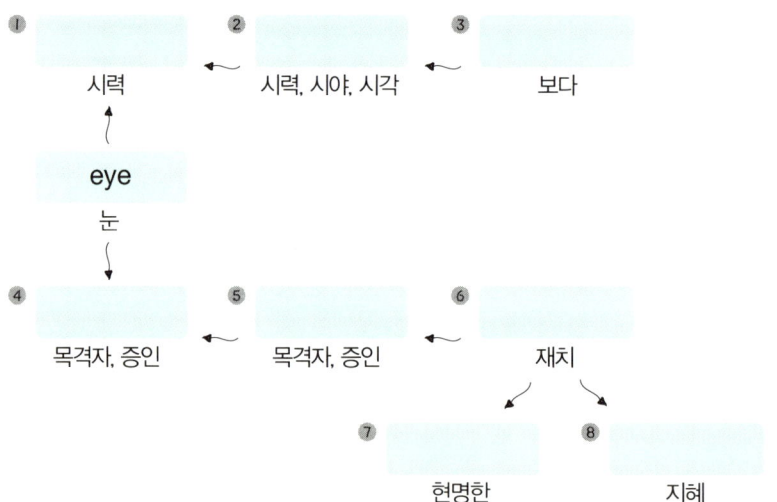

○ 답은 본문에서 확인하세요!

1 다음 문장이 설명하는 단어를 고르시오.

> He or she is a person who sees an event such as a crime or an accident.

① witness ② lawyer ③ thief ④ killer ⑤ police

2 다음 문장 중 eye의 의미가 나머지와 다른 하나를 고르시오.

① He closed his eyes and went to sleep.
② They eyed me suspiciously.
③ Eyes are the parts of our body with which we use to see.
④ I have something in my eye.
⑤ She's got beautiful eyes.

3 다음 빈칸에 알맞은 단어를 적으시오.

> _____ is the ability to use words in a clever and humorous way.

4~5 다음 빈칸에 알맞은 단어를 보기 에서 골라 쓰시오.

| 보기 | wise | wisdom | cup | earring |

4 He is a man of great _____.
5 The woman who is wearing an _____ is so lovely.

○ 정답은 304쪽에!

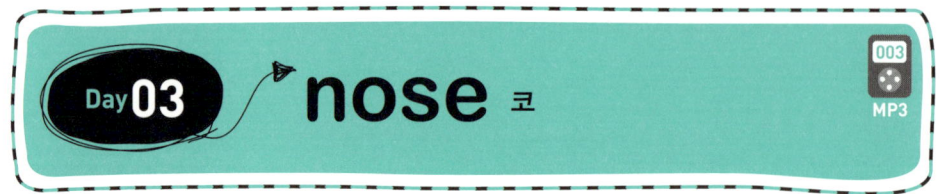

얼굴의 중심부에 자리 잡고 있는 **코**는 nose라는 단어를 사용해. 이 nose는 여러 언어를 거치면서 파생어들을 만들어냈는데, 주로 앞에 s가 붙는 형태로 변형되었지. 그래서 코에서 나는 **콧물**을 snot라 하고, 자극을 받아 갑자기 코로 크게 숨을 내뿜는 **재채기**는 sneeze라고 하지. 또 코 안의 점막이 파열되어 피가 나오는 **코피**를 nosebleed라 하는데, bleed는 **출혈하다**라는 뜻으로 **피**를 의미하는 blood에서 파생된 단어야.

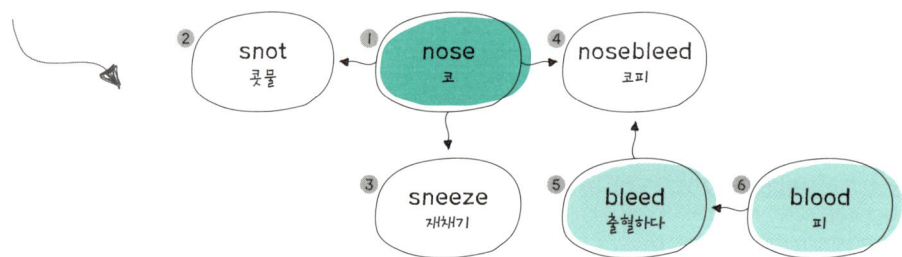

코 하면 생각나는 동물은? 맞아. 바로 코끼리야. **코끼리의 코**는 trunk라는 단어를 사용하는데, 왜 그럴까? 이 trunk는 원래 나무(tree)의 **몸통, 줄기**를 뜻하는 단어야. 코끼리 코가 길고 커다란 게 꼭 나무의 몸통처럼 생겼다고 해서 trunk라 부르게 된 것이지. 참고로, 나뭇가지들이 뻗어 나오는 **나무의 작은 줄기**는 stem이라고 해. 또, 나무의 큰 몸통 속은 비어있을 거라는 생각에서 유래되어 짐을 옮기는 큰 **여행용가방**이나 자동차 뒤에 짐을 싣는 비어있는 공간인 **트렁크** 또한 trunk라고 하는 거야. 권투선수들이 입는 하의도 trunk라 부르는데, 일반적인 속옷과는 다르게 넉넉한 공간을 가지고 있어 편하게 입을 수 있기 때문이지.

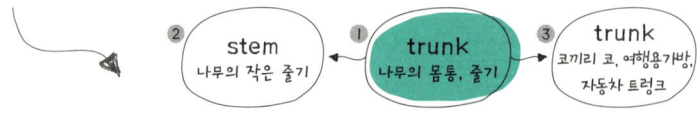

말을 하고 음식을 먹는 기관인 **입**은 mouth라고 해. 권투선수나 격투기선수들이 시합 도중 입안을 보호하기 위해 착용하는 **마우스피스**는 mouth와 조그만 **조각**을 의미하는 piece가 합쳐진 단어로 mouthpiece라고 쓰지. 입을 이루고 있는 부분 중 밖으로 나와 있는 **입술**을 lip이라고 하는데, 여자들이 예쁘게 보이기 위해 입술에 칠하는 화장품인 **립스틱**은 lip에 **막대기**를 뜻하는 stick이 합쳐진 lipstick이라는 단어를 써. 길쭉한 막대 모양의 형태를 갖고 있어 이런 이름을 얻게 된 것이지.

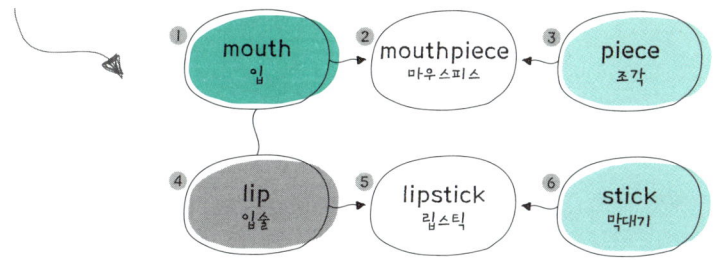

입 안에 있는 **이**, 즉 **치아**는 tooth라 하는데, 과거 인도·유럽에서는 dent라는 단어를 사용했어. 그래서 오늘날 이를 치료하는 **치과의사**를 dentist라고 하는 거야. 이를 닦을 때 사용하는 **치약**은 이 tooth에 풀이나 끈끈한 **반죽**을 의미하는 paste를 붙여 toothpaste라고 하고, **칫솔**은 **붓**이나 **솔**을 뜻하는 brush와 합쳐진 toothbrush라는 단어를 쓰지. 앞에서 배운 '통증'이라는 의미의 ache를 tooth에 붙이면 이가 아프거나 시린 **치통**을 뜻하는 toothache가 돼.

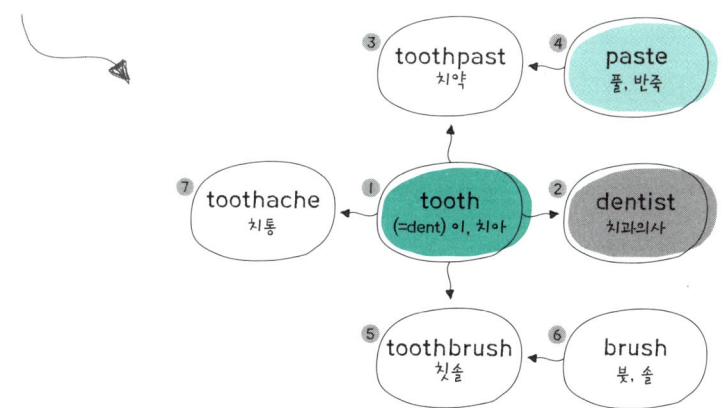

사람의 얼굴에서 가장 아랫부분에 있는 '턱'을 말할 때는 jaw와 chin이라는 단어를 사용하는데 의미가 약간 달라. jaw는 얼굴의 하단을 둘러싸고 있는 턱 전체를 의미하고, chin은 보통 뾰족하게 좁아지는 아래턱을 의미해. 또 입 안에 있으며 맛을 느끼고 말을 할 수 있도록 돕는 혀는 tongue이라 하는데, 이 단어는 혀를 통해 소리를 낸다고 하여 말이라는 뜻도 지니고 있어. 그래서 앞에 엄마라는 뜻의 mother를 붙인 단어인 mother tongue은 '엄마의 말'이라고 해서 태어나서 처음으로 엄마한테 배우는 말, 즉 모국어를 의미하지.

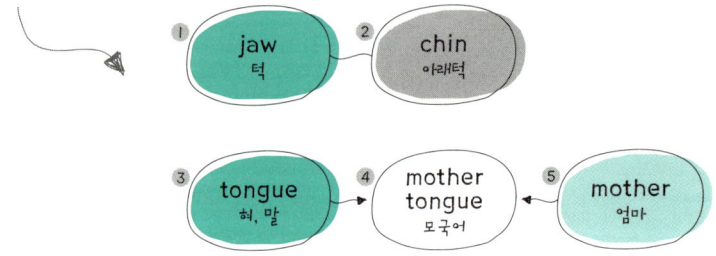

여기까지 눈, 코, 입, 귀를 모두 살펴보았는데, 이 모두를 합치면 얼굴이 되지. 얼굴은 face라는 단어를 사용해. 이 단어는 동사로도 쓰여서 '얼굴을 보기 위해 서로 만난다'고 하여 마주하다라는 뜻이 생겼고, 또 '어떠한 문제나 상황과 맞닥뜨린다'고 하여 직면하다라는 뜻도 지니게 되었지. face에서 파생된 단어를 몇 가지 살펴볼까? 먼저 '초과'를 뜻하는 sur를 붙인 surface는 넓은 땅이나 물이 보이는 면인 표면을 의미해. '사이의'라는 뜻을 지닌 inter와 합쳐진 interface는 두 영역 사이에 놓여 있는 공통 영역인 접점 또는 마주 놓인 두 개의 시스템을 연결하는 접속기를 뜻하지. 참고로 preface는 모양은 비슷하지만 face에서 파생된 단어가 아니야. 이 단어는 지금은 사용하지 않는 prefation이라는 단어에서 변형되어 나온 것인데, 접두사인 pre는 '앞'을 뜻하고 fation에서 변형된 face는 '사람이 입으로 하는 말'을 뜻해서, 책의 본문이 시작되기 전에 작가가 독자들에게 미리 전하는 말인 서문이나 머리말을 의미해.

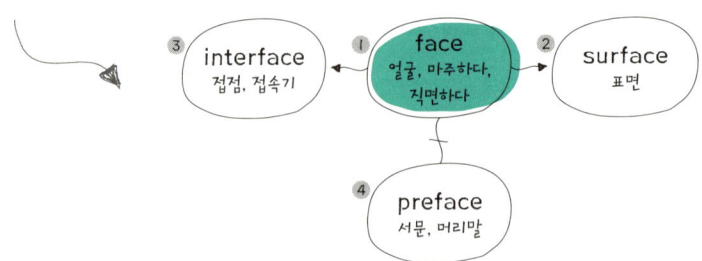

## 정리해보자

**nose** [nouz] 명 코
My **nose** is bleeding. 내 **코**에서 코피가 나네요.
**snot** [snɑt] 명 콧물
**sneeze** [sni:z] 명 재채기
He let out a loud **sneeze**. 그는 크게 **재채기**를 했다.
**nosebleed** [nóuzbli:d] 명 코피
He had a **nosebleed**. 그는 **코피**를 흘렸다.
**bleed** [bli:d] 동 출혈하다
He was **bleeding** heavily. 그는 너무 많은 피를 흘리고 있었다.
**blood** [blʌd] 명 피
I donated my **blood**. 나의 **피**를 기증했다.

---

**trunk** [trʌŋk] 명 코끼리의 코, 여행용가방, 트렁크
An elephant has a long **trunk**. 코끼리는 긴 **코**를 가지고 있다.
**stem** [stem] 명 줄기
The **stem** of this plant is tough. 이 식물의 **줄기**는 질기다.

---

**mouth** [mauθ] 명 입
I wiped my **mouth** with my napkin. 나는 냅킨으로 **입**을 닦았다.
**mouthpiece** [máuepi:s] 명 마우스피스
**piece** [pi:s] 명 조각
He broke the glass into **pieces**. 그는 유리를 산산 **조각** 냈다.
**lip** [lip] 명 입술
I have thick **lips**. 나는 두꺼운 **입술**을 가지고 있습니다.
**lipstick** [lípstìk] 명 립스틱
Use **lipstick** that doesn't come off on the wine glass. 술잔에 묻어나지 않는 **립스틱**을 사용하세요.
**stick** [stik] 명 막대기
She seized a **stick**. 그녀는 **막대기**를 꽉 잡았다.

---

**tooth** [tu:θ] 명 이빨
I pull out a **tooth**. 내가 직접 **이**를 뺀다.
**dentist** [déntist] 명 치과의사
Can you recommend a **dentist**? **치과의사**를 소개해주시겠어요?

**toothpaste** [tú:θpèist] 명 치약
I squeezed the **toothpaste**. 나는 **치약**을 짰다.
**paste** [peist] 명 풀, 반죽
I put some **paste** on the stamp. 나는 우표에 풀을 발랐다.
**toothbrush** [tú:θbrʌʃ] 명 칫솔
**brush** [brʌʃ] 명 붓, 솔
I shook out my **brush**. 나는 **붓**을 털었다.
**toothache** [tú:θéik] 명 치통
I have a **toothache**. 나는 **치통**이 있다.

---

**jaw** [dʒɔ:] 명 턱
The **jaw** bone is dislocated. **턱뼈**가 빠졌다.
**chin** [tʃin] 명 아래턱
Pull your **chin**. **턱**을 당기세요.
**tongue** [tʌŋ] 명 혀, 말
I bit my **tongue**. 나는 **혀**를 깨물다.
**mother tongue** [mʌ́ðər-tʌŋ] 명 모국어
The **mother tongue** was forbidden in my school. 나의 학교에서는 **모국어**가 금지되었다.
**mother** [mʌ́ðər] 명 엄마

---

**face** [feis] 명 얼굴 동 마주하다, 직면하다
He looked at me in the **face**. 그는 내 **얼굴**을 쳐다보았다.
**surface** [sə́:rfis] 명 표면
I dive below the **surface** of the water. 나는 물의 **표면** 아래로 다이빙 한다.
**interface** [íntərfèis] 명 접점, 접속기 동 접속하다
**preface** [préfis] 명 서문, 머리말
We began by reading the **preface**. 우리는 **서문**을 읽는 것부터 시작했다.

✱ 빈 칸에 들어갈 우리말 해석을 쓰시오.

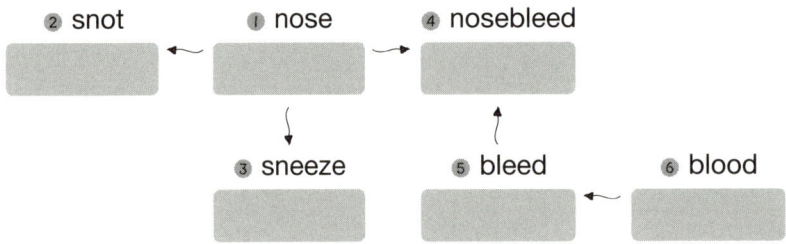

✱✱ 빈 칸에 들어갈 영어 단어를 쓰시오.

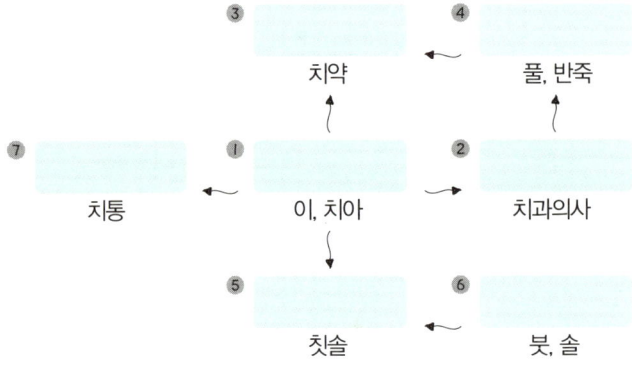

○ 답은 본문에서 확인하세요!

1  밑줄 친 동사 face의 형태로 알맞은 것을 고르시오.

   **The company is face a problem.**

   ① face   ② has faced   ③ faces   ④ facing   ⑤ has been faced

2  다음 빈칸에 공통으로 들어갈 단어를 찾으시오.

   **He lost a lot of _____ in the accident.**
   **_____ is thicker than water.**

   ① blood   ② bleed   ③ alcohol   ④ sugar   ⑤ sweat

3  다음 중 trunk의 의미가 잘못 설명된 문장을 고르시오.

   ① A trunk is a space at the back of a car.
   ② A trunk is an elephant's nose.
   ③ A trunk is the part of a tree that has leaves and flowers.
   ④ A trunk is a large strong case that is used for storing clothes.
   ⑤ The trunk of a tree is the large main stem of a tree.

4  다음 빈칸에 알맞은 단어를 적으시오.

   **A _____ is an introduction at the beginning of a book.**

○ 정답은 304쪽에!

25

# Day 04 skin 피부

skin은 사람의 몸을 감싸고 있는 피부를 뜻하기도 하고 동물의 껍질이나 가죽을 의미할 때도 사용하는 단어야. 그렇지만 몸집이 큰 짐승들의 생가죽을 말할 때는 skin 대신 hide라는 단어를 사용해. 그래서 소가죽은 cowhide라 하고 말가죽은 horsehide라고 하지. 참고로 생가죽을 가공하는 '무두질을 마친 가죽'은 leather라는 단어를 써. hide는 나중에 동사로도 쓰이게 되었는데, 큰 가죽으로 자신의 몸을 덮어서 숨길 수 있었기 때문에 감추다, 숨다라는 뜻이 되었지. 그렇기 때문에 hide에서 파생된 hideout은 비밀스럽게 숨는 장소인 은신처를 의미하게 된 거야.

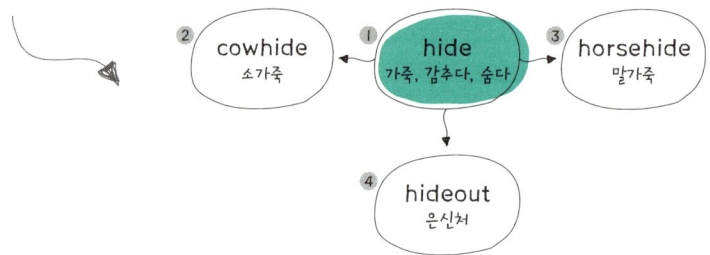

skin에서 파생된 skinny는 피골이 상접한, 비쩍 마른이라는 뜻이야. 요새 유행하는 다리 폭이 좁고 몸에 꼭 맞게 만들어져서 입으면 마치 피부처럼 꽉 달라붙는 바지를 skinny jeans라고 하지. skin이 들어간 단어 중 우리가 평소에 가장 자주 접할 수 있는 말로 '스킨십(skinship)'이 있어. 만진다든지 포옹한다든지 하는, 서로의 피부를 접촉함으로써 애정을 표현한다는 의미의 스킨십은 영어 단어가 아니야. 일본에서 먼저 만들어진 단어인데 한국으로 넘어와 자주 사용되는 콩글리시라고 할 수 있지. 영어에서 스킨십을 의미하는 말은 physical intimacy야. physical은 형용사로 사람의 신체를 표현하는 육체의라는 뜻

이고, 뒤에 있는 intimacy는 사람과 사람간의 친하고 가까운 관계를 의미하는 **친밀감**을 뜻하는 단어야.

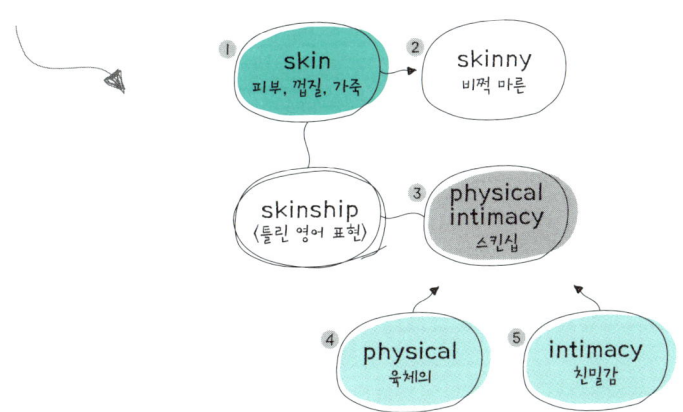

이제 뼈에 대해 잠깐 살펴볼까? 우리말에서도 몸을 구성하는 뼈와 머리를 이루고 있는 두개골을 구분해서 사용하는 것처럼, 영어에서도 **뼈**는 bone이라는 단어를 쓰고 **두개골**은 skull이라고 하지. bone은 사람의 뼈와 동물의 뼈 모두를 지칭해. 우리말로는 **가시**라고 하는 **생선의 뼈**도 bone을 사용해서 fishbone이라고 하지. 우리 몸의 중심을 지탱하는 등뼈, 즉 **척추**는 **뒤**나 **등**을 의미하는 back과 합쳐진 단어인 backbone이라고 해. 목 아래에 있는 **쇄골**은 collarbone이라고 하는데, collar는 현재 사용하진 않지만 '목'을 뜻하던 coll에 '관련된'이라는 뜻을 나타내는 접미사 ar이 합쳐져 생긴 단어야. 셔츠의 **깃**이나 **개목걸이**를 의미하지. bone이 들어간 대표적인 단어로 bone china(**본차이나**)를 빼놓을 수 없겠지? 대문자로 시작하는 China는 **중국**을 의미하지만, 소문자로 시작하는 china는 '중국에서 전해져 온 자기'를 의미해. 흙으로 빚은 후 구워서 만든 **그릇**이나 **자기**를 뜻하지. 본차이나는 이 자기 중에서도 소의 정강이뼈를 태운 재(인산칼슘)를 섞어서 만든 자기로 유독 투명도가 높은 하얀 자기를 지칭해.

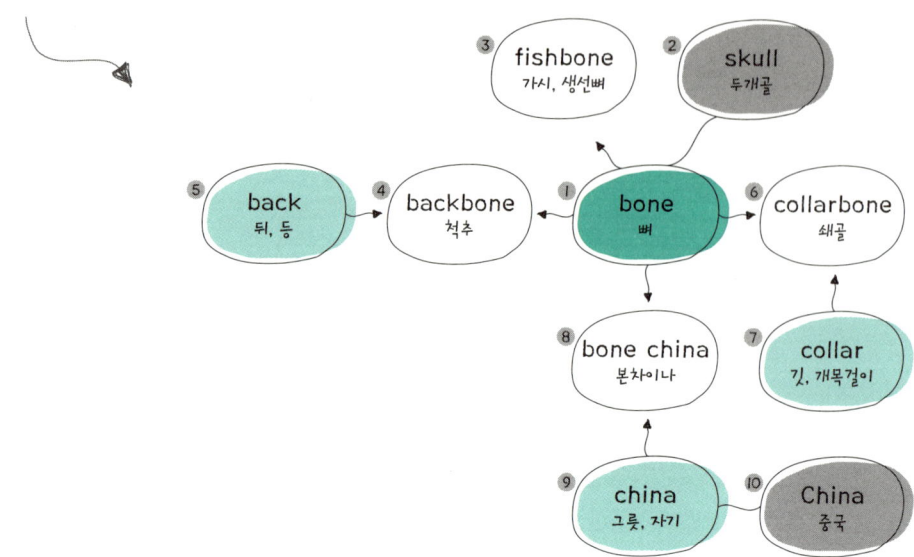

사람의 몸에서 가장 안쪽에 있는 뼈와 가장 바깥쪽을 감싸고 있는 피부 사이를 채우고 있는 것은 살과 근육이지. 살은 영어로 flesh라고 하고 근육은 muscle이라고 해. flesh는 신선한이라는 뜻을 지닌 fresh와 철자가 비슷해서 헷갈릴 수 있으니까 주의해서 외워두는 게 좋을 거야. muscle은 과거 인도·유럽에서 '팔 위의 근육'이라는 뜻으로 사용된 mouse와 '작은'을 뜻하는 접미사 cle가 합쳐져서 생긴 단어야. mouse는 나중에 영어로 오면서 작고 약한 동물인 쥐를 의미하게 되었지. 컴퓨터에 사용되는 입력장치인 마우스도 이 단어를 써. muscle에서 파생된 muscular는 형용사로 근육의라는 뜻이고, muscular tissue는 근육 세포 등이 결합되어 있는 근육조직을 의미해. 뒤에 붙은 tissue는 원래 여러 개로 구성되어 있는 것을 하나로 묶어서 짜내는 것을 의미하지. 우리가 쓰는 얇고 부드러운 종이인 티슈나 화장지가 바로 이 tissue야. 그런데 이 의미가 확장되어 나중에는 다양한 종류의 것들을 묶어주는 집합체를 의미하는 말로도 사용하게 되었는데, 주로 생물체 내의 조직이라는 의미로 쓰지. 그래서 세포인 cell의 형용사형인 cellular(세포의)와 합쳐진 cellular tissue는 세포조직을 뜻하고, 신경을 의미하는 nerve와 합쳐진 nervous tissue는 신경조직을 의미해.

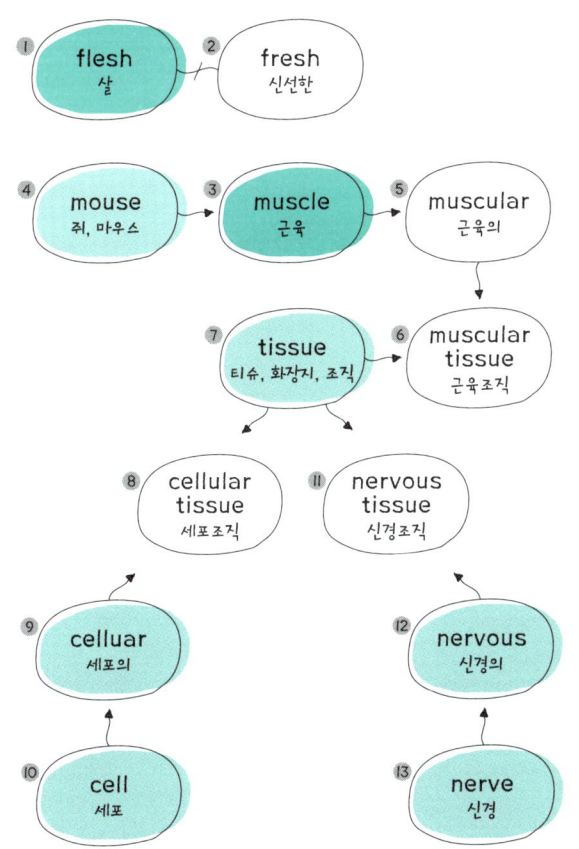

## 정리해보자

**hide** [haid] 명 가죽 동 감추다, 숨다
The kid **hides** behind the door. 그 아이는 문 뒤에 숨는다.
**cowhide** [kau-hàid] 명 소가죽
Her boots are made of **cowhide**. 그녀의 부츠는 소가죽으로 만들어졌다.
**horsehide** [hɔːrs-hàid] 명 말가죽
**hideout** [háidàut] 명 은신처
The police discovered the criminal's **hideout**. 경찰은 범인의 **은신처**를 발견했다.

**skin** [skin] 명 피부, 껍질, 가죽
My **skin** feels itchy. 피부가 가려워요.
**skinny** [skíni] 형 비쩍 마른
He is **skinny**. 그는 삐쩍 말랐다.
**physical intimacy** [fízikəl-íntəməsi] 명 스킨십
**physical** [fízikəl] 형 육체의
Exercise gives not only **physical** health but also spiritual. 운동은 육체적인 건강뿐 아니라 정신적인 건강도 준다.
**intimacy** [íntəməsi] 명 친밀감
**Intimacy** is a close personal relationship. 친밀감은 가까운 개인적 관계이다.

**bone** [boun] 명 뼈
I throw a **bone** to a dog. 나는 개에게 뼈를 던져준다.
**skull** [skʌl] 명 해골
He fell and fractured his **skull**. 그는 넘어저서 두개골 골절상을 입었다
**fishbone** [fíʃbòun] 명 생선뼈, 가시
I removed **fish bones**. 나는 생선가시를 발라냈다.
**backbone** [bǽkbòun] 명 척추, 등뼈
I think you are the **backbone** of the army. 나는 네가 군대의 척추 같은 존재라고 생각해.
**back** [bæk] 명 뒤, 등
I have a **back**ache. 허리에 통증이 있어요.
**collarbone** [kálərbòun] 명 쇄골
She had a broken **collarbone**. 그녀는 쇄골 골절상을 입었다.
**collar** [kálər] 명 깃, 개목걸이
The mobster seized me by the **collar**. 폭력배가 나의 깃(멱살)을 잡았다.
**bone china** [boun-tʃáinə] 명 본차이나, 골회자기
These animal bones are used for **bone china**. 이 동물의 뼈들은 본차이나를 만드는 데 사용된다.
**china** [tʃáinə] 명 자기, 도자기
**China** [tʃáinə] 명 중국
What's the airmail postage to **China**? 중국까지 항공 우편요금이 얼마예요?

**flesh** [fleʃ] 명 살
Vegetarians don't eat animal **flesh**. 채식주의자들은 동물의 살을 먹지 않는다.
**fresh** [freʃ] 형 신선한
I inhaled the **fresh** morning air. 나는 신선한 아침 공기를 들이마셨다.
**muscle** [mʌ́s-əl] 명 근육
I have a **muscle** pain. 나는 근육통이 있어요.
**mouse** [maus] 명 쥐, 마우스
Move the **mouse** downwards. 마우스를 아래쪽으로 움직여라.
She holds the **mouse** in her hand. 그녀는 손으로 쥐를 잡는다.
**muscular** [mʌ́skjələr] 형 근육의
She has a **muscular** disease. 그녀는 근육 질환이 있다.
**muscular tissue** [mʌ́skjələr-tíʃuː] 명 근육조직
**tissue** [tíʃuː] 명 티슈, 화장지, 조직
Pass me a tissue. 티슈 좀 건네주세요.
**cellular tissue** [séljələr-tíʃuː] 명 세포조직
We have to study **cellular tissue** for the exam. 우리는 시험을 위해 세포조직을 공부해야 한다.
**cellular** [séljələr] 형 세포의
**cell** [sel] 명 세포
Cancer begins as a single **cell**. 암은 단일 세포에서 시작된다.
**nervous tissue** [nə́ːrvəs-tíʃuː] 명 신경조직
**nervous** [nə́ːrvəs] 형 신경의, 불안한
She feels **nervous**. 그녀는 불안해해요.
**nerve** [nəːrv] 명 신경, 불안
This drug acts on my **nerves**. 이 약은 내 신경에 효과가 있다.

**1** 밑줄 친 동사 hide의 형태로 알맞은 것을 고르시오.

> Yesterday he <u>hide</u> some books under his pillow.

① hide  ② hid  ③ hidden  ④ hiding  ⑤ hides

**2** 다음 주어진 관계가 나머지와 다른 하나를 고르시오.

① muscle  –  muscular
② beauty  –  beautiful
③ cell  –  cellular
④ mouse  –  muscle
⑤ nerve  –  nervous

**3** 다음 문장이 설명하는 단어를 고르시오.

> It is the bones of the head which surround the brain.

① china  ② skull  ③ school  ④ fish  ⑤ forehead

**4** 다음 단어 중 '가죽'이라는 의미를 지니지 않은 단어를 고르시오.

① skin  ② hide  ③ cowhide  ④ horsehide  ⑤ hideout

**5~6** 다음 빈칸에 알맞은 단어를 보기 에서 골라 쓰시오.

> 보기  hide    skin    bone    skinny

**5** She is hoping to wear _____ jeans at work.
**6** She wears sunscreen lotion to protect her _____ from the sun.

○ 정답은 304쪽에!

# Day 05 neck 목

우리가 '뒷목이 당긴다'고 할 때의 목은 머리와 어깨를 이어주는 뼈대를 말하지. 이때의 목은 neck이야. 그런데 '감기가 걸려 목이 아프다'고 할 때의 목은 throat이라고 해. 목구멍을 의미하지. neck에서 파생된 단어를 보면 먼저 양복을 입을 때 와이셔츠 위에 착용하는 넥타이를 의미하는 necktie라는 단어가 있어. 이 necktie에서 뒤에 붙은 tie는 묶다라는 뜻인데, 여기에 '반대'나 '부정'을 뜻하는 접두사 un을 붙이면 untie가 되지. 묶여져 있는 상태에서 원래대로 돌려놓는 풀다라는 의미의 단어야. 또 neck이 들어간 단어 중에는 necklace라는 단어도 있어. 목을 장식하기 위해 착용하는 목걸이라는 뜻이지. necklace에서 뒤에 붙은 lace는 원래 끈이나 줄을 의미했지. 그래서 신발이나 구두에 달려있는 신발끈을 shoelace라고 하는 거야. 오늘날 lace는 실이나 끈을 엮어서 만들어 천의 가장자리에 덧대는 예쁜 장식인 레이스라는 뜻도 갖게 되었지.

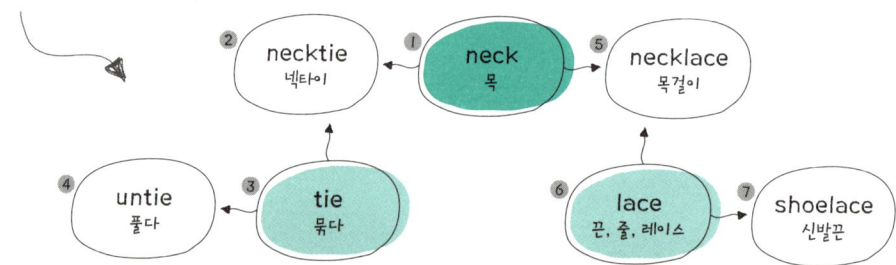

목구멍을 뜻하는 throat에 형용사로 만드는 y를 붙인 throaty는 목이 잠겨서 제대로 소리가 나오지 않는 목이 쉰 듯한이라는 뜻이야. 목이 쉰 것을 표현하는 단어에는 throaty 말고도 husky라는 단어가 있지. husky는 throaty처럼 husk에 형용사로 만드는 y가 붙어서 만들어진 단어야. husk는 콩이나 땅콩처럼 까칠까칠하고 거친 곡물의 껍질이나 깍

지를 의미하는데, 형용사로 사용된 husky도 처음에는 '껍질의, 껍질로 덮인'이라는 뜻으로 사용했었어. 그러다가 나중에 목소리가 제대로 나오지 않고 거칠고 까칠한 소리가 나온다고 해서 허스키한, 쉰 목소리의라는 뜻을 얻게 된 거지. 재밌는 것은 썰매를 끄는 시베리아 태생의 개를 시베리안 허스키(Siberian Husky)라고 한다는 거야. 그런데 여기서의 husky는 원래 '에스키모'를 뜻하는 단어였는데 나중에 에스키모가 기르는 개를 의미하게 된 거래. 참고로, 눈이나 얼음 위에서 미끄러지듯 타고 다니는 썰매는 sled나 sledge를 사용하는데 두 단어 모두 미끄러지다, 내려오다라는 뜻을 지니고 있는 slide에서 파생되었어. sled는 주로 아이들이 경사면이나 눈밭에서 타는 작은 썰매를 의미하고, 썰매견이 끄는 썰매처럼 실제 운송수단으로 사용되는 썰매는 sledge라고 해.

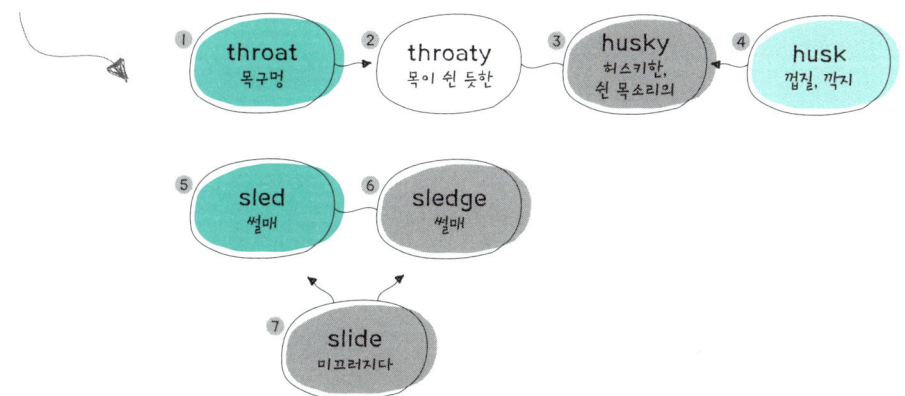

목 아래를 받쳐주는 신체부위인 어깨는 shoulder라고 하지. shoulder에서 나온 단어들을 좀 살펴볼게. shoulder bag은 한쪽 어깨에 맬 수 있는 가방인 숄더백을 의미해. bag은 원래 물건을 담기 위해 쓰는 자루나 봉투라는 의미였는데 나중에는 돈이나 귀중품을 넣는 가방을 뜻하게 되었어. 그래서 슈퍼에서 물건을 사가지고 올 때 사용하는 봉지나 봉투를 plastic bag 혹은 paper bag이라 하고, 손으로 들고 다니는 작은 가방을 handbag이라고 하지. 가방을 어깨에 맬 수 있도록 매달아 놓은 줄인 가방끈은 shoulder strap이라고 해. strap은 묶을 때 사용하는 끈이라는 뜻이지만 일반적인 끈보다는 굵고 가죽이나 두꺼운 천으로 만들어진 경우가 많지. 손목시계에 달려있는 시계줄도 strap을 써서 watch strap이라고 해.

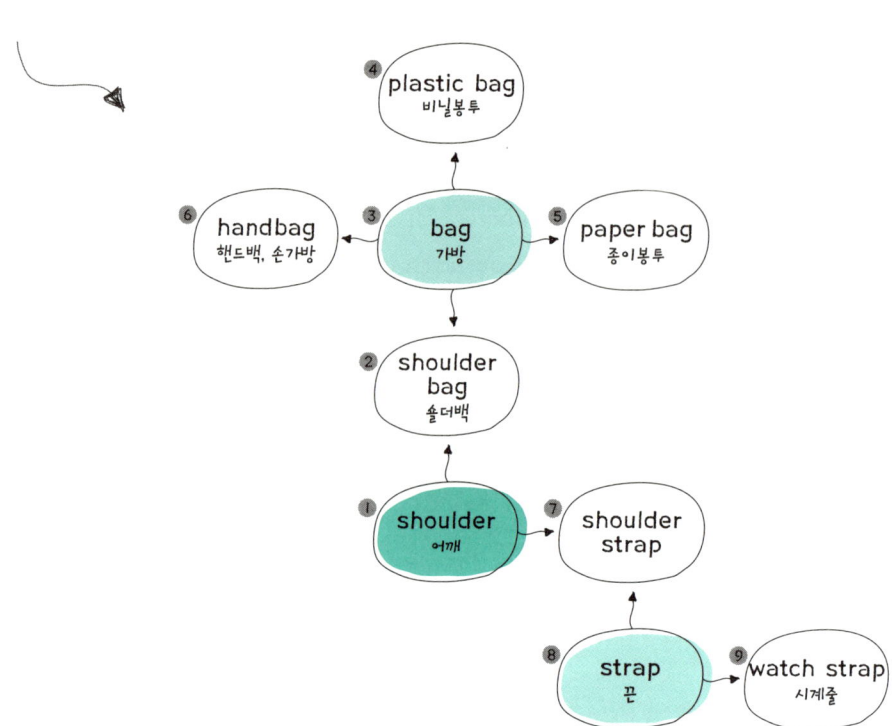

## 정리해보자

**neck** [nek] 몡 목
I have a stiff **neck**. 나는 목이 뻐근하군요.

**necktie** [néktài] 몡 넥타이
I adjusted my **necktie**. 나는 넥타이를 바로 했다.

**tie** [tai] 동 묶다 몡 끈, 넥타이
I **tied** my shoelaces. 나는 신발끈을 맸다.

**untie** [ʌntái] 동 풀다
She **untied** the knot. 그녀는 매듭을 풀었다.

**necklace** [néklis] 몡 목걸이
Show me that **necklace**. 저 목걸이 좀 보여줘요.

**lace** [leis] 몡 레이스

**shoelace** [ʃuː-lèis] 몡 신발끈
He tripped over his **shoelace**. 그는 신발끈에 밟혀 넘어졌다.

---

**throat** [θrout] 몡 목구멍
My **throat** is sore. 목구멍이 아파요.

**throaty** [θróuti] 형 목이 쉰 듯한
He has a **throaty** voice. 그는 목소리가 쉰 듯하다.

**husky** [hʌ́ski] 형 허스키한, 쉰 목소리의 몡 허스키(개)
He speaks in a **husky** voice. 그는 쉰 목소리로 말을 한다.

**husk** [hʌsk] 몡 껍질, 깍지
Remove the **husk**. 껍질을 제거하세요.

**sled** [sled] 몡 썰매
The **sled** began to accelerate down the track. 그 썰매는 트랙을 따라 속도를 높이기 시작했다.

**sledge** [sledʒ] 몡 썰매
The **sledge** ran smoothly over the frozen snow. 썰매는 얼어붙은 눈 위를 미끄러지듯 달렸다.

**slide** [slaid] 동 미끄러지다, 내려오다
He **slid** the letter into his pocket. 그는 편지를 주머니에 미끄러지듯이 넣었다.

---

**shoulder** [ʃóuldəːr] 몡 어깨
I straighten my **shoulders**. 나는 어깨를 편다.

**shoulder bag** [ʃóuldəːr-bæg] 몡 숄더백

**bag** [bæg] 몡 가방
Would you open the **bag**? 가방을 좀 열어주시겠습니까?

**plastic bag** [plǽstik-bæg] 몡 비닐봉지
The saleswoman tore off a **plastic bag**. 그 여점원은 비닐봉지를 한 장 뜯었다.

**paper bag** [péipər-bæg] 몡 종이봉투

**handbag** [hǽndbæg] 몡 손가방
A man steals her **handbag** and runs away. 한 남자가 그녀의 핸드백을 훔쳐서 도망간다.

**shoulder strap** [ʃóuldəːr-stræp] 몡 가방끈

**strap** [stræp] 몡 끈
You'd better adjust the **strap** on my goggles. 너는 고글의 끈 길이를 조절하는 편이 좋겠다.

**watch strap** [wátʃ-stræp] 몡 시계줄
I also saw a leather **watch strap**. 나 역시 가죽 시계줄을 봤다.

✽ 빈 칸에 들어갈 우리말 해석을 쓰시오.

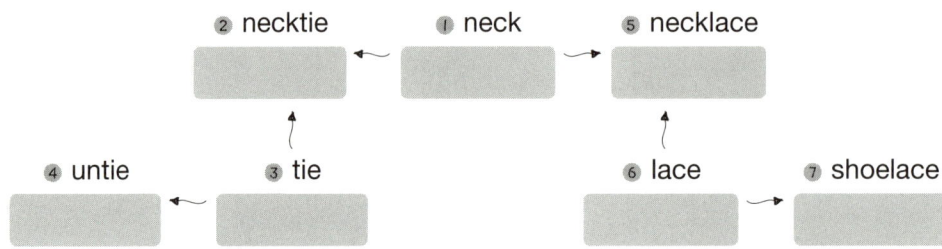

✽✽ 빈 칸에 들어갈 영어 단어를 쓰시오.

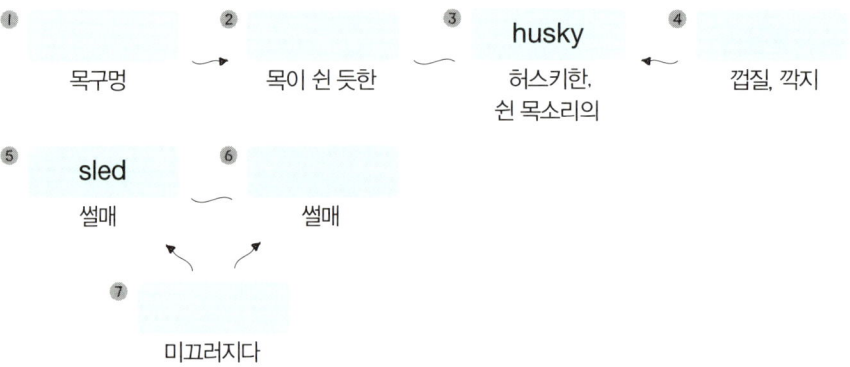

○ 답은 본문에서 확인하세요!

1  다음 밑줄 친 부분과 바꿔 쓸 수 있는 말을 고르시오.

> John has spoken to me in a <u>husky</u> voice.

① greedy   ② lovely   ③ sadly   ④ throaty   ⑤ silly

2  다음 빈칸에 공통으로 들어갈 단어를 고르시오.

> A woman uses _____ to carry keys and money when she goes out.
> Susan opened her _____ and took out her cell phone.

① handbag   ② case   ③ wallet   ④ backpack   ⑤ paper bag

3  다음 밑줄 친 부분과 바꿔 쓸 수 있는 말을 고르시오.

> Tony <u>slides</u> a snowy hill.

① glide   ② slow   ③ smile   ④ glove   ⑤ rise

4  다음 문장이 설명하는 단어를 고르시오.

> It is a long piece of cloth worn under a shirt collar.

① neck   ② shoelace   ③ necktie   ④ lace   ⑤ strap

○ 정답은 305쪽에!

어깨에 연결되어 있는 **팔**은 arm이라고 해. 팔을 뜻하는 arm과 **구멍**을 뜻하는 pit이 합쳐진 armpit은 팔과 옆구리가 연결된 안쪽 부분의 움푹 패인 **겨드랑이**를 의미하고, **의자**를 뜻하는 chair와 합쳐진 armchair는 팔을 의자에 걸쳐놓을 수 있는 **안락의자**를 말하지. arm이 복수로 사용될 때는 스스로를 보호하거나 사냥을 위해 사용하는 **무기**를 뜻하기도 해. 무기라는 뜻에서 파생된 armor는 전투에서 병사의 몸을 보호하는 **갑옷**을 의미하는 단어이고, armory는 무기를 보관하는 **무기고**를 뜻하지. arm에서 파생된 또 다른 단어인 army는 전쟁을 대비해 무장을 하고 실전 무기로 훈련하는 단체인 **군대**라는 뜻이야.

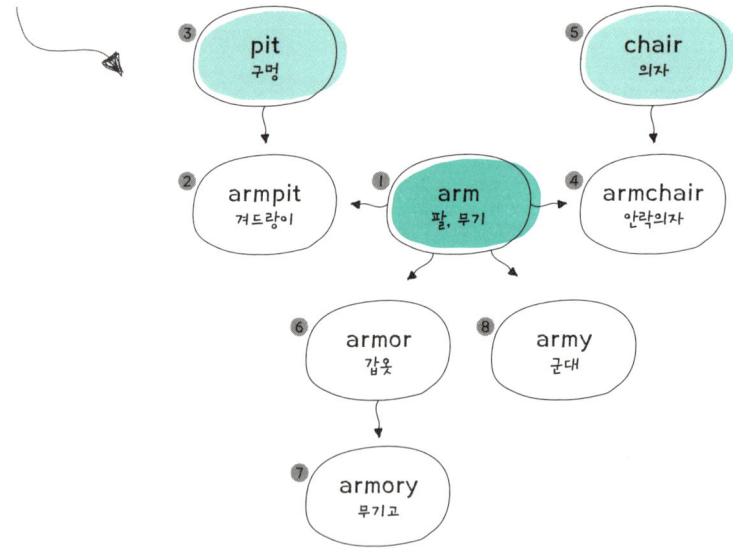

팔 중간에 있는 관절 부위인 **팔꿈치**는 elbow라고 하는데, 이 단어는 과거 영국에서 팔을 이용한 길이의 단위로 썼던 ell과 **절하다, 숙이다**라는 뜻의 bow가 합쳐져서 생긴 말이야.

bow는 또 명사로 arrow라 불리는 화살을 쏘는 기구인 활을 의미하는데, 그 이유는 활시위를 당기면 마치 허리가 구부러지는 것처럼 활이 구부러지기 때문이지.

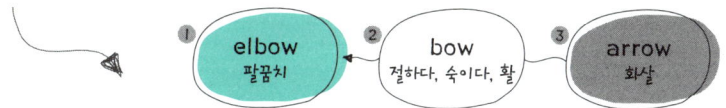

팔과 손의 연결 부위이면서 돌리거나 비틀기가 가능한 손목이나 팔목은 wrist라는 단어를 사용해. 이 단어는 비틀다라는 뜻을 지닌 wrest에서 나왔어. 이 wrest를 통해 나온 다른 단어를 잠시 살펴볼게. 동사로 사용되는 wrestle은 힘과 기술을 이용해 비틀어 넘어뜨리는 레슬링을 하다라는 뜻이야. 운동 경기 이름인 레슬링을 영어로는 wrestling이라고 하고, 레슬링 선수는 wrestler라는 단어를 사용해. 다시 손목으로 돌아와서, wrist 뒤에 '작은 것'이라는 뜻을 지닌 접미사 let을 붙인 wristlet은 손목을 감싸는 손목 토시와 팔찌라는 뜻이지. 참고로 접미사 let을 붙인 단어들을 좀 더 보면, 돼지를 의미하는 pig 뒤에 let을 붙이면 새끼돼지인 piglet이 되고, 책을 뜻하는 book에 let를 붙인 booklet은 조그맣게 만든 소책자를 말한다는 것도 기억해 둬.

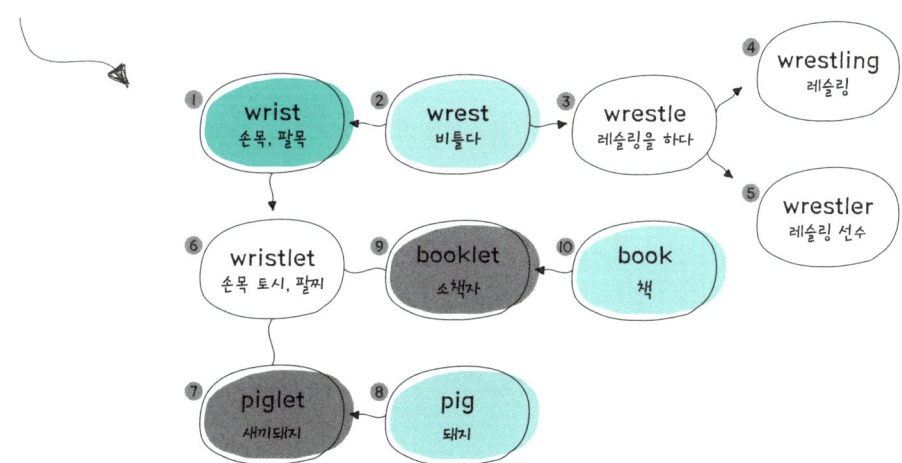

사람이 물건을 잡을 때 사용하는 손은 hand라고 해. 이 단어는 동사의 의미도 있는데 무언가를 손으로 잡는 행동인 잡다라는 의미로도 쓰이고, 잡은 것을 다른 사람에게 전하는 건네주다라는 뜻으로도 쓰이지. hand 뒤에 '~한 도구'라는 뜻을 지닌 접미사 le를 붙인

handle은 사람의 손으로 잡는 **손잡이**가 되고, 동사로는 손으로 **다루다** 또는 **통제하다**라는 뜻으로 쓰이지. 그래서 handle에 er을 붙인 handler는 손으로 동물을 다루고 길들이는 **조련사**를 의미해. hand에서 파생되어 형용사로 쓰이는 handy는 손의 활용을 표현한 **유용한**, **편리한**이라는 뜻과 **능숙한**이라는 뜻을 가지고 있어. 또 **잘생긴**을 의미하는 영어 단어 handsome은 hand에 '적합한'이라는 뜻을 지닌 접미사 some이 결합된 단어로, 원래는 '모든 일을 뛰어나게 하는, 멋진'이라는 뜻으로 쓰였어. 우리말에서도 모든 일에 능통한 사람을 '팔방미인'이라고 하는 것처럼, 서양에서도 handsome은 모든 일에 뛰어난 사람을 의미하다가 현재는 '외모가 출중한, 잘생긴'이라는 좁은 의미로 쓰이게 되었지.

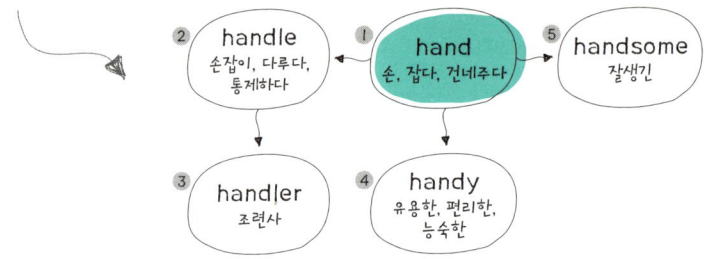

hunt 또한 hand에서 파생된 단어로 손으로 동물을 잡는 **사냥하다**라는 뜻이고, hunter는 **사냥꾼**을 의미해. 동물(animal) 중에서도 다른 동물에게 잡아먹히는 **먹이**는 prey라는 단어를 쓰고, 사냥을 해서 잡아먹는 **포식자**는 prey에서 파생된 단어인 predator라는 단어를 쓰지.

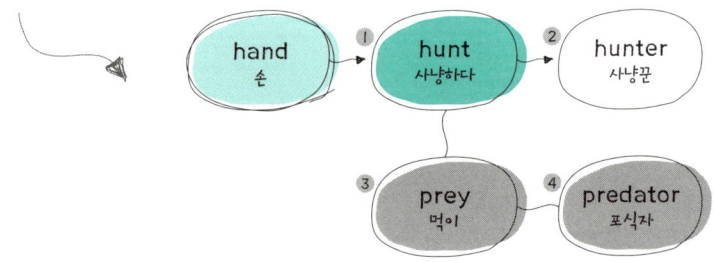

## 정리해보자

**arm** [ɑːrm] 명 팔, 무기
What's up with your **arm**? 팔이 왜 그래?
**armpit** [áːrmpit] 명 겨드랑이
I feel a little tight under the **armpits**. 겨드랑이가 조금 꽉 끼는 느낌이다.
**pit** [pit] 명 구멍
He is digging a **pit**. 그가 **구멍**을 파고 있다.
**armchair** [áːrmtʃɛ̀ər] 명 안락의자
I lie back in an **armchair**. 나는 안락의자에 등을 기댄다.
**chair** [tʃɛər] 명 의자
I used a **chair** for a footstool. 나는 의자를 발판 대신 썼다.
**armor** [áːrmər] 명 갑옷
Most knights were wearing shining **armor**. 대부분의 기사들은 빛나는 갑옷을 입고 있었다.
**armory** [áːrməri] 명 무기고
An **armory** often serves as a military headquarters. 무기고는 종종 군대의 본부로 쓰인다.
**army** [áːrmi] 명 군대
He served in the **army**. 그는 군대(육군)에서 복무했습니다.

**elbow** [élbou] 명 팔꿈치
I leaned my **elbows** on the table. 나는 탁자에 두 팔꿈치를 짚었다.
**bow** [bou] 동 절하다, 숙이다 명 활
I **bowed** my head. 나는 고개를 숙였다.
**arrow** [ǽrou] 명 화살
Time flies like an **arrow**. 세월은 화살같이 날아간다.

**wrist** [rist] 명 손목, 팔목
I seized him by the **wrist**. 나는 그의 손목을 잡았다.
**wrest** [rest] 동 비틀다
**wrestle** [rés-əl] 동 레슬링을 하다
I want to learn how to **wrestle**. 레슬링하는 것을 배워보고 싶어요.
**wrestling** [résliŋ] 명 레슬링
They watched the **wrestling** on TV last night. 그들은 어젯밤에 TV에서 레슬링경기를 시청했다.

**wrestler** [réslər] 명 레슬링선수
He was a **wrestler** at high school. 그는 고등학교 때 레슬링선수였다.
**wristlet** [rístlit] 명 손목토시, 팔찌
**piglet** [píglit] 명 새끼돼지
The sow had eight **piglets**. 암퇘지는 8마리의 새끼돼지를 낳았다.
**pig** [pig] 명 돼지
I am looking at the **pig**. 나는 돼지를 보고 있어요.
**booklet** [búklit] 명 소책자
The **booklet** was issued by the government. 이 소책자는 정부에 의해 발간되었다.
**book** [buk] 명 책
What **book** are you reading now? 지금 무슨 책을 읽고 있니?

**hand** [hænd] 명 손 동 잡다, 건네주다
My **hands** are small. 내 손은 작다.
**handle** [hǽndl] 명 손잡이 동 다루다, 통제하다
Let me **handle** this. 내가 알아서 다룰게.
**handler** [hǽndlər] 명 조련사
**handy** [hǽndi] 형 유용한, 편리한, 능숙한
He is very **handy** with tools. 그는 도구를 매우 능숙하게 다뤄요.
**handsome** [hǽnsəm] 형 잘생긴
How **handsome** you are! 너 참 잘생겼구나!

**hunt** [hʌnt] 동 사냥하다
Do you ever **hunt** for ducks? 오리를 사냥해 본 적 있어요?
**hunter** [hʌ́ntər] 명 사냥꾼
Animals in the cat family are **hunters**. 고양잇과의 동물들은 사냥꾼이다.
**prey** [prei] 명 먹이
The sheep fell a **prey** to a tiger. 그 양은 호랑이에게 먹이가 되었다.
**predator** [prédətər] 명 포식자
Lions, wolves and other **predators** hunt their prey. 사자, 늑대 그리고 다른 포식동물들은 그들의 먹이를 사냥한다.

✱ 빈 칸에 들어갈 우리말 해석을 쓰시오.

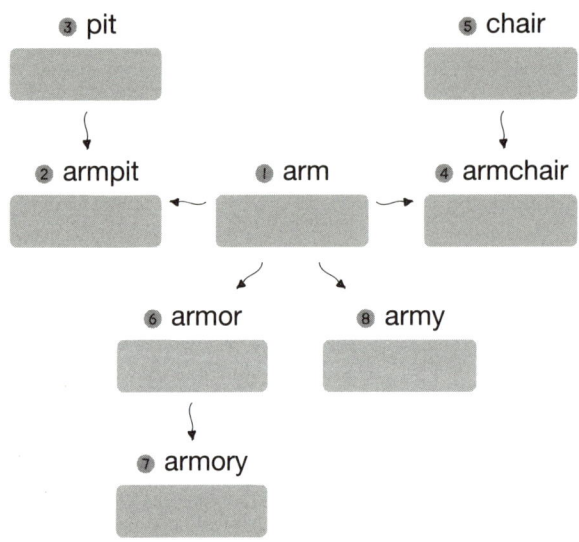

✱✱ 빈 칸에 들어갈 영어 단어를 쓰시오.

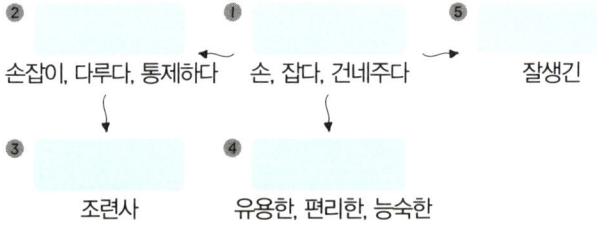

○ 답은 본문에서 확인하세요!

1   다음 중 주어진 관계가 나머지와 다른 하나를 고르시오.

   ① handle  –  handler
   ② hunt    –  hunter
   ③ hint    –  hinter
   ④ far     –  further
   ⑤ farm    –  farmer

2~3 다음 빈 칸에 들어갈 단어를 보기 에서 골라 적으시오.

   | 보기 | predator   prey |

2   A _____ is an animal that is hunted and eaten by other animals.

3   A _____ is an animal that hunts and eats other animals.

4   다음 문장 중 bow의 의미가 다른 하나를 고르시오.

   ① We bowed to the King.
   ② When we first meet, we usually bow to each other.
   ③ He bowed his heads in prayer.
   ④ For shooting arrows, he made a bow.
   ⑤ She begged for mercy to the King and bowed down.

5   다음 문장이 설명하는 단어를 고르시오.

   **It is a place where weapons are stored.**

   ① park   ② factory   ③ armory   ④ storage   ⑤ house

○ 정답은 305쪽에!

# Day 07 body 신체, 몸통

body는 사람의 팔다리를 제외한 몸통을 의미하기도 하지만 전체적인 사람의 몸을 지칭하는 신체라는 뜻이기도 해. 그렇기에 지키다, 보호하다라는 뜻을 지닌 guard와 합쳐진 bodyguard는 사람의 신체를 지키고 보호하는 사람인 경호원을 뜻하게 되었고, 튼튼하고 단단하게 세워진 건물을 의미하는 building과 합쳐진 단어인 bodybuilding은 자신의 신체를 튼튼하고 단단하게 만들기 위해 하는 근육운동인 보디빌딩을 의미하게 된 것이지. 참고로 building은 짓다, 건축하다라는 의미의 동사 build에서 파생된 단어야.

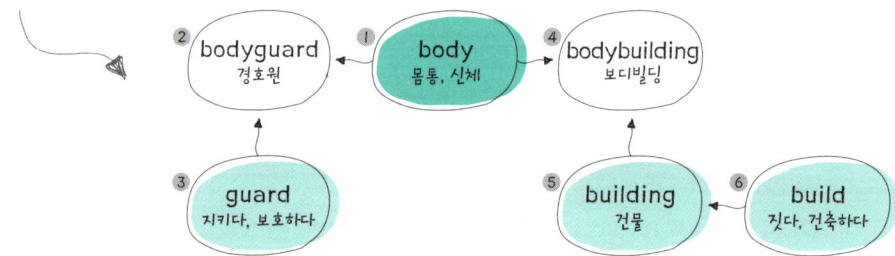

사람 몸통에서 윗부분을 차지하는 가슴은 chest라는 단어를 사용하는데, 이 단어는 원래 귀중품이나 돈을 보호하는 금고를 뜻했어. 그 후 시간이 흐르면서 물건을 보관하는 상자라는 뜻으로 쓰이게 되었고, 그러면서 사람의 심장(heart)과 폐(lung)를 보호하기 위해 갈비뼈로 덮여있는 가슴이라는 의미도 갖게 되었지. chest가 들어간 대표적인 단어로는 chestnut이 있어. chest와 nut이 합쳐진 단어로, 단단한 밤색 껍질 위에 따가운 가시가 덮여 있는 열매인 밤을 의미하는 말이지. nut은 단단한 껍질 속에 보통 한 개의 씨앗을 지니고 있는 식물의 열매인 견과라는 뜻이야. 참고로 chestnut tree는 밤나무라는 것도 알아둬. 밤과 같은 몇 가지 견과(nut)들을 살펴보면, 완두콩인 pea과 합쳐져서 생긴 peanut은

땅콩을 의미하고, 딱딱한 껍질로 둘러싸여 있는 호두는 walnut이야. 또 열대지방에서 자라는 코코나무의 열매로 엄청나게 딱딱하고 두꺼운 껍질 안에 즙이 가득 들어있는 코코넛은 coconut이라고 해.

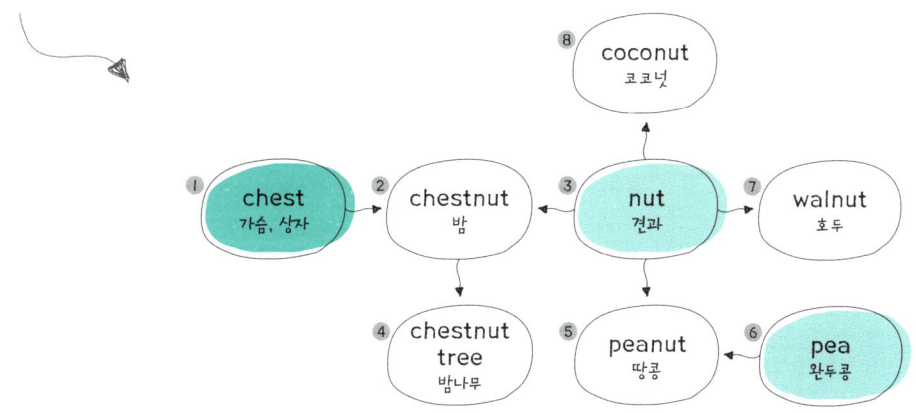

가슴 바로 밑에 있는 배는 belly라는 단어를 사용하는데, 이 단어는 둥그런 형태를 하고 있는 '공', 즉 앞에서 배운 ball에서 파생되어 만들어진 단어야. 그래서 맥주를 많이 마셔서 둥그렇게 나온 맥주 배를 beer belly라 부르지. 또 배를 드러낸 채 허리와 엉덩이를 돌리며 추는 춤인 벨리댄스도 belly dance라고 써. stomach도 '배'를 의미하는 단어이지만, 배 표면이 아니라 뱃속에 있는 음식을 소화시키는 기관인 '위'나 '복부'라는 뜻으로 더 많이 사용하지. 그래서 위나 복부의 통증을 말하는 복통은 '아픔'을 뜻하는 ache와 합쳐져서 stomachache라는 단어를 써.

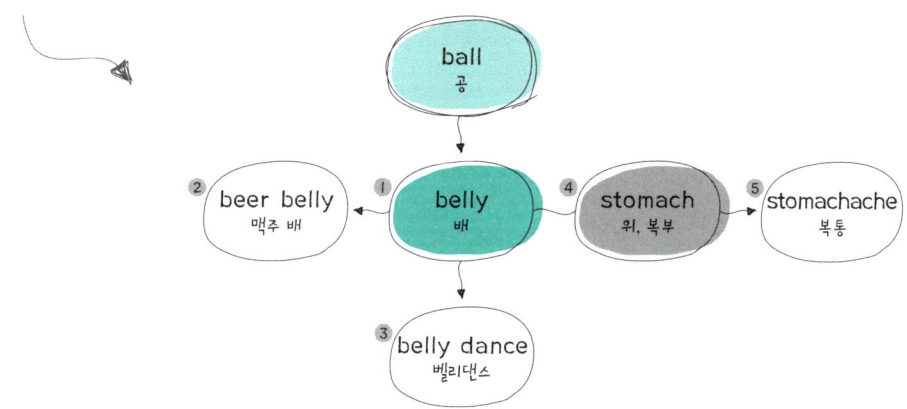

사람의 등과 허리는 몸의 뒤쪽에 있기에 back이라는 단어를 사용하고, 허리 통증을 의미하는 요통은 back pain이나 backache라고 표현해. pain은 사람이 정신적으로나 육체적으로 괴로울 때 느끼는 아픔이나 고통을 의미하는 단어야. 이 단어를 형용사로 만든 painful은 아픈이나 괴로운이라는 뜻으로 사용되지. 등 아래에 있는 허리의 뒤쪽 부분은 back이라는 단어를 사용하지만, 배 아래쪽을 둘러싸고 있는 허리 전체를 통틀어 지칭하는 말로는 waist를 사용해. 그래서 바지가 허리에서 흘러내지 않도록 두르는 허리띠를 과거에는 waist belt라고도 했어. 오늘날에는 그냥 belt라고 하지만 말이야. 이 belt는 원래 칼이나 주머니 등을 허리춤에 매달아놓기 위해 둘렀던 튼튼한 끈을 의미했지. 그렇기에 black belt는 유도나 태권도 선수들이 착용하는 검은띠나 그러한 띠를 착용하는 사람을 의미하는 유단자라는 의미이고, 비행기나 자동차를 탈 때 안전을 위해 착용하는 안전벨트는 seat belt라고 하게 된 거야. seat은 명사로는 좌석, 동사로는 앉히다라는 의미를 지닌 단어지.

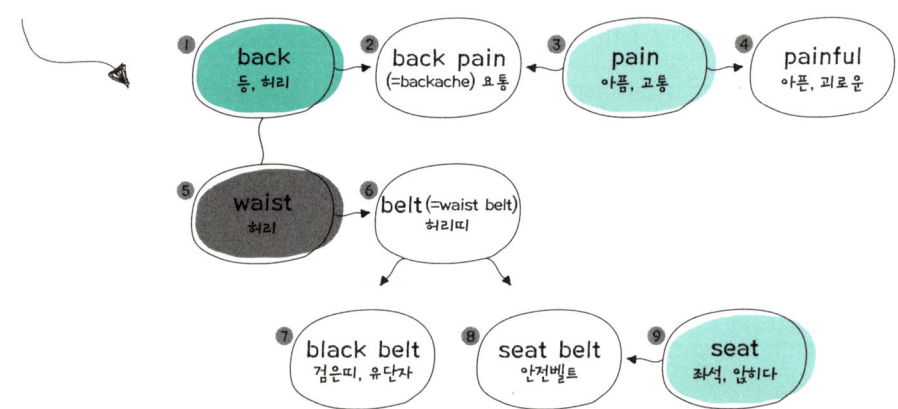

side라는 단어는 왼쪽이든 오른쪽이든 상관없이 어느 한쪽이나 한편을 의미하는 단어였고, 이 뜻을 통해서 사람의 왼쪽 옆이든 오른쪽 옆이든 상관없이 옆의 한 부분을 지칭한다고 하여 옆구리와 옆이라는 뜻도 지니게 되었어. 그래서 '안'을 뜻하는 접두사 in과 합쳐진 inside는 명사로는 안쪽, 전치사로는 ~의 안에라는 의미로 사용되지. inside 뒤에 접미사 er이 붙은 insider는 조직이나 단체 안에 속하는 내부자를 뜻해. 또 side에 '밖'을 의미하는 접두사 out이 합쳐져서 만들어진 outside는 명사로 바깥쪽이라는 뜻과 전치사로 밖에

라는 의미를 지니며, outsider는 조직이나 단체에 가입되지 않은 **외부인**을 뜻하지.

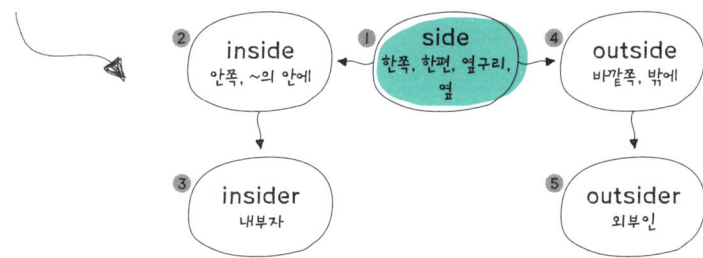

## 정리해보자

**body** [bádi] 명 몸통, 신체
My **body** leaned backwards. 내 **몸**이 뒤로 기울었다.
**bodyguard** [bádigá:rd] 명 경호원
He wants to be a **bodyguard** for me. 그는 나를 경호해주는 **경호원**이 되고 싶어 한다.
**guard** [ga:rd] 동 지키다, 보호하다
He **guards** a building. 그는 건물을 **지킵니다**.
**bodybuilding** [bádibìldiŋ] 명 보디빌딩
He want to be a **bodybuilding** champion. 그는 **보디빌딩** 챔피언이 되기를 원한다.
**building** [bíldiŋ] 명 건물
It's opposite the **building**. 그 **건물** 반대편에 있습니다.
**build** [bild] 동 건설하다, 짓다
They **build** a bridge over a river. 그들은 강 위에 다리를 **건설한다**.

---

**chest** [tʃest] 명 가슴, 상자
He has a **chest** pain. 그는 **가슴** 통증이 있어요.
**chestnut** [ctʃésnʌt] 명 밤
He likes to roast **chestnuts** and eat them. 그는 **밤**을 구워먹는 걸 좋아한다.
**nut** [nʌt] 명 견과
He is cracking a **nut**. 그는 **견과**를 깨고 있다.
**chestnut tree** [ctʃésnʌt-tri:] 명 밤나무
**peanut** [pí:nʌt] 명 땅콩
We were eating **peanut** butter. 우리는 **땅콩**버터를 먹고 있었다.
**pea** [pi:] 명 완두콩
**walnut** [wɔ́:lnʌt] 명 호두
A **walnut** has a hard shell. **호두**는 단단한 껍질을 갖고 있다.
**coconut** [koukənʌt] 명 코코넛
Put **coconut** milk in a large pot. 큰 그릇에 **코코넛** 우유를 넣어라.

---

**belly** [béli] 명 배
He has a big **belly**. 그 사람 똥**배**가 나왔어.
**beer belly** [biər-bèli] 명 맥주 배
I have got a **beer belly**. 나는 술 **배**가 나왔습니다.
**belly dance** [béli-dæns] 명 벨리댄스

**stomach** [stʌ́mək] 명 위, 복부
My **stomach** is growling. 내 **배**가 꼬르륵거리고 있네요.
**stomachache** [stʌ́məkèik] 명 복통
I have a **stomachache**. **배**가 아픕니다.

---

**back** [bæk] 명 등, 허리
**back pain(backache)** [bæk-pein/bǽkèik] 명 요통
I have a **backache**. 나는 **요통**이 있어요.
**pain** [pein] 명 아픔, 고통
This ointment will help relieve your **pain**. 이 연고가 **통증**을 완화시켜줄 겁니다.
**painful** [péin-fəl] 형 아픈, 괴로운
She has really **painful** memories. 그녀는 정말 **괴로운** 기억을 가지고 있다.
**waist** [weist] 명 허리
It's too loose around the **waist**. **허리**가 너무 헐렁해요.
**belt** [belt] 명 허리띠
I took off my **belt**. 나는 **벨트**를 풀었다.
**black belt** [blǽk-bèlt] 명 검은 띠, 유단자
He is only in grade 5 and already a **black belt** in Tae-kwon-do. 그는 초등학교 5학년인데 벌써 태권도 **검은 띠**야.
**seat belt** [sí:t-bèlt] 명 안전벨트
**seat** [si:t] 명 자리, 좌석 동 앉히다
Window **seats** are available. 창가 **좌석**만 가능합니다.

---

**side** [said] 명 한쪽, 한편, 옆구리, 옆
It's on the left **side** of the street. 그것은 길의 왼**편**에 있다.
**inside** [ínsáid] 명 안쪽 전 ~의 안에
Will you step **inside**? **안**으로 들어오시겠어요?
**insider** [insáidər] 명 내부자
He is an **insider**. 그는 **내부자**이다.
**outside** [áutsáid] 명 바깥쪽 전 밖에
She is waiting for me **outside**. 그녀가 **밖**에서 나를 기다리고 있어.
**outsider** [áutsáidər] 명 외부인
He, like John, is also an **outsider**. 존처럼 그 또한 **외부인**이다.

1  다음 영어 단어와 뜻이 일치하도록 바르게 연결하시오.

　① peanut　　•　　　　　　• ⓐ 호두
　② coconut　•　　　　　　• ⓑ 밤
　③ walnut　 •　　　　　　• ⓒ 코코넛
　④ chestnut •　　　　　　• ⓓ 땅콩

2  다음 빈칸에 공통으로 들어갈 단어를 보기 에서 고르시오.

| 보기 | heart | stomach | belly | chest |

A _____ is the front part of the human body, containing the heart and lungs.

A _____ is a strong box, which is used for storing things.

3  다음 중 seat belt의 사용이나 설명이 틀린 것을 고르시오.

　① He is wearing a seat belt in a car.
　② You must wear your seat belt when you drive.
　③ A seat belt saves and protects people in car accidents.
　④ Please fasten your seat belt!
　⑤ A seat belt is an area where people are not allowed to build something by law.

4  다음 밑줄 친 부분과 같은 의미를 지닌 단어를 고르시오.

> Are you suffering from pain?

　① backache　② painful　③ painfully　④ ache　⑤ toothache

◑ 정답은 305쪽에!

사람의 다리는 leg라고 하지. 동물의 다리 역시 leg라고 하는데, 사람과 다르게 다리가 네 개인 동물들은 앞발과 뒷발을 구분해서 지칭하기도 해. 네발동물의 앞발은 '앞'이나 '미리'라는 뜻의 접두사 fore를 붙여 foreleg라 하고, 뒷발은 뒤의라는 뜻의 형용사 hind를 붙인 hind leg라는 단어를 사용해. 이 hind에서 파생된 단어인 behind는 전치사로서 뒤에라는 뜻을 지니고 있어. 흔히 영화나 소설 따위가 완성되기까지 벌어졌던, 일반인은 잘 모르는 숨겨진 뒷이야기를 behind story(비하인드 스토리)라고 하지. 대중들에게 공개되는 '이면의 이야기' 즉, '뒷이야기'라는 의미로 사용되는 말이야.

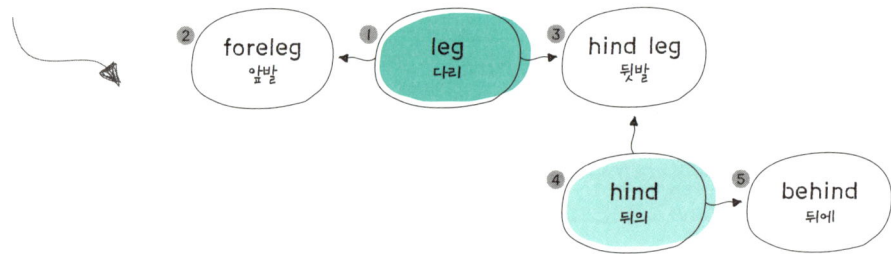

다리는 무릎을 기점으로 허벅지와 종아리로 나뉘지. 허벅지는 thigh라는 단어를 사용하는데, 이 단어는 닭고기 등의 넓적다리를 의미하기도 하기 때문에 영어권 국가의 정육점에 가면 쉽게 접할 수 있어. 이 thigh와 목이 긴 신발인 부츠를 지칭하는 boot가 합쳐진 thigh boot는 특히 여성들이 많이 신는 허벅지까지 올라오는 롱부츠(긴 부츠)를 의미하는 단어야. 허벅지와 종아리를 연결하는 무릎은 영어로 knee라고 하는데, 이 단어의 맨 끝에 알파벳 l만 붙이면 무릎을 꿇다라는 뜻의 동사 kneel이 되지. 무릎 밑에 있는 종아리는 calf라고 해. 이 calf와 철자는 같지만 뜻이 전혀 다른 단어가 하나 더 있는데, 그건 '소의

새끼'를 뜻하는 **송아지**야. 그러므로 calf의 복수형인 calves는 사람의 '양쪽 종아리'를 뜻하기도 하고 '송아지 무리'를 의미하기도 하지.

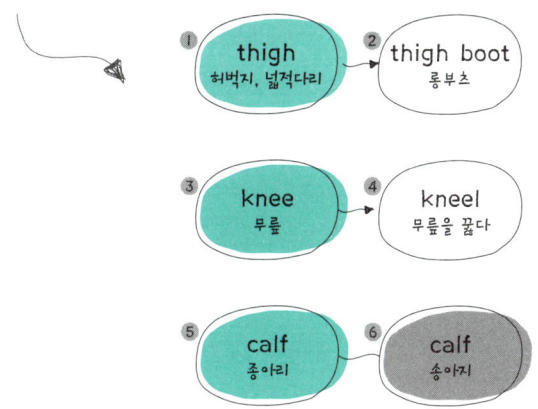

**발**이 영어로 foot이라는 것은 **축구**를 뜻하는 단어인 football을 통해서 다들 잘 알거야. 발로 공을 차는 게임이라고 해서 football이지. 하지만 축구를 의미하는 football은 영국이나 다른 영어권에서 사용되는 단어이고, 미국에서 사용되는 football은 **미식축구**를 의미해. 우리가 흔히 알고 있는 '축구'를 미국에서는 soccer라고 부르지. 또 foot에 **인쇄**나 **자국**을 뜻하는 print를 뒤에 붙인 footprint는 사람이 발로 걸어가면서 남긴 **발자국**을 의미하고, **걸음**을 뜻하는 step과 합쳐진 footstep은 걸음걸이 또는 footprint와 같은 뜻인 **발자국**을 의미해.

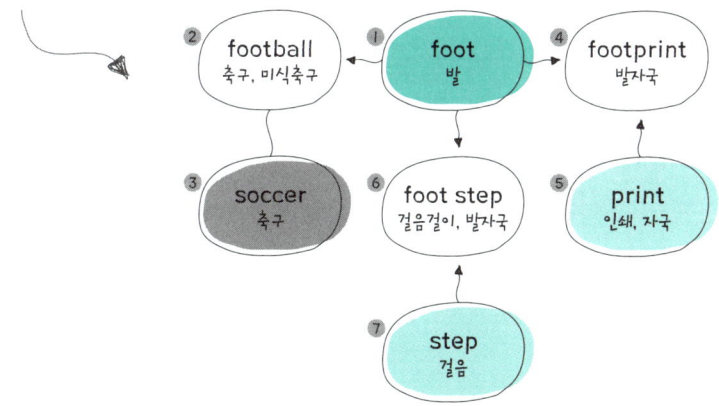

발과 다리를 연결하는 관절 부위인 **발목**은 ankle이라고 하는데, 이 단어는 구부러진 **각**이나 **각도**를 의미하는 angle에서 파생된 단어야. 이 angle에서 파생된 다른 단어들을 살펴볼까? 먼저 '세우다'라는 뜻을 지닌 접두사 rect를 붙인 rectangle은 안에 있는 내각들이 모두 직각을 이루는 사각형인 **직사각형**을 뜻해. 그리고 앞에 숫자 3을 뜻하는 접두사 tri를 붙인 triangle은 세 개의 내각을 지니고 있는 **삼각형**을 의미하지. 직사각형 중에서도 네 변의 길이가 같고 네 각의 크기가 모두 같은 **정사각형**은 square라는 단어를 사용하는데, 이 단어는 나중에 커다란 네모 모양을 하고 있는 장소를 의미하는 **광장**이라는 뜻도 지니게 되었어. ankle에서 파생된 단어를 좀 더 보면, 앞에서 배웠던 '뼈'를 의미하는 bone과 합쳐진 anklebone은 우리가 '복숭아뼈'라고 잘못 사용하고 있는 **복사뼈**를 뜻하고, '작은 것'을 뜻하는 접미사 let과 합쳐져 생긴 anklet은 발목에 차는 작은 액세서리인 **발찌**를 뜻해.

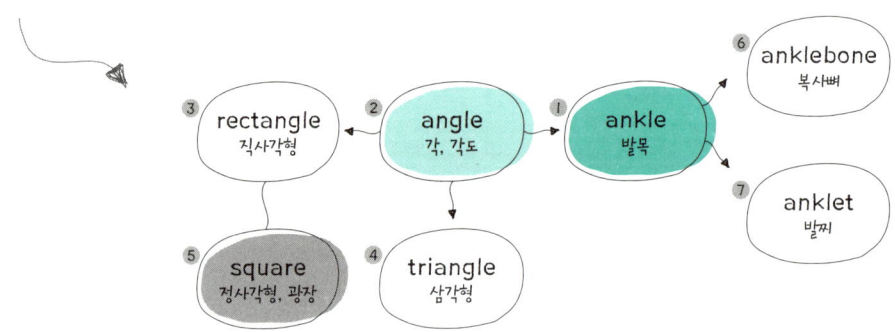

삼각형과 사각형을 배워본 김에 다른 다각형에 대해서도 잠깐 살펴볼게. **오각형**은 pentagon이라고 해. 앞의 penta는 그리스어에서 파생된 단어로 숫자 5를 나타내고, 뒤의 gon은 접미사로 '각형'을 의미해. **육각형** 역시 그리스어에서 파생된 hexagon이라는 단어를 쓰는데, 6을 의미하는 hexa와 gon이 합쳐진 말이지. 또 **칠각형**은 7을 의미하는 hepta와 gon이 합쳐진 heptagon이고, **팔각형**은 8을 의미하는 octa와 gon이 합쳐진 octagon이야. 8을 뜻하는 octa는 나중에 octo로 변형되었고 여기서 octopus, October 등의 단어들이 생겨났어. octopus의 pus는 '발'을 의미해서, octopus는 발이 여덟 개인 **문어**를 뜻해. October는 처음에는 8월을 의미하는 단어였다가 로마시대에 **10월**로 의미가 바뀐 후

현재까지 10월을 지칭하는 단어로 사용되고 있어.

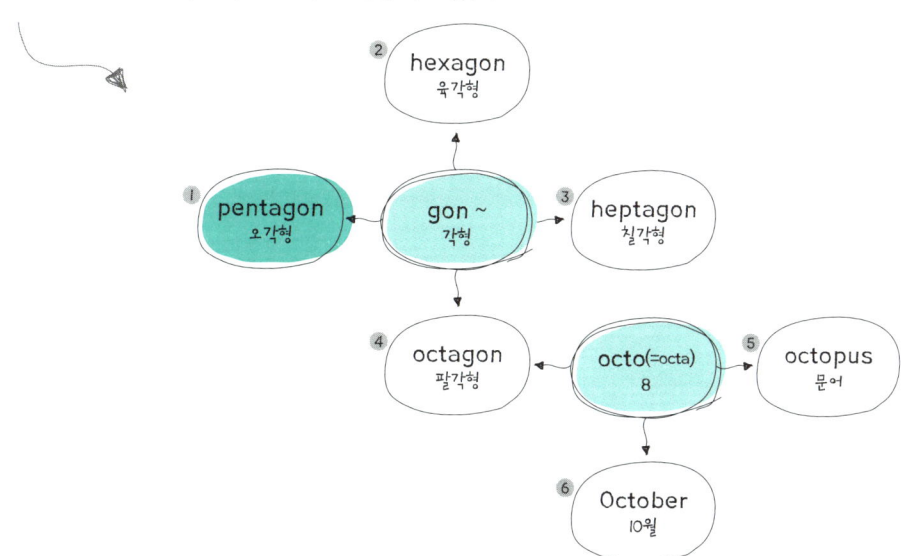

## 정리해보자

**leg** [leg] 명 다리
I had my **leg** broken. 제 **다리**가 부러졌어요.

**foreleg** [fɔːrlèg] 명 앞발
The tadpoles have begun to grow **forelegs**. 올챙이의 **앞다리**가 나오기 시작했다.

**hind leg** [haind-leg] 명 뒷발
The horse stood on its **hind legs**. 그 말이 **뒷다리**로 섰다.

**hind** [haind] 형 뒤의

**behind** [biháind] 전 뒤에
He is sitting **behind** her. 그는 그녀 **뒤에** 앉아있다.

**thigh** [θai] 명 허벅지, 넓적다리
Give me two wings and three **thighs**. 날개 두 개하고 **넓적다리** 3개 주세요.

**thigh boot** [θai-buːt] 명 롱 부츠, 긴 부츠
She is putting on her **thigh boots**. 그녀는 **긴 부츠**를 신고 있어요.

**knee** [niː] 명 무릎
I fell down and scraped my **knees**. 나는 넘어져서 **무릎**이 깨졌다.

**kneel** [niːl] 동 무릎을 꿇다
I move backward and **kneel** down. 나는 뒤로 가서 **무릎을 꿇는**다.

**calf** [kæf] 명 종아리, 송아지
She has a cramp in her **calf**. 그녀는 **종아리**에 쥐가 났어요.
Her new shoes are made of **calf**. 그녀의 새 신발은 **송아지** 가죽으로 만든 것이다.

**foot** [fut] 명 발
I stepped on your **foot**. 내가 당신의 **발**을 밟았군요.

**football** [fútbɔːl] 명 축구, 미식축구
I like watching **football** games on TV. 저는 텔레비전에서 **축구**경기 보는 것을 좋아합니다.

**soccer** [sákəːr] 명 축구

**footprint** [fútprìnt] 명 발자국
He leaves **footprints** behind him. 그는 그 뒤로 **발자국**을 남긴다.

**print** [print] 명 인쇄, 자국, 지문
Her **prints** were found on the gun. 총에서 그녀의 **지문**이 발견되었다.

**footstep** [fútstəp] 명 걸음걸이, 발자국
She is listening for his **footsteps**. 그녀는 그의 **걸음걸이**를 귀 기울여 듣고 있다.

**step** [step] 명 걸음
She walked with light **steps**. 그녀는 가벼운 **걸음**으로 걸었다.

**ankle** [ǽŋkl] 명 발목
My **ankle** is killing me. **발목**이 아파 죽겠어요.

**angle** [ǽŋgl] 명 각, 각도
This is a right **angle**. 이것은 **직각**이다.

**rectangle** [réktæŋɡ-əl] 명 직사각형
Fold the paper in half to make a **rectangle**. 반으로 접어 **직사각형**을 만들어라.

**triangle** [tráiæŋɡəl] 명 삼각형
All the angles of a **triangle** are equal to two right angles. **삼각형**의 모든 각의 합계는 두 직각의 합과 같다.

**square** [skwɛəːr] 명 정사각형, 광장
It's a **square**-shaped room. 그것은 **정사각형** 형태의 방이다.

**anklebone** [ǽŋkl-bòun] 명 복사뼈

**anklet** [ǽŋklit] 명 발찌
She is wearing a **anklet**. 그녀는 **발찌**를 차고 있다.

**pentagon** [péntəɡàn] 명 오각형
A **pentagon** is a shape with five sides. **오각형**은 변이 다섯 개다.

**hexagon** [héksəɡàn] 명 육각형
It is shaped like a **hexagon**. 그것은 **육각형**처럼 생겼다.

**heptagon** [héptəɡàn] 명 칠각형

**octagon** [áktəɡən] 명 팔각형

**octopus** [áktəpəs] 명 문어
Animals like an **octopus** and a crab do not have a backbone. **문어**나 게와 같은 동물들은 등뼈를 가지고 있지 않다.

**October** [aktóubər] 명 10월
Your court day is **October** 12. 당신의 법정 출두일은 **10월** 12일입니다.

**1** 다음 빈칸에 공통으로 들어갈 적절한 단어를 고르시오.

> A _____ has four sides of equal length.
> My high school band was playing in the town _____.

① rectangle  ② square  ③ triangle  ④ pentagon  ⑤ hexagon

**2** 다음 중 단어와 뜻이 잘못 연결된 것을 고르시오.

① pentagon  –  오각형
② hexagon  –  육각형
③ octagon  –  십각형
④ triangle  –  삼각형
⑤ heptagon  –  칠각형

**3** 다음 밑줄 친 부분과 같은 의미를 지닌 단어를 고르시오.

> <u>Football</u> is a game played between two teams of eleven people.

① dodge ball  ② volleyball  ③ basketball  ④ baseball  ⑤ soccer

**4~5** 다음 문장이 설명하는 단어를 적으시오.

**4** This is the part at the back of the human leg between the knee and the foot.

**5** These are the two back legs of an animal with four legs.

○ 정답은 305쪽에!

# Day 09 finger 손가락

이번에는 사람의 손과 발에 붙어 있는 손가락과 발가락에 대해서 알아보도록 할게. 사람의 손가락은 다섯 개지. 숫자 **다섯**을 영어로는 five라고 하는데, **손가락**을 뜻하는 finger라는 단어는 바로 이 five에서 파생되어 나온 거야. 우리말에서도 각 손가락마다 길이나 쓰임이 다르기에 고유의 이름이 있듯이 영어도 마찬가지야. 가장 두꺼운 **엄지손가락**은 thumb이라는 단어를 사용하지. 이 thumb은 옛날에 '붓다'라는 뜻으로 사용되었던 tum에서 파생되면서 변형된 단어야. 바로 이 tum에서 세포가 자체적으로 부풀어 올라 생기는 **종양**을 뜻하는 tumor라는 단어가 나오게 되었지. 또 **부어오른**이라는 뜻의 형용사로 사용되는 tumid도 tum에서 파생되었어.

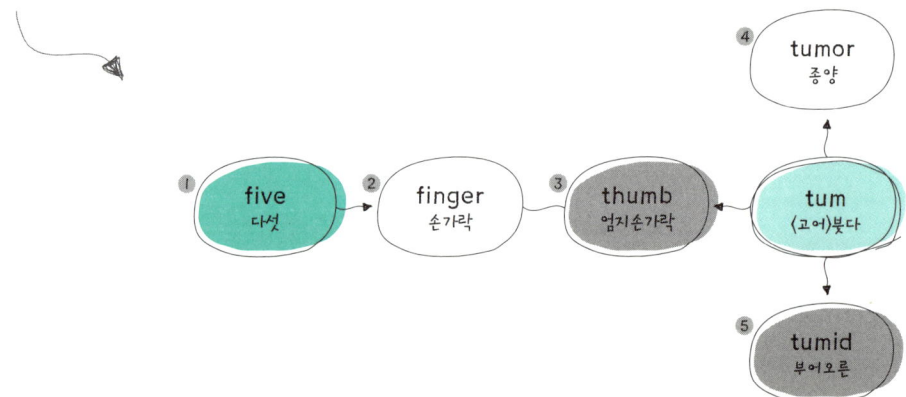

다섯 손가락 중 가장 긴 **검지**는 forefinger나 index finger라는 단어를 사용해. 먼저 forefinger의 fore는 '앞의'라는 뜻으로 '엄지손가락을 제외하고 가장 앞에 있는 손가락'이라는 것을 의미하지. index는 물가나 가격 등의 기준이 되는 지표나 **지수**, 또는 무언가를 찾기 쉽게 정보가 어디에 있는지를 표시한 **색인**을 의미하는 단어로, 무언가를 손가

락으로 지적하는 가리키다라는 뜻을 지닌 indicate에서 변형된 단어야. 검지가 '무언가를 가리키는 손가락'이라고 해서 index finger가 된 것이지. 중지는 가운데 있다고 해서 middle finger라고 하고, 약지는 반지를 끼우는 손가락이라고 해서 ring finger라고 불러. 마지막으로 새끼손가락은 가장 작아서 little finger라고 하지.

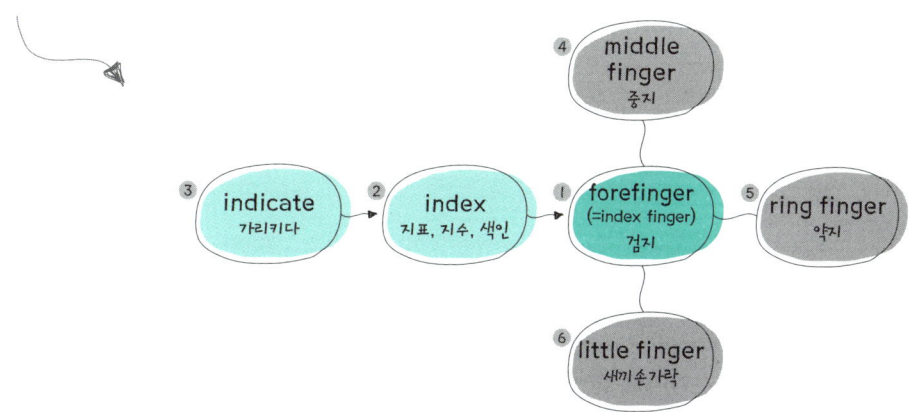

사람의 발가락은 영어로 toe라고 하는데, 발가락은 손가락처럼 하나하나 고유한 기능이 있는 게 아니기 때문에 보통 엄지발가락과 새끼발가락 정도만 따로 지칭하지. 엄지발가락은 가장 크다고 해서 big toe, 새끼발가락은 가장 작다고 해서 little toe라고 불러. 손가락과 발가락에 붙어 있는 손톱과 발톱은 둘 다 못이라는 뜻도 함께 갖고 있는 nail이라는 단어를 사용하는데, 특별히 손톱이라고 지칭할 때는 fingernail이라 하고 발톱은 toenail이라고 해. 동물의 발톱은 두껍고 날카로우므로 nail이 아닌 claw를 사용하는데 육상동물뿐만이 아니라 하늘을 나는 새의 발톱 또한 이 단어를 써.

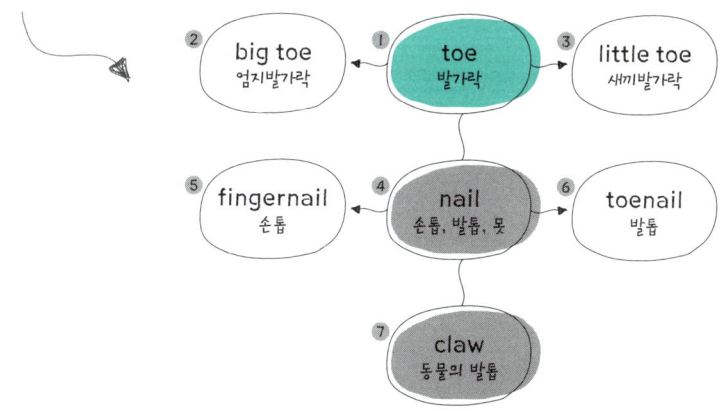

손바닥은 palm이야. 이 단어는 평평한이라는 뜻의 plain에서 파생되어 나왔는데, 이 plain이라는 단어는 명백한, 분명한이라는 뜻도 있지. 땅에 굴곡이 없을 때 평평하다고 하는 것처럼 자신의 생각을 말함에 있어 거침이 없이 정확하게 말한다는 것을 의미해서 이러한 뜻을 갖게 된 거야. plain에서 파생된 동사 explain은 스스로가 아닌 다른 사람들에게 명확하게 말함으로써 알려주는 설명하다라는 뜻이고, 명사로 사용되는 explanation은 설명이라는 의미지. 발바닥은 sole이라는 단어를 사용해. 이 단어는 사람 몸의 가장 밑에 위치한 발바닥이라는 뜻과 신발의 바닥인 밑창이라는 의미도 지니고 있어. 이 sole처럼 발과 신발에 같은 명칭을 쓰는 단어가 또 있는데, 그건 바로 heel이야. 사람 발의 둥근 뒷부분을 지칭하는 발뒤꿈치라는 의미로도 쓰이고, 신발의 뒤축, 굽이라는 뜻으로도 쓰이지.

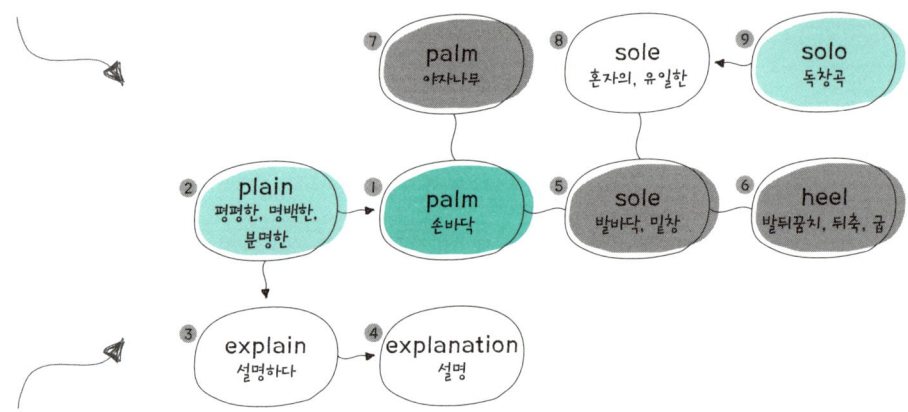

우리말에도 단어의 철자와 발음은 같지만 뜻이 전혀 다른 동음이의어가 무척이나 많지. 사물을 보는 신체 기관인 '눈'과 겨울에 내리는 하얀 '눈'이 철자는 같지만 뜻은 전혀 다른 것처럼 말이야. 영어에도 동음이의어가 많아. 앞에서 배운 palm도 마찬가지지. 손바닥을 palm이라고 하지만 열대지방에서 자라는 야자나무도 palm이라고 해. 또 발바닥을 의미하는 sole도 동음이의어가 있어. 형용사로 혼자의, 유일한이라는 뜻으로 사용되는 sole이라는 단어가 그것이지. 이 단어는 혼자서 노래를 하는 독창곡이라는 의미의 solo에서 파생된 말이야.

## 정리 해보자

**five** [faiv] 명 다섯
It's **five** stops from here. 여기서 **다섯** 정거장입니다.
**finger** [fíŋ-gər] 명 손가락
My **finger** still hurts. **손가락**이 아직도 아프다.
**thumb** [θʌm] 명 엄지손가락
I twirled my **thumbs**. 나는 두 **엄지손가락**을 빙빙 돌렸다.
**tumor** [tjú:mə:r] 명 종양
The news of his **tumor** hit his parents hard. 그에게 **종양**이 생겼다는 소식은 그의 부모에게 큰 충격을 주었다.
**tumid** [tjú:-mid] 명 부어오른

---

**forefinger/index finger** [fɔ́:rfiŋgə:r] [in-deks fing-ger] 명 검지
She cut her **forefinger(index finger)**. 그녀는 **검지**를 베었다.
**index** [índeks] 명 지수, 색인
There was no **index** to the book. 그 책에는 **색인**이 없었다.
**indicate** [ín-di-kèit] 동 가리키다
He **indicated** where we go. 그는 우리가 어디로 갈지 **가리켰다**.
**middle finger** [mídl-fiŋ-gər] 명 중지
The nail on your **middle finger** grows the fastest. **가운뎃손가락**의 손톱이 가장 빨리 자랍니다.
**ring finger** [riŋ-fiŋ-gər] 명 약지, 중지
He is putting the ring on her **ring finger**. 그는 그녀의 **약지**에 반지를 끼워주고 있다.
**little finger** [litl-fiŋ-gər] 명 새끼손가락
It is as big as my **little finger**. 그것은 나의 **새끼손가락**만 하다.

---

**toe** [tou] 명 발가락
He wiggled his **toes**. 그는 **발가락**을 꼼지락거렸다.
**big toe** [bíg-tóu] 명 엄지발가락
She touched her **big toe**. 그녀는 그녀의 **엄지발가락**을 만졌다.
**little toe** [lítl-tóu] 명 새끼발가락
My **little toe** was sore after the walk. 걷고 난 후에 나의 **새끼발가락**이 아팠다.

**nail** [neil] 명 손톱, 발톱, 못 동 ~에 못을 박다
I hammered a **nail** in. 나는 **못**을 박았다.
**fingernail** [fiŋgər-nèil] 명 손톱
I removed **fingernail** polish. 나는 **손톱** 매니큐어를 지웠다.
**toenail** [tóunèil] 명 발톱
**claw** [klɔ:] 명 발톱
They could hurt me with their sharp **claws**. 그들은 날카로운 **발톱**으로 나를 다치게 할 수도 있다.

---

**palm** [pa:m] 명 손바닥, 야자나무
I hold the bird in the **palm** of my hand. 나는 내 **손바닥**에 새를 잡고 있다.
The island has long golden beaches fringed by **palm** trees. 그 섬에는 **야자나무**로 둘러싸인 긴 황금빛 해변이 있다.
**plain** [plein] 형 평평한, 명백한, 분명한
That's too **plain**. 그건 너무 **평범해요**.
**explain** [ikspléin] 동 설명하다
I **explained** it in detail. 나는 그것을 상세히 **설명했다**.
**explanation** [èk-splə-néi-ʃən] 명 설명
That's our **explanation**. 그것이 우리의 **설명**입니다.
**sole** [soul] 명 발바닥, 밑창 형 혼자의, 유일한
I fix a **sole** on my shoes. 나는 구두에 **밑창**을 댄다.
Her **sole** reason for coming here was to see me. 그녀가 여기에 온 **유일한** 이유는 나를 만나는 것이었다.
**heel** [hi:l] 명 발뒤꿈치, 굽
The **heel** fell off the shoe. 구두 **굽**이 떨어져나갔다.
**solo** [sóulou] 명 독창곡
She gave a **solo** performance. 그녀는 **독창곡**을 연주했다.

✻ 빈 칸에 들어갈 우리말 해석을 쓰시오.

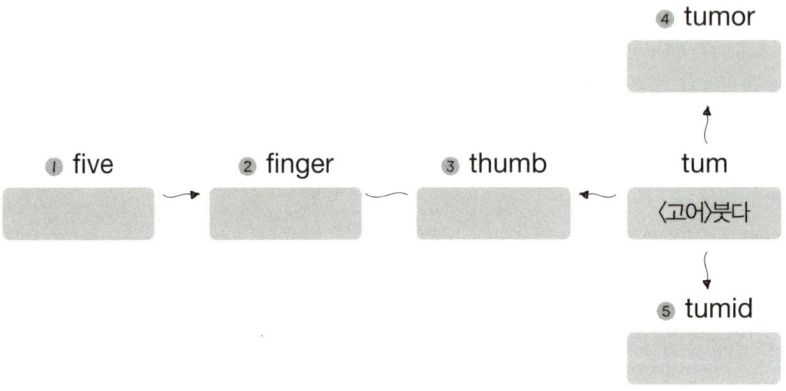

✻✻ 빈 칸에 들어갈 영어 단어를 쓰시오.

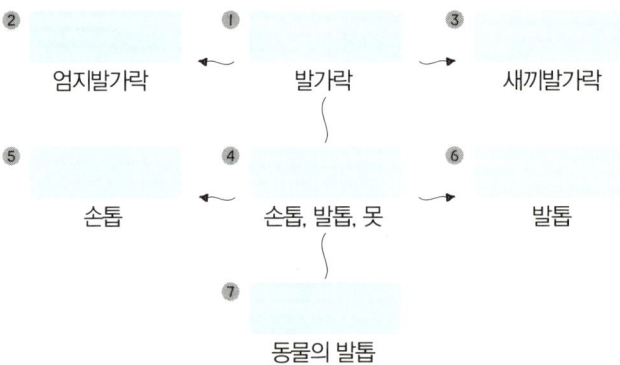

○ 답은 본문에서 확인하세요!

**1** 다음 빈칸에 들어갈 가장 적절한 단어를 고르시오.

> My cat likes to sharpen her _____ on the legs of the table.

① tongue  ② ears  ③ claws  ④ hair  ⑤ nose

**2** 다음 문장이 설명하는 단어를 고르시오.

> It is a collection of information stored in alphabetical order.

① index  ② indicate  ③ dexter  ④ desk  ⑤ computer

**3** 다음 빈칸에 공통으로 들어갈 단어를 고르시오.

> My shoes wore down at the _____.
> He tried to repair the _____ of my shoes.

① palm  ② heel  ③ heal  ④ plain  ⑤ explanation

**4** 다음 빈칸에 알맞은 단어를 적으시오.

> A _____ is a musical performance done by one person alone.

**5** 다음 빈칸에 들어갈 가장 적절한 단어를 보기 에서 골라 쓰시오.

> 보기  claw    toenail    fingernail

> A _____ is the hard part that covers and protects the end of a toe.

○ 정답은 306쪽에!

# Day 10 height 키, 높이

사람이 몸을 곧게 펴고 섰을 때 발끝에서 머리끝까지의 길이를 나타내는 키는 height라는 단어를 사용해. 이 단어는 처음에는 높은이라는 뜻을 지닌 high에 명사로 만드는 th가 붙어서 highth라고 사용되었어. 이후 여러 언어를 거치면서 변형되어 현재의 height라는 철자를 갖게 되었고, 명사로 사물의 높이와 사람 몸의 전체 길이인 신장이라는 의미도 갖게 된 것이지. high에 부사로 만드는 ly가 붙어서 생긴 highly는 보통보다 높거나 큰 것을 표현하는 크게, 매우라는 뜻이고, 길을 뜻하는 way와 합쳐진 highway는 일반적인 도로보다 크고 넓은 길인 고속도로를 의미해. 또 highlight는 어떤 행사나 이야기 등에서 가장 두드러진 부분이나 인상적인 장면을 지칭하는 하이라이트를 의미하는 단어인데, 뒤에 붙은 light는 빛을 뜻하지. 빛이라는 건 깜깜한 곳을 환하게 비추는 것인데 그 중에서도 highlight는 특별하게 빛을 비출 만한 중요한 장면이라고 해서 생겨난 말이지.

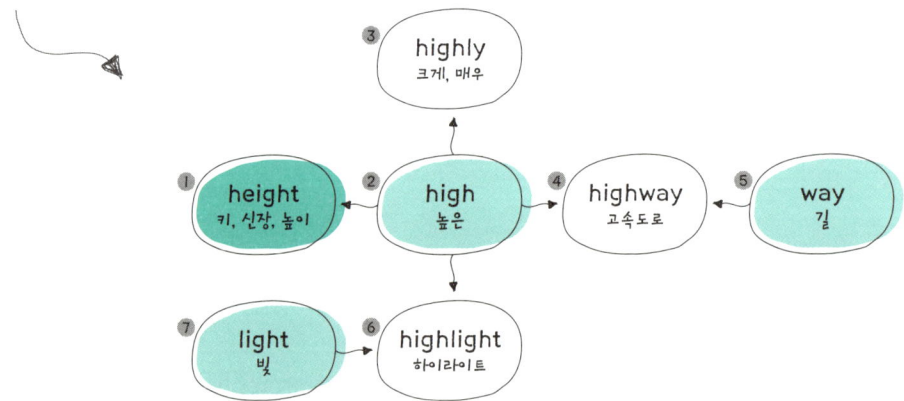

사람이나 동물의 키가 큰 것을 표현할 때는 키가 큰이라는 뜻을 지닌 tall을 사용하고, 덩치나 몸집이 큰 것을 표현할 때는 큰이라는 뜻의 big을 사용해. 이 단어들과는 반대로 키

가 작거나 수, 양 등이 작은(적은) 것을 표현 할 때는 small이라고 하고, 덩치나 크기가 작은 것이나 나이가 어린 것을 표현할 때는 little이라는 단어를 쓰지.

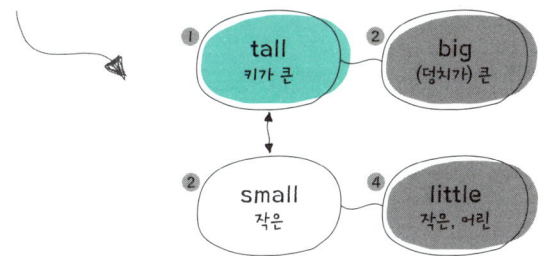

길이를 뜻하는 단어는 length인데, 이 단어 역시 긴이라는 뜻을 가진 형용사 long에 명사로 만드는 th가 붙어서 만들어졌지. long에서 파생된 단어로는 '앞의'라는 뜻의 pro가 붙은 prolong이 있어. 이 prolong은 시간을 길게 늘려 확장시키는 연장하다라는 뜻이고, 명사형인 prolongation은 연장을 의미하지. 참고로, belong이라는 단어는 '길다'라는 의미의 long과는 관련이 없어. belong은 강조를 의미하는 be와 현재 사용하지 않는 '관련되다'라는 뜻의 long이 합쳐져 생긴 단어로 속하다라는 뜻이지.

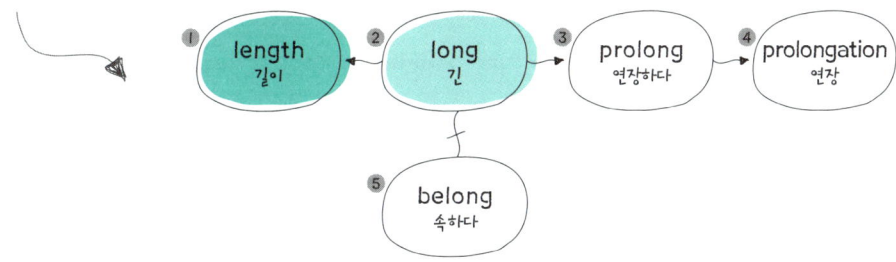

넓은 물체를 가로로 건너지르는 거리를 뜻하는 너비는 width라고 하는데, 이 단어 또한 넓은이라는 뜻을 지닌 wide에 th가 붙어서 생긴 단어지. wide에서 파생된 단어는 무척 많아. 먼저 동사로 만드는 접미사 en과 합쳐져서 생긴 widen은 크기나 면적이 커지는 넓어지다라는 뜻이고, wide 뒤에 ly가 붙어서 생긴 부사 widely는 널리, 드넓게라는 의미로 사용되는 단어야. 또 퍼지다라는 뜻을 지닌 spread와 합쳐져서 생긴 단어인 widespread는 형용사로 널리 퍼진이라는 의미이고, 세계를 뜻하는 world와 합쳐진 worldwide 역시 형용사로 전 세계적인이라는 뜻이지. 참고로, 인터넷 주소를 칠 때 제일 앞에 붙이는

'www'라는 표시는 World Wide Web을 줄인 말인데, web은 거미줄이나 그물의 망을 의미해. 전 세계적으로 거미줄처럼 연결되어 있는 인터넷 세상의 연결망을 의미하는 용어지.

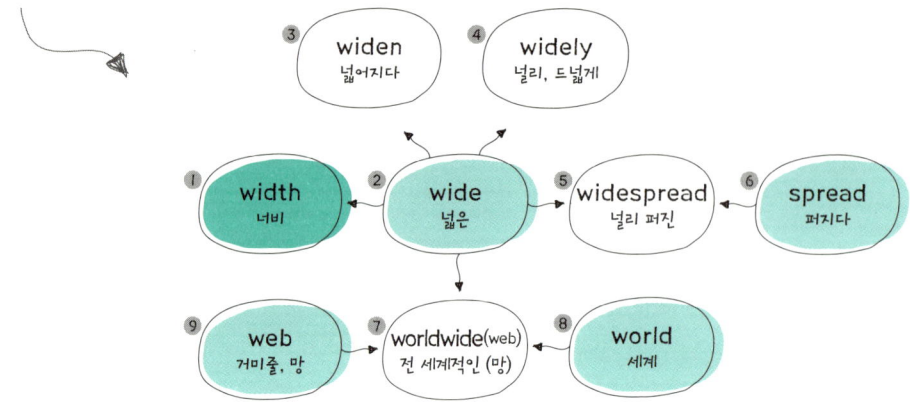

무게는 weight라는 단어를 사용하는데, 이 단어는 무게를 달다, 저울질하다라는 뜻의 동사 weigh에서 나온 단어야. 힘과 근력을 기르기 위한 운동을 '웨이트 트레이닝'라고 하는데, 여기서 weight는 원래 무게나 체중을 뜻하는 단어였지만 시간이 흐르면서 무거운 무게를 지닌 역기라는 뜻도 지니게 되었지. 무게가 많이 나가는 역기 등을 사용해 운동을 한다고 해서 현재 이런 표현을 쓰게 된 거야. weight와 들어올리는 사람을 뜻하는 lifter가 합쳐진 weight lifter는 역기를 들어올리는 역도선수를 의미하고, weight lifting은 역기를 들어올리는 운동인 역도를 뜻해. lifter와 lifting은 lift에서 파생된 단어인데, 이 lift는 물체에 힘을 가해 위로 들어올리다라는 뜻이야. 참고로, lift는 건물의 위층을 뜻하는 loft에서 파생되어 나온 단어이고, loft의 형용사인 lofty는 아주 높은이라는 뜻이지.

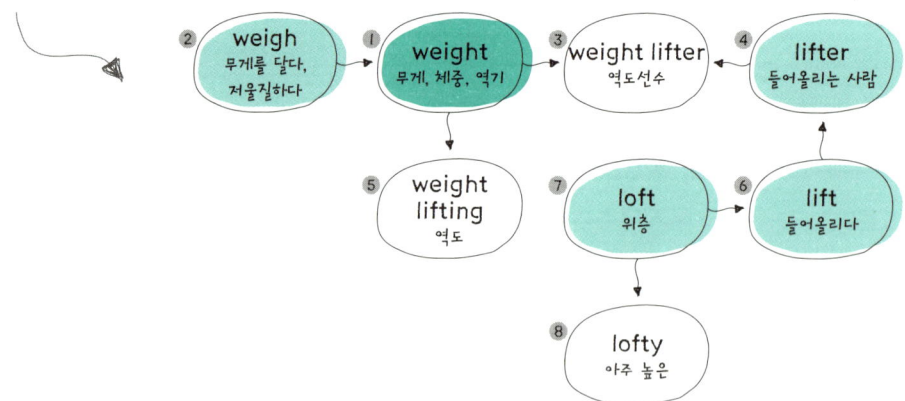

## 정리해보자

**Day 10**

**height** [hait] 명 키, 신장, 높이
She is average **height** and weight. 그녀는 표준 키에 표준 체중입니다.

**high** [hai] 형 높은
The sky's blue and **high**. 하늘은 푸르고 높아요.

**highly** [háili] 부 크게, 매우
He is **highly** skilled. 그는 매우 숙련되었다.

**highway** [hái-wèi] 명 고속도로
He comes by the **highway**. 그는 고속도로로 온다.

**way** [wei] 명 길
Will you show me the **way**? 길을 가르쳐 주겠니?

**highlight** [hái-làit] 명 하이라이트
This is certainly the **highlight** of my life. 이것은 나의 인생에서 가장 중요한 하이라이트입니다.

**light** [lait] 명 빛 동 불을 붙이다
Please switch the **lights** off. 전등을 꺼 주세요.

---

**tall** [tɔːl] 형 키가 큰
I'm not **tall** enough. 난 그렇게 키가 크지 않아.

**big** [big] 형 큰
I have a **big** nose. 나는 큰 코를 가지고 있습니다.

**small** [smɔːl] 형 작은
It's a **small** world! 세상 참 좁네요!

**little** [lítl] 형 작은, 어린
This is a **little** gift for you. 이것은 작은 내 선물이야.

---

**length** [leŋkθ] 명 길이
The day and night are the same in **length**. 낮과 밤의 길이가 같다.

**long** [lɔːŋ] 형 긴
What a **long** rainy season this is! 장마가 정말 길군요!

**prolong** [proʊ-lɔ́ːŋ] 동 연장하다
We can **prolong** his life. 우리는 그의 생명을 연장할 수 있다.

**prolongation** [proʊ-lɔ̀ːŋ-géi-ʃən] 명 연장

**belong** [bilɔ́ːŋ] 동 속하다
A whale **belongs** to the mammals. 고래는 포유동물에 속한다.

---

**width** [widθ] 명 너비
The roads are all the same **width**. 그 도로들은 너비가 모두 같다.

**wide** [waid] 형 넓은
This board is **wide**. 이 널빤지는 넓다.

**widen** [wáidn] 동 넓어지다
We decided to **widen** the road. 우리는 그 길을 넓히기로 결정했다.

**widely** [wáidli] 부 널리, 드넓게
Today gas is **widely** used for cooking. 오늘날 가스는 요리를 할 때 널리 쓰인다.

**widespread** [wáid-spréd] 형 널리 퍼진
His news was **widespread** in school. 그의 소식은 학교에 널리 퍼졌다.

**spread** [spred] 동 퍼지다
The disease **spreads** rapidly. 그 질병은 급속도로 퍼진다.

**worldwide** [wə́ːrld-wáid] 형 전 세계적인
Our company is known **worldwide**. 우리 회사는 전 세계적으로 알려져 있다.

**world** [wəːrld] 명 세계
It was the **world**-shaking news. 그것은 세계를 뒤흔들 뉴스였다.

**web** [web] 명 거미줄, 망

---

**weigh** [wei] 동 무게를 달다, 저울질하다
Would you **weigh** this package? 이 소포의 무게를 달아주시겠어요?

**weight** [weit] 명 무게, 체중, 역기
You look like you lost **weight**. 너 체중이 빠진 것 같아 보인다.

**weight lifter** [weit-líftəːr] 명 역도선수

**lifter** [líftəːr] 명 들어올리는 사람

**weight lifting** [weit-líftiŋ] 명 역도
I do **weight** lifting. 저는 역도를 합니다.

**lift** [lift] 동 들어올리다
**Lift** up your face. 고개를 들어라.

**loft** [lɔːft] 명 위층

**lofty** [lɔ́ːfti] 형 아주 높은
His aim should be as **lofty** as the sky. 그의 목표는 하늘처럼 아주 높아야 한다.

✱ 빈 칸에 들어갈 우리말 해석을 쓰시오.

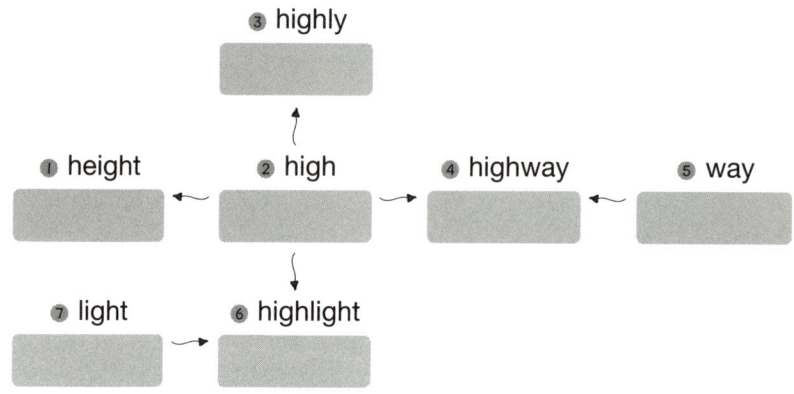

✱✱ 빈 칸에 들어갈 영어 단어를 쓰시오.

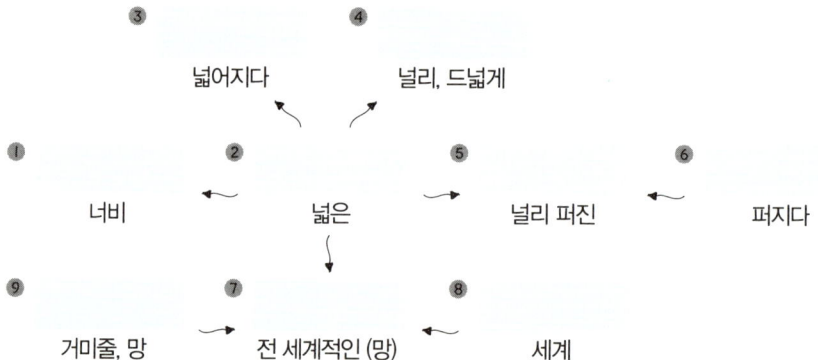

○ 답은 본문에서 확인하세요!

1  다음 주어진 관계가 나머지와 다른 하나를 고르시오.

　① lofty　　－　loft
　② long　　－　length
　③ wide　　－　width
　④ weigh　　－　weight
　⑤ high　　－　hight

2  다음 빈칸에 공통으로 들어갈 가장 적절한 단어를 고르시오.

> I _____ my head up.
> This bag is too heavy for this child to _____.

　① left　② lift　③ right　④ widen　⑤ weight

3  다음 중 문법적으로 틀린 문장을 고르시오.

　① She has a big nose.
　② He looks a little overweight.
　③ My hands is small.
　④ How tall is she?
　⑤ It won't be long.

4~5  다음 빈칸에 들어갈 가장 알맞은 단어를 보기 에서 골라 쓰시오.

　보기　high　　tall　　weigh　　weight

4  He is trying to lose _____.
5  The airplane is flying _____ over the city.

○ 정답은 306쪽에!

# Day 11 · hat 모자

자, 이번에는 사람의 몸을 감싸주고 보호하는 것들에 대해 알아보기로 할게. 사람이 머리를 감추거나 따뜻하게 하기 위해 쓰는 모자는 영어로 cap 또는 hat이라는 단어를 사용해. cap은 원래 머리에 쓰는 두건을 의미하다가 나중에 '모자'를 뜻하게 된 단어이고, hat은 머리나 얼굴을 보이지 않게 덮는 두건이라는 뜻의 hood에서 파생되어 나온 단어야. hood는 현재 모자가 달린 윗옷의 모자를 의미하기도 하지만 hood shirt 또는 hood T-shirt를 줄인 말인 후드티를 의미하기도 하지. 주로 겨울철에 머리통에 딱 달라붙게 착용하는 비니는 영어로 beanie라고 하는데, 앞부분에 bean이라는 단어가 들어있는 게 보일 거야. 이 bean은 우리가 먹는 콩을 뜻하는 단어인데, 미국에서 사람의 머리를 의미하는 속어로도 쓰여. 그런 의미에서 파생되어 머리에 쓰는 beanie라는 단어가 생긴 것이고, 야구에서 투수가 타자의 머리를 향해서 공을 던지는 것을 빈볼(bean ball)이라고 부르게 된 거야.

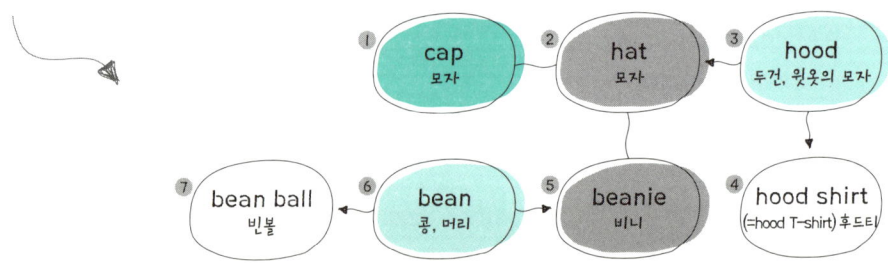

시력을 교정하거나 눈을 보호하기 위해 착용하는 안경은 glasses라고 하지. 이 단어는 유리를 뜻하는 glass의 복수형인데, glass는 유리잔이라는 뜻도 있어. 햇빛(sunlight)을 가리기 위해 착용하는, 색깔이 들어간 안경인 선글라스는 sunglasses라고 해. 이 glass는 햇빛에 반사되어 빛이 나는 빛나다, 불빛을 의미하는 glow에서 파생된 단어야. 그래서

sunglow 하면 해가 뜨거나 질 때 햇빛을 받아 하늘이 벌겋게 되는 **노을**을 의미하지. 이와 비슷한 파생 형태를 보이는 예로 풀이나 **잔디**를 뜻하는 grass가 있어. grass가 자라는 것을 보며 **성장하다**라는 의미의 grow가 파생되었고, 풀이나 잔디의 색깔을 보고 **초록색**인 green이 나오게 된 거야. 또 grow에서 파생된 growth는 생물이 자라나는 **성장**을 뜻하지.

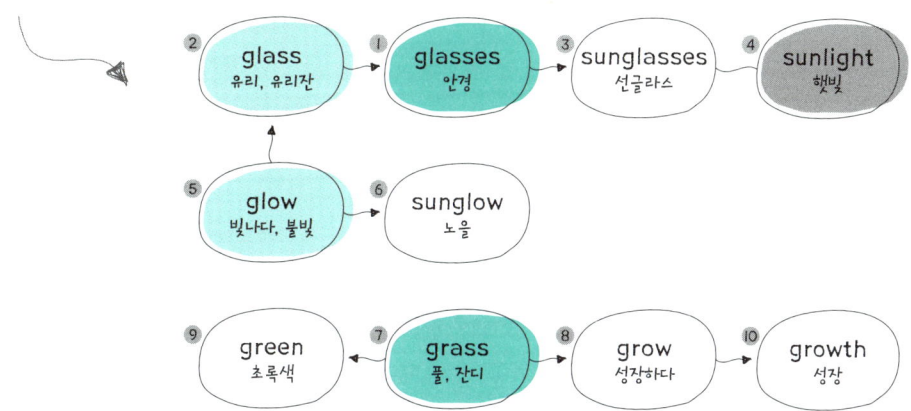

눈에 병이 났을 때 착용하는 **안대**는 eye patch라고 하는데, eye 뒤에 있는 patch는 조그마한 **헝겊조각**이나 **천조각**을 의미해. 이 patch는 무언가가 부서져서 남겨진 **조각**을 의미하는 piece에서 나오게 된 단어지. 또 감기가 걸렸을 때 입과 코를 막기 위해 사용하는 **마스크**는 mask라고 쓰고, 이 mask는 얼굴 전체를 덮어 얼굴을 가리는 **가면**이라는 의미도 있지. 이 mask에서 파생된 mascot는 원래 사람들이 모르게 숨어 지내는 마녀나 마녀가 지니고 있는 힘인 마력을 의미했는데, 시간이 흐르면서 마녀가 지니고 있는 마력처럼 사람들에게 행운을 가져다주는 상징물이라고 해서 **마스코트**라는 뜻을 갖게 된 거야.

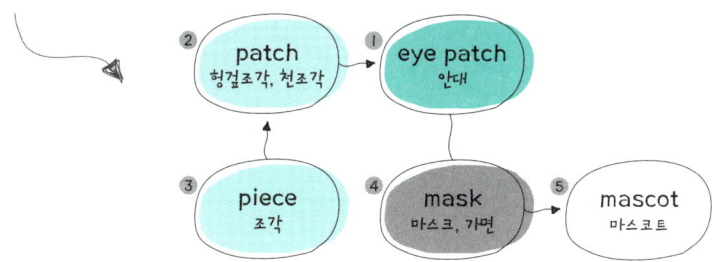

귀를 덮는 귀마개는 두 종류가 있어. 먼저 귀를 따뜻하게 보호하는 '방한용 귀마개'는 겨울에 손을 따뜻하게 감싸기 위해 털로 둥글게 만든 통인 머프(muff)와 합쳐진 earmuff라는 단어를 사용해. 이 muff에서 파생된 muffle이라는 단어는 동사로 따뜻하게 감싸다, 덮다라는 뜻인데, 뒤에 er을 붙인 muffler는 목을 따뜻하게 감싸주는 목도리를 의미하지. 목을 따뜻하게 하는 용도뿐 아니라 멋져 보이기 위해 장식용으로 목에 두르는 스카프는 scarf라는 단어를 써. 다시 귀마개로 돌아가서, 방한용 귀마개 말고 '소리가 들리지 않게 하거나 물이 들어가지 않게 귀를 틀어막는 귀마개'는 구멍을 꽉 막는 마개라는 뜻의 plug와 합쳐진 earplug라고 하지.

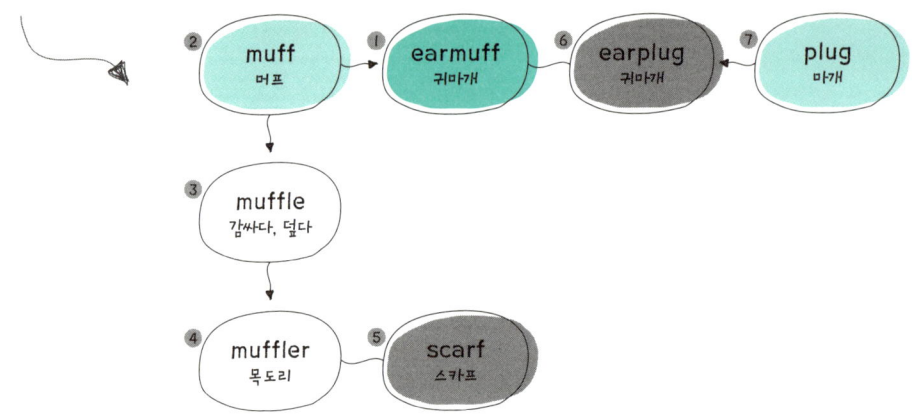

## 정리해보자

**cap** [kæp] 명 모자
Your cap looks good on you. 모자가 너한테 잘 어울린다.

**hat** [hæt] 명 모자
Her hat blew off. 그녀의 모자가 바람에 날려갔다.

**hood** [hud] 명 두건, 윗옷의 모자
The coat has a detachable hood. 그 코트는 분리할 수 있는 후드가 달려있다.

**hood shirt/hood T-shirt** [hud-ʃəːrt] [hud-tíːʃəːrt] 명 후드티
I have two hood T-shirts. 나는 두벌의 후드티가 있다.

**beanie** [bíːni] 명 비니
He is wearing a small beanie. 그는 조그만 비니를 쓰고 있다.

**bean** [biːn] 명 콩, 머리
Your clothes are covered with bean flour. 너의 옷에 콩가루가 묻었다.

**bean ball** [bíːn-bɔ̀ːl] 명 빈볼
The pitcher threw a bean ball at the batter. 투수가 타자에게 빈볼을 던졌다.

---

**glasses** [glǽs-iz] 명 안경
You look great with the glasses. 그 안경이 잘 어울린다.

**glass** [glæs] 명 유리잔
I'd like to have a glass of water. 물 한잔 갖다주세요.

**sunglasses** [sʌn-glǽs-iz] 명 선글라스
I lost my sunglasses. 내 선글라스를 잃어버렸다.

**sunlight** [sʌ́n-làit] 명 햇빛
The sunlight falls on the wall. 햇빛이 벽에 비치고 있다.

**glow** [glou] 동 빛나다 명 불빛
She gave him a glowing smile. 그녀가 그에게 빛나는 미소를 지어 보였다.

**sunglow** [sʌ́n-glòu] 명 노을

**grass** [græs] 명 풀, 잔디
Keep off the grass. 잔디에 들어가지 마세요.

**grow** [grou] 동 성장하다
He thinks he can grow with this company. 그는 이 회사와 함께 성장할 수 있다고 생각한다.

**green** [griːn] 명 초록색
The leaves are changing from green to brown. 잎들이 초록색에서 갈색으로 변하고 있다.

**growth** [grouθ] 명 성장
We need to accelerate the growth of the trees. 우리는 나무들의 성장을 촉진해야 할 필요가 있다.

---

**eye patch** [ai-pǽtʃ] 명 안대
He always puts on a eye patch before he goes to sleep. 그는 잠자리에 들기 전에 항상 안대를 써요.

**patch** [pætʃ] 명 헝겊조각
She'll have to sew a patch onto these jeans. 그녀는 이 바지를 헝겊을 대서 꿰매야 한다.

**piece** [piːs] 명 조각
I sliced the pizza into six pieces. 나는 피자를 여섯 조각으로 잘랐다.

**mask** [mæsk] 명 가면, 마스크
The burglar wore a mask. 그 도둑은 가면을 쓰고 있었다.

**mascot** [mǽskət] 명 마스코트
The Olympic Games always has an official mascot. 올림픽 게임은 언제나 공식적인 마스코트가 있다.

---

**earmuff** [íər-mʌ̀f] 명 방한용 귀마개

**muff** [mʌf] 명 머프

**muffle** [mʌ́f-əl] 동 감싸다, 덮다
He muffled the child up in a bath towel. 그는 아이들을 목욕타월로 감쌌다.

**muffler** [mʌ́f-ləːr] 명 목도리
That muffler really suits her well. 그 목도리는 그녀한테 정말 잘 어울린다.

**scarf** [skaːrf] 명 스카프, 목도리
She put on her scarf. 그녀는 스카프를 맸다.

**earplug** [íər-plʌ̀g] 명 보호용 귀마개
He wears earplugs when he swims. 그는 수영할 때 귀마개를 착용한다.

**plug** [plʌg] 명 마개
I unplug a plug. 나는 플러그를 뺀다.
She pulled out the plug. 그녀는 마개를 뽑았다.

✳ 빈 칸에 들어갈 우리말 해석을 쓰시오.

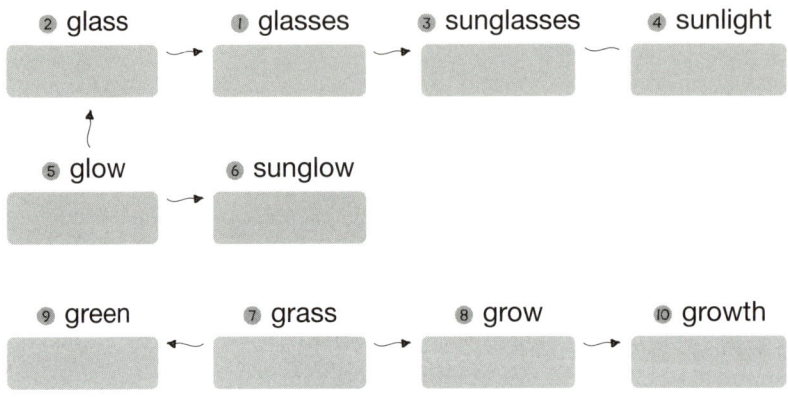

✳✳ 빈 칸에 들어갈 영어 단어를 쓰시오.

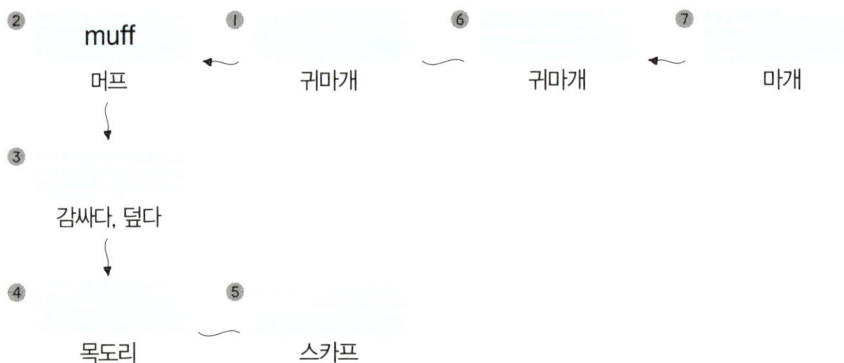

○ 답은 본문에서 확인하세요!

1. 다음 빈칸에 공통으로 들어갈 단어를 고르시오.

   I'd like a _____ of chocolate cake.
   She folded a _____ of paper in half.

   ① pepper  ② patch  ③ peace  ④ piece  ⑤ pass

2. 다음 문장이 설명하는 단어를 고르시오.

   This is a person, animal or object which is believed to bring good luck.

   ① dove  ② mascot  ③ circus  ④ bear  ⑤ eagle

3. 다음 주어진 관계가 나머지와 다른 하나를 고르시오.

   ① muffle – muffler
   ② lift – lifter
   ③ run – runner
   ④ love – lover
   ⑤ wide – wider

4. 다음 문장 중 glass의 의미가 다른 하나를 고르시오.

   ① I empty the glass.
   ② Raise a glass for everyone.
   ③ You look great with the glasses.
   ④ I poured the water into the glass.
   ⑤ There is a glass of milk on the table.

○ 정답은 306쪽에!

# Day 12 clothes 옷

cloth는 옷을 만들기 위해 사용되는 직물이나 천을 의미하는 단어야. 여기에 e를 붙인 clothe는 옷을 입히다라는 뜻의 동사로 사용되는 단어이고, es를 붙인 clothes는 이러한 직물을 이런 저런 모양으로 조합해서 사람이 입을 수 있게 만든 옷을 뜻하지. 참고로, 옷 중에서 상의는 위에 입는다고 해서 top이고, 하의는 아래에 입는다고 하여 바닥을 의미하는 bottom이라는 단어를 써. top은 위, 정상이라는 뜻도 지니고 있는 단어지.

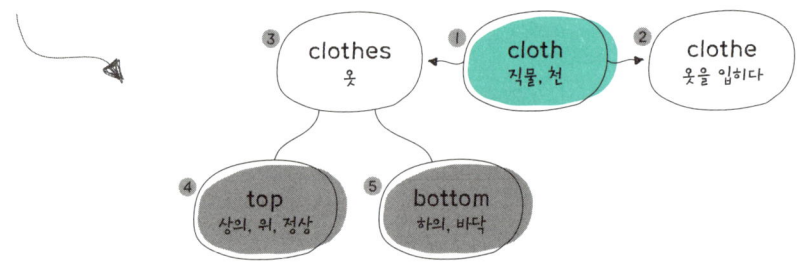

우리가 윗옷으로 많이 입는 셔츠는 shirt라는 단어를 사용해. 이 shirt는 원래 짧은이라는 의미의 형용사 short에서 파생되어 나온 단어야. 옛날의 shirt는 지금의 속옷처럼 아주 짧고 얇은 옷을 지칭하던 단어였는데 현대로 와서는 아무 때나 편하게 입을 수 있는 '상의'를 지칭하는 말이 되었지. 티셔츠는 알파벳 T와 같은 모양을 띠고 있다고 해서 T-shirt가 된 것이고, 우리가 와이셔츠라고 하는 남자들이 입는 상의는 영어로는 dress shirt라고 해. 와이셔츠는 정확한 영어가 아니니 주의하도록 해. dress는 여성들이 파티에서 입는 드레스를 의미하기도 하지만 깨끗하고 단정하게 차려입는 옷을 의미하기도 하지. 셔츠 중에서도 목 부분에 깃과 단추가 달려있는 폴로셔츠는 영어로도 polo shirt라고 해. polo는 말을 타고 달리면서 막대기로 공을 치는 스포츠인 폴로를 말하는데, 과거 폴로선수(polo player)들이 즐겨 입던 스타일의 편안한 옷을 지칭하는 말이지.

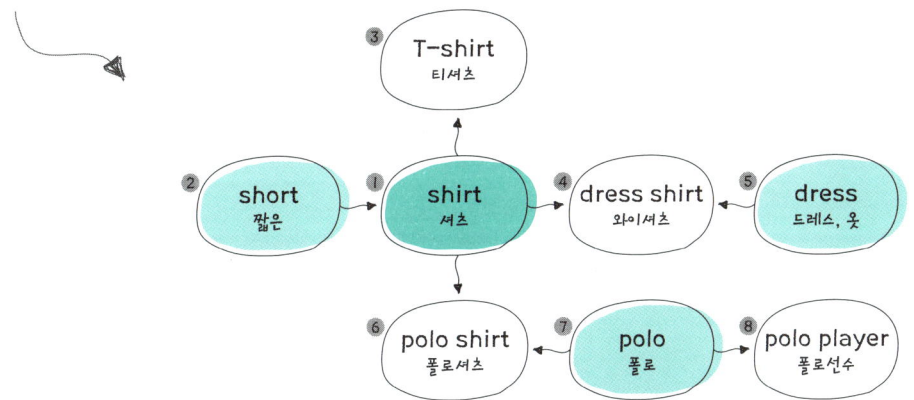

'바지'는 영국과 미국에서 사용하는 단어가 각각 달라. 영국에서는 trousers라는 단어를 쓰는데, 이 단어는 옛 아일랜드에서 바지라는 의미로 사용되던 trouse에서 파생된 단어야. 미국에서는 바지를 pants라고 하는데, 이 단어는 pantaloons라는 단어의 줄임말이야. 과거 19세기까지는 '바지'라는 의미로 pantaloons라는 단어를 사용했지만, 점차 간편하게 줄인 pants가 '바지'를 뜻하게 되었고, pantaloons는 현재 주로 여성들이 잠을 잘 때 입는 밑단이 고무줄이나 끈으로 조여지고 다리통이 펑퍼짐한 속바지나 나팔바지를 지칭하는 판탈롱이라는 의미로 사용되고 있어.

청바지는 blue jeans이지만, blue를 빼고 그냥 jeans라고도 해. blue는 파란, 파란색을 뜻하고, jean은 청바지의 원단을 처음 만든 곳인 이탈리아의 Genoa(제노아)의 프랑스 고어명인 Janne에서 변형되어 만들어진 단어지. 청바지나 푸른색의 질긴 면직물은 denim이라고도 하는데, 이 denim은 프랑스에서 모직물을 많이 생산하는 소도시인 Nimes(님)의 이름을 따서 생긴 단어야. 면바지는 cotton trousers 또는 cotton pants라고 하는데, cotton은 솜이나 실을 만들어내는 목화나 목화솜으로 만든 면직물을 뜻하지. 앞에서 배운 shirt에 이 cotton을 붙이면 '면셔츠'라는 뜻의 cotton shirt가 되는 것을 어렵지 않게 알 수 있을 거야. 참고로, 솜사탕은 '솜'을 의미하는 cotton에 사탕이라는 뜻의 candy를 붙인

cotton candy라고 하지.

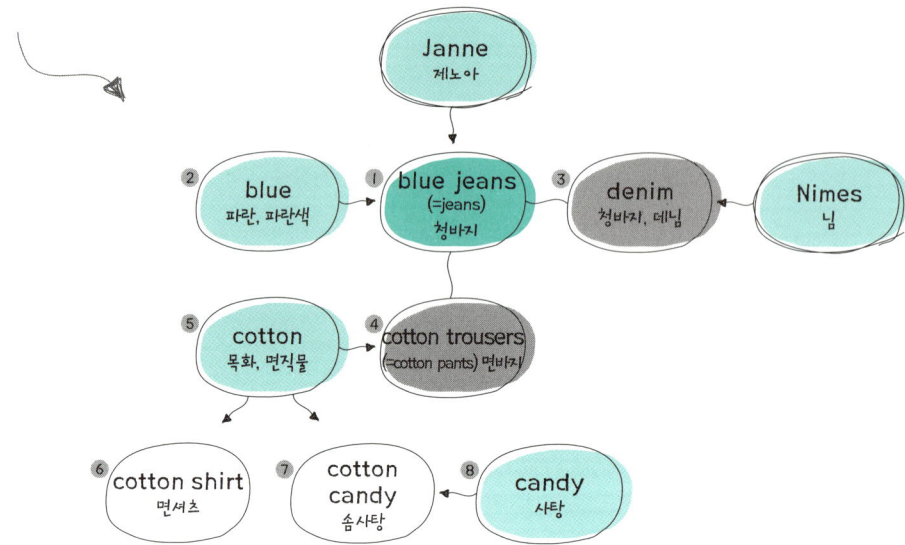

여성들이 하의로 입는 **치마**는 skirt라는 단어를 사용해. 자세히 보면 '셔츠'를 뜻하는 shirt 와 상당히 유사한 철자 형태를 가지고 있다는 걸 알 수 있을 거야. 앞에 '작은'이라는 의미를 지닌 접두사 mini와 합쳐져 생긴 miniskirt는 길이가 무척 짧은 **미니스커트**를 의미하지. 요즘 여성들이 치마 안에 많이 입는 **레깅스**는 '다리'를 의미하는 leg에 현재분사인 ing 와 복수형 s가 붙어서 만들어진 leggings라는 단어라는 것도 알아둬.

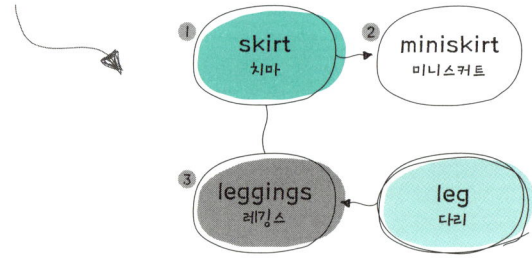

## 정리해보자

**cloth** [klaθ] 명 직물, 천
She sews **cloth**. 그녀는 **천**을 바느질한다.

**clothe** [klouð] 동 옷을 입히다
He fed and **clothed** their children. 그는 자식들을 먹이고 **입혔다**.

**clothes** [klouðz] 명 옷
Take off your **clothes**. **옷**을 벗으세요.

**top** [tap] 명 상의, 위, 정상
Trim off the **top** a little. **위**는 조금만 다듬어주세요.

**bottom** [bátəm] 명 하의, 아래, 바닥
Sediment settled on the **bottom**. 침전물이 **바닥**에 쌓였다.

**shirt** [ʃə:rt] 명 셔츠
Is this **shirt** on sale? 이 **셔츠**는 세일 중인가요?

**short** [ʃɔ:rt] 형 짧은
She looks better with **short** hair. 그녀는 **짧은** 머리가 더 잘 어울린다.

**T-shirt** [tí:ʃə:rt] 명 티셔츠

**dress shirt** [drés-ʃə:rt] 명 와이셔츠
I'd like to see some **dress shirts**. 와이셔츠 좀 보고싶네요.

**dress** [dres] 명 드레스, 옷
The **dress** shop is on your right. **옷**가게는 오른편에 있습니다.

**polo shirt** [póulou-ʃə:rt] 명 폴로셔츠
He wears a **polo shirt** with sneakers. 그는 폴로셔츠를 입고 스니커즈를 신었다.

**polo** [póulou] 명 폴로

**polo player** [póulou-plèiər] 명 폴로선수
Prince Charles is a keen **polo player**. 찰스 왕자는 열정적인 **폴로선수**이다.

**trousers** [tráu-zə:rz] 명 바지
I pull up my **trousers**. 나는 나의 **바지**를 추켜올린다.

**pants** [pænts] 명 바지
Let me see some **pants**. 바지 좀 보여주세요.

**pantaloons** [pæ̀n-təlú:nz] 명 판탈롱

**blue jeans** [blú:-dʒi:ns] 명 청바지
**Blue jeans** are worn by people of all ages. **청바지**는 모든 연령대의 사람들이 입는다.

**blue** [blu:] 형 파란 명 파란색
The sky's **blue** and high. 하늘은 **파랗고** 높아요.

**denim** [dénim] 명 청바지, 푸른색의 질긴 면직물, 데님
He'd like to wear a **denim** jacket and jeans. 그는 **데님** 재킷과 바지를 입는 것을 좋아한다.

**cotton trousers/cotton pants** [kátn-tráu-zə:rz] [kátn-pænts] 명 면바지
You have to avoid jeans or light **cotton pants**. 당신은 청바지나 얇은 **면바지**는 피하도록 하세요.

**cotton** [kátn] 명 목화, 면직물
My father makes a living from **cotton**. 아버지는 목화로 생계를 꾸려가신다.

**cotton shirt** [kátn-ʃə:rt] 명 면셔츠
This is a pure **cotton shirt**. 이것은 순**면셔츠**이다.

**cotton candy** [kátn-kæ̀ndi] 명 솜사탕
I'll buy **cotton candy** in amusement park. 나는 놀이공원에서 **솜사탕**을 살 것이다.

**candy** [kǽndi] 명 사탕
I crunched **candy** with my teeth. 나는 **사탕**을 이로 깨물었다.

**skirt** [skə:rt] 명 치마
I got this **skirt** on sale. 이 **치마**를 세일해서 샀어요.

**miniskirt** [mínəskè:rt] 명 미니스커트
My daughter wants to wear a **miniskirt**. 나의 딸은 **미니스커트** 입고 싶어한다.

**leggings** [légiŋz] 명 레깅스
She bought a pair of **leggings**. 그녀는 **레깅스** 하나를 샀다.

✽ 빈 칸에 들어갈 우리말 해석을 쓰시오.

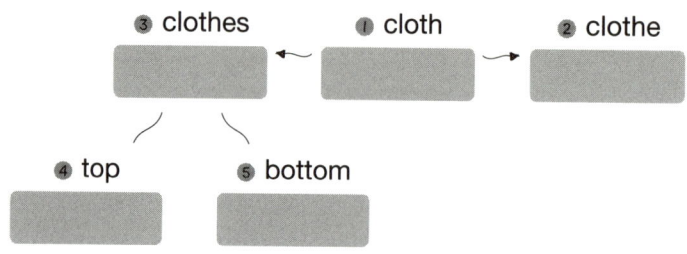

✽✽ 빈 칸에 들어갈 영어 단어를 쓰시오.

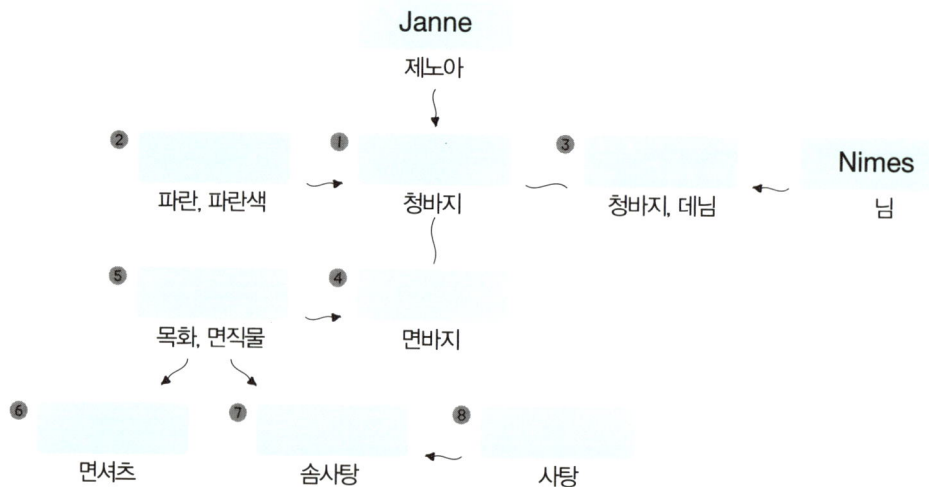

○ 답은 본문에서 확인하세요!

1  다음 밑줄 친 부분과 바꿔 쓸 수 없는 말을 고르시오.

   **She was wearing jeans and a red sweater.**

   ① denims   ② trousers   ③ pants   ④ clothe   ⑤ leggings

2  다음 빈칸에 알맞은 단어를 적으시오.

   **          are the things that people wear to cover their bodies.**

3  다음 문장 중 top의 의미가 다른 하나를 고르시오.

   ① He is at the top of his class.
   ② She waited for me at the top of the stairs.
   ③ You need a top to go with these trousers.
   ④ There was a flag on the top of the building.
   ⑤ He is at the top of the hill.

4  다음 문장의 해석으로 가장 알맞은 옳은 것을 고르시오.

   **She wants to try making cotton candy at home.**

   ① 그녀가 원하는 솜사탕은 집에서 만들지 못하는 것이다.
   ② 그녀의 집에는 솜사탕이 만들어져 있었다.
   ③ 그녀는 집에서 솜사탕을 만들어보기를 원한다.
   ④ 그녀가 원하던 솜사탕을 집에서 만들었다.
   ⑤ 그녀는 집에서 먹을 솜사탕을 사왔다.

○ 정답은 306쪽에!

# Day 13 sweater 스웨터

날씨가 추운 겨울에는 털실로 짠 니트나 스웨터를 많이 입지. 이 니트를 영어로는 knit라고 쓰는데, 동사로는 ~을 뜨다라는 의미이고 명사로는 뜨개질한 옷인 니트라는 뜻으로 사용되지. 이 단어는 매듭을 뜻하는 knot에서 파생된 단어인데, knot에 앞에서 배운 '위'나 '정상'을 뜻하는 top이 붙어서 생긴 topknot라는 단어는 머리 꼭대기에 바짝 올려 묶은 머리, 우리말로 치면 상투머리를 의미해. 스웨터는 sweater라고 쓰고 땀, 땀을 흘리다라는 뜻을 지니고 있는 sweat에서 파생된 단어야. 그래서 정장이나 옷이라는 뜻을 지니고 있는 suit와 합쳐진 sweat suit는 운동을 할 때 입는 땀복이나 운동복을 의미하지. sweater도 과거에는 '땀을 흘리는 사람'이라는 뜻과 '운동을 할 때 많은 땀을 흘리기 위해 입는 무겁고 두꺼운 옷'으로 사용되었지만, 현재에 와서는 추운 날씨에 입는 땀이 날 정도로 두껍고 따뜻한 옷인 스웨터라는 의미로 쓰이게 되었어.

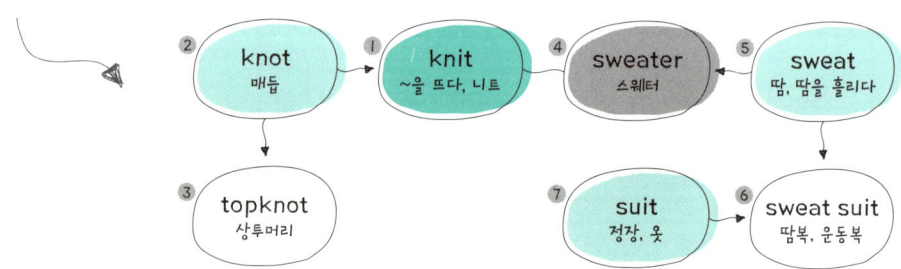

차가운 날씨에 입는 겉옷인 잠바는 영어 jumper가 우리말화되면서 생긴 단어야. 이 단어는 뛰다, 점프하다의 jump가 아닌 과거 17세기 영국에서 입던 짧은 코트인 jump를 의미하며, 이 단어에서 파생된 jumper가 현재 우리가 말하는 '잠바'를 지칭하게 된 거지. 또

한 '잠바'라는 의미로 영어에서 더 자주 사용하는 단어는 jacket이야. 이 jacket은 **단추**(button)나 **지퍼**(zipper)가 있든 없든 상관없이 상의 위에 걸쳐 입는 겉옷 전체를 의미하기에 **잠바**나 **재킷**이라는 뜻을 모두 갖고 있어.

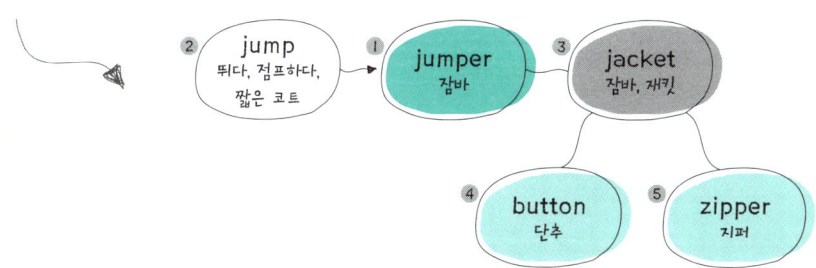

이번엔 겨울 잠바인 **파카**(parka)와 **패딩**(padding)을 소개할게. 먼저 parka는 원래 북극의 에스키모가 입던, 후드에 털이 달린 '모피 재킷'을 의미했던 단어야. 지금도 영어에서 parka는 겨울에 입는 모자가 달린 모피 재킷을 의미하지. padding은 안에다가 무언가를 채워 넣는 **속**이라는 뜻인데 잠바 속을 꽉 채워 넣었다고 해서 생긴 이름이야. 이 padding은 안에 무언가를 집어넣어 평평하게 만든 **패드**(pad)라는 단어에서 나왔지.

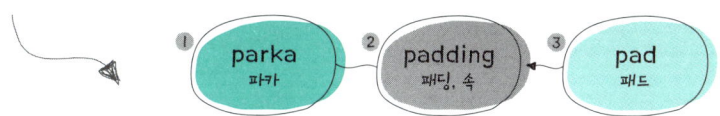

외투로 입는 두꺼운 옷인 **코트**는 coat라는 단어를 사용하는데 그 쓰임과 재질에 따라서 이름이 조금씩 달라져. 일반적인 코트보다 길고 정장 위에 입는 **오버코트**는 overcoat라고 해. **가죽**을 뜻하는 leather와 합쳐진 leather coat는 **가죽코트**를 의미 하고, **모피**나 **털**을 의미하는 fur와 합쳐져 만든 fur coat는 **모피코트**를 뜻해. 학생들이 많이 입는, 모자가 달려있고 긴 막대 같이 생긴 단추가 있는 **더플코트**는 거친 모직물을 뜻하는 duffel(duffle)과 coat가 합쳐져서 생긴 duffel coat를 의미하지.

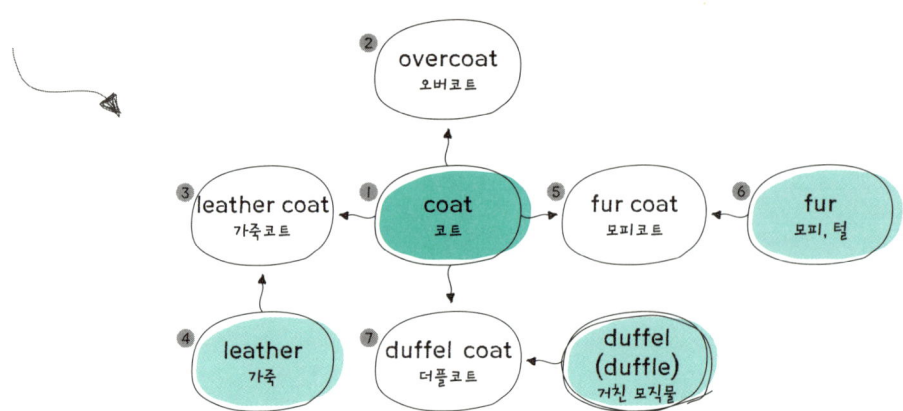

## 정리해보자

**knit** [nit] 동 ~을 뜨다 명 니트
My old sister **knitted** me socks. 누나는 나에게 양말을 떠주었다.

**knot** [nat] 명 매듭
He loosened the **knot**. 그는 **매듭**을 느슨하게 했다.

**topknot** [táp-nàt] 명 상투머리

**sweater** [swétər] 명 스웨터
Do you sell **sweaters**? 스웨터 팔아요?

**sweat** [swet] 동 땀을 흘리다 명 땀
I'm drenched with **sweat**. 땀으로 흠뻑 젖었어.

**sweat suit** [swet-su:t] 명 땀복, 운동복

**suit** [su:t] 명 정장, 옷
That tie goes well with your **suit**. 그 넥타이는 네 정장하고 잘 어울린다.

---

**jumper** [dʒʌm-pər] 명 잠바, 점퍼
He was wearing a black **jumper**. 그는 검은 **점퍼**를 입고 있었다.

**jump** [dʒʌmp] 동 뛰다, 점프하다, 짧은 코트
I **jump** for joy. 나는 기뻐서 펄쩍 **뛴다**.

**jacket** [dʒǽkit] 명 잠바, 재킷
That is a nice **jacket**. 그 **재킷** 멋지다.

**button** [bʌt-n] 명 단추
A **button** fell off. **단추**가 떨어졌다.

**zipper** [zípə:r] 명 지퍼
The **zipper** is open on your back. 당신 등 뒤의 **지퍼**가 열렸습니다.

---

**parka** [pá:rkə] 명 파카

**padding** [pǽd-iŋ] 명 패딩
Players must wear **padding** to protect them from injury. 선수들은 부상을 방지하기 위해 **패딩**을 착용해야 한다.

**pad** [pæd] 명 패드

---

**coat** [kout] 명 코트
Here, let me take your **coat**. 여기 저에게 **코트**를 주세요.

**overcoat** [óuvərkòut] 명 외투
Two men in **overcoats** appear outside. 외투를 입은 두 사람이 밖에 나타난다.

**leather coat** [léðə:r-kòut] 명 가죽코트
He wears a black **leather coat**. 그는 검은 가죽코트를 입고 있다.

**leather** [léðə:r] 명 가죽
I need to cover it with **leather**. 나는 그것을 가죽으로 씌울 필요가 있다.

**fur coat** [fə::r-kòut] 명 모피코트
This **fur coat** is too expensive. 이 모피 코트는 너무 비싸다.

**fur** [fə::r] 명 모피, 털
I bartered rice for **furs**. 나는 모피를 얻기 위해서 쌀과 물물교환 했다.

**duffel(duffle) coat** [dʌfəl(dʌfəl)-kòut] 명 더플코트
The students were wearing **duffel** coats. 그 학생들은 더플코트를 입고 있었다.

**duffel(duffle)** [dʌfəl(dʌfəl)] 명 거친 모직물

* 빈 칸에 들어갈 우리말 해석을 쓰시오.

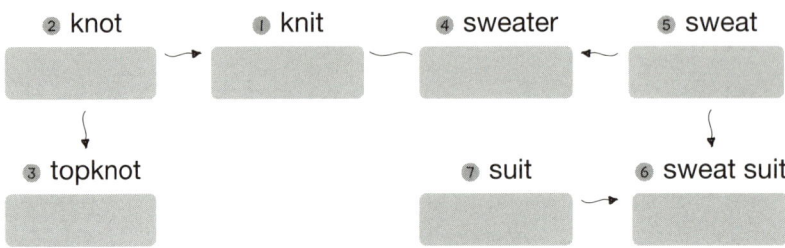

** 빈 칸에 들어갈 영어 단어를 쓰시오.

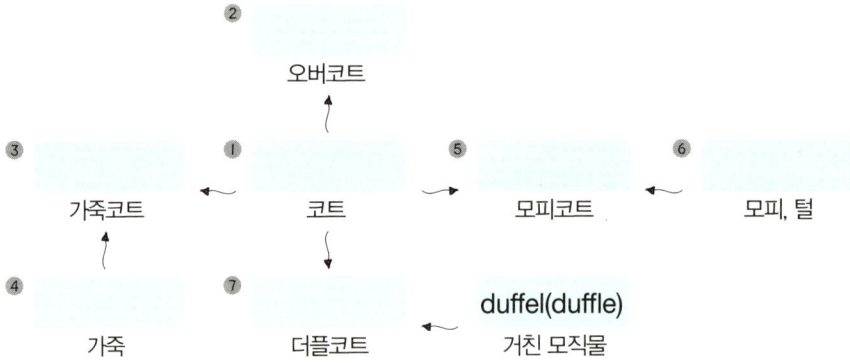

○ 답은 본문에서 확인하세요!

1  다음 빈칸에 공통으로 들어갈 가장 적절한 단어를 고르시오.

   These gloves are made of _____.
   I am looking for a black _____ jacket.

   ① stone   ② leather   ③ fire   ④ water   ⑤ sand

2  다음 밑줄 친 부분과 바꿔 쓸 수 있는 말을 고르시오.

   I hope you will like this <u>jumper</u>.

   ① jacket   ② shirt   ③ coat   ④ pants   ⑤ cap

3  다음 문장이 설명하는 단어를 고르시오.

   It is a heavy coat with a hood and long buttons.

   ① fur coat   ② overcoat   ③ leather coat   ④ rain coat   ⑤ duffel coat

4~5  다음 빈칸에 들어갈 가장 알맞은 단어를 보기 에서 골라 쓰시오.

   보기   sweet      button      sweater      bottom

4  You can sew a _____ on a shirt.
5  Put a _____ on if you're cold.

○ 정답은 306쪽에!

# Day 14 glove 장갑

손을 보호하기 위해 착용하는 **장갑**은 glove라는 단어를 써. 그래서 권투할 때 끼는 **권투장갑**은 boxing glove라고 하지. boxing은 네모난 **상자**를 의미하는 box에서 나온 단어로, 네모난 곳에서 경기를 한다고 해서 **권투**라는 뜻이 되었고 **권투선수**는 boxer라고 하지. 우리가 보통 '글러브'라고 하는, 야구에서 날아오는 공을 받아내는 커다란 **야구장갑**은 baseball glove라는 단어를 사용해. 하지만 공을 많이 잡는 포수나 1루수는 장갑에서 공이 잘 빠지지 않게 하기 위해 엄지손가락만 따로 끼고 나머지 손가락들은 붙어있는 장갑을 끼는데 이 장갑은 mitt라고 하지. 야구를 좋아하는 사람들이 야구장갑을 손질할 때 '미트질을 잘해야 한다'고 하는데 그 **미트**가 바로 이 mitt야. mitt는 mitten이라는 단어가 줄어서 만들어진 것인데, mitten은 엄지를 뺀 나머지 네 손가락을 한 데 넣게 되어 있는 **벙어리장갑**을 뜻하는 단어야.

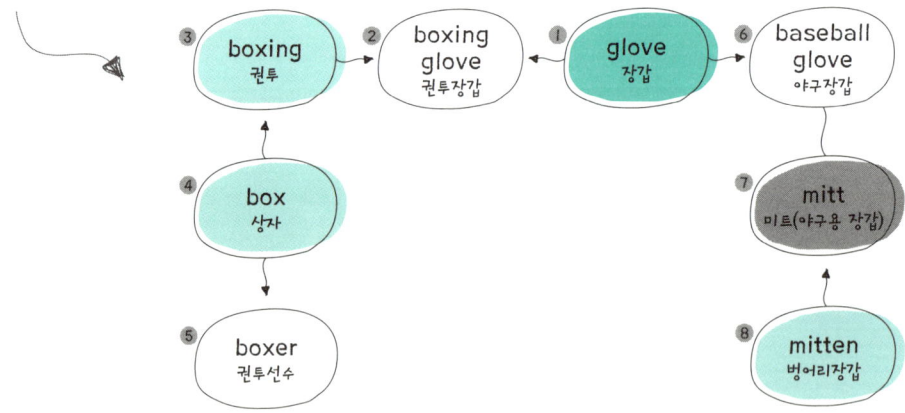

우리가 주머니나 손가방 등에 넣고 다니면서 사용하는 **손수건**은 handkerchief라는 다소 복잡해 보이는 단어를 써. 길어서 좀 어려워 보이지만 조금만 살펴보면 쉽게 이해할 수 있

는 단어지. 앞에 붙은 hand는 알다시피 '손'을 의미해. 뒤에 붙은 kerchief는 얇은 천으로 만들어진 머리를 덮는 두건을 의미하는데, kerchief는 ker와 chief가 합쳐져서 만들어진 단어지. 여기서 ker는 덮다, 가리다라는 의미를 갖고 있는 cover가 변형된 형태이고, chief가 '머리'를 뜻한다는 것은 이미 앞에서 배워서 잘 알거야. 즉, 과거에 머리에 덮어 쓰던 얇은 두건에 hand라는 단어가 붙어 손에 들고 다니면서 쓰는 얇은 천인 손수건이 된 것이지. 이 cover에서 많은 단어들이 파생되었는데, 여기서 그 중 몇 가지를 소개해 줄게. cover 앞에 '부정'이나 '반대'를 뜻하는 dis가 붙어서 생겨난 discover는 덮어놓았던 것을 제거한다는 의미로, 무언가 감춰져 있거나 숨겨놓았던 것을 찾아내는 발견하다, 찾다라는 뜻이야. 명사형인 discovery는 발견을 의미하지. cover 앞에 '다시'를 뜻하는 re가 붙어서 생긴 recover는 칼이나 비수에 베인 상처 부위에 새살이 돋아 상처를 덮는 것을 의미하는 회복하다, 되찾다라는 뜻이며, 명사형인 recovery는 회복을 의미해.

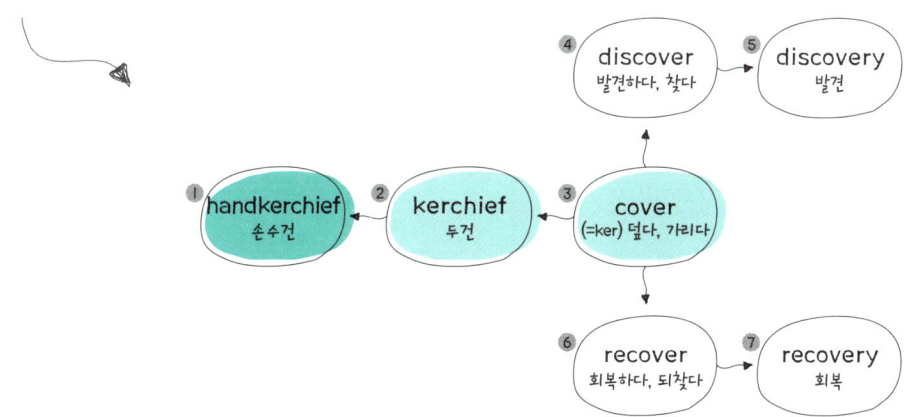

이제는 발에 착용하는 것들을 살펴볼까? 먼저 양말은 sock이라고 하는데, 양말은 보통 한 쌍을 이루고 있기에 복수형인 socks라는 표현을 많이 쓰지. 양말 위에 신는 구두나 신발은 shoe라 하고 장화는 boot라고 해. 원형은 shoe, boot지만 우리가 흔히 슈즈나 부츠라고 말하는 것은, 신발 또한 두 짝씩 한 쌍을 동시에 신으므로 복수형인 shoes, boots가 주로 사용되기 때문이야. boot는 동사로도 쓰이는데, 긴 신발을 발로 차듯 신는다고 해서 차다라는 뜻이 생겼고, 이 뜻을 통해 마치 사람들을 발로 차듯 쫓아낸다고 해서 내쫓다라는

의미도 지니게 되었지. 여성들이 신는 하이힐은 앞에 나왔던 '높은'이라는 뜻의 high와 '발뒤꿈치'나 '굽'을 뜻하는 heel이 합쳐져 생긴 단어인데, 복수로 쓰여서 high heels라고 표현해.

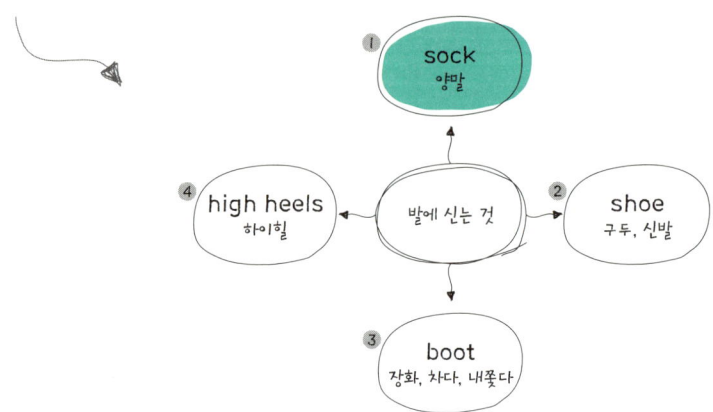

주로 여름에 신는 신발로 샌들(sandal)과 슬리퍼(slipper)가 있지. sandal은 모래를 뜻하는 sand라는 단어와 어쩐지 연관이 있을 것 같지만 모래와는 전혀 상관이 없고, 고대 이집트의 귀족들이 신던 끈이 달린 나무로 만든 신발을 의미하던 말이 현재까지 쓰이게 된 거야. slipper는 미끄러지다라는 뜻을 지니고 있는 slip에서 파생된 단어로, 발이 미끄러지듯 들어가며 신겨지는 신발이라고 해서 그 이름이 붙게 되었어. 서양에서는 예전부터 집 안에서도 신발을 신은 채 생활을 했기 때문에 집에서 신을 수 있는 좀 더 편한 신발로 만들어진 게 바로 슬리퍼지.

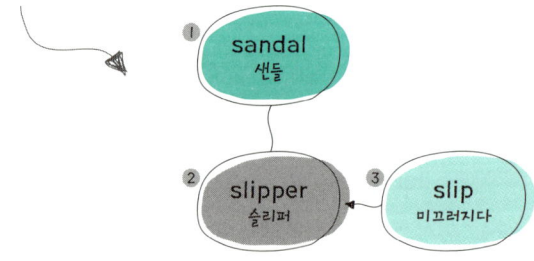

## 정리해보자

**glove** [glʌv] 명 장갑
I put on my **gloves**. 나는 **장갑**을 낀다.

**boxing glove** [báksiŋ-glʌv] 명 권투장갑
The man pictured is wearing a pair of **boxing gloves**. 사진 속의 남자는 **권투장갑**을 끼고 있다.

**boxing** [báksiŋ] 명 권투
Why is she learning **boxing**? 그녀는 **권투**를 왜 배워요?

**box** [baks] 명 상자
He is unpacking the **box**. 그는 **상자**를 풀고 있다.

**boxer** [báksər] 명 권투선수
The **boxer** got hit and fell down. 그 **권투선수**는 맞고 쓰러졌다.

**baseball glove** [béisbɔ̀ːl-glʌv] 명 야구장갑
He gave me his **baseball glove**. 그는 나에게 야구글러브를 주었다.

**mitt** [mit] 명 야구장갑, 미트
The catcher took off his **mitt**. 포수는 미트를 벗었다.

**mitten** [mít-n] 명 벙어리장갑
Cover your hands with woollen **mittens** instead of gloves. 장갑 대신에 모직 **벙어리장갑**을 손에 껴라.

**handkerchief** [hǽŋ-kər-tʃiːf] 명 손수건
I hold a **handkerchief** over my mouth. 나는 손수건으로 내 입을 막는다.

**kerchief** [kɑ́ːrtʃif] 명 두건
She wore a **kerchief** around her head. 그녀는 머리에 **두건**을 감았다.

**cover** [kʌ́vər] 동 덮다, 가리다 명 덮개, 표지
The top of the house was **covered** with snow. 그 집의 지붕은 눈으로 **덮여**있었다.

**discover** [diskʌ́vər] 동 발견하다, 찾다
The boss **discovered** him stealing money from the till. 그 두목은 그가 계산대에서 돈을 훔치는 것을 **발견했다**.

**discovery** [diskʌ́vəri] 명 발견
It was a **discovery** made by accident. 그것은 우연히 발견된 것이었다.

**recover** [rikʌ́ːr] 동 회복하다, 되찾다
I **recover** from illness. 나는 병에서 **회복**한다.

**recovery** [rikʌ́əri] 명 회복
The wheelchair helped my **recovery**. 그 휠체어는 내가 **회복**하도록 도와주었다.

**sock** [sak] 명 양말
Why don't you put on **socks**? 양말을 신지 그래?

**shoe** [ʃuː] 명 신발
I brushed my **shoes**. 나는 **신발**을 솔질했다.

**boot** [buːt] 명 장화 동 내쫓다, 차다
He began to kick off his **boots**. 그는 그의 **부츠**를 걷어차기 시작했다.

**high heels** [hái-hiːls] 명 하이힐
She is wearing **high heels**. 그녀는 **하이힐**을 신고 있다.

**sandal** [sǽn-dl] 명 샌들
I like to knock about in **sandals**. 나는 **샌들**을 신고 배회하는 것을 좋아한다.

**slipper** [slípəːr] 명 슬리퍼
She is in **slippers**. 그녀는 **슬리퍼**를 신고 있다.

**slip** [slip] 동 미끄러지다
The fish **slipped** out of my hand. 그 물고기는 내 손에서 **미끄러져** 나갔다.

※ 빈 칸에 들어갈 우리말 해석을 쓰시오.

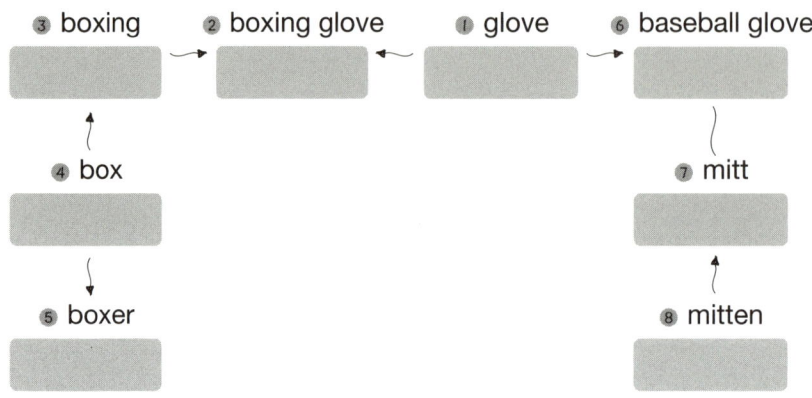

※※ 빈 칸에 들어갈 영어 단어를 쓰시오.

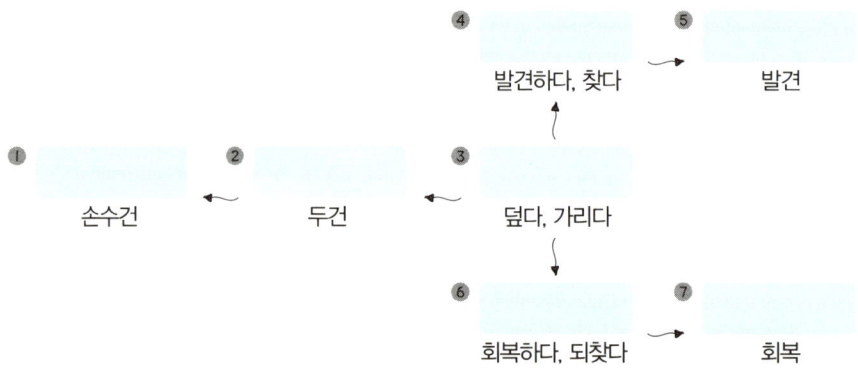

○ 답은 본문에서 확인하세요!

1  다음 빈칸에 들어갈 가장 적절한 단어를 고르시오.

   **I pull off the _____ on my right hand.**

   ① gloves    ② glove    ③ boxer    ④ sandal    ⑤ slipper

2  다음 문장 중 boot의 의미가 다른 하나를 고르시오.

   ① Jane is putting on her boots.
   ② Her boots are made of cowhide.
   ③ I want to buy a pair of hiking boots.
   ④ The young man has put boots on the table.
   ⑤ They booted him in the head.

3  다음 문장이 설명하는 단어를 고르시오.

   **It is the process of finding something, especially for the first time.**

   ① recovery    ② discovery    ③ discover    ④ recover    ⑤ record

4~5  다음 빈칸에 들어갈 가장 알맞은 단어를 보기 에서 골라 쓰시오.

   | 보기 recover    cover    discovery    recovery |

4  I hope you will _____ from illness.
5  My grand father has made a full _____ from the operation.

○ 정답은 307쪽에!

91

# Day 15 underwear 속옷

겉옷 속에 입는 **속옷**은 underwear라는 단어를 사용해. under는 접두사로 '아래'를 뜻하는 단어인데, 여기서는 '겉옷 아래'란 의미로 사용된 것이고 wear는 동사로서 신발이나 옷 등을 **입고 있다**라는 뜻이지. 앞에서 '신발'을 shoe라고 소개를 했는데, '발'을 의미하는 foot과 합쳐진 footwear 역시 **신는 것, 신발류**로 사용되는 단어야.

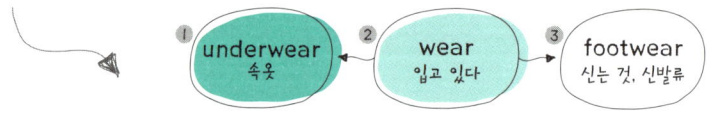

속옷도 겉옷처럼 위아래를 구분해서 표현해. 먼저 소매 없는 윗도리 속옷을 우리가 흔히 '런닝셔츠'나 '난닝구'라고 표현하는데, 이 단어는 일본사람들이 만든 조어로 잘못된 영어야. 달리기를 할 때 편하게 입는 옷이라고 해서 '달리기'를 의미하는 running에 shirts를 붙여서 만든 말로, 일본식 발음으로 난닝구라고 불렸던 거지. 실제 영어에서 **위 속옷**은 셔츠 아래에 입는다고 해서 undershirt라 하거나 singlet이라는 단어를 사용해. singlet은 **단 하나의, 단일의**라는 뜻을 지니고 있는 single에서 파생된 단어지. 과거 르네상스 시대에 서양 남성들이 입었던 상의를 **더블릿**(doublet)이라고 하는데, 두 겹으로 겹쳐 만들어진 옷이라 해서 doublet이야. **이중의, 두 겹의**라는 의미의 double에서 파생된 단어지. 이와 대비해서 속에 입던 홑겹 내의는 singlet이 된 거야. 참고로, 레슬링 선수가 입는 유니폼도 이 singlet이라는 단어를 써.

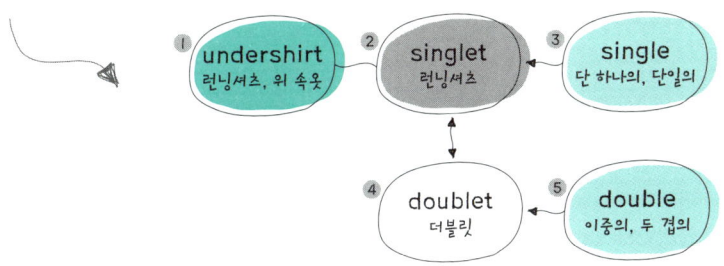

바지 속에 입는 팬티는 underpants라 하는데, 몸에 달라붙는 삼각팬티는 briefs라 하고 헐겁게 입는 사각팬티는 boxer shorts라는 단어를 사용해. brief는 형용사로 짧은, 간단한 이라는 뜻으로 쓰는 단어인데, 나중에는 명사의 뜻도 갖게 되어 어떤 사건이나 내용을 전달할 때 요점만 간추려서 간단히 설명하거나 보고하는 것을 브리핑(briefing)이라고 부르게 되었어. 또 복수형인 briefs는 원래 옷 속에 입는 간편하고 짧은 바지를 의미했는데 현재는 짧은 삼각팬티를 의미하게 되었지. boxer shorts는 사각팬티가 마치 권투선수들이 입는 트렁크(trunk)처럼 생겼다고 해서 생겨난 단어야.

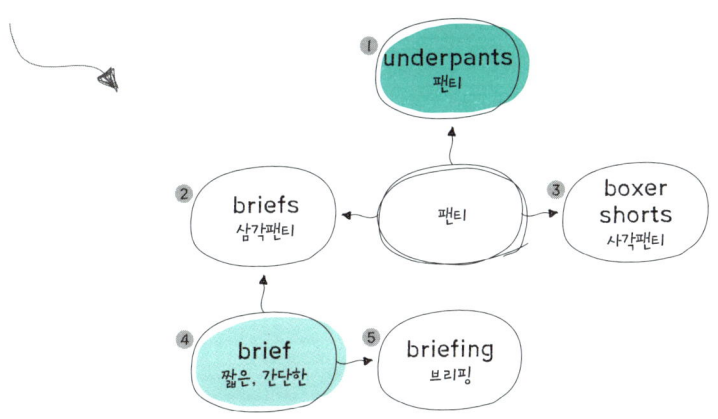

여성용 속옷은 란제리라는 단어를 사용하는데, 프랑스어에서 온 단어로 lingerie라고 써. 이 단어는 영어에서 아마의 섬유로 만든 직물인 아마포, 린넨을 뜻하는 linen에서 나온 말인데, 오늘날의 란제리는 실크와 나일론 등을 이용하여 한층 고급스럽게 만들어지지. 또 여성이 착용하는 브래지어는 brassiere라는 단어를 사용하는데, 간편하게 줄여서 bra라고

도 해.

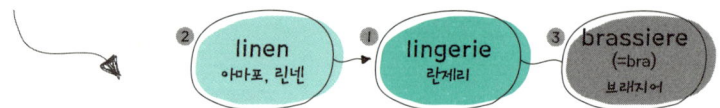

수영을 할 때 입는, 속옷처럼 간편하고 딱 달라붙게 입는 수영복은 수영하다라는 뜻을 지닌 swim과 '옷'을 뜻하는 suit가 합쳐진 swimsuit라는 단어를 사용해. 그리고 여성들만 입는 브리프와 브래지어로만 이루어진 수영복인 비키니(bikini)는 서태평양에 있는 마셜 군도의 '비키니 환초'에서 유래된 이름이야. 이 지역은 1946에 미국이 원자폭탄을 실험한 장소였는데, 프랑스의 디자이너인 루이 레아가 기존과는 전혀 다른 파격적인 모양의 투피스 수영복을 만든 후 원폭 실험의 충격과도 비견할 만하다는 의미로 bikini라는 이름을 붙였다고 해. 해변을 뜻하는 beach와 합쳐진 beachwear도 수영복을 의미하는데, 이 단어는 해변에서 편하게 입는 옷이나 액세서리들을 뜻하기도 하지.

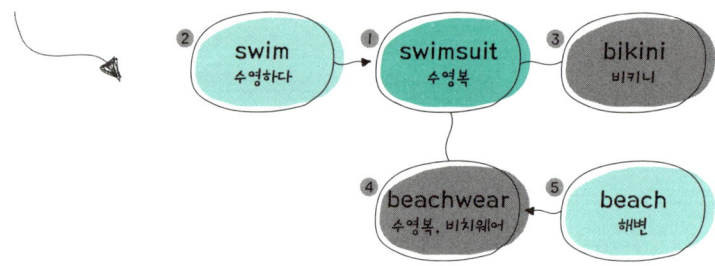

## 정리해보자

**underwear** [ʌ́n-dər-wɛ̀ər] 명 속옷
I pulled his **underwear**. 나는 그의 **속옷**을 잡아당겼다.

**wear** [wɛəːr] 동 입고 있다
I usually **wear** a black suit in my office. 저는 사무실에서 항상 검은색 정장을 **입습니다**.

**footwear** [fút-wɛ̀ər] 명 신발류
You'll need some fairly tough **footwear** to go walking up mountains. 산에 오르기 위해서는 무척 튼튼한 **신발**이 필요합니다.

---

**undershirt** [ʌ́n-dər-ʃə̀ːrt] 명 위 속옷
He wears a blue **undershirt**(singlet). 그는 파란색의 **속옷 상의**를 입고 있다.

**singlet** [síŋ-glit] 명 위 속옷, 런닝셔츠

**single** [síŋ-gəl] 형 단 하나의, 단일의 명 단일, 하나
Do you have a **single** room? 방 **하나** 있어요?

**doublet** [dʌ́blit] 명 더블릿

**double** [dʌ́bəl] 형 두 배의, 이중의 명 두 배, 이중
She has **double** eyelids. 그녀는 **쌍꺼풀**이 있습니다.

---

**underpants** [ʌ́n-dər-pæ̀nts] 명 팬티
He doesn't wear **underpants** around the house. 그는 집에서 **팬티**를 입지 않는다.

**briefs** [briːfs] 명 삼각팬티
Do you wear **briefs**? 당신은 **삼각팬티**를 입습니까?

**boxer shorts** [bák-sər-ʃɔ̀ːrts] 명 사각팬티
He wears **boxer shorts** for underwear. 그는 속옷으로 **사각팬티**를 입는다.

**brief** [briːf] 형 짧은, 간단한
Let me get a **brief** attendance. **간단히** 출석을 부르도록 하겠어요.

**briefing** [bríːfiŋ] 명 브리핑
He didn't attend a **briefing**. 그는 **브리핑**에 참석하지 않았다.

---

**lingerie** [láːndʒəréi] 명 란제리
In the picture, she is wearing **lingerie**. 사진 속에서 그녀는 **란제리**를 입고 있다.

**linen** [línin] 명 아마포, 린넨
She wore one large piece of **linen**. 그녀는 **린넨**으로 만든 한 장의 커다란 천 조각을 입었다.

**brassiere** [brǽsiə] 명 브래지어

**swimsuit** [swím-sùːt] 명 수영복
I changed into my **swimsuit**. 나는 수영복으로 갈아입었다.

**swim** [swim] 동 수영하다
Can you **swim**? 수영할 줄 아세요?

**bikini** [bikíːni] 명 비키니
She wears a **bikini** at the beach. 그녀는 해변에서 비키니를 입는다.

**beachwear** [bíːtʃ-wɛ̀ər] 명 수영복
He is going to wear his new **beachwear**. 그는 새로운 **비치웨어**를 입을 것이다.

**beach** [bíːtʃ] 명 해변
I jogged along the **beach** yesterday. 나는 어제 **해변**을 따라서 조깅했다.

✽ 빈 칸에 들어갈 우리말 해석을 쓰시오.

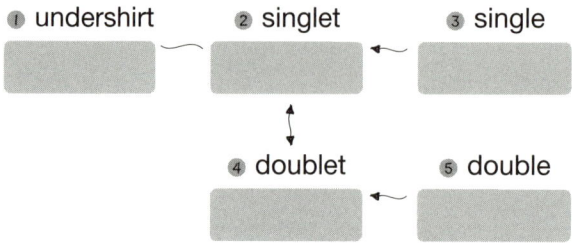

① undershirt  ② singlet  ③ single
④ doublet  ⑤ double

✽✽ 빈 칸에 들어갈 영어 단어를 쓰시오.

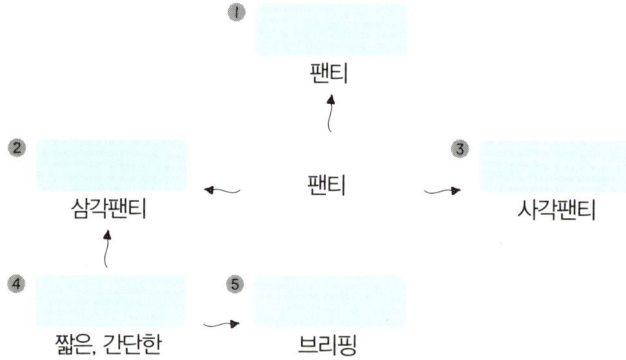

① 팬티
② 삼각팬티  팬티  ③ 사각팬티
④ 짧은, 간단한  ⑤ 브리핑

○ 답은 본문에서 확인하세요!

1  다음 빈칸에 들어갈 수 없는 단어를 고르시오.

**People wear _____ for underwear.**

① underpants   ② briefs   ③ trunks   ④ boxer shorts   ⑤ doublet

2  다음 중 단어와 뜻이 잘못 연결된 것을 고르시오.

① lingerie    –  아마포
② undershirt  –  위 속옷
③ boxer shorts –  사각팬티
④ brassiere   –  브래지어
⑤ swimsuit    –  수영복

3  다음 빈칸에 공통으로 들어갈 단어를 고르시오.

**We should _____ suits and ties.**
**I'm looking for a dress to _____ for a party.**

① well   ② work   ③ wear   ④ ware   ⑤ were

4  다음 밑줄 친 부분과 바꿔 쓸 수 있는 말을 고르시오.

**We have to wear the correct <u>footwear</u> to prevent injuries to our feet.**

① mitten   ② glove   ③ underwear   ④ undershirt   ⑤ shoes

○ 정답은 307쪽에!

97

# Day 16 sense 감각

사람이 신체로 느끼는 다섯 가지 감각을 오감이라 하는데 영어로는 five senses라는 단어를 사용해. 여기서 사용된 sense는 원래는 사물을 통해서만 느끼는 감각을 의미했는데, 나중에는 사물뿐만이 아니라 정신적으로 어떠한 것을 느끼고 이해한다는 뜻도 지니게 되어서 어떤 말이나 글을 대하면서 느끼고 이해하는 의미나 뜻이라는 의미로도 쓰여. sense에서 파생된 sensor는 기계가 소리나 빛 등에 반응하는 감지기를 의미하는 단어이고, sensitive는 사람이 어떤 감정을 느끼기 쉽다는 것을 표현하는 예민한, 세심한이라는 뜻이야. 오감은 혀로 맛을 느끼는 미각(taste), 눈으로 보는 시각(sight), 귀를 통해 듣는 청각(hearing), 코로 냄새를 맡는 후각(smell), 피부로 느끼는 촉각(touch) 이 다섯 가지 감각을 합쳐서 부르는 말이야. 시각인 sight와 청각인 hearing은 앞에서 이미 배웠듯이 '보다'라는 뜻의 see와 '듣다'라는 뜻의 hear에서 파생된 단어지.

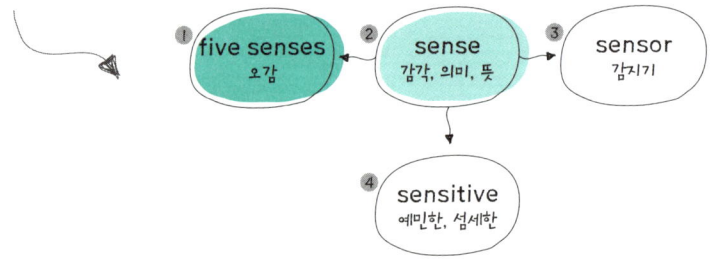

명사 taste는 미각이라는 뜻 외에 음식이 갖고 있는 본연의 맛을 의미하기도 하는데, 동사로 맛이 나다라는 뜻도 지니고 있어. 우리가 느끼는 맛에는 단맛, 짠맛, 쓴맛, 신맛이 있지. 먼저 단맛은 sweetness나 sweet taste라는 단어를 사용해. sweet는 달콤한, 다정한이라는 의미의 형용사인데, 여기에 추상명사로 만드는 ness가 붙어서 만들어진 sweetness는

단맛과 다정함이라는 뜻을 갖고 있어. 짠맛은 salty taste라고 하는데, salty는 소금을 뜻하는 salt에서 파생된 단어로 짠, 짠맛의라는 뜻의 형용사야. 쓴맛은 bitterness나 bitter taste라 하는데, bitter는 물다라는 의미의 bite에서 파생된 단어로 쓰리고 아린 통증을 느끼는 쓰라린이라는 뜻과 음식의 맛이 쓴이라는 뜻이 있지. 마지막으로 신맛은 sourness라 하는데, sour는 익지 않은 열매를 먹었을 때 느껴지는 맛을 표현한 시큼한, 신이라는 의미로 쓰이는 단어야.

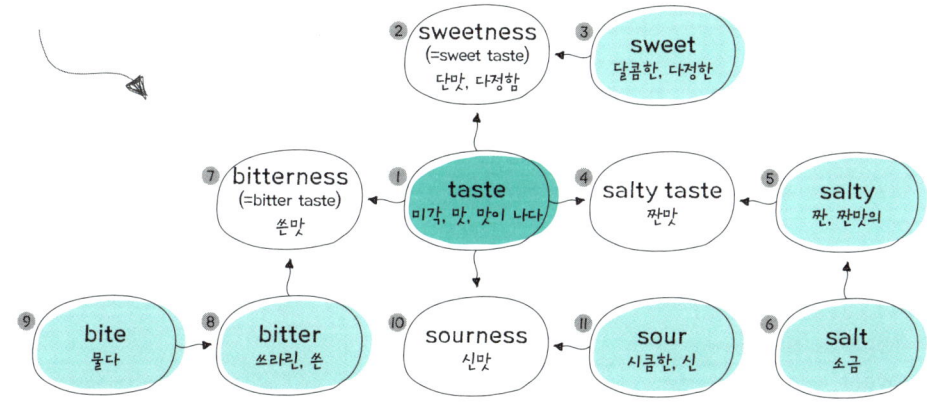

smell은 명사로는 냄새, 후각이라는 뜻을 지니고 있고, 동사로는 냄새가 나다라는 뜻으로 쓰여. smell에 형용사로 만드는 y를 붙인 smelly는 형용사로 냄새나는이라는 뜻이야. touch는 명사로는 촉각이나 감촉을 뜻하고, 동사로는 만지다라는 뜻을 지니고 있어. 나중에 이 touch가 tact로 변형되어 사용되었고, 앞에 '함께'나 '서로'라는 뜻을 지닌 접두사 con이 붙어서 contact라는 단어가 생겨났지. contact는 혼자서 만지는 것이 아니라 '서로 같이 만지는 것'을 의미해서, 현재 접촉과 서로 소식을 주고 받는 연락이라는 명사의 뜻을 갖고 있고, 동사로 연락하다라는 뜻도 있어.

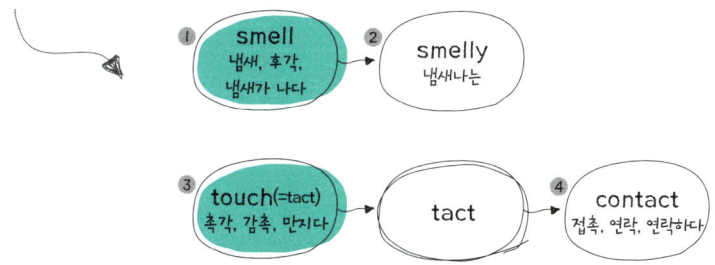

## 정리해보자

**five senses** [faiv-sens] 몡 오감
**sense** [sens] 몡 감각, 의미, 뜻
He is a man of **sense**. 그는 **감각**이 있는 사람이다.
**sensor** [sén-sər] 몡 감지기
The security device has a heat **sensor** which detects the presence of people and animals. 그 검색대는 사람이나 동물의 존재를 감지하는 열 **감지기**가 있다.
**sensitive** [sénsətiv] 혱 예민한, 세심한
She is really **sensitive** to tickling. 그녀는 간지럼에 정말로 **예민하다**.

**taste** [teist] 몡 맛, 미각 동 맛이 나다
This is not to my **taste**. 제 **입맛**에는 맞지 않아요.
**sweetness** [swí:tnis] 몡 단맛
This chocolate doesn't have any **sweetness**. 이 초콜릿은 아무런 **단맛**이 없다.
**sweet taste** [swí:t-teist] 몡 단맛
**sweet** [swi:t] 혱 달콤한, 다정한
This is **sweet**. 이것은 **달콤해요**.
**salty taste** [sɔ́:lti-teist] 몡 짠맛
**salty** [sɔ́:lti] 혱 짠
It's a little **salty** for kids. 그것은 아이들에게는 좀 **짜요**.
**salt** [sɔ:lt] 몡 소금
It looks like sugar but it is **salt**. 그것은 설탕처럼 보이지만 **소금**이다.
**bitterness** [bítərnis] 몡 쓴맛
I tasted the **bitterness**. 나는 **쓴맛**을 느꼈다.
**bitter taste** [bítər-teist] 몡 쓴맛
**bitter** [bítər] 혱 쓰라린, 쓴
A good medicine tastes **bitter**. 좋은 약은 입에 쓰다.
**bite** [bait] 동 물다
The dog **bites** him on his behind. 그 개가 그의 엉덩이를 **문다**.
**sourness** [sáuər] 몡 신맛
She doesn't like **sourness**. 그녀는 **신맛**을 좋아하지 않는다.
**sour** [sáuər] 혱 시큼한, 신

It's **sour** to the taste. 맛이 **시다**.

**smell** [smel] 몡 냄새, 후각 동 냄새가 나다
I can't stand that **smell**. 그 냄새 못 참겠어요.
**smelly** [sméli] 혱 냄새나는
This **smelly** room makes me sick. 이 냄새나는 방이 나를 메스껍게 한다.
**touch** [tʌtʃ] 몡 촉각, 감촉 동 만지다
I **touched** the work. 나는 작품을 **만졌다**.
**contact** [kántækt] 몡 접촉, 연락 동 연락하다
How can I **contact** you when a space is available? 자리가 나면 너에게 어떻게 **연락**을 하지?

**1** 다음 중 '다섯 가지 감각'에 속하지 않는 단어를 고르시오.

① taste   ② smell   ③ hearing   ④ insight   ⑤ touch

**2** 다음 문장 중 contact의 의미가 다른 하나를 고르시오.

① They tried to contact him.
② She doesn't have much contact with her uncle.
③ I'm still in contact with her.
④ I'd hate to lose contact with my old friends.
⑤ She finally made contact with him in Paris.

**3** 다음 빈칸에 들어갈 수 없는 단어를 고르시오.

> It tastes _____.

① sour   ② sweet   ③ salt   ④ bitter   ⑤ hot

**4** 다음 빈칸에 공통으로 들어갈 단어를 고르시오.

> Your feet have an unpleasant _____.
> The _____ of smoke is very harmful to a baby.

① sweet   ② smell   ③ small   ④ salty   ⑤ sweat

**5** 다음 빈칸에 들어갈 가장 적절한 단어를 고르시오.

> He is a man of common _____.

① sense   ② sensitive   ③ sensor   ④ sentence   ⑤ sensible

○ 정답은 307쪽에!

101

# Day 17  person 사람

person은 국가나 사회의 구성원이 되는 **사람**이나 **개인**을 의미하는 단어야. 그래서 형용사로 사용되는 personal은 **개인의, 개인적인**이라는 뜻을 지니고, 여기에 명사로 만드는 접미사 ity가 붙어서 생긴 personality는 이러한 개인이 각양각색으로 지니고 있는 성향인 **인격**이나 **성격**을 의미하지.

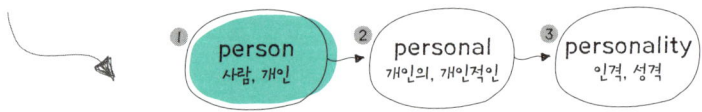

person이 혼자인 사람, 즉 '개인'을 의미한다면 people은 기본적으로 복수의 의미를 지녀서 개개인이 모인 집단, 즉 **사람들**을 뜻하지. 이 people은 과거에는 popule 또는 puple이라는 형태로 쓰였는데, 이 단어들을 통해서 많은 단어들이 파생되었어. 먼저 popule에 형용사로 만드는 접미사 ar이 붙어서 생긴 popular는 사람들의 무리를 표현하는 **대중의**라는 뜻과, 또 대중들에 의해 선호되는 것을 표현한 **인기 있는**이라는 뜻으로 사용되는 단어야. 이 popular를 줄인 단어가 pop인데 주변에서 자주 들을 수 있는 pop song이나 pop star는 **인기 있는 노래**와 **인기 있는 가수**를 뜻해. puple과 '관계된'이라는 의미의 접미사 ic가 합쳐져서 변형된 public은 국가에 소속된 국민을 나타내는 **일반국민의**라는 의미와 국민 모두가 공평하게 관계되는 것을 의미하는 **공공의**라는 뜻을 지니지. public 앞에 '사건'이나 '일'을 뜻하는 re가 붙어서 생긴 republic은 국민들이 직접 선거를 통해 나라의 원수를 뽑는, 주권이 국민 모두에게 있는 국가 형태인 **공화국**을 의미하는 단어야. 공화국과 반대로 왕이 국가에 대한 모든 권리를 갖고 통치하는 독재적 형태의 정치체제는 **군주제**라 하는데 영어로는 monarchy라고 해. 이 monarchy는 '하나의, 단일의'라는 뜻을 지닌 접

두사 mono와 지배자라는 뜻인 archon이 합쳐져 만들어진 군주라는 뜻의 monarch 뒤에 명사로 만드는 y가 붙어서 만들어진 단어지.

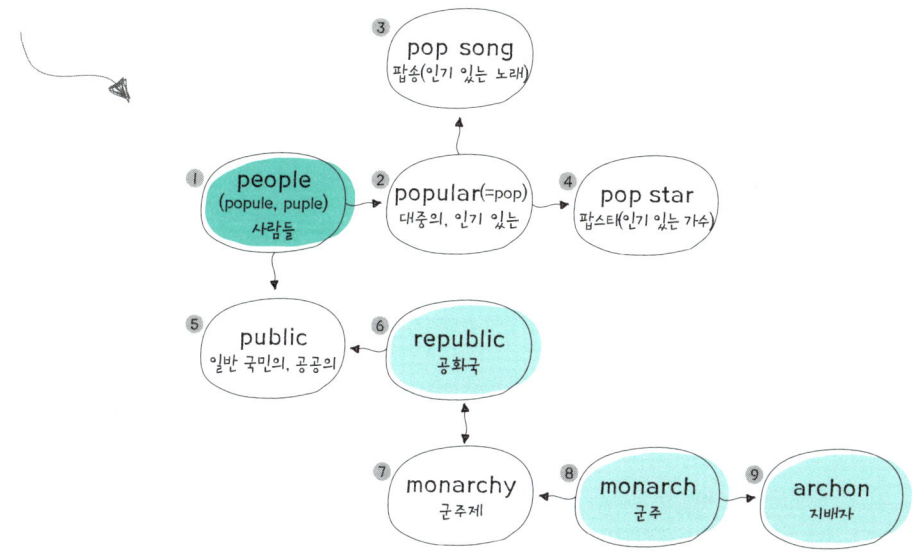

'사람'을 뜻하는 또 다른 단어로 man이 있지. man은 과거에는 순수하게 사람을 뜻하는 단어였는데, 여자를 따로 지칭하는 woman이 생기면서 현재는 사람이라는 뜻으로도 쓰이지만 성인 남자란 뜻으로 더 많이 사용되고 있지. woman은 wife와 man이 합쳐져서 생긴 단어인데, 앞의 wife는 원래 일반적인 여성을 의미하는 단어였다가 후에 결혼하고 집에서 아이를 돌보는 일을 하는 여자를 지칭하는 아내라는 의미로 사용하게 된 단어지. 어린 남자인 소년은 boy, 소녀는 girl이라는 것은 다들 잘 알고 있을 거야.

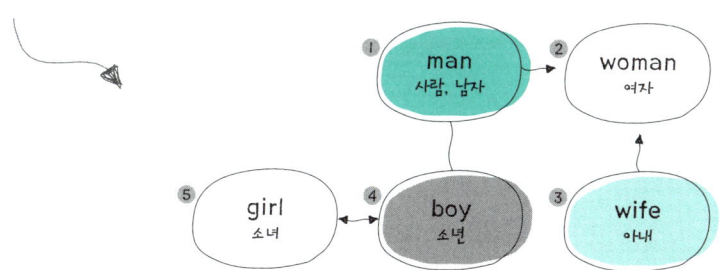

나이와 상관없이 남성이나 수컷을 지칭하는 단어는 male이고, male에 fe가 붙은 파생어 female은 반대로 여성이나 암컷을 의미하지. male과 동일한 의미로 스페인에서는 macho라는 단어를 사용했는데, 후에 이 macho가 영어로 넘어와 쓰이면서 남성적인 성향이나 성격을 표현하는 남성다운이라는 뜻을 가진 형용사가 되었어.

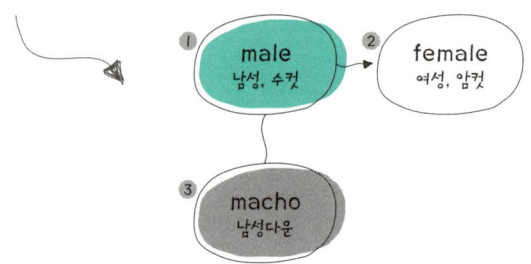

과거에 '사람'을 의미하는 man을 그리스어로는 homo라고 했는데, 이 단어에서 사람의라는 형용사로 쓰이는 human이 나왔지. 그래서 human과 존재를 뜻하는 being이 합쳐진 단어 human being은 인간을 의미하고, human에 명사로 만들어주는 ity가 붙은 humanity는 인류나 사람만이 갖고 있는 고유한 성질인 인간성을 뜻해. 또한 humanism은 중세시대의 신 중심 사상에 반대하여 나타난 인간 중심적인 사상인 인본주의를 뜻하는 단어지.

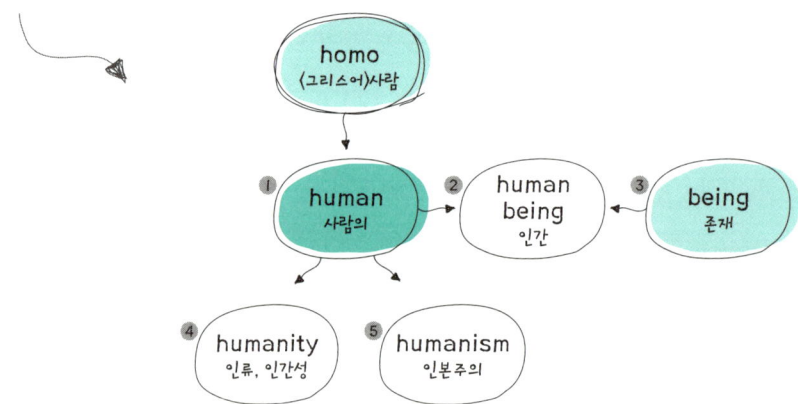

## 정리해보자

**person** [pə́:rsən] 명 사람, 개인
I think he is not a reliable **person**. 나는 그가 믿을 만한 **사람**이 아니라고 생각한다.

**personal** [pə́:rsənəl] 형 개인의, 개인적인
Would you mind if I ask you some **personal** questions? 내가 **개인적인** 질문 좀 해도 되니?

**personality** [pə̀:rsənǽləti] 명 인격, 성격
Was his **personality** good at least? 그래도 그의 **성격**은 괜찮지 않았니?

---

**people** [pí:pl] 명 사람들
**People** say that he is thoughtful. **사람들**은 그가 사려깊다고 말한다.

**popular** [pápjələr] 형 대중의, 인기 있는
I am **popular** with my friends. 나는 친구들에게 인기가 있다.

**pop song** [pap-suŋ] 명 대중가요
What's your favorite **pop song**? 좋아하는 **팝송**이 무엇입니까?

**pop star** [pap-sta:r] 명 인기 있는 가수
I met with the **pop star** once. 나는 한 번 그 **팝 스타**와 만나봤다.

**public** [pʌ́blik] 형 일반 국민의, 공공의
This is a **public** place. 여기는 **공공**장소잖아요.

**republic** [ri-pʌ́blik] 명 공화국
She is a native of the Dominican **Republic**. 그녀는 도미니카 **공화국** 현지인이다.

**monarchy** [mánərki] 명 군주제
Is **monarchy** relevant in the modern world? **군주제**가 현대 세계에 적합한가요?

**archon** [á:rkan] 명 지배자

**monarch** [mánərk] 명 군주
He is a **monarch** who rules over an empire. 그는 제국을 통치하는 **군주**다.

---

**man** [mæn] 명 사람, 남자
What kind of **man** does she like? 그녀는 어떤 유형의 **남자**를 좋아하지?

**woman** [wúmən] 명 여자
I like a **woman** with a slim waist. 나는 허리가 가느다란 **여자**가 좋습니다.

**wife** [waif] 명 아내
How's your **wife** doing? 댁의 **부인**은 안녕하세요?

**boy** [bɔi] 명 소년
A small **boy** is helping me. 한 작은 **소년**이 나를 도와주고 있다.

**girl** [gə:rl] 명 소녀
Did you see that **girl**? 그 **소녀**를 봤어요?

---

**male** [meil] 명 남성, 수컷
She designs **male** clothes. 그녀는 **남성복**을 디자인합니다.

**female** [fí:-meil] 명 여성, 암컷
There were no **female** servants in my house. 우리 집에는 **여자** 하인은 없었다.

**macho** [má:-tʃou] 형 남성다운
He is a **Macho** man. 그는 **남성다운** 사람이다.

---

**human** [hjú:mən] 형 사람의
My study was **human** nature. 내가 연구한 것은 **인간의 본성**이었다.

**human being** [hjú:mən-bì:iŋ] 명 인간
A **human being** is destined to die. **인간**은 죽도록 운명지어져 있다.

**being** [bí:iŋ] 명 존재, 실재
We do not know exactly how life first came into **being**. 우리는 삶이 어떻게 처음 **존재**하기 시작했는지 정확히 알 수 없다.

**humanity** [hju:mǽnəti] 명 인류, 인간성
The massacre was a crime against **humanity**. 그 대량 학살은 반**인륜**적인 범행이었다.

**humanism** [hjú:mənìzəm] 명 인본주의
**Humanism** has flourished in this world. 이 세상에는 **인본주의**가 번성해왔다.

❋ 빈 칸에 들어갈 우리말 해석을 쓰시오.

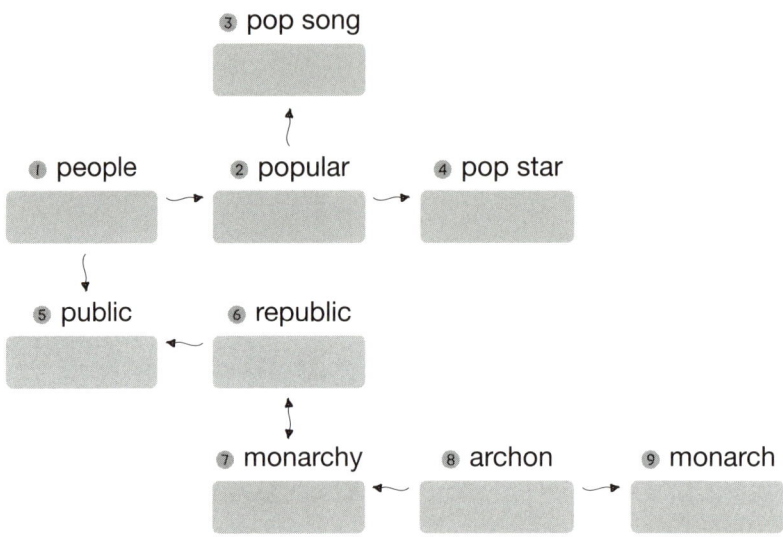

❋❋ 빈 칸에 들어갈 영어 단어를 쓰시오.

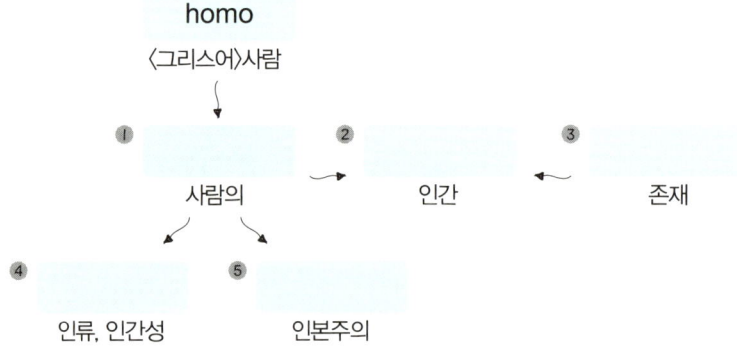

○ 답은 본문에서 확인하세요!

1  다음 주어진 관계가 나머지와 다른 하나를 고르시오.

① man       –   woman
② boy       –   girl
③ human     –   human being
④ husband   –   wife
⑤ gentleman –   lady

2  다음 문장이 설명하는 단어를 적으시오.

**He or she is the person who rules the country.**

3~4 다음 빈칸에 들어갈 알맞은 단어를 보기 에서 골라 쓰시오.

| 보기 woman | man | girl | boy |

3  A _____ is a child who will grow up to be a man.
4  A _____ is an adult female human being.

5  다음 문장 중 man의 의미가 다른 하나를 고르시오.

① Her boyfriend was a handsome man.
② Man is rapidly destroying the Earth.
③ She likes a man with a sense of humor.
④ I saw her with another man.
⑤ The relationships between men and women should be fair and equal.

○ 정답은 307쪽에!

# Day 18 baby 아기

birth는 엄마 몸에서 아기가 태어나는 출생이나 탄생을 의미하는 단어야. 그래서 사람이 태어난 날인 생일(birthday)을 모두가 행복하게 축하해줄 때 행복한이라는 뜻의 happy를 써서 "Happy birthday!"라고 하지. birth는 동사로 출산하다라는 의미도 갖고 있는 bear라는 단어에서 파생된 단어야. bear에 명사로 만드는 th가 붙으면서 변형되어 birth가 된 것이지. birth에 '다시'를 뜻하는 접두사 re가 붙은 rebirth는 다시 새롭게 태어나는 부활을 의미해.

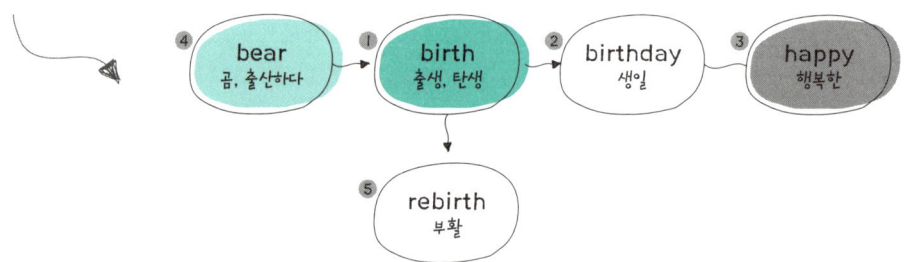

아기를 표현하는 말에는 우리가 가장 쉽게 접할 수 있는 baby 말고도 infant라는 단어가 있지. infant는 '말하다'라는 뜻을 지닌 fant에 '부정'을 뜻하는 접두사 in이 붙어서, 아직 말을 잘 할 수 없는 아이인 아기나 유아를 지칭해. 아기 시절을 의미하는 유아기는 영어로 babyhood라고 하는데, 접미사로 사용되는 hood는 '상태'나 '계급'을 의미하지. 과거에는 infant에 hood를 붙인 infanthood도 유아기를 뜻하는 단어였으나, infant에서 파생된 infancy가 유아기라는 뜻으로 사용되면서 infanthood는 쓰이지 않는 말이 되었어. 또 어린이, 아이를 뜻하는 child에 hood를 붙인 childhood도 어린 아이의 상태로 있는 기간인 어린 시절을 의미하지. 성인, 성인의라는 뜻의 adult에 hood를 붙인 adulthood 역시 어

른으로 사는 시기를 가리키는 성년, 성년기이라는 뜻이야.

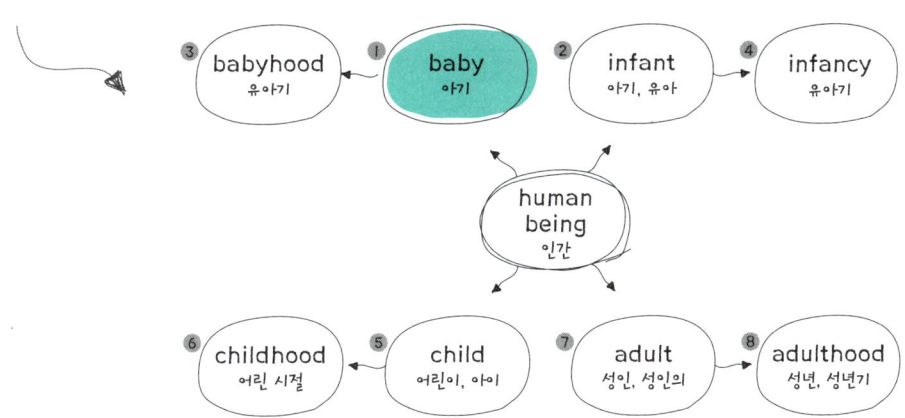

아이와 어른의 중간 시기에 놓인 청소년은 adolescent라는 긴 단어를 사용해. 어른인 adult는 라틴어인 adolesc에서 변형된 단어인데, 뒤에 ent가 붙으면서 어른으로 자라나고 있는 나이를 의미하면서 생겨난 단어지. 접미사 ent는 어떤 단어를 형용사로 만들 때 많이 사용되는데, adolescent처럼 명사로도 사용되는 경우가 있으니 주의해. 청소년으로 사는 시기인 청소년기는 라틴어 adolesc에 명사로 만드는 ence를 붙인 adolescence라고 하지.

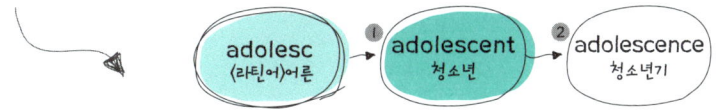

나이가 듦에 따라 표현하는 말도 달라지지. young은 어린, 젊은이라는 형용사이고, youngman은 나이가 얼마 되지 않은 젊은이를 뜻해. 이 young에서 젊음, 청춘이라는 뜻을 지닌 youth가 파생되었고, 여기에 '가득한'이란 뜻의 접미사 ful이 합쳐진 youthful은 젊음이 가득한 기운찬, 젊은이의라는 의미로 쓰이는 단어야. young과 반대되는 말인 old는 늙은이라는 뜻도 있지만 나이를 표현하는 말인 ~살의라는 뜻도 지니고 있어. 나이가 많은 노인은 old man이라고 해.

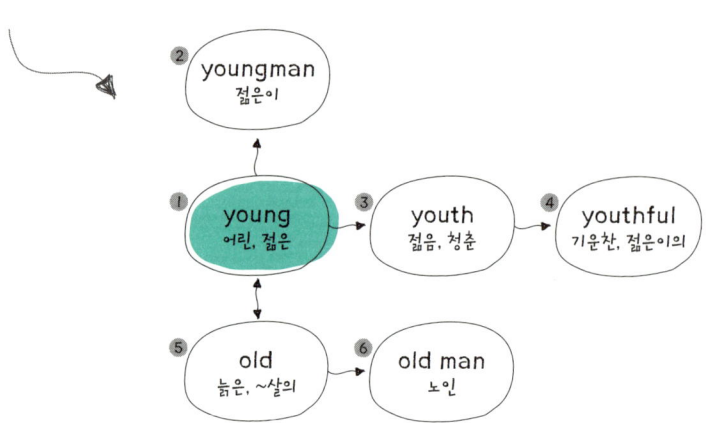

## 정리해보자

**birth** [bəːrθ] 명 출생, 탄생
He weighed eight pounds at **birth**. 그는 **출생** 당시 8파운드였습니다.

**birthday** [báːrθ-dèi] 명 생일
The day before yesterday was my **birthday**.
그저께는 내 **생일**이었다.

**happy** [hǽpi] 형 행복한
She is **happy** with one boy and one girl. 그녀는 아들 하나 딸 하나로 **행복합니다**.

**bear** [bɛər] 동 출산하다 명 곰
Most animals **bear** their young in the spring.
대부분의 동물은 봄에 새끼를 **낳는다**.

**rebirth** [riːbə́ːrθ] 명 부활
It is the purpose of **rebirth**. 그것은 **부활**의 목적이다.

---

**baby** [béibi] 명 아기
My **baby** cries all the time. 우리 **아기**가 계속 울어요.

**infant** [ín-fənt] 명 아기, 유아
Our country has a very low **infant** death rate. 우리나라는 **유아** 사망률이 매우 낮습니다.

**babyhood** [béibi-hùd] 명 유아기
Most people could not remember their **babyhood**. 대부분의 사람들은 그들의 **유아기**를 기억할 수 없다.

**infancy** [ínfənsi] 명 유아기
Her baby died in **infancy**. 그녀의 아기는 **유아기**에 사망했다.

**child** [tʃaild] 명 어린이, 아이
My **child** doesn't eat anything. 우리 **아이**는 아무것도 안 먹어요.
Parents should be strict with their **children**.
부모는 **아이들**에게 엄격해야 합니다.

**childhood** [tʃáild-hùd] 명 어린 시절

**adult** [ədʌ́lt] 명 성인 형 성인의
These movies are for **adults**. 이 영화들은 **성인용**이다.

**adulthood** [ədʌ́lthùd] 명 성년, 성년기
His children are reaching **adulthood**. 그의 아이들은 **성년**이 되고 있다.

---

**adolescent** [ӕdəlésənt] 명 청소년
It is not extremely important to **adolescents**.
그것은 **청소년**들에게는 지극히 중요치 않다.

**adolescence** [ӕdəlésəns] 명 청소년기
We have to have a happy childhood and **adolescence**. 우리는 행복한 어린 시절과 **청소년기**를 가져야 한다.

---

**young** [jʌŋ] 형 어린, 젊은 명 동물의 새끼
You look so **young**. 너 참 **젊어**보이는구나.

**youngman** [jʌ́ŋ-mæn] 명 젊은이

**youth** [juːθ] 명 젊음, 청춘
**Youth** comes but once in a lifetime. **젊음**은 일생에 단 한 번밖에 없다.

**youthful** [júːθ-fəl] 형 기운찬, 젊은이의
I frowned upon his **youthful** folly. 나는 그의 **젊음**으로 인한 어리석음에 얼굴을 찡그렸다.

**old** [ould] 형 늙은, ~살의
How **old** are your parents? 부모님의 **연세**가 어떻게 되세요?

**old man** [òuld-mǽn] 명 노인
I bowed to an **old man**. 나는 한 **노인**에게 인사를 했다.

✽ 빈 칸에 들어갈 우리말 해석을 쓰시오.

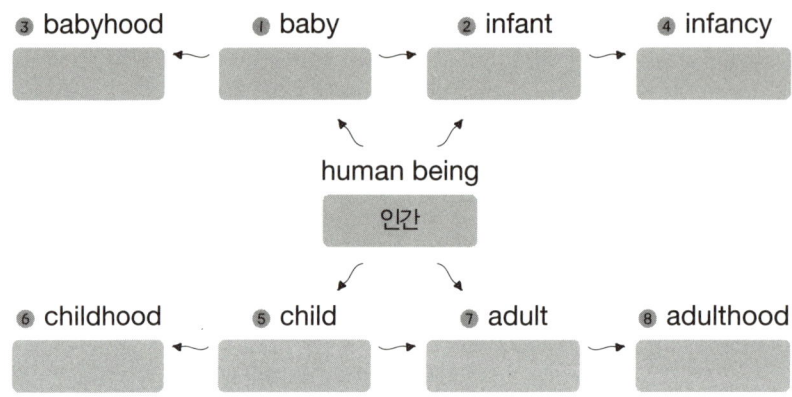

✽✽ 빈 칸에 들어갈 영어 단어를 쓰시오.

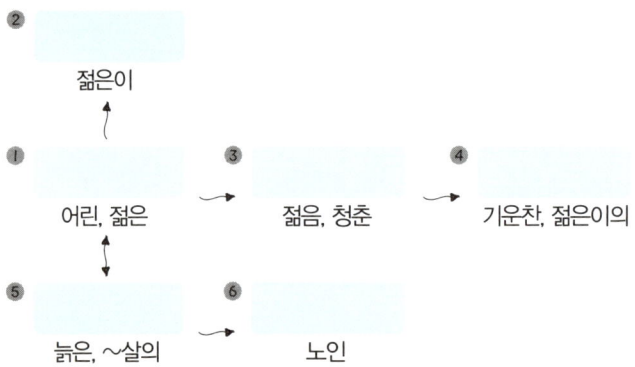

○ 답은 본문에서 확인하세요!

1  다음 빈칸에 들어갈 수 없는 말을 고르시오.

> You look so _____.

① young   ② bad   ③ good   ④ old   ⑤ youth

2~3  다음 빈칸에 들어갈 가장 알맞은 단어를 보기 에서 골라 쓰시오.

> 보기  young     youth     adult     adolescent

2  _____ is the period of your life when you are young.
3  An _____ is a person who has grown to full size.

4  다음 빈칸에 들어갈 가장 적절한 단어를 고르시오.

> An _____ is a young person who is developing into an adult

① old man   ② old woman   ③ adolescent   ④ adolescence   ⑤ adult

5  다음 문장 중 단어에 대한 설명이 잘못된 것을 고르시오.

① An infant a very strong child, especially one that can walk or talk.
② Infancy is the time when someone is a baby.
③ A child is a human being who is not yet an adult.
④ A bear is a large, strong wild animal with thick fur.
⑤ A baby is a very young child, especially one that cannot yet walk or talk.

○ 정답은 308쪽에!

113

# Day 19 marriage 결혼

이번에는 가족에 대해 알아보도록 할게. 먼저 가정을 이루기 위해서는 남녀가 정식으로 결혼을 해야겠지. **결혼**은 영어로 marriage나 wedding이라는 단어를 사용해. marriage는 **결혼하다**라는 뜻을 지니고 있는 marry에 명사로 만드는 접미사 age가 합쳐져 생긴 단어이고, wedding은 지금은 많이 쓰이지는 않지만 **혼인하다**라는 뜻을 지닌 wed에서 파생된 단어야. marry 앞에 접두사 re를 붙인 remarry는 첫 번째 결혼 이후 다시 결혼을 하는 **재혼하다**라는 의미가 되고, remarriage는 **재혼**을 뜻해.

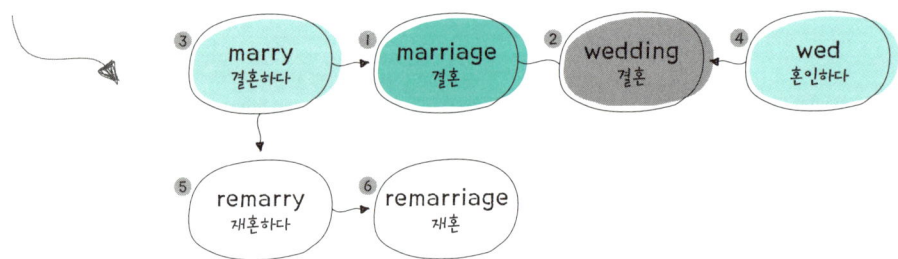

결혼 행진곡은 wedding march라고 하는데 뒤의 march는 **행진, 행진하다**라는 뜻으로, **표시, 표시하다**를 뜻하는 mark에서 변형되어 나온 단어야. 병사들이 지도에 표시해 놓은 지점을 향해 대열을 맞추어서 나아간다는 의미의 march는 나중에는 행진에 맞추어 연주되는 음악인 **행진곡**이라는 뜻도 지니게 되었어. 그래서 wedding march가 결혼식 도중 신랑, 신부가 행진할 때 나오는 음악인 **결혼 행진곡**이 된 것이지.

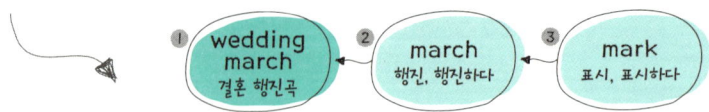

결혼한 부부가 법적으로 갈라서는 이혼은 divorce와 separation이라는 단어를 사용해. divorce는 방향을 바꾸다라는 뜻을 지닌 divert가 변형되어 파생된 단어인데, 이 divorce는 동사로 이혼하다라는 뜻도 있어. separation은 원래 분리하다라는 뜻을 지니고 있는 separate에 명사로 만드는 ion이 붙어 분리라는 뜻으로 쓰이는 단어인데, 부부가 서로 갈라서는 이혼이나 별거라는 뜻으로도 쓰이지.

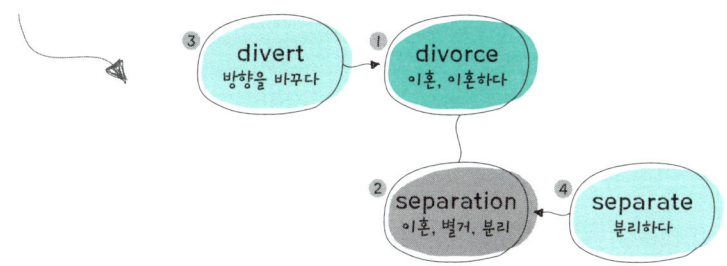

가족을 영어로 family라고 하는데, 이 단어를 통해서 형용사인 familiar라는 단어도 나오게 되었어. familiar는 원래 가족에 속해 있는 것을 표현하는 단어였는데, 오늘날에는 가족처럼 가까운 사이를 표현하는 친한이라는 뜻과 가족처럼 늘 서로 가까이 있어 잘 알게 되는 익숙한이라는 뜻을 갖고있지. 이 familiar에 명사로 만드는 ity가 합쳐져 생긴 familiarity는 친근함, 익숙함이고, 동사로 만드는 ize와 합쳐진 familiarize는 익숙하게 하다라는 뜻이지. familiar 앞에 부정을 의미하는 접두사 un을 붙인 unfamiliar는 익숙하지 않고 낯선이라는 의미를 갖는 단어야.

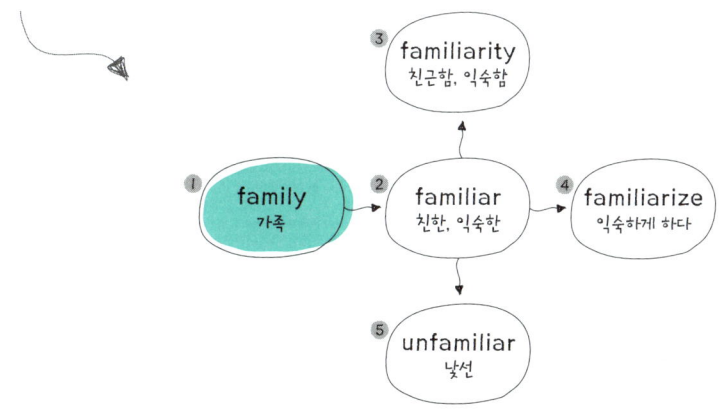

일반적인 **친척**은 보통 relative라고 하고, 혈연적으로 좀 더 가까운 혈연관계를 나타내는 **혈족, 친족**은 kindred이라는 단어를 사용해. relative는 서로 연관이 되게끔 맺어주는 **관련시키다**라는 뜻을 지닌 relate에 접미사 ive가 붙어서 생겨난 단어야. 그렇기에 relate에 ion이 붙어서 생긴 relation은 사람이나 사물이 연결되어 있는 **관계**라는 뜻과 relative와 같은 뜻인 **친척**이라는 의미도 가지지. relationship역시 같은 뜻으로, 사람과 사람 사이의 감정적인 **관계**를 의미해. kindred는 kind라는 단어에서 파생된 단어인데, 이 kind 또한 '낳다'라는 뜻을 갖고 있던 kin에서 파생되었지. 그래서 kind는 새로 태어난 사람의 좋은 성품을 의미하는 **친절한**이라는 형용사의 뜻도 지니게 되었고, 명사로는 태어난 것들을 서로 구분하기 위해 나누어 놓은 **종류**라는 뜻으로도 쓰이게 되었지. kind 뒤에 부사로 만드는 ly를 붙인 kindly는 **친절하게**라는 뜻이 되고, 명사로 만드는 ness를 붙인 kindness는 **친절**을 의미해.

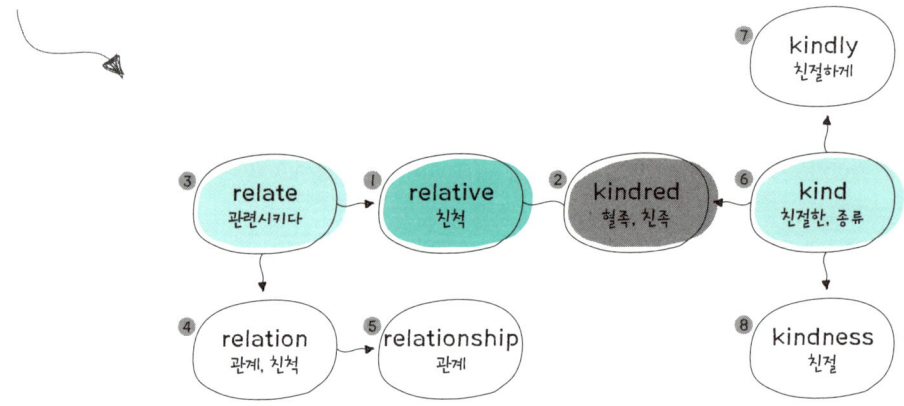

이 kin에서 **왕**을 뜻하는 king이라는 단어가 나왔다는 것도 알아둬. king의 맨 뒤에 붙은 알파벳 g는 어떤 특별한 의미가 있는 것이 아니라, 가장 귀하게 태어난 하나뿐인 왕임을 나타내는 특별한 단어를 만들려고 붙인 것이야. 이 king 뒤에 접미사 dom을 붙인 kingdom은 왕이 다스리는 나라인 **왕국**이라는 뜻이고, kingship은 왕이 가진 권력인 **왕권**이라는 의미지.

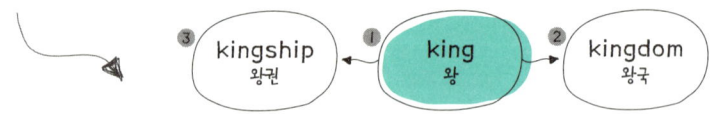

## 정리해보자

**marriage** [mǽridʒ] 명 결혼
I joined the two people in **marriage**. 나는 그 두 사람을 **결혼**시켰다.

**wedding** [wédiŋ] 명 결혼, 결혼식
I'd like to invite you to my **wedding**. 당신을 제 **결혼식**에 초대하고 싶습니다.

**marry** [mǽri] 동 결혼하다
Will you **marry** me? 나와 **결혼해** 주시겠어요?

**wed** [wed] 동 혼인하다

**remarry** [ri:mǽri] 동 재혼하다
Her father **remarried** when she was a baby. 그녀의 아버지는 그녀가 아기일 때 **재혼했다**.

**remarriage** [ri:mǽridʒ] 명 재혼
She was angry about her mother's **remarriage**. 그녀는 엄마의 **재혼**에 화났다.

**wedding march** [wédiŋ-mà:rtʃ] 명 결혼 행진곡

**march** [ma:rtʃ] 명 행진 동 행진하다
People **march** behind the band. 사람들이 악대 뒤를 따라서 **행진을 한다**.

**mark** [ma:rk] 명 표시 동 표시하다
His fingers had left **marks** on the table. 그의 손가락은 탁자에 **표시**를 남겼다.

**divorce** [divɔ́:rs] 명 이혼 동 이혼하다
We are planning to get a **divorce** soon. 우리는 곧 **이혼**할 것이다.

**separation** [sèpəréiʃən] 명 분리, 이혼, 별거
Couples agreed to divorce each other after a **separation**. 커플은 **별거** 후 서로 이혼에 동의했다.

**divert** [daivə́:rt] 동 방향을 바꾸다
I **divert** river water into a reservoir. 나는 강의 물길을 저수지 쪽으로 **돌렸다**.

**separate** [sèpərèit] 동 분리하다

**family** [fǽməli] 명 가족
There are three in my **family**. 나의 **가족**은 세 명입니다.

**familiar** [fəmíliər] 형 친한, 익숙한
You look **familiar**. 당신 낯이 **익은데요**.

**familiarity** [fəmìliǽrəti] 명 친근함, 익숙함
**Familiarity** breeds contempt. **친근해**지면 무례해진다.

**familiarize** [fəmíliəràiz] 동 익숙하게 하다
You'll need time to **familiarize** the use of a new machine. 우리가 새 기계의 사용에 **익숙해지려면** 시간이 필요할 것이다.

**unfamiliar** [ʌ̀nfəmíliər] 형 낯선
That scene is **unfamiliar** to me. 저런 광경은 내게는 **낯설다**.

**relative** [rélətiv] 명 친척
They are my **relatives**. 그들은 내 **친척들**이야.

**kindred** [kíndrid] 명 혈족, 친족
Trade knows neither friends or **kindred**. 장사에는 친구도 **피붙이**도 없다.

**relate** [riléit] 동 관련시키다
She wants to **relate** to my life. 그녀는 나의 삶과 **관련되기**를 원한다.

**relation** [riléiʃən] 명 관계, 친척
The **relation** between husband and wife must be on love. 남편과 부인의 **관계**는 사랑에 바탕을 두어야 한다.

**relationship** [riléiʃənʃip] 명 관계
This is the end of our **relationship**. 이것으로 우리들의 **관계**는 끝입니다.

**kind** [kaind] 형 친절한 명 종류
What **kind** of room would you like? 어떤 **종류**의 방을 원하시죠?
She is a very **kind** person. 그녀는 매우 **친절한** 사람이다.

**kindly** [káindli] 부 친절하게
He **kindly** showed me the way to the school. 그는 **친절하게** 나에게 학교로 가는 길을 가르쳐주었다.

**kindness** [káindnis] 명 친절
Thank you very much for your **kindness**. 당신의 **친절**에 매우 감사드립니다.

**king** [kiŋ] 명 왕
He was the **king** of kings. 그는 **왕** 중의 왕이었다.

**kingdom** [kíŋ-dəm] 명 왕국
The king will make over the **kingdom** to me. 왕은 나에게 **왕국**을 물려줄 것이다.

**kingship** [kíŋ-ʃip] 명 왕권

✸ 빈 칸에 들어갈 우리말 해석을 쓰시오.

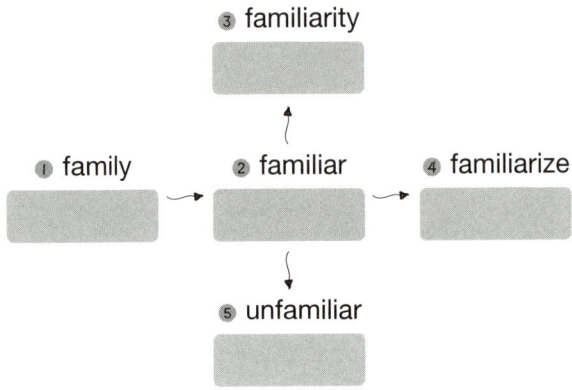

✸✸ 빈 칸에 들어갈 영어 단어를 쓰시오.

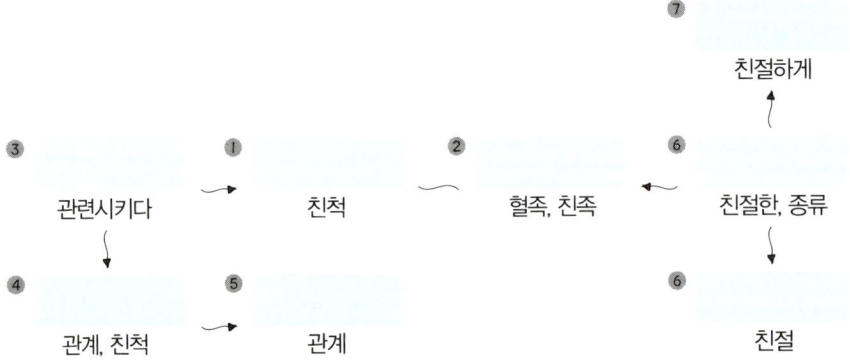

○ 답은 본문에서 확인하세요!

1. 다음 밑줄 친 부분과 바꿔 쓸 수 있는 말을 고르시오.

   **We are invited to John's wedding.**

   ① marry   ② marriage   ③ wed   ④ divorce   ⑤ separation

2. 다음 문장 중 kind의 의미가 다른 하나를 고르시오.

   ① He's a very kind and thoughtful person.
   ② Please be kind to your brother!
   ③ It's kind of you to help me.
   ④ What kind of music do you like?
   ⑤ Thank you for your kind invitation

3. 다음 빈칸에 들어갈 가장 적절한 단어를 고르시오.

   **A _____ is the formal ending of a marriage by law.**

   ① marry   ② dating   ③ divorce   ④ join   ⑤ loving

4. 다음 주어진 관계가 나머지와 다른 하나를 고르시오.

   ① familiar    –   familiarly
   ② unfamiliar  –   unfamiliarly
   ③ separate    –   separately
   ④ relative    –   relatively
   ⑤ apple       –   apply

○ 정답은 308쪽에!

# Day 20 father 아버지

아버지는 father라 하고 어머니는 mother라 하지. 과거에는 father를 pater라고 했고 mother는 mater라는 단어를 사용했어. 그래서 pater와 mater의 앞부분만 따서 귀엽게 반복하여 말하는 papa와 mama는 아이들 말로 아빠와 엄마를 뜻하게 되었지. 아버지와 어머니를 합쳐 부모라고 하는데 영어로는 parents라는 단어를 사용해. 두 분 모두를 의미하기에 복수로 쓴 것이고 한 분만을 지칭할 때는 맨 뒤의 s를 뺀 parent라고 하지. 직접 낳아주신 친아버지가 아닌 의붓아버지는 stepfather라고 하고 의붓어머니는 stepmother라고 해. 여기서 step은 걸음이라는 뜻을 지니고 있는 단어인데, 접두사로 사용되는 step은 이 뜻과 상관없이 부모 중 한 분이 재혼하여 형성된 가족을 지칭할 때 쓰여.

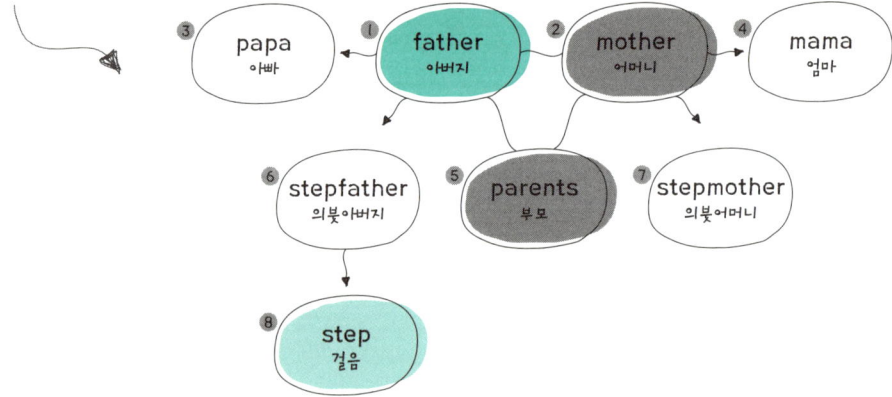

우리말은 형과 동생을 구분해서 쓰지만, 영어는 손위 형과 손아래 동생을 구분하지 않고 같은 단어를 써. 성별만 구분하지. brother는 형뿐만 아니라 남자동생을 의미해. sister는 여동생이나 누나 또는 언니를 의미하는 단어지. 부모가 재혼을 해서 생긴 의붓 형제자매를 지칭할 때는 어떠한 것의 절반을 의미하는 half라는 단어를 붙여. 그래서 half brother

는 어머니나 아버지가 다른 의붓형제를, half sister는 의붓자매를 의미하지.

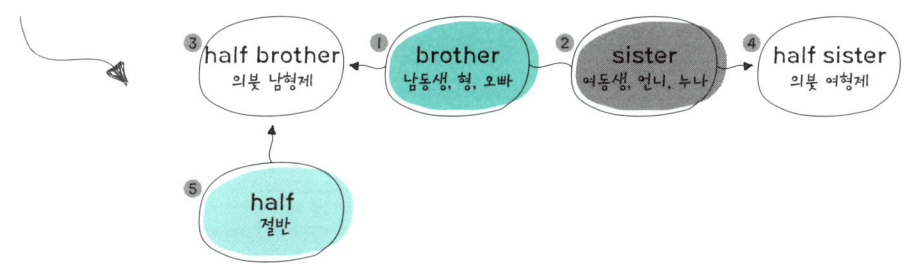

grand는 원래 그냥 '큰'이라는 뜻으로 쓰였는데 현재는 어떠한 현상이나 규모가 일반적인 수준을 넘어서서 어마어마하게 거대하고 대단하다는 것을 표현하는 웅장한, 위대한이라는 뜻의 단어가 되었지. grand는 또한 가족관계에서 한 대를 거친 직계관계를 표현할 때도 사용해. 그래서 자신의 아버지보다 윗세대인 할아버지와 할머니를 grandfather, grandmother라 하고, 반대 입장에서 자신의 자녀보다 아랫세대인 손자와 손녀를 grandson, granddaughter라고 하는 거야. son과 daughter는 각각 아들, 딸이라는 의미지. 할아버지와 할머니 두 분을 합쳐 부르는 조부모는 parents 앞에 grand를 붙인 grandparents라는 단어를 사용하고, 이 단어 역시 두 분을 의미하기에 복수를 나타내는 s가 붙은 거야.

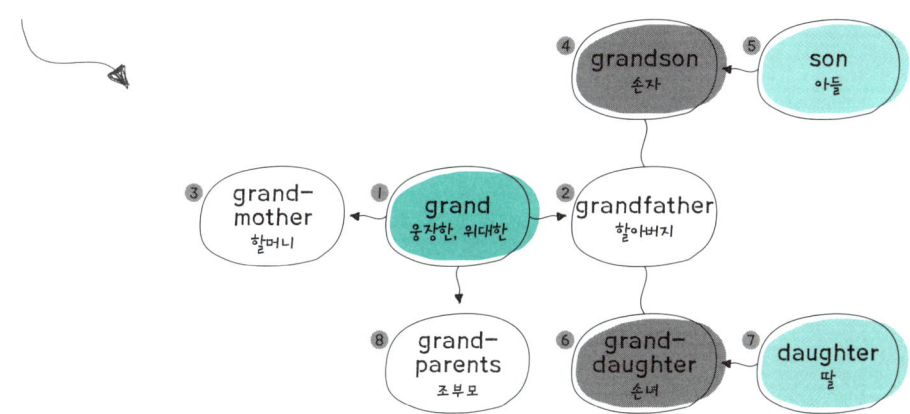

great도 grand와 비슷한 큰, 대단한이란 뜻을 지닌 단어인데, 이 단어는 가족관계에서 grand를 붙인 호칭보다 한 세대 더 위나 아래를 표현할 때도 쓰여. 할아버지를 의미하는

grandfather 앞에 great를 붙이면 great grandfather, 즉 할아버지의 아버지인 증조할아버지가 되고, 또 할아버지의 할아버지인 고조할아버지는 great를 한 번 더 붙여서 great great grandfather가 되는 거야. 그 윗대로 올라갈수록 great를 하나씩 더 붙여주는 거지. 반대로 증손자는 great grandson이 되는 거야.

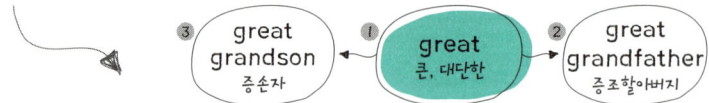

우리나라는 아버지의 형제자매와 어머니의 형제자매를 지칭하는 말을 구분해서 쓰지만, 영어에서는 친가와 외가를 구분하지 않고 써. 아버지나 어머니의 남자 형제를 의미하는 삼촌은 모두 uncle이라고 하지. 또 aunt는 아버지의 여자형제를 지칭하는 고모로 쓰일 수도 있고, 어머니의 자매인 이모라는 뜻으로도 사용할 수 있어. cousin은 아버지나 어머니의 형제자매가 낳은 아들딸인 사촌이라는 뜻이야. 그리고 자신의 형제나 자매가 결혼을 해서 낳은 남자조카는 nephew, 여자조카는 niece라는 단어를 사용하지.

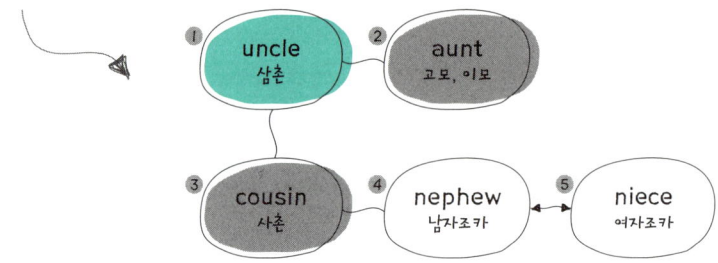

## 정리해보자

**father** [fáːðər] 명 아버지
You have inherited your **father**'s looks. 당신은 아버지의 외모를 물려받았군요.

**mother** [mʌ́ðər] 명 어머니
What's your **mother**'s job? 어머니의 직업은 무엇인가요?

**papa** [páːpə] 명 아빠
"Why is the sky blue, **Papa**? 하늘은 왜 푸른가요, 아빠?

**mama** [máːmə] 명 엄마

**parent** [pέərənt] 명 부모 (중 한쪽)
Say hello to your **parents**. 부모님께 안부 전해드려라.

**stepfather** [stépfàːðər] 명 의붓아버지

**stepmother** [stépmʌ̀ðəːr] 명 의붓어머니

**step** [step] 명 걸음 동 걷다
He **stepped** up to the door. 그는 문까지 **걸어갔다**.

**brother** [brʌ́ðər] 명 형, 남동생, 오빠
He is one of my **brothers**. 그는 내 **형제** 중 하나이다.

**sister** [sístəːr] 명 누나, 여동생, 언니
Your **sister** is really cool. 너희 **누나** 정말 멋지다.

**half brother** [háːf-brʌ̀ðər] 명 의붓형제

**half sister** [háːf-sìstəːr] 명 의붓자매

**half** [haːf] 명 반, 절반
Fold the paper in **half**. 종이를 **반**으로 접어라.

**grand** [grænd] 형 웅장한, 위대한

**grandfather** [grǽndfàːðər] 명 할아버지

**grandmother** [grǽndmʌ̀ðəːr] 명 할머니
My **grandmother** has bad eyes. 우리 **할머니**는 시력이 안 좋으셔.

**grandson** [grǽndsʌ̀n] 명 손자
The boy is the **grandson** of the worker. 그 소년은 그 일꾼의 **손자**야.

**son** [sʌn] 명 아들
I don't know what to advise my **son**. 나는 **아들**에게 무슨 충고를 해야 할지 모르겠다.

**granddaughter** [grǽnddɔ̀ːtəːr] 명 손녀

**daughter** [dɔ́ːtər] 명 딸
I am the only **daughter** in my family. 저는 외동딸입니다.

**grandparent** [grǽndpὲərənt] 명 조부, 조모
My **grandparents** live with us. 조부모님은 우리와 함께 사십니다.

**great** [greit] 형 큰, 대단한
It's a **great** pleasure to all of us. 그것은 우리 모두에게 큰 기쁨입니다.

**great grandfather** [greit-grǽndfàːðəːr] 명 증조할아버지

**great grandson** [greit-grǽndsʌ̀n] 명 증손자

**uncle** [ʌ́ŋkəl] 명 삼촌
The great thing is that my **uncle**'s house is very close to my house. 정말 다행인 건 **삼촌**네 집이랑 우리집이 가깝다는 거야.

**aunt** [ænt] 고모, 이모
After the death of my mother, I was cared for by an **aunt**. 어머니가 돌아가신 후로 숙모가 나를 돌봐 주셨다.

**cousin** [kʌ́zn] 사촌
A near neighbor is better than a distant **cousin**. 가까운 이웃이 먼 **사촌**보다 낫다.

**nephew** [néfjuː] 남자조카
How's your **nephew** doing? 네 **조카아들** 잘 있니?

**niece** [niːs] 여자조카
She is my **niece**. 그녀는 나의 **조카딸**이야.

✱ 빈 칸에 들어갈 우리말 해석을 쓰시오.

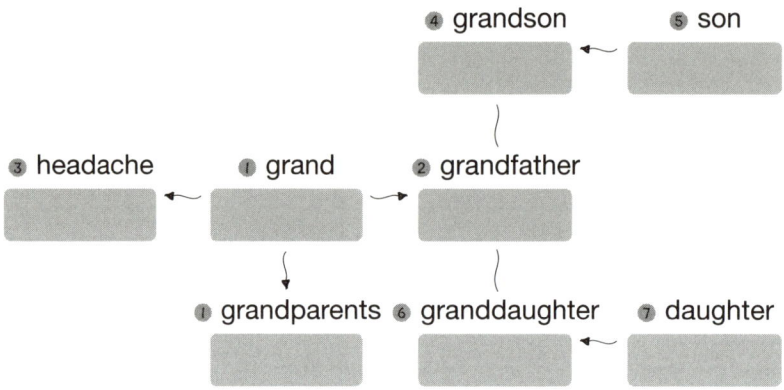

✱✱ 빈 칸에 들어갈 영어 단어를 쓰시오.

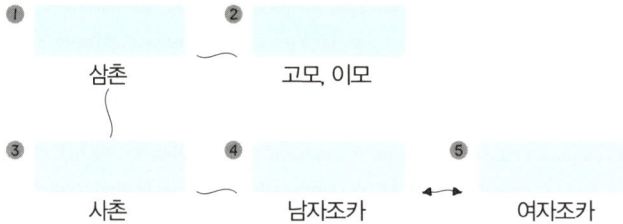

○ 답은 본문에서 확인하세요!

**1** 다음 영어 단어와 뜻이 일치하도록 바르게 연결하시오.

① great grandfather •    • ⓐ 고모
② aunt •    • ⓑ 남자조카
③ niece •    • ⓒ 사촌
④ cousin •    • ⓓ 조카딸
⑤ nephew •    • ⓔ 증조할아버지

**2** 다음 빈칸에 알맞은 단어를 보기 에서 골라 쓰시오.

| 보기 | nephew    niece    cousin |

A _____ is a child of a person's aunt or uncle.

**3~4** 다음 빈칸에 알맞은 단어를 보기 에서 골라 쓰시오.

| 보기 | grandfather    stepfather    niece    nephew |

**3** He is my _____ who has married my mother after the death of my father.

**4** When my _____ came to visit us, we welcomed her.

**5** 다음 문장 중 great의 의미가 다른 하나를 고르시오.

① You look great!
② You look like your great grandfather.
③ It is always a great pleasure to see you.
④ I heard they are having a great sale at Wall-Mart.
⑤ It tastes great.

○ 정답은 308쪽에!

Day 21 life 삶

사람이 인생을 살아가는 것 또는 살아있음을 **삶**이라고 하는데 영어로는 life라는 단어를 사용해. 이 life는 동사와 형용사로 사용되는 live에서 파생되어 나온 단어야. live는 동사로 특정한 지역에 '거주한다'는 의미의 **살다**라는 뜻과 살아 있기에 세상에 '존재한다'는 의미의 살다라는 뜻을 가지며, 형용사로는 살아있는 상태를 표현하는 **살아있는**이라는 뜻이야. 동사일 때는 [live]로, 형용사일 때는 [laiv]로 발음한다는 것도 함께 기억해둬. live에서 파생된 alive도 live의 형용사의 뜻과 같은 **살아있는**이라는 의미로 사용되는 단어야.

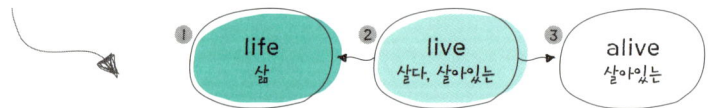

live는 라틴어 vive에서 변형된 단어인데, 이 vive에 접두사가 붙은 여러 파생어들이 현대 영어에서도 쓰이고 있지. 앞에 '최고의'라는 뜻을 지닌 접두사 sur와 합쳐진 survive는 어떠한 상황 속에서도 끝까지 견뎌내는 **살아남다, 생존하다**를 뜻하고, 이 단어를 통해 나온 survival은 survive의 명사형으로 **생존**이나 **유물**을 의미해. vive 앞에 '다시'를 뜻하는 re가 붙어 생긴 revive는 다시 살아나는 것을 의미하는 **활기를 되찾다, 회복하다**라는 뜻이고, 명사로 쓰이는 revival은 **활기**나 **부활**을 의미하는 단어야.

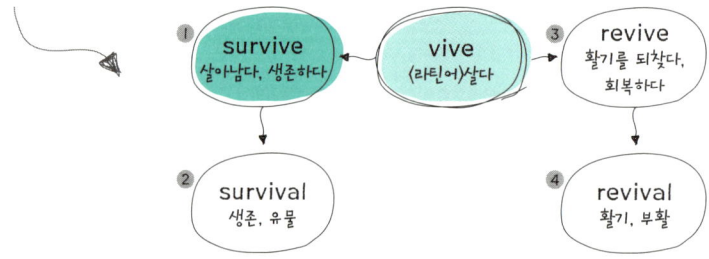

모든 살아있는 것들은 숨을 쉬지. 사람이나 동물은 입이나 코를 통해 숨을 들이마시고 내쉬어. 이 숨은 영어로 breath라고 하는데, breath 맨 뒤에 알파벳 e만 붙이면 숨을 쉬다, 호흡하다라는 뜻의 동사 breathe가 되지. 숨을 들이쉬고 내쉬는 것은 어떻게 표현할까? 지금은 쓰이지 않는 말인 hale은 '숨쉬다'라는 뜻이었는데, 이 단어에 접두사가 붙은 파생어들이 현재까지도 쓰이고 있어. 먼저 hale 앞에 '안의'라는 뜻을 지니는 접두사 in을 붙인 inhale은 사람이 숨이나 연기 등을 몸 안으로 들이키는 들이마시다라는 뜻이야. 반대로 '밖'을 의미하는 ex를 붙인 exhale은 밖으로 숨이나 연기를 내뿜는 내쉬다라는 의미로 쓰이는 단어지.

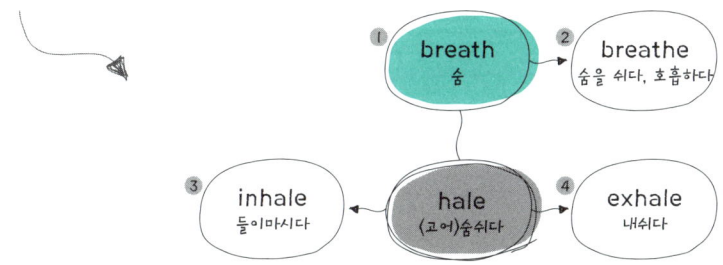

삶과는 반대로 살아있지 못한 상태는 죽음이나 사망이라 하고, 영어로는 death라는 단어를 사용해. 이 death 역시 life와 마찬가지로 죽다, 사망하다라는 뜻의 동사 die에서 파생되어 나온 단어이고, 나중에 이 die에서 형용사로 죽은이라는 뜻을 가지는 dead가 파생되었지. 죽은 사람을 묻는 묘나 무덤은 grave와 tomb이라는 단어를 사용하고, 죽은 사람의 이름과 생몰연도 등을 새겨넣는 돌인 묘비는 돌을 의미하는 stone이 붙은 gravestone이나 tombstone이라 해.

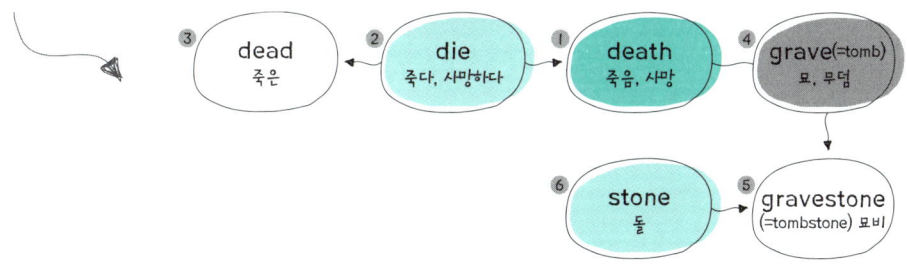

과거 서양에서는 대부분의 나라들이 기독교에서 많은 영향을 받았고, 그 영향으로 사람이 죽은 후에는 천국이나 지옥으로 간다고 믿게 되었지. 이 천국을 영어로는 heaven이라고 해. 천국과는 반대로 죄를 지은 사람이 죽어서 가게 된다는 지옥은 hell이라 하지. 천국은 하늘나라에 있다는 믿음 때문에 heaven은 나중에 하늘이라는 뜻도 지니게 되었어. 그래서 형용사로 사용되는 heavenly는 천국의, 하늘의라는 의미가 되지.

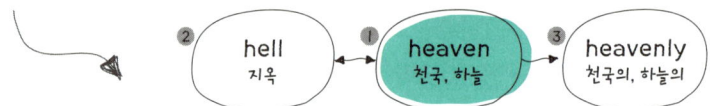

천국인 heaven과 무척이나 유사한 철자를 가진 haven은 뜻 또한 안식처, 피난처여서 heaven에서 파생된 게 아닐까 하는 생각이 드는 단어야. 그러나 haven은 가지다, 소유하다라는 뜻을 지닌 have에서 파생된 단어야. have에서 파생된 단어를 좀 더 보면, 앞에 강조를 뜻하는 be가 붙은 behave는 자신이 마음 속에 품은 생각을 몸을 움직임으로써 실현해내는 행동하다라는 뜻을 가지는 단어이고, 여기에서 파생된 명사 behavior는 행동이나 행위를 뜻하지.

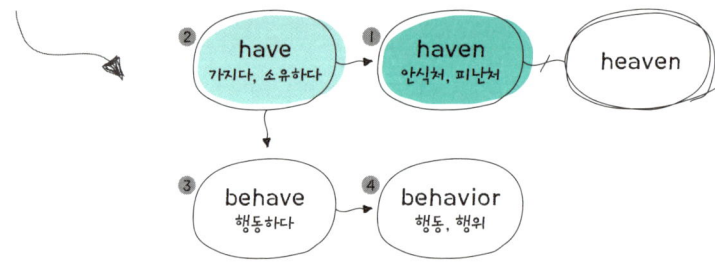

## 정리 해보자

**life** [laif] 명 삶, 생활
How was her campus **life**? 그녀의 대학교 **생활**은 어땠나요?

**live** 동 [liv] 살다 형 [laiv] 살아있는
Does he **live** alone? 그는 혼자 **살아요**?

**alive** [əláiv] 형 살아있는
Are your grandparents still **alive**? 조부모님은 살아계시나요?

---

**survive** [sərváiv] 동 살아남다, 생존하다
Many people are just struggling to **survive** from day to day. 많은 사람들이 하루하루 **살아남기** 위해서 고전분투를 하고 있습니다.

**survival** [sərváivəl] 명 생존, 유물
We are fighting for **survival**. 우리는 **생존**하기 위해 싸운다.

**revive** [riváiv] 동 활기를 되찾다, 회복하다
My plants **revived** as soon as I gave them some water. 약간의 물을 주자마자 내 식물이 **활기를 되찾**았다.

**revival** [riváivəl] 명 활기, 부활
Recently, there has been some **revival** of ancient music. 최근에 고대 음악이 **부활**하고 있다.

---

**breath** [breθ] 명 숨
He took a deep **breath**. 그는 깊은 **숨**을 쉬었다.

**breathe** [bri:ð] 동 숨을 쉬다, 호흡하다
It hurts whenever I **breathe**. **숨을 쉴** 때마다 아픕니다.

**inhale** [inhéil] 동 들이마시다
I **inhaled** the fresh morning air. 나는 신선한 아침 공기를 **들이마셨**다.

**exhale** [ekshéil] 동 내쉬다
He **exhaled** smoke. 그는 연기를 **내쉬었**다.

---

**death** [deθ] 명 죽음, 사망
It's a matter of life and **death**. 그것은 삶과 **죽음**의 문제다.

**die** [dai] 동 죽다, 사망하다
His duty is to **die** for his country. 그의 의무는 그의 나라를 위해서 기꺼이 **죽는 것**이다.

**dead** [ded] 형 죽은
**Dead** men don't speak. **죽은 자**는 말이 없다.

**grave** [greiv] 명 묘, 무덤
We visited our family **graves**. 우리는 우리 가족의 **무덤**을 방문했다.

**tomb** [tu:m] 명 묘, 무덤

**gravestone** [gréivstòun] 명 묘비

**tombstone** [tú:mstòun] 명 묘비

**stone** [stoun] 명 돌

---

**heaven** [hévən] 명 천국, 하늘
**Heaven** help those who help themselves. 하늘은 스스로 돕는 자를 돕는다.

**hell** [hel] 명 지옥
Go to **hell**. **지옥**에나 가버려.

**heavenly** [hévənli] 형 천국의, 하늘의

---

**haven** [héivən] 명 안식처, 피난처

**have** [hæv] 동 소유하다, 가지다
We **have** a meeting every Saturday. 우리는 매주 토요일에 회의를 **가집니다**.

**behave** [bihéiv] 동 행동하다
She **behaved** like a man. 그녀는 남자처럼 **행동했**다.

**behavior** [bihéivjər] 명 행동, 행위
I apologize for their **behavior**. 그들의 **행동**에 대해 제가 사과드립니다.

✲ 빈 칸에 들어갈 우리말 해석을 쓰시오.

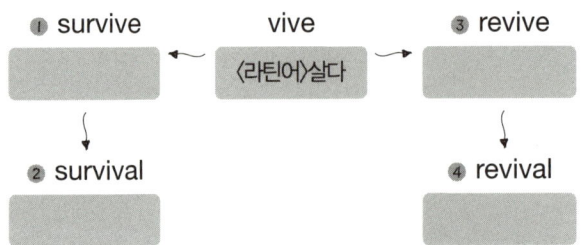

✲✲ 빈 칸에 들어갈 영어 단어를 쓰시오.

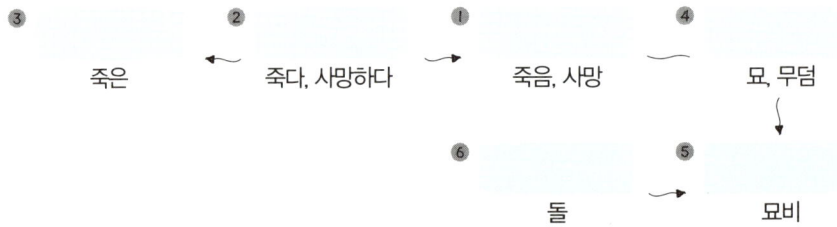

○ 답은 본문에서 확인하세요!

**1~2** 다음 빈칸에 들어갈 가장 적절한 단어를 보기 에서 골라 쓰시오.

> 보기  haven    have    behave    behavior

1  The garden is a _____ from the noise of the city.
2  I apologize for his _____.

**3** 다음 밑줄 친 부분과 바꿔 쓸 수 있는 말을 고르시오.

> She visits her mother's <u>grave</u> every Sunday.

① stone   ② gravity   ③ tomb   ④ Tom   ⑤ grab

**4** 다음 중 단어와 뜻이 잘못 연결된 것을 고르시오.

① heaven   –   천국
② have     –   가지다
③ stone    –   돌
④ breath   –   숨을 쉬다
⑤ heavenly –   천국의

**5** 다음 문장 중 live의 의미가 다른 하나를 고르시오.

① I love live music.
② I live with parents and elder brother.
③ May you live long!
④ My grandfather lives by himself.
⑤ She lives next door to me.

○ 정답은 308쪽에!

131

# Day 22 businessman 사업가

이제부터는 각종 직업에 종사하는 사람들과 그와 연관된 단어들을 살펴보게 될 거야. 먼저 businessman부터 시작해볼게. businessman은 일반적으로 자신의 사업을 일구어 일을 하는 **사업가**나 기업에서 높은 위치에 있는 **회사원**을 의미하는 단어야. 이 단어는 **바쁜**이라는 뜻을 지닌 형용사 busy에 명사로 만드는 접미사 ness가 붙은 business라는 단어에 '사람'을 의미하는 man이 붙어서 만들어졌지. business라는 단어가 애초에는 '어떠한 일에 묶여있어서 다른 것을 할 겨를이 없는 바쁜 상태'를 의미했는데, 나중에는 '어떤 목적을 달성하기 위해 바쁘게 실행하는 일 자체'를 의미하는 말이 되어 **사업**과 **업무**라는 뜻으로 쓰이게 되었어.

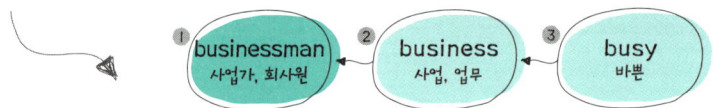

사업체를 운영하는 사업가에게 고용되어 그 회사를 위해 일하고 급여를 받는 **고용인**이나 **종업원**은 employee라는 단어를 사용하는데, 이 단어는 **고용하다**라는 뜻의 employ에서 파생되었어. 이런 종업원을 고용하는 **고용주**는 employ 뒤에 접미사 er을 붙인 employer라고 하고, 명사로 사용되는 employment는 **직장**이나 **고용**을 의미하지. employee와 비슷한 의미로 쓰이는 staff는 원래 사람이 언덕을 오를 때나 길을 걸을 때 몸을 의지하도록 도움을 주는 딱딱한 '막대기'나 '지팡이'를 의미했어. 그랬다가 시간이 지나면서 회사에서 중요한 역할을 하는 임원들에게 도움을 주는 '참모'를 뜻하는 말로 쓰였고, 현재는 회사에 도움을 주는 **직원**이라는 뜻을 지니게 되었지. staff에서 파생된 stiff는 막대기나 지팡이처

럼 어떤 물체가 곧고 딱딱한 것을 표현하는 뻣뻣한이라는 형용사이고, 동사 형태인 stiffen 은 몸이나 물체가 굳어서 경직되는 뻣뻣해지다라는 뜻을 갖고 있어.

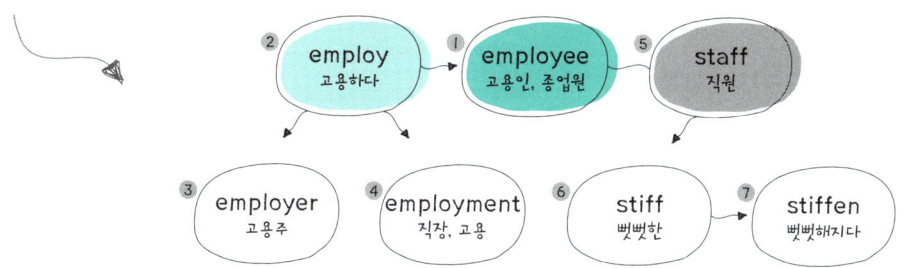

job은 일반적인 일이나 직업을 의미하는 단어야. 정식 직업이 아니라 임시로 하는 일을 우리가 흔히 아르바이트라고 하는데, 이 아르바이트는 영어가 아닌 독일어 Arbeit에서 온 말이야. 영어에서는 아르바이트를 part-time job이라고 해. part는 무언가를 몇 개로 나눈 것의 한 부분을 의미하는 단어이고, '시간'이라는 뜻의 time과 합쳐진 part-time은 아침부터 오후까지 종일 일하는 정규 근무와는 달리 일정한 짧은 시간만을 일하는 시간제 근무를 뜻해. 반대로 정식으로 채용되어 종일을 근무하는 전일제 근무는 가득 찬이라는 뜻을 지닌 형용사 full과 합쳐진 full-time job이라고 해. 이 full은 채우다라는 뜻을 지닌 fill에서 파생되어 나온 단어지. 이 두 단어가 합쳐진 fulfill이라는 단어 또한 fill에서 파생된 것으로, 무언가를 가득 채움으로써 완성하는 다하다, 달성하다라는 뜻으로 쓰이고 있어.

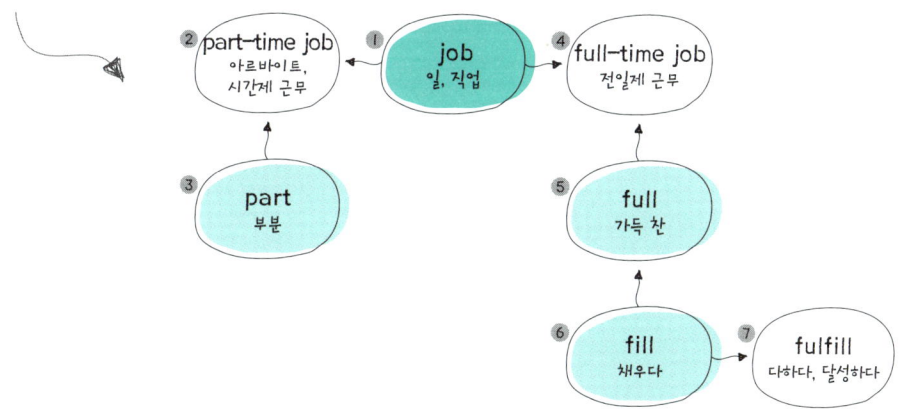

part에서 파생된 단어는 아주 많아. 그 중 자주 사용되는 몇 가지를 살펴보도록 할게. 앞에 '떨어져'라는 의미의 a를 붙인 apart는 부분을 멀리 떨어뜨린다는 의미의 부사 **떨어져, 따로**로 쓰이는 단어이고, apartment는 사람들이 사는 건물을 작은 구획으로 나누어 놓은 **아파트**를 의미해. 우리가 흔히 말하는 '아파트'는 바로 이 apartment를 줄인 말이지. part 앞에 de가 붙은 depart는 원래 자신이 속한 집단에서 다른 사람들과 분리되는 '나누다'라는 뜻으로 쓰였는데, 현재는 자신이 속한 곳에서 분리되어 떠나가는 **떠나다, 그만두다**라는 의미로 쓰이는 단어가 되었어. 명사형인 department는 '나누다'라는 예전 뜻에서 파생된 의미로 회사나 학교같은 큰 조직체를 체계적으로 나눠놓은 **부서**를 뜻하고, 여기에 **상점**을 의미하는 store와 합쳐진 department store는 분리된 여러 상점들이 모여 다양한 상품을 판매하는 **백화점**을 의미하게 되었지.

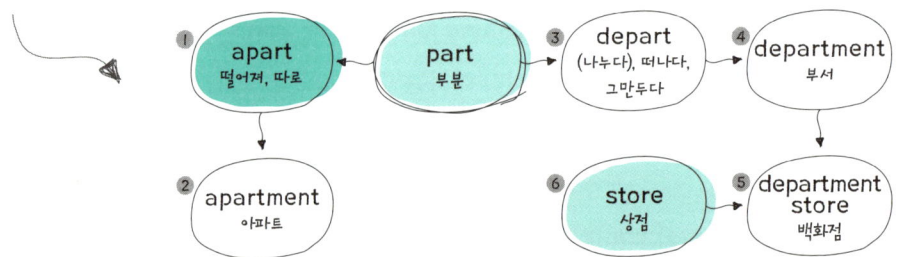

또 depart의 '떠나다, 그만두다'라는 뜻에서 파생된 departure는 어딘가 먼 곳으로 떠나는 **떠남**과 기차나 항공편 등이 목적지를 향해 나서는 **출발**이라는 뜻으로 쓰이는 단어야. 그래서 departure time은 **출발 시각**이 되는 거지. 반대로 **도착 시각**은 arrival time이라고 하는데, 앞의 arrival은 **도착하다**라는 뜻으로 쓰이는 arrive에서 파생된 **도착**이라는 명사야.

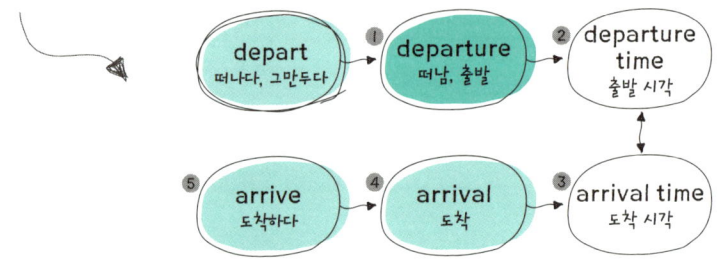

## 정리해보자

**businessman** [bíznis-mæ̀n] 명 사업가, 회사원
I was a much noted **businessman** at the time. 나는 그 당시 이름을 많이 날린 **사업가**였다.
**business** [bíznis] 명 사업, 업무
I often go abroad on **business**. 나는 **사업**차 외국에 자주 나갑니다.
**busy** [bízi] 형 바쁜, 열심인
I am pretty **busy**, but I am glad you came to see me here. 나는 굉장히 **바쁘**지만, 그래도 네가 나를 만나러 여기에 와줘서 기쁘다.

---

**employee** [implɔ́ii:] 명 고용인, 종업원
The boss encouraged the **employees**. 사장은 **종업원**들을 격려했다.
**employ** [emplɔ́i] 동 고용하다
**employer** [emplɔ́iər] 명 고용주
He is an **employer**. 그는 **고용주**입니다.
**employment** [emplɔ́imənt] 명 직장, 고용
I'm seeking **employment**. 나는 **직장**을 구하고 있습니다.
**staff** [stæf] 명 직원
Our sales **staff** was working hard for new products. 우리의 판매 **직원**들은 새 상품을 위해 열심히 일하고 있습니다.
**stiff** [stif] 형 뻣뻣한
My shoulders are **stiff**. 내 어깨가 **뻣뻣**하다.
**stiffen** [stífən] 동 뻣뻣해지다

---

**job** [dʒab] 명 일, 직업
What kind of **job** do you have? 어떤 종류의 **직업**을 가지고 있나요?
**part-time job** [páːrt-táim-dʒab] 명 아르바이트
I have a **part time job** at a restaurant. 나는 식당에서 **아르바이트**를 한다.
**part** [paːrt] 명 부분
He has to do the difficult **part** of the job. 그는 그 일의 힘든 **부분**을 해야 한다.
**full-time job** [fúl-táim-dʒoub] 명 정규직 직원
**full** [ful] 형 가득 찬
My class is **full**. 내 수업은 이미 **가득 찼**어요(마감됐어요).

---

**fill** [fil] 동 채우다
**Fill** it up. 가득 **채워주세요**.
**fulfill** [fulfíl] 동 다하다, 달성하다
She finally **fulfilled** her ambition to run a marathon. 그녀는 마침내 마라톤을 달리는 그녀의 야망을 달성했다.

---

**apart** [əpáːrt] 부 떨어져, 따로
My house stands **apart** from the others. 내 집은 다른 집들과 **떨어져** 있다.
**apartment** [əpáːrtmənt] 명 아파트
He is in possession of a large **apartment**. 그는 큰 **아파트**를 가지고 있다.
**depart** [dipáːrt] 동 떠나다, 그만두다
The plane **departs** at 6.00 a.m. 그 비행기는 아침 6시에 **떠난다**.
**department** [dipáːrtmənt] 명 부서
What **department** is he in? 그는 어느 **부서**에 있지?
**department store** [dipáːrtmənt-stɔːr] 명 백화점
**store** [stɔːr] 명 상점, 가게

---

**departure** [dipáːrʃər] 명 떠남, 출발
Where is my **departure** time? **출발** 시각이 언제입니까?
**departure time** [dipáːrʃər-taim] 명 출발 시각
**arrival time** [əráiəl-taim] 명 도착 시각
**arrival** [əráiəl] 명 도착
The late **arrival** of the plane messed up all my plans. 비행기의 늦은 **도착**으로 내 모든 계획이 엉망이 되었다.
**arrive** [əráiv] 동 도착하다
He **arrived** at his destination. 그는 그의 목적지에 **도착했다**.

✽ 빈 칸에 들어갈 우리말 해석을 쓰시오.

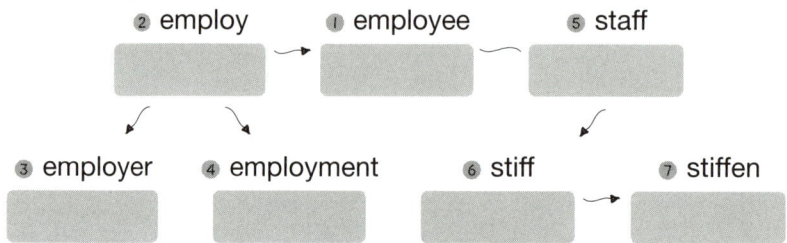

✽✽ 빈 칸에 들어갈 영어 단어를 쓰시오.

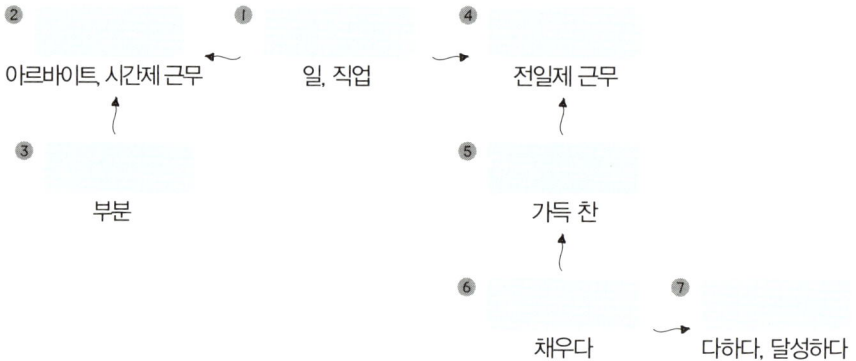

○ 답은 본문에서 확인하세요!

1  다음 주어진 관계가 나머지와 다른 하나를 고르시오.

   ① happy     –     happiness
   ② busy      –     business
   ③ lion      –     lioness
   ④ sad       –     sadness
   ⑤ kind      –     kindness

2~3 다음 빈칸에 알맞은 단어를 보기 에서 골라 쓰시오.

   | 보기 apart | apartment | arrive | arrival |

2  I'll give you the keys to my _____.
3  What time will your train _____ ?

4  다음 중 단어와 뜻이 잘못 연결된 것을 고르시오.

   ① employee  –  종업원
   ② employ    –  고용하다
   ③ full      –  채우다
   ④ fulfill   –  달성하다
   ⑤ busy      –  바쁜

5  다음 문장 중 단어에 대한 설명이 잘못된 것을 고르시오.

   ① An employee is a person who is paid to work for someone else.
   ② A businessman is a man who writes books.
   ③ An employer is a person who employs people.
   ④ Staff are the group of people who work for a company.
   ⑤ A job is the work that someone does to earn money.

   ○ 정답은 308쪽에!

# Day 23 entertainer 연예인

요즘은 연예인이라는 직업에 대한 관심이 대단하지. 이번에는 연예인과 관련된 영어 표현을 배워보도록 할게. 연예인은 entertainer라고 하는데 이 단어는 enter와 tain이 합쳐진 entertain에 사람을 뜻하는 er이 뒤에 붙어서 만들어진 단어야. 먼저 enter는 원래 '~안에'라는 뜻을 가진 단어로, 이 뜻과 관련하여 현재 어떤 장소 안으로 들어가다라는 의미로 사용되고 있어. 이 enter에서 파생된 entry는 안으로 들어가는 입장이나 출입을 의미하고, entrance는 들어가고 나오는 문인 출입구를 뜻해. 그러나 enter가 나중에 단어의 앞에 붙는 접두사로도 사용되면서 '~사이에'라는 의미를 지니게 되었지. 그 후 독립된 단어로는 쓰이지 않지만 '잡다'라는 의미를 갖는 tain과 합쳐져서 entertain이라는 단어가 만들어졌고, 이 단어는 '사람들 사이에서 관심을 이끌어낸다'고 해서 재미나게 하다라는 뜻을 지니게 되었어. 그래서 entertainer는 청중을 즐겁고 신나게 해주는 연예인이라는 의미를 지니게 되었고, entertainment는 음악이나 여러 가지 다채로운 재밋거리로 사람들을 즐겁게 해주는 오락을 뜻하게 된 거야.

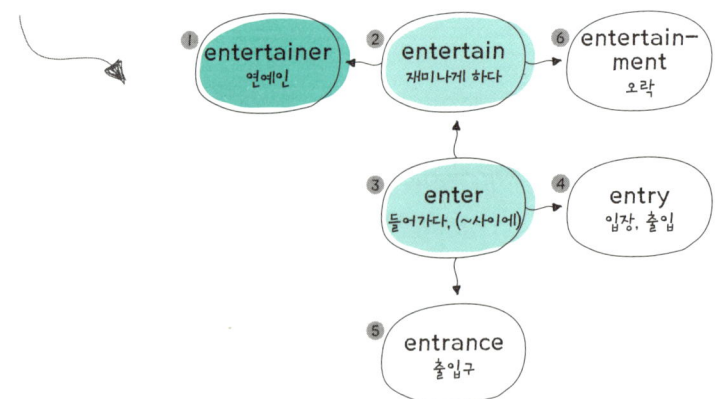

연예인 중에서 노래를 하는 가수는 singer라고 하는데 이 단어는 노래하다라는 뜻의 동사 sing에서 나왔고, sing에서 파생된 song은 노래를 뜻하는 명사야. 흔히 가수이면서 작곡도 하는 가수겸작곡가를 싱어송라이터라고 하는데, 이 단어는 영어로 singer-songwriter라고 해. 뒤에 붙은 writer는 글이나 곡 등을 쓰다라는 뜻의 write에서 파생된 단어로 글을 쓰는 사람인 작가를 뜻하지.

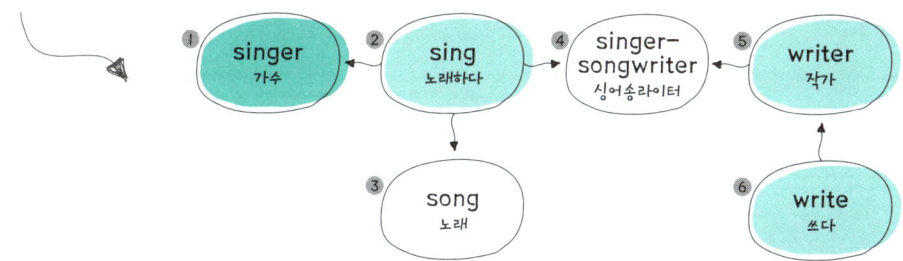

혼자서 노래를 부르는 singer와는 다르게, 밴드(band)나 그룹(group)과 함께 노래를 하는 가수는 vocalist라는 단어를 사용해. 이 단어는 '소리'를 뜻하는 프랑스어 voc에서 파생된 vocal에 '~을 하는 사람'이라는 뜻의 접미사 ist가 붙어서 생겨난 단어야. vocal은 목소리의, 노래 부분이라는 의미를 지니지. 참고로, 접미사 ist는 '~한 일을 전문으로 하는 사람'이나 '~주의자'라는 뜻을 지니고 있어서 특정한 일을 하는 사람을 표현하는 단어에 붙는 경우가 많아. 예를 들어 신문, 잡지를 뜻하는 journal과 합쳐진 journalist는 신문이나 잡지에 전문적으로 종사하는 저널리스트를 의미하고, 인간의라는 뜻의 human과 합쳐진 humanist는 인본주의자를 의미하지.

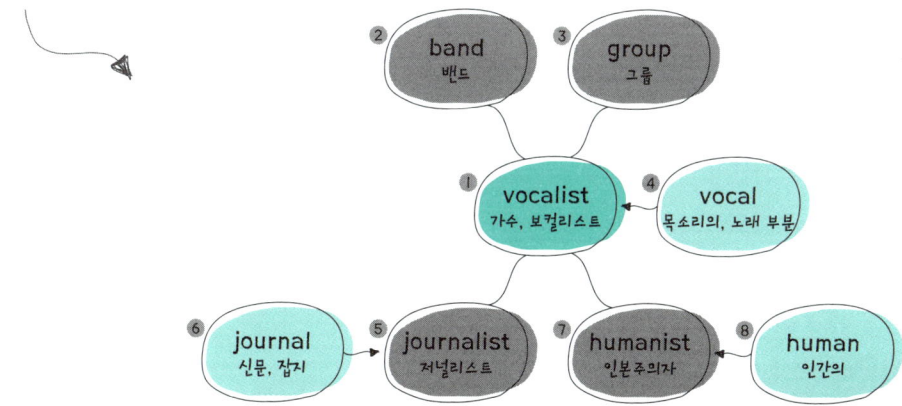

TV 드라마에서 연기를 하는 배우 혹은 연기자를 흔히 '탤런트'라고 하지. 그러나 영어에서의 talent라는 단어는 개인이 타고났거나 노력해서 얻은 능력인 재능을 뜻해. 영어로 배우는 행동하다, 연기하다라는 뜻인 act에서 파생된 actor를 사용하지. 뒤에 여성을 의미하는 접미사 ess가 붙어서 생기게 된 actress는 여배우를 뜻하는 단어야. 영화배우를 지칭할 때는 actor를 사용하기도 하지만 movie star라는 단어를 더 많이 사용해. movie는 움직이다라는 뜻의 move에서 파생된 단어로 움직이는 대상을 촬영한 영화를 뜻하고, star는 별 또는 밤하늘에 빛나는 별처럼 사람들 속에서 유독 빛나는 사람을 의미하는 스타라는 의미를 지니는 단어지.

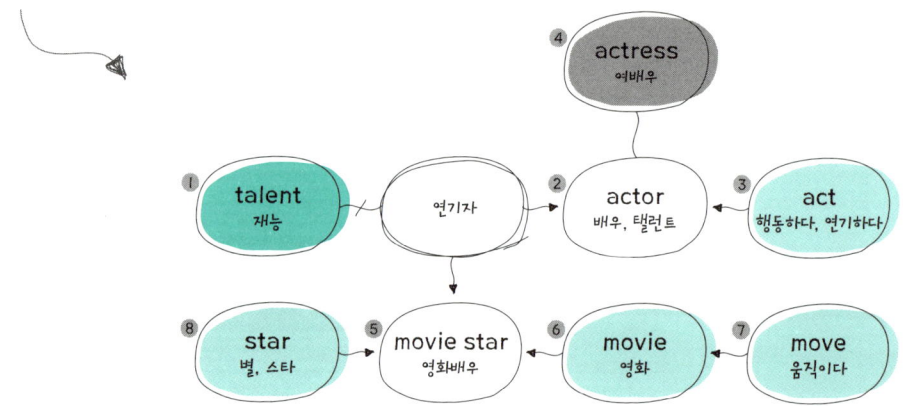

사람들을 웃기는 연예인을 지칭하는 개그맨은 농담이나 개그를 의미하는 gag에 '남자'를 뜻하는 man이 붙어서 gagman이 된 것이고, 여자 개그맨을 지칭하는 개그우먼은 man 대신 woman을 붙여서 gagwoman이라고 표기할 수 있지. 하지만 gagman이나 gagwoman은 실제 영어에서는 거의 쓰이지 않는 단어라는 걸 알아둬. 방송이나 연극에서 사람들을 웃기는 사람을 영어에서는 comedian(코미디언)이라고 해. 영단어 comedy는 사람을 웃기는 연극인 희극을 뜻하는데, 이 단어를 통해서 웃기는 사람인 comedian이 나오게 된 것이고 또 comedy에서 파생된 comic은 형용사로 웃기는, 코미디의라는 뜻을 지니고 있어. 그래서 사람들에게 재미와 웃음을 주는 만화책을 영어로는 comic book이라고 하지.

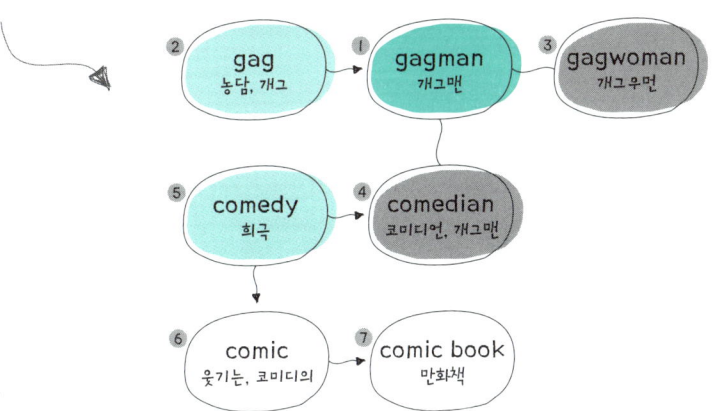

## 정리해보자

**entertainer** [èntərtéinər] 명 연예인
**entertain** [entertain] 동 재미나게 하다
I **entertained** my guests. 나는 나의 손님들을 **기쁘게** 했다.
**enter** [éntər] 동 들어가다
May I **enter** the room now? 지금 방에 **들어가도** 되나요?
**entry** [éntri] 명 입장, 출입
A flock of sheep blocked our **entry** to the village. 양떼는 마을로 들어가는 우리의 **출입**을 막았다.
**entrance** [éntrəns] 명 출입구
People rushed to the **entrance**. 사람들이 **출입구**로 몰렸다.
**entertainment** [èntərtéinmənt] 명 오락
There's not much in the way of **entertainment** in this town. 이 동네에는 **오락**거리가 별로 없다.

---

**singer** [síŋər] 명 가수
Who is your favorite **singer**? 좋아하는 **가수**가 누구예요?
**sing** [siŋ] 동 노래하다
**song** [sɔŋ] 명 노래
I love singing **songs**. 저는 **노래**하는 걸 정말 좋아합니다.
**singer-songwriter** [síŋər-suŋràitər] 명 싱어송라이터
**writer** [ráitər] 명 작가
My dream is to be a great **writer**. 나는 위대한 **작가**가 되는 것이 꿈이다.
**write** [rait] 동 쓰다
He **writes** novels. 그는 소설을 **씁니다**.

---

**vocalist** [vóukəlist] 명 밴드가수
**band** [bænd] 명 악단, 헤어밴드
Where is his **band** playing tomorrow? 그의 **악단**은 내일 어디서 연주하죠?
**group** [gru:p] 명 그룹
Are you traveling in a **group**? **그룹** 여행이십니까?
**vocal** [vóukəl] 형 목소리의, 독창 부분
**journalist** [dʒə́:rnəlist] 명 저널리스트
She is a **journalist**. 그녀는 저**널리스트**입니다.

**journal** [dʒə́:rnəl] 명 신문, 잡지
**humanist** [hjú:mənist] 명 인본주의자
**human** [hjú:mən] 형 인간의

**talent** [tǽlənt] 명 재능
I have no **talent** in dancing. 난 춤에는 **재능**이 없어.
**actor** [ǽktər] 명 배우
Who do you like best among **actors**? 배우 중에 누구를 가장 좋아해요?
**act** [ækt] 동 행동하다, 연기하다 명 행동
I **acted** like a complete idiot. 나는 완전히 바보처럼 **행동**했다.
**actress** [ǽktis] 명 여배우
**movie star** [múːvi-staːr] 명 영화배우
**movie** [múːvi] 명 영화
What theater is showing that **movie**? 어느 극장에서 지금 그 **영화**를 상영하죠?
**move** [muːv] 동 움직이다
I can't **move** my right arm. 오른손을 **움직일** 수가 없습니다.
**star** [staːr] 명 별, 스타

---

**gagman** [gǽgmæ̀n] 명 개그맨
**gag** [gæg] 명 농담, 개그
**gagwoman** [gǽg-wúmən] 명 개그우먼
**comedian** [kəmíːdən] 명 코미디언
**comedy** [kámədi] 명 희극
That was a hilarious **comedy**. 그건 정말 재미있는 코미디었어.
**comic** [kámik] 형 웃기는, 코미디의
**comic book** [kámik-buk] 명 만화책
He likes reading **comic books**. 그는 **만화책** 읽는 걸 좋아한다.

1   다음 빈칸에 들어갈 가장 적절한 단어를 고르시오.

   There are two _____ in this building, one at the front and one at the back.

   ① entry   ② entrance   ③ entrances   ④ enter   ⑤ enters

2   다음 중 접미사 ist가 붙어서 만들어진 단어가 아닌 것을 고르시오.

   ① journalist   ② scientist   ③ dentist   ④ assist   ⑤ humanist

3~4 다음 빈칸에 들어갈 가장 알맞은 단어를 보기 에서 골라 쓰시오.

   보기   enter   talent   star   comic

3   I have no _____ for singing.
4   Sometimes I like reading _____ books, but not much.

5   다음 밑줄 친 entertainer를 대신하기에 어색한 말을 고르시오.

   The journalist will have an interview with the entertainer.

   ① singer   ② movie star   ③ comedian   ④ actress   ⑤ teacher

# Day 24 announcer 아나운서

뉴스나 여러 방송을 진행하면서 소식을 전하고 사회를 보는 **아나운서**는 영어로 announcer라고 해. 이 announcer는 사람들에게 어떤 소식을 전달하는 **발표하다, 공고하다**라는 뜻을 가진 announce에 접미사 er이 붙어서 생긴 단어이고, 명사로 사용되는 announcement는 **발표**나 **소식**이라는 뜻이지. 방송에서 종합뉴스를 진행하는 아나운서를 **앵커**라고 하는데 이는 영단어 anchor를 의미해. 이 anchor는 원래 배가 떠내려가지 않게 한 곳에 고정시키는 **닻**을 의미하는 말인데, 나중에 뉴스 프로그램에 고정적으로 출현하여 진행을 맡는 **앵커**란 뜻도 지니게 된 거야.

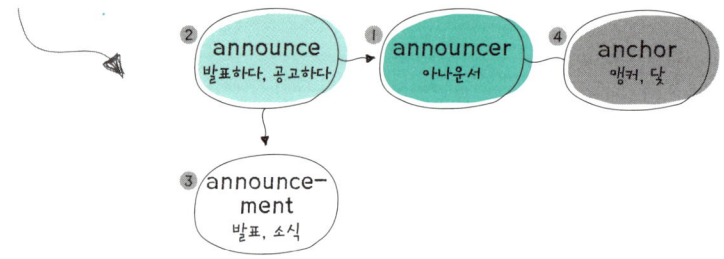

전문적으로 방송을 진행하는 **방송인**은 broadcaster라는 단어를 사용해. broad는 **넓은, 광대한**이라는 뜻을 지닌 단어이고, cast는 동사로 **던지다**라는 뜻이야. 그래서 이 두 단어가 합쳐진 broadcast는 전파를 통해 널리 퍼뜨린다고 하여 **방송, 방송하다**라는 의미가 된 거지. cast는 '던지다'라는 뜻 외에 배우에게 역할을 던진다고 해서 **배역을 맡기다**라는 의미도 가지는데, 여기서 나온 casting은 배우에게 던져지는 역할인 **배역**을 뜻해. 방송을 통해 뉴스를 전하거나 기사를 작성하는 **기자**는 reporter라고 하는데, 이 단어는 '다시'를 뜻하는 re와 '옮기다'라는 뜻을 지닌 port가 합쳐진 report에서 파생된 단어야. report는 사람들에게 받은 정보나 사실을 정리하여 다시 많은 사람들에게 말해주는 **발표하다, 알리다**

라는 뜻이 있고, 또 정보를 받아서 방송이나 매체를 통해 소식을 전하는 보도하다라는 의미로도 쓰이지. 이 뜻을 통해 reporter는 소식을 전하는 '기자'라는 뜻을 갖게 된 거야.

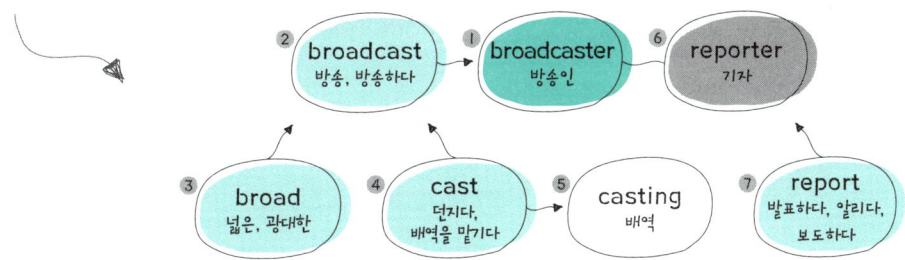

무대에서 사회를 보는 사회자를 흔히 M.C라고 하지. 이 단어는 master of ceremonies의 앞 철자를 딴 단어야. master는 어떤 한 분야에 정통한 사람을 의미하는 달인이나 스승을 의미해. 이 단어를 이탈리아어로 하면 maestro인데, 오케스트라를 지휘하는 지휘자나 음악의 거장을 의미하는 단어로 영어에서도 그대로 쓰이고 있지. master에서 비롯된 또다른 직업과 관련된 단어가 있는데, 바로 minister야. minister는 '작은'이라는 뜻의 mini와 master가 합쳐져서 만들어진 말로 원래 왕이나 신을 바로 밑에서 섬기고 따르는 사람을 의미했는데, 현재는 나라의 대통령을 바로 밑에서 보좌하는 장관이나 신을 섬기는 목회자를 의미하지. ceremony는 과거 로마에서 치러졌던 마을의 의식을 의미하는 cere와 명사로 만드는 접미사인 mony가 합쳐진 단어로, 일정한 형식에 맞추어 치러지는 의식, 식을 뜻해.

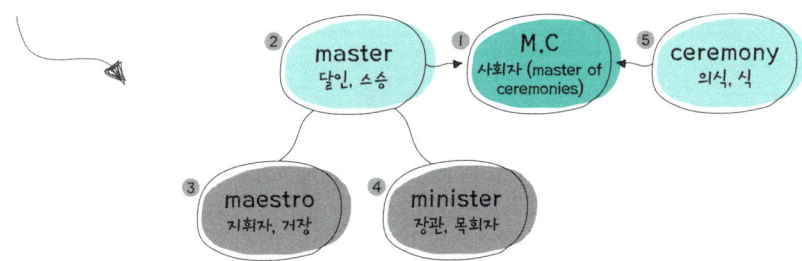

라디오 음악 프로그램이나 클럽에서 음악을 담당하는 사람을 디제이라고 하지. 이 D.J는 disc jockey의 약자야. disc(disk)는 둥그런 원판을 의미하는 단어지만 음악이 담긴 compact disc(CD)를 줄여서 지칭하는 말이기도 해. compact는 조직이 치밀하게 짜여

있는 것을 나타내는 조밀한 또는 크기가 작고 간편하다는 의미의 아담한이라는 뜻을 가진 형용사이고, disc(disk)는 원반 또는 둥글고 납작한 판을 뜻하는 단어야. 뒤의 jockey는 직업적으로 말을 타고 다루는 기수라는 뜻으로 주로 사용되지만, 일반적으로 무언가를 다루는 사람을 의미하기도 해. 그래서 라디오를 통해 음악을 다루어 들려주는 사람을 radio D.J라 하고, 클럽에서 음악을 다루어 들려주는 사람은 club D.J라고 하지. V.J는 video jockey를 줄인 말로 방송에서 뮤직 비디오를 소개하는 비디오자키를 뜻해.

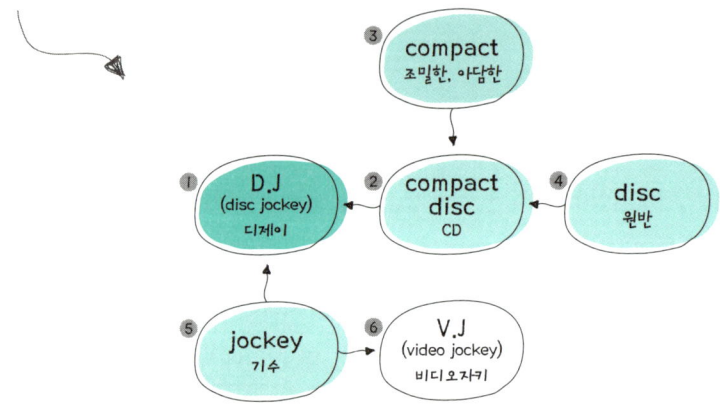

만화영화 등에서 등장인물의 목소리를 입히거나 라디오를 통해 목소리만으로 연기하는 성우는 voice actor나 voice artist라고 해. voice는 프랑스어로 '소리'를 뜻하는 voc에서 파생된 단어로 목소리를 뜻하고, artist는 예술이나 미술을 뜻하는 art에서 파생된 예술가라는 의미의 단어야.

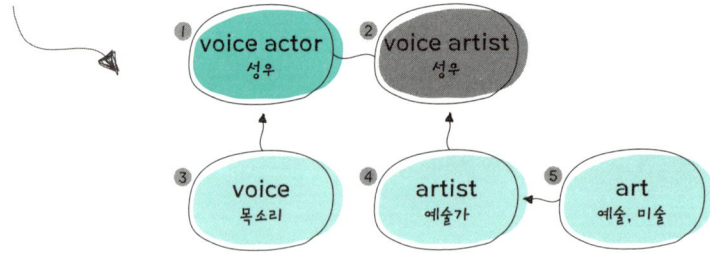

## 정리 해보자

**announcer** [ənáunsər] 명 아나운서
**announce** [ənáuns] 동 발표하다, 공고하다
The bell **announced** the completion of the marriage. 종소리는 결혼이 성사가 되었다는 것을 **공표했다**.
**announcement** [ənáunsmənt] 명 발표, 소식
The **announcement** will be broadcasted over the radio. 그 **발표**는 라디오로 방송이 될 것이다.
**anchor** [ǽŋkər] 명 닻, 앵커
The **anchor** was attached to a length of rope. 그 **닻**은 밧줄 하나에 매달려 있었다.

---

**broadcaster** [brɔ́ːdkæ̀stər] 명 방송인
**broadcast** [brɔ́ːdkæ̀st] 명 방송 동 방송하다
We'll **broadcast** this program live today. 우리는 오늘 이 프로그램을 생방송으로 **방송**할 것이다.
**broad** [brɔːd] 형 넓은, 광대한
**cast** [kæst] 동 던지다, 배역을 정하다
I **cast** dice. 나는 주사위를 **던진다**.
**casting** [kǽstiŋ] 명 배역
**reporter** [ripɔ́ːrtəːr] 명 기자
**report** [ripɔ́ːrt] 동 발표하다, 알리다
I will **report** your decision. 나는 너의 결정을 **발표할** 것이다.

---

**M.C(master of ceremonies)** 명 사회자
**master** [mǽstəːr] 명 달인, 스승
Practice is the best **master**. 연습은 최고의 스승이다.
**maestro** [máistrou] 명 지휘자, 거장
**minister** [mínistər] 명 장관, 목회자
**ceremony** [sérəmòuni] 명 의식, 식
Would you like to join the **ceremony**? **의식**에 참석해 주시겠어요?

---

**disc(disk) jockey** [disk-dʒáki] 명 디스크자키, 디제이
**disc** [disk] 명 원판
**compact** [kəmpǽkt] 형 조밀한, 아담한
I am looking for a **compact** car. **소형**차를 찾고있는데요.

---

**disc** [disk] 명 원판
**jockey** [dʒáki] 명 기수
**video jockey** [vídiòu-dʒáki] 명 비디오자키

---

**voice actor** [vɔ́is-æ̀ktər] 명 성우
**voice artist** [vɔ́is-àːrtist] 명 성우
**voice** [vɔis] 명 목소리
His **voice** grows louder. 그의 **목소리**가 점점 더 커진다.
**artist** [áːrtist] 명 예술가
She is an **artist**. 그녀는 **예술가**입니다.
**art** [aːrt] 명 예술, 미술
It is made by nature, not by **art**. 그것은 **예술**에 의한 것이 아니라 자연적으로 만들어진 것이다.

Day 24

147

✻ 빈 칸에 들어갈 우리말 해석을 쓰시오.

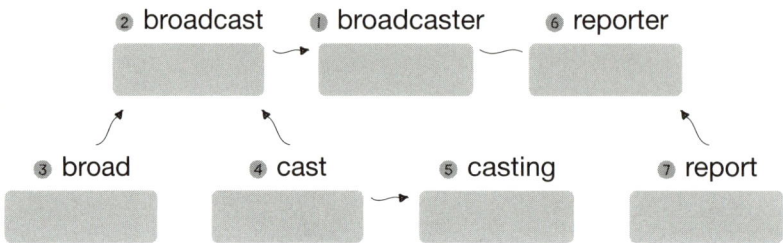

✻✻ 빈 칸에 들어갈 영어 단어를 쓰시오.

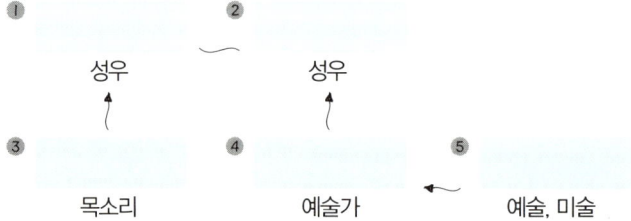

○ 답은 본문에서 확인하세요!

1 다음 빈칸에 들어갈 가장 적절한 단어를 고르시오.

　　Mozart was a _____ of classical music.

　　① reporter　② announcer　③ maestro　④ begger　⑤ entertainer

2 다음 빈칸에 알맞은 단어를 적으시오.

　　A _____ is a person who is very skilled in a particular job.

3 다음 문장 중 anchor의 의미가 나머지와 다른 하나를 고르시오.

　　① The ship is at anchor.
　　② We dropped anchor into the water.
　　③ I weighed anchor.
　　④ He became the solo anchor of Nightly News.
　　⑤ You can drop the anchor now.

4~5 다음 빈칸에 들어갈 가장 알맞은 단어를 보기 에서 골라 쓰시오.

　　보기　broad　　broadcast　　ceremony　　voice

4　A _____ is a formal event such as a wedding.
5　We will _____ this program live today.

○ 정답은 309쪽에!

149

# Day 25 shepherd 목회자

이번에는 종교와 관련된 직업에 대해 살펴볼게. 먼저 shepherd라는 단어는 양을 의미하는 sheep과 동물이나 사람이 여럿 모여있는 떼나 대중을 뜻하는 herd가 합쳐져서 생긴 양치기를 뜻하는 단어야. 그래서 양을 돌보는 개인 독일종(German) 개를 German shepherd라 불렀고, 이 개는 현재 훈련견으로서 경찰이나 군대에서 범인 색출에 활용되는 셰퍼드를 의미해. 또한 shepherd는 목자라는 뜻도 있는데, 서양의 대표적인 종교인 기독교에서 하나님의 말씀을 따르는 민중들을 '양떼'에 비유했고 이들을 이끄는 예수와 같은 리더를 양떼를 모는 '목자'에 비유했기 때문이야.

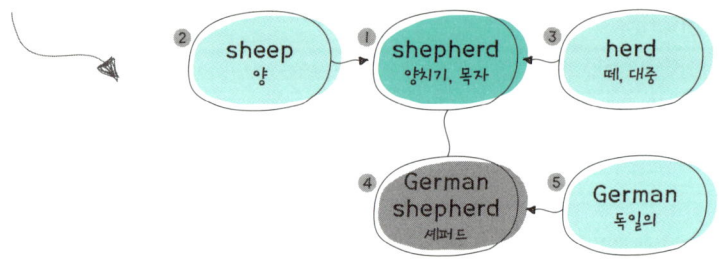

앞장에서 배운 minister나 바로 위에서 소개한 shepherd는 '목자'나 '목회자'를 뜻한다고 했지. '목회자'를 지칭하는 말로 이 단어들 말고 pastor라는 단어를 쓰기도 해. pastor는, 현재는 쓰이지 않지만 '먹이다'라는 뜻을 지닌 past에 나온 단어로 영적으로 사람을 양육한다고 해서 목회자라는 의미를 지니게 되었어. 그래서 past에서 파생된 또 다른 단어인 pasture는 동물, 특히 양이나 소 등이 뜯어먹을 수 있는 풀이 충분히 자라고 있는 초원이나 목초지를 의미하지.

기독교에서 교리를 사람들에게 널리 전하는 전도의 임무를 맡는 **전도사**는 preacher, missionary, evangelist라는 다양한 단어를 사용해. 먼저 preacher는 **설교하다**, **전도하다**라는 뜻을 지닌 preach에서 파생된 단어로 **전도사**를 의미해. missionary는 **전도**나 **임무**를 뜻하는 mission에서 나온 단어로, 주로 전도를 하기 위해 외국으로 보내지는 **선교사**를 뜻하지만 **전도사**라는 의미로도 쓰이지. 마지막으로 좀 복잡해 보이는 evangelist라는 단어를 자세히 살펴보면, 중간에 angel이라는 단어가 숨어있다는 것을 알 수 있을 거야. 이 angel은 그리스어에서 파생된 단어로 현재 **천사**를 의미하는데, 과거에는 '소식을 전하는 사람'을 의미했지. 그래서 '좋은'을 의미하는 ev와 사람을 나타내는 접미사 ist가 합쳐져 하나님의 복음을 전하는 **전도사**인 evangelist가 된 거야.

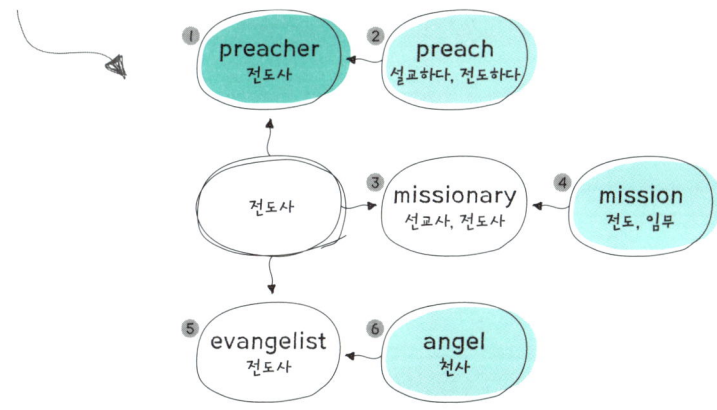

기쁜 소식 또는 그리스도의 가르침을 의미하는 **복음**은 gospel이라고 하는데, 앞의 go는 **가다**라는 뜻이 아닌 **좋은, 즐거운**을 뜻하는 good이 축약된 것이고, 뒤의 spel은 글자를 만드는 것을 의미하는 **철자하다**라는 뜻의 spell을 나타내지. 이 spell에서 나온 spelling은 글자를 바르게 표기하는 **철자법**이나 **철자**를 뜻하는 말이야.

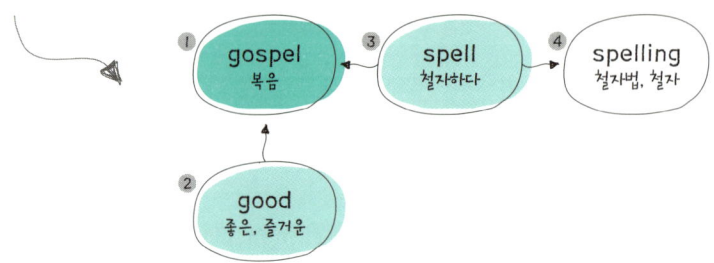

기독교에는 종교적으로 중요한 날이나 행사들이 많은데 그 중에서도 대표적이고 자주 언급되는 부활절에 대해 알아볼게. **부활절**은 맨 앞의 철자를 항상 대문자로 표기하는 Easter라는 단어를 써. 이 단어는 **동쪽**을 의미하는 east에서 파생된 거야. 동쪽은 해가 떠오르는 지역이기에 새로운 시작을 의미하고, Easter는 이러한 새로운 탄생의 날을 의미해서 '부활절'이라는 의미를 갖게 되었지. east에서 파생되어 형용사로 사용되는 eastern은 **동쪽의, 동양의**라는 뜻이야. 서양에서는 해가 떠오르는 동쪽을 모든 방향의 중심으로 삼아 나머지 방향을 정했어. 먼저 해가 뜨는 동쪽과는 반대로 해가 지는 **서쪽**은 west라고 하는데 이 단어에서 파생된 western은 **서쪽의, 서부의**라는 뜻이지. 해가 뜨는 동쪽의 왼편을 **북쪽**이라고 해서 north라는 단어가 생겼고, northern은 **북쪽의, 북향의**라는 형용사야. 마지막으로 south는 north의 반대편에 있다고 해서 나온 단어로 **남쪽**을 의미하고 southern 역시 형용사로 **남쪽의, 남향의**라는 뜻이지.

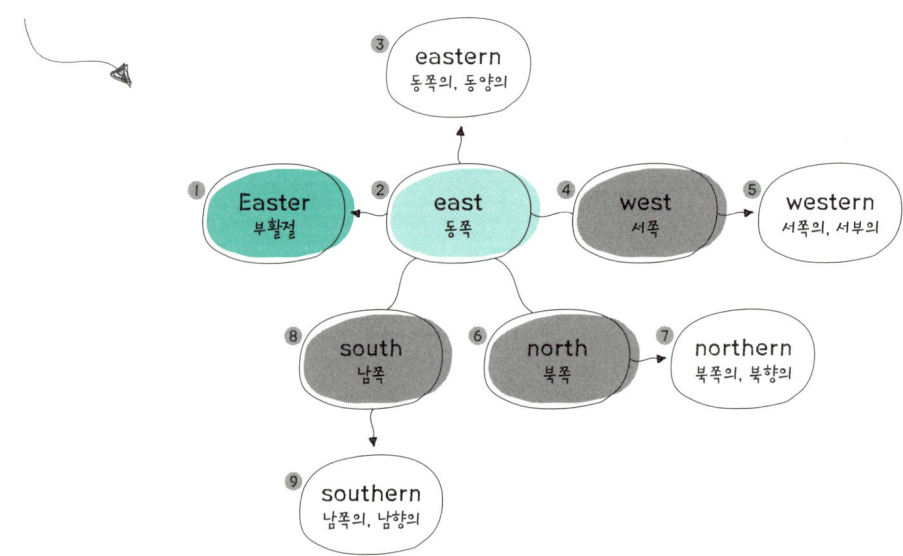

기독교와 양대산맥을 이루는 서양의 대표적인 종교인 가톨릭의 **신부**는 맨 앞 철자를 대문자로 사용하는 Father와 priest를 사용해. 신부를 한자어로 표기하면 神父가 되듯 '신을 대변하는 아버지'라는 의미에서 Father라 하고, priest는 원래 교회에서 나이가 많은 늙은 사람을 뜻하는 단어였는데 현재는 가톨릭의 성직자인 **신부**나 **사제**를 의미하고 있어. **수녀**도 첫 글자를 대문자로 사용하는 Sister, 또는 nun이라는 단어를 사용해. nun도 원래는 교회에서 나이 많은 노부인을 뜻하는 단어였는데 현재는 청빈, 정결, 복종에 서약하여 평생을 독신으로 수행하는 카톨릭의 **수녀**를 의미하게 되었어. 또한 monk는 '하나의, 단일의'라는 뜻을 지닌 접두사 mono에서 파생된 단어로, 세상과 단절된 채로 혼자서 수행한다고 해서 **수도승**이라는 의미를 지니고, 불교에서의 **스님**을 뜻하기도 하는 단어야.

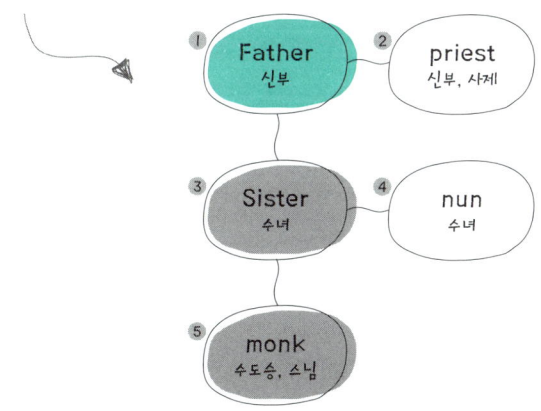

## 정리해보자

**shepherd** [ʃépə:rd] 명 양치기, 목자
**sheep** [ʃi:p] 명 양
I shear a **sheep**. 나는 **양**의 털을 깎는다.
**herd** [hə:rd] 명 떼, 대중
**German shepherd** [dʒə́:rmən-ʃépə:rd] 명 셰퍼드
The **German shepherd** is used as a police dog. **셰퍼드**는 경찰견으로 쓰인다.
**German** [dʒə́:rmən] 명 독일인, 독일어  형 독일의

**pastor** [pǽstər] 명 목회자
**pasture** [pǽstʃər] 명 초원, 목초지
The sheep were grazing on the green **pasture**. 양들은 푸른 **초원**에서 풀을 뜯어먹고 있었다.

**preacher** [prí:tʃər] 명 전도사
**preach** [pri:tʃ] 동 설교하다, 전도하다
Stop **preaching** to me. 나에게 **설교하는** 걸 그만둬.
**missionary** [míʃənèri] 명 선교사, 전도자
**mission** [míʃən] 명 전도, 임무
The **mission** is accomplished. **임무**가 완료되었다.
**evangelist** [ivǽndʒəlìst] 명 전도사
**angel** [éindʒəl] 명 천사
He is my guardian **angel**. 그는 나의 수호**천사**이다.

**gospel** [gáspəl] 명 복음
**good** [gud] 형 좋은, 즐거운
That's a **good** idea. **좋은** 생각입니다.
**spell** [spel] 동 철자하다
His essay is good except for the **spelling**. 그의 수필은 **철자법**만 제외하고는 좋다.
**spelling** [spéliŋ] 명 철자법, 철자

**Easter** [í:stər] 명 부활절
Happy **Easter**! 행복한 **부활절** 맞으세요!
**east** [i:st] 명 동쪽
They went down **East**. 그들은 **동쪽**으로 갔다.
**eastern** [í:stərn] 형 동쪽의, 동양의
**west** [west] 명 서쪽
The river bent toward the **west**. 그 강은 **서쪽**으로 굽어 있었다.
**western** [wéstərn] 형 서쪽의, 서부의
**north** [nɔ:rθ] 명 북쪽
A cold wind blew from the **north**. 찬바람이 **북쪽**에서 불어왔다.
**northern** [nɔ́:rðərn] 형 북쪽의, 북향의
**south** [sauθ] 명 남쪽
I go from **south** to north. 나는 **남쪽**에서 북쪽으로 간다.
**southern** [sʌ́ðərn] 형 남쪽의, 남향의

**Father** [fá:ðər] 명 신부
**priest** [pri:st] 명 신부, 사제
**Sister** [sístər] 명 수녀
**nun** [nʌn] 명 수녀
The **nun** helped me as a mother. 그 **수녀님**은 어머니같이 나를 도왔다.
**monk** [mʌŋk] 명 수도승, 스님
I will go to a mountain and become a **monk**. 나는 산으로 가서 **승려**가 될 것이다.

**1~2** 다음 밑줄 친 부분과 바꿔 쓸 수 있는 말을 고르시오.

**1** The <u>pastor</u> was retiring after thirty years of service.

① pasture   ② minister   ③ master   ④ mister   ⑤ paste

**2** Are you giving a sermon, <u>Father</u>?

① nun   ② Sister   ③ caster   ④ monk   ⑤ priest

**3** 다음 빈칸에 공통으로 들어갈 가장 적절한 단어를 고르시오.

> So far, so _____.
> It's time to say _____ bye.

① go   ② gone   ③ goods   ④ god   ⑤ good

**4** 다음 문장에서 밑줄 친 preach의 형태로 알맞은 것을 고르시오.

> My mother's always <u>preach</u> to me about cleaning my room.

① preach   ② preaches   ③ have preached   ④ preaching   ⑤ has preached

**5** 다음 문장 중 문법적으로 올바른 것을 고르시오.

① Which way are north?
② Do you likes western movies?
③ The sun rises in the east and set in the west.
④ I goes from south to north.
⑤ Her home is in the east of England.

○ 정답은 309쪽에!

# Day 26 policeman 경찰관

이번에는 국가와 사회의 안전과 치안을 위해 일하는 사람들에 대해 배워보도록 할게. 먼저 경찰관을 지칭하는 말로는 policeman, police officer, cop이라는 다양한 단어가 있어. policeman 앞에 붙은 police는 국민의 생명과 재산을 보호하고 사회의 법질서를 유지하기 위해 있는 정부의 행정활동인 경찰을 뜻해. 이 단어를 통해 정부에서 계획하고 운영하는 정책이나 방침이라는 뜻의 policy도 파생되어 나오게 되었지. police station은 경찰이 사무를 보는 경찰서를 뜻하는 단어야. police officer에서 officer는 office에서 파생된 단어인데, office는 나라나 정부를 위해 공적인 일을 하는 공직이나 이러한 업무를 보는 장소인 사무실로 사용되는 단어야. 여기서 파생된 officer는 정부에 고용되어 공적인 일을 하는 사람을 의미해서 경찰관 또는 장교라는 뜻을 지니게 되었고, police officer도 경찰관이라는 의미로 쓰이지. cop은 현재는 쓰이지 않지만 '잡다'라는 뜻을 지닌 cap에서 파생된 단어로 현재 범인을 '잡는' 경찰관이라는 뜻을 지니게 되었어.

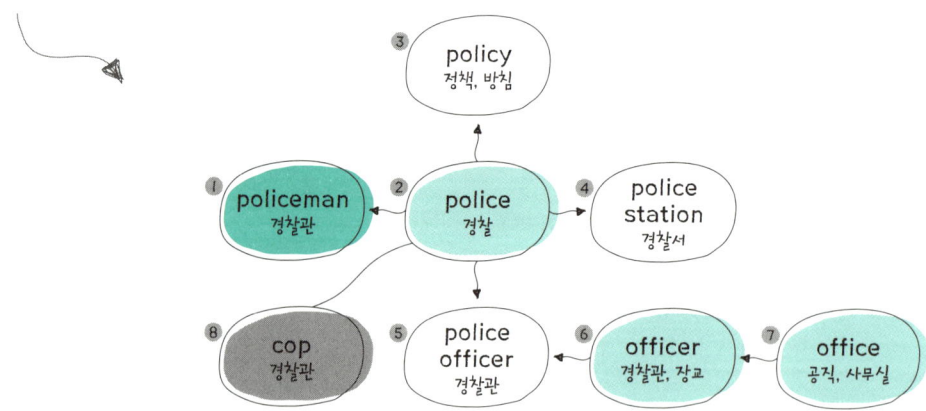

국토 방위를 위해 복무하는 '군인'을 표현하는 영어 단어 역시 다양해. 그리고 군대는 육해공을 다 구별해서 쓰지. 먼저 일반적인 군인은 soldier나 serviceman(servicewoman)이라는 단어를 사용해. soldier라는 단어는 재미있게도 '소금'을 의미하는 말에서 비롯되었어. 소금을 의미하는 salt를 중세 독일어로 sold라고 했는데, 그 sold에 사람이나 사물로 만드는 접미사인 ier가 붙은 단어가 바로 soldier지. 옛날에는 소금이 귀하고 비쌌기에 '소금을 살 돈을 벌기 위해 군대에 들어간 사람들'이라고 해서 생긴 단어라고 해. serviceman의 service는 섬기다라는 뜻의 serve에서 나온 단어로 봉사를 의미하는데, 어떠한 명령에도 무조건 복종해야 하기에 생긴 단어야. 그래서 군대나 군대의라는 뜻을 지닌 military와 합쳐진 military service는 군사적 의무를 수행하는 병역을 뜻하지.

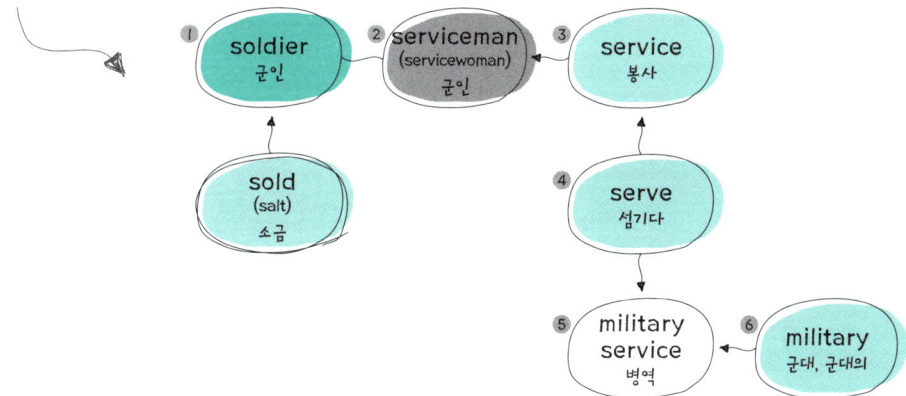

앞에서 arm을 통해 이미 배웠던 army는 일반적인 군대를 의미하기도 하지만, 군대 중에서도 특히 육군을 지칭하는 단어야. 바다를 지키는 해군은 navy라 하고, 해군에 복무하는 해군장병은 뒤에 man이나 woman을 붙여 navy man(navy woman)이라고 하면 돼. 육지나 바다 어디서든 전투에 임하는 해병은 marine이라는 단어를 사용하는데, marine의 mar는 라틴어로 '바다'를 뜻하는 단어지. 이 라틴어 mar에서 파생된 marsh는 바다는 아니지만 땅에 물이 가득한 습지를 뜻하고, mar가 변형된 mer와 원래 '처녀'를 의미했지만 현재는 가정부를 뜻하는 maid가 합쳐진 mermaid는 '바다에 사는 여자'라고 해서 이야기 속에 존재하는 인어를 의미해.

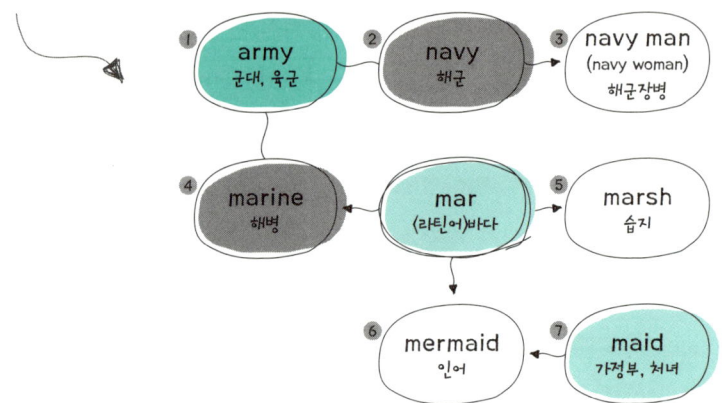

해병들의 조직인 **해병대**는 the Marine Corps라는 단어를 사용해. corps는 사람의 '몸'을 뜻하는 라틴어 corp에서 파생된 것으로, 사람의 팔, 다리 등이 모두 합쳐진 몸처럼 군인들을 모아놓은 **군단**이나 **단체**라는 뜻을 지니고 있어. 라틴어 corp에서 파생된 또 다른 단어인 corpse는 죽은 사람이나 동물의 몸이라고 해서 **시체**나 **송장**이라는 뜻이지. 또 corporate은 돈을 벌기 위한 영리 행위를 목적으로 설립된 조직을 나타내는 **회사의**, **법인의**라는 형용사이고, corporation은 이렇게 조직된 **기업**이나 **법인**을 뜻해.

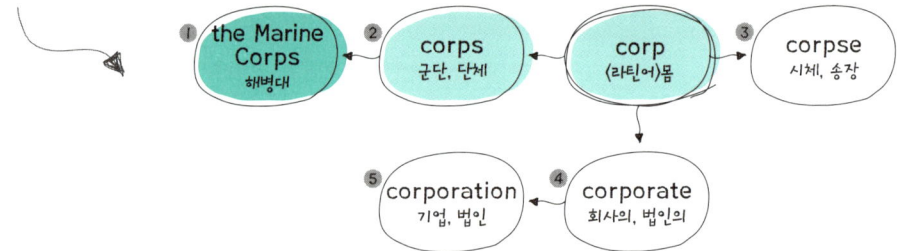

나라의 하늘을 지키는 **공군**은 air force라는 단어를 쓰는데, air는 우리가 숨을 쉬기 위해 꼭 필요한 **공기**를 뜻하기도 하지만, 지구를 둘러싸고 있는 **대기** 또는 **하늘**이라는 뜻도 지니고 있어. force 역시 사람이나 동물이 지니고 있는 **힘**을 의미하기도 하지만, 무장을 하고 군사적으로 훈련을 받아 싸울 힘을 갖고 있는 조직인 **군대**라는 뜻도 있지. 그래서 air force는 하늘에서 싸우는 군대인 **공군**이라는 뜻이 된 거고, airman은 공군에서 비행기를 조종하는 **비행사**나 **항공병**을 의미해.

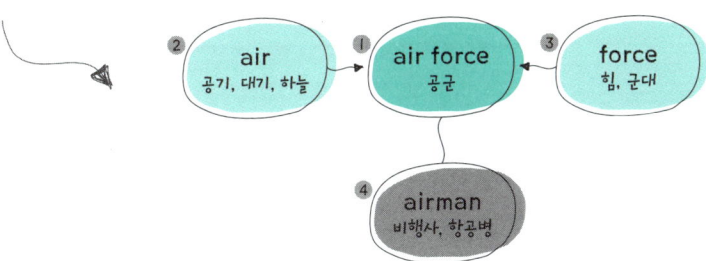

## 정리해보자

**policeman** [pəlíːsmən] 명 경찰관
The **policeman** is running after a thief. **경찰관**이 도둑을 뒤쫓고 있다.

**police** [pəlíːs] 명 경찰
Did you call the **police**? **경찰**에 신고했어요?

**policy** [pάləsi] 명 정책, 방침
Honesty is the best **policy**. 정직이 최선의 **정책**이다.

**police station** [pəlíːs-stèiʃən] 명 경찰서
Isn't this the **police station**? 거기 **경찰서** 아닙니까?

**police officer** [pəlíːs-ɔ́ːfisər] 명 경찰관

**officer** [ɔ́ːfisər] 명 경찰관, 장교

**office** [ɔ́ːfis] 명 사무실, 공직
Come to my **office**. 내 **사무실**로 오세요.

**cop** [kap] 명 경찰관

---

**soldier** [sóuldʒər] 명 군인
The **soldiers** blew up the bridge. **군인**들은 그 다리를 폭파해서 날려버렸다.

**serviceman** [sə́ːrvismən] 명 군인

**service** [sə́ːrvis] 명 봉사
Does the bill include the **service** charge? 계산서에 **봉사료**까지 포함되어 있습니까?

**serve** [səːrv] 동 섬기다
He is not going to **serve** you. 그는 당신을 **섬기지** 않을 것입니다.

**military service** [mílitèri-sə́ːrvis] 명 병역

**military** [mílitèri] 명 군대 형 군대의
Have you served in the **military**? 당신은 **군대**에서 복무를 했나요?

---

**army** [άːrmi] 명 군대, 육군

**navy** [néivi] 명 해군

**navy man** [néivi-mæn] 명 해군 장병

**marine** [məríːn] 명 해병

**marsh** [maːrʃ] 명 습지

**mermaid** [mə́ːrmèid] 명 인어

**maid** [meid] 명 가정부
The **maid** was cleaning the bathroom. **가정부**는 욕실을 청소하고 있다.

**the Marine Corps** [ðə-məríːn-kɔːrps] 해병대

**corps** [kɔːr] 명 군단, 단체

**corpse** [kɔːrps] 명 시체, 송장

**corporate** [kɔ́ːrpərit] 형 회사의, 법인의

**corporation** [kɔ̀ːrpəréiʃən] 명 기업, 법인
I work for his **corporation**. 저는 그의 **기업**에서 근무하고 있습니다.

---

**air force** [ɛ́ər-fɔ̀ːrs] 명 공군
It's too late to stop the **air force**. **공군**을 멈추기에는 너무 늦었다.

**air** [ɛər] 명 공기, 대기, 하늘
We can not live without **air**. 우리는 **공기** 없이는 살 수가 없다.

**force** [fɔːrs] 명 힘, 군대 동 강요하다, 억지로 시키다
We can't **force** him to follow our way. 우리 방식을 따르라고 그에게 **강요할** 수는 없어요.

**airman** [ɛ́ərmən] 명 비행사, 항공병

1. 다음 빈칸에 공통으로 들어갈 가장 적절한 단어를 고르시오.

   We _____ in the air force.
   Have you _____ in the military?

   ① sergeant   ② service   ③ sense   ④ served   ⑤ server

2. 다음 밑줄 친 부분과 바꿔 쓸 수 있는 말을 2개 고르시오.

   The <u>policeman</u> signed to me to stop.

   ① army   ② police office   ③ police officer   ④ cop   ⑤ cap

3. 다음 빈칸에 들어갈 수 없는 단어를 고르시오.

   A _____ works in an army and wears its uniform

   ① cop   ② soldier   ③ serviceman   ④ airman   ⑤ navy man

4. 다음 문장 중 force의 의미가 다른 하나를 고르시오.

   ① The force of the wind had brought down many trees.
   ② The police controled the crowd by force of numbers.
   ③ She is an officer in the Air Force.
   ④ He settled it by force.
   ⑤ His force can move your mind.

◎ 정답은 309쪽에!

# Day 27 enemy 적

앞에서는 나라와 사회의 질서를 위해 힘쓰는 경찰과 군인에 대해서 배웠다면, 여기서는 반대로 사회의 질서를 해치고 파괴하려는 사람들에 대해 배워보도록 할게. enemy는 상대방에게 해를 끼치거나 방해를 하는 적이라는 뜻인데, 이 단어를 통해서 적의나 원한을 의미하는 enmity가 나오게 되었어. enemy에서 앞의 en은 '반대'나 '부정'을 의미하는 접두사이고, 뒤의 emy는 과거 프랑스어 ami에서 온 말로 '친구'를 뜻하는 단어야. 이 ami에 명사형을 만드는 ity가 붙은 amity는 친선이나 우호를 뜻하고, '할 수 있는'이라는 뜻을 지닌 접미사 able이 붙은 amiable은 정감 있는이라는 뜻이지. 또 amiable의 한가운데에 알파벳 c가 붙은 amicable은 우호적인이라는 뜻이야. 이 ami가 사용된 스페인어 단어가 바로 amigo인데 이 단어는 친구를 의미해.

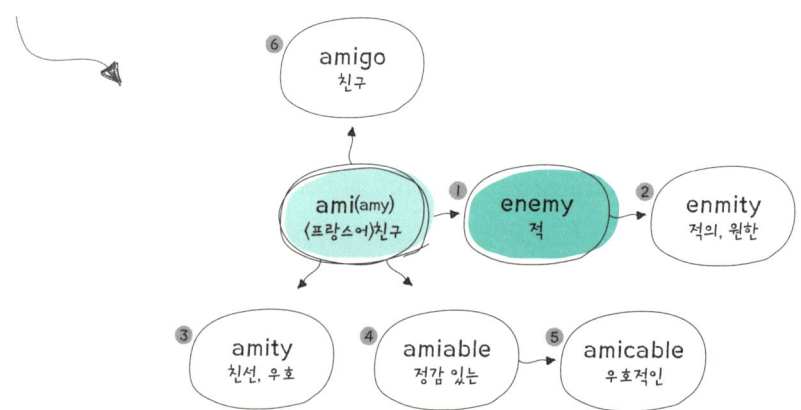

killer(=murderer)는 죽이다라는 뜻을 지닌 kill(=murder)에서 파생된 단어로 살인자를 뜻해. slayer 또한 죽이다, 살해하다라는 뜻을 지닌 slay에서 파생된 살해자를 의미하는 단어야. slay에서 파생된 slaughter는 사람을 죽이는 살육이라는 뜻이 있지만 동물을 죽이는 도살이라는 뜻으로도 사용돼. 도살하다라는 뜻으로 사용되는 또 다른 단어인 butcher는 명사로 고기를 자르는 장소인 정육점이나 정육점 주인을 의미하기도 하지. 이 단어는 수사슴을 의미하는 buck(사슴: deer, 암사슴: doe)에서 파생된 것으로, 원래는 '사냥꾼이 사냥한 수사슴을 죽이는 사람'을 뜻하던 단어였어.

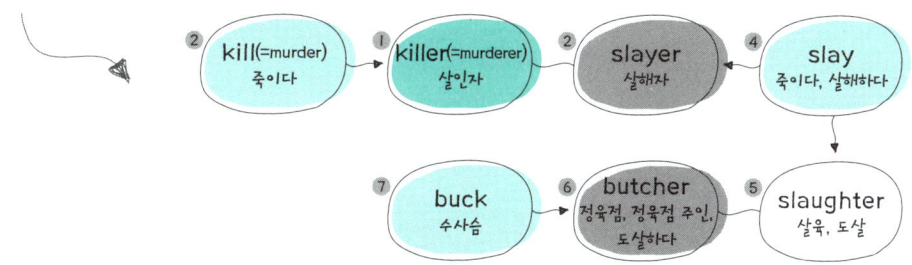

사람을 납치하는 유괴범이나 납치범은 kidnapper와 abductor를 사용해. 먼저 kidnapper를 살펴볼게. kid는 명사로 아이를 뜻하고 동사로는 '아이처럼 만든다'고 해서 놀리다라는 뜻이 있는 단어야. 뒤에 붙은 접미사 nap은 '유괴하다'라는 의미를 가지고 있어서 kidnap은 유괴하다, 납치하다라는 뜻이 되었고, 여기에 사람을 의미하는 접미사 er이 붙어서 kidnapper가 '아이를 유괴하는 사람'이 된 것이야. abductor는 '멀리'라는 뜻을 지닌 접두사 ab와 '이끌다'라는 뜻을 지닌 duct가 합쳐져 유괴하다, 납치하다라는 뜻의 abduct가 된 후, 접미사 or이 붙어서 '누군가를 멀리 끌고 가는 사람' 즉, 유괴범이 되었어. duct에 '앞'이라는 뜻의 접두사 pro를 붙인 product는 '만들어진 물건을 앞으로 이끌어낸다'고 해서 소비자들 앞에 전시되는 생산품이나 제품을 뜻하게 되었고, production은 물건을 만들어내는 생산이나 제작을 의미해.

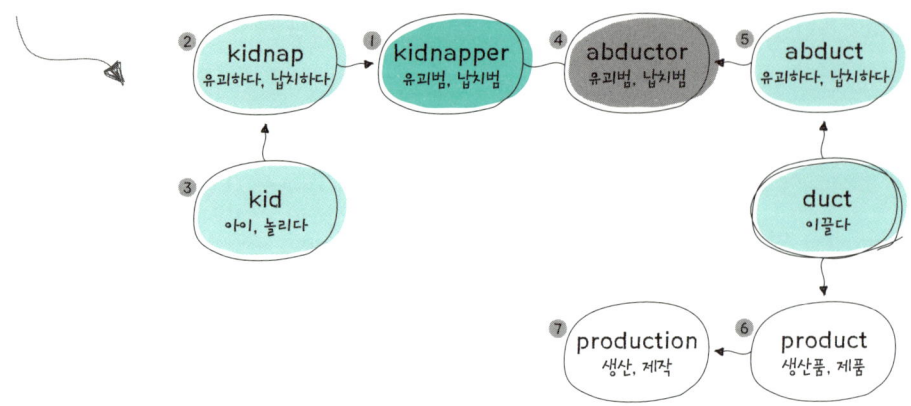

sin은 죄, 죄를 짓다라는 뜻을 지닌 단어인데, 특히 종교적이거나 도덕적인 죄를 의미할 때 많이 쓰여. 이렇게 죄를 지은 죄인은 sinner라고 해. crime도 '죄'를 의미하는 단어지만 특히 법규를 위반하고 저지르는 범죄를 뜻해. 이 crime에서 파생된 criminal은 형용사로는 범죄의라는 뜻으로 사용되고 명사로는 범죄를 저지른 범죄자를 의미하는 단어야. 미국에서 가장 유명한 드라마 중 하나인 CSI는 Crime Scene Investigation의 약자인데 중간에 있는 scene은 영화에서 장면이나 배경을 의미하는 단어야. 그래서 scene에서 파생된 scenery는 자연 속에서 볼 수 있는 장면인 경치나 풍경을 의미하고, scenario는 영화나 연극의 장면을 만들기 위해 사용되는 각본을 뜻하지. investigation은 조사하다, 수사하다라는 뜻을 지닌 investigate에서 파생된 단어로 명사로 조사, 수사를 뜻해.

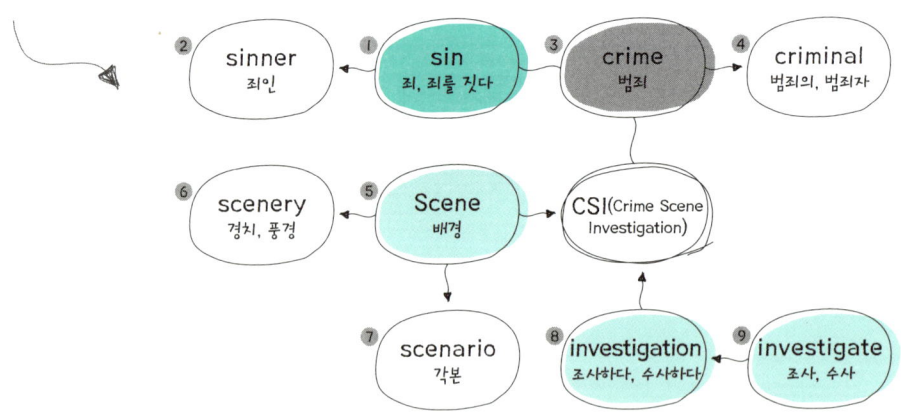

정치적 목적으로 사람들에게 공포를 주며 폭력을 가하는 테러범은 terrorist라고 하는데 이 단어는 공포나 두려움을 의미하는 terror에서 파생되었어. terror에 접미사 able이 붙어서 생긴 terrible은 형용사로 공포를 느끼는 끔찍한, 지독한이란 뜻이고, 동사로 만드는 ify가 붙어서 생긴 terrify는 무섭게 하다라는 의미로 사용되지.

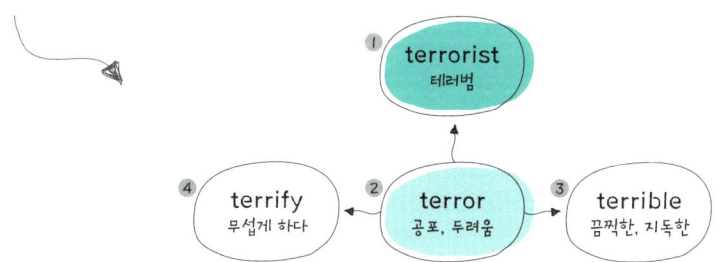

물건을 훔치는 도둑은 thief라 하고 이 단어에서 나온 thieve(=steal)는 동사로 훔치다, 털다라는 뜻이야. thief의 복수형은 thieves인데 이 단어는 '훔치다'라는 뜻의 thieve와 헷갈리기 쉬우니 주의해야 해. rob은 다른 사람의 물건을 강제로 빼앗는 강탈하다라는 의미와 steal, thieve와 같은 털다라는 의미로 쓰여. 이 rob에서 파생된 robber는 다른 사람의 금품을 강제로 빼앗는 강도를 의미하고, 강도가 물건을 빼앗는 행위인 강도질은 robber뒤에 y를 붙인 robbery라고 해.

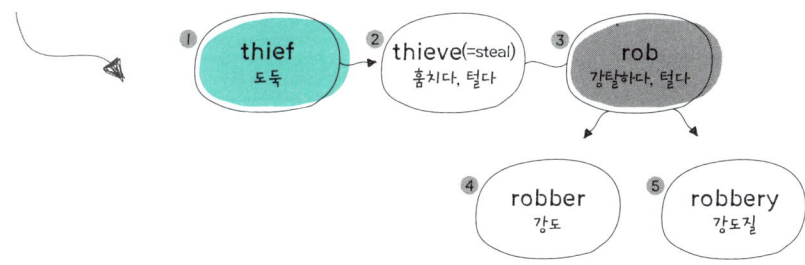

## 정리해보자

**enemy** [énəmi] 명 적
We surrounded the **enemy**. 우리는 **적**을 포위했다.
**enmity** [énməti] 명 적의, 원한
**amity** [ǽməti] 명 친선, 우호
**amiable** [éimiəbəl] 형 정감 있는
He seemed an **amiable** young man. 그는 **정감 있는** 젊은 사람으로 보였다.
**amicable** [ǽmikəbəl] 형 우호적인
His manner was perfectly **amicable** but I felt uncomfortable. 그의 태도는 아주 **우호적**이었지만 나는 불편했다.
**amigo** [əmí:gou] 명 (스페인어) 친구

**killer** [kílər] 명 살인자
**murderer** [mə́:rdərər] 명 살인자
**kill** [kil] 동 죽이다
I **killed** the rats. 나는 쥐를 **죽였다**.
**murder** [mə́:rdər] 동 살인하다 명 살인
The robber **murdered** him. 그 강도는 그를 **죽였다**.
**slayer** [sleiər] 명 살해자
**slay** [slei] 동 죽이다, 살해하다
**slaughter** [sló:tər] 명 살육, 도살
**butcher** [bútʃər] 명 정육점, 정육점 주인
He is a **butcher**. 그는 **정육점 주인**입니다.
**buck** [bʌk] 명 수사슴

**kidnapper** [kídnæpər] 명 유괴범, 납치범
**kidnap** [kídnæp] 동 유괴하다, 납치하다
She has been **kidnapped** from her home. 그녀는 그녀의 집에서 **납치되었다**.
**kid** [kid] 명 아이 동 놀리다
How many **kids** do you have? **아이**가 몇 명이죠?
**abductor** [æbdʌ́ktər] 명 유괴범, 납치범
**abduct** [æbdʌ́kt] 동 유괴하다, 납치하다
**product** [prɑ́dəkt] 명 생산품, 제품
I explained about the **product**. 나는 **제품**에 대해 설명했다.
**production** [prədʌ́kʃən] 명 생산, 제작
We need to increase the **production**. 우리는 **생산**을 늘릴 필요가 있다.

**sin** [sin] 명 죄 동 죄를 짓다
He thinks a lot about **sin**. 그는 **죄**에 대해 많이 생각한다.
**sinner** [sínər] 명 죄인
**crime** [kraim] 명 범죄
They say this is a copycat **crime**. 사람들은 이것을 모방 **범죄**라고 한다.
**criminal** [krímənl] 형 범죄의 명 범죄자
We lost the **criminal**. 우리는 **범죄자**를 놓쳤다.
**scene** [si:n] 명 장면, 배경
I laughed at the **scene**. 나는 그 **장면**에서 웃었다.
**scenery** [sí:nəri] 명 경치, 풍경
The **scenery** was beautiful. **경치**는 아름다웠다.
**scenario** [sinɛ́əriòu] 명 각본
**investigation** [invèstəgéiʃən] 동 조사하다, 수사하다
**investigate** [invéstəgèit] 명 조사, 수사

**terrorist** [térərist] 명 테러범
The shooter aimed at a **terrorist** with his gun. 그 저격수는 한 **테러리스트**에게 총을 겨누었다.
**terror** [térər] 명 공포, 두려움
**terrible** [térəbəl] 형 끔찍한, 지독한
I have a **terrible** headache. 나는 **끔찍한** 두통이 있어요.
**terrify** [térəfài] 동 무섭게 하다

**thief** [θi:f] 명 도둑
The **thief** robbed my house. 그 **도둑**은 나의 집을 털었다.
**thieve** [θi:v] 동 훔치다, 털다
**steal** [sti:l] 동 훔치다, 털다
A man **steals** her handbag and runs away. 한 남자가 그녀의 핸드백을 **훔치고** 나서 도망간다.
**rob** [rɔb] 강탈하다, 털다
**robber** [rɔ́bər] 명 강도
The **robber** shot his gun. **강도**는 총을 쏘았다.
**robbery** [rɔ́bəri] 명 강도질

1  다음 중 단어와 뜻이 바르게 연결된 것을 고르시오.

① terror – 테러범
② rob – 강도
③ thieve – 도둑
④ sinner – 납치
⑤ killer – 살인자

2  다음 밑줄 친 부분과 바꿔 쓸 수 있는 말을 고르시오.

**She tried to steal my money.**

① kill   ② save   ③ thieve   ④ thief   ⑤ help

3  다음 빈칸에 공통으로 들어갈 가장 적절한 단어를 고르시오.

**I have a _____ toothache.
We have just received some _____ news.**

① terror   ② terrify   ③ terrorist   ④ terrible   ⑤ terran

4  다음 문장 중 criminal의 의미가 나머지와 다른 하나를 고르시오.

① I arrested the criminal.
② We are chasing the criminal.
③ He has a criminal record.
④ We lost the criminal.
⑤ The police could not find the criminal.

○ 정답은 310쪽에!

# Day 28　doctor 의사

아픈 사람을 진찰하고 병을 치료하는 사람인 의사를 영어로는 doctor라고 해. 원래 doctor는 가르치는 사람인 '선생님'을 의미하는 단어였는데, 병을 진단하여 환자에게 처방을 '가르쳐주는' 사람이기 때문에 의사를 doctor라고 했던 것이지. 현재는 대학에서 학생들을 가르치는 정식 대학교수가 되기 위해 필요한 박사 학위를 획득한 박사를 의미하기도 해. doctor에서 doct는 과거에 쓰였던 단어인 docu에서 파생되었어. docu에서 생겨난 단어인 document는 원래 학생들을 가르치기 위해 사용된 '교육 자료'를 의미했지만, 현재는 보다 폭넓은 의미인 글자로 기록된 서류나 문서를 의미하게 되었지. 이 document에서 파생된 documentary는 형용사로 서류의라는 뜻을 나타내고, 명사로는 사람들을 교육시키기 위해 실제 있었던 일들을 기록한 기록영화(다큐멘터리)라는 뜻을 갖고 있지.

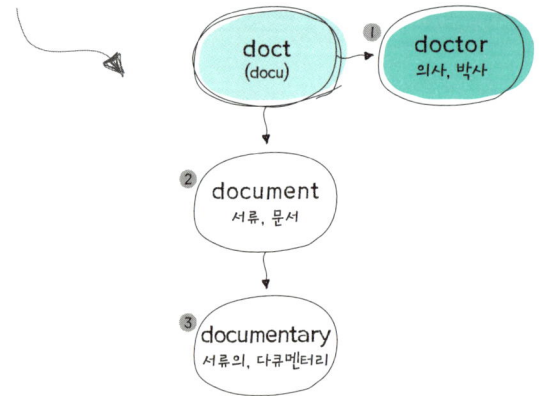

의사의 진료를 돕고 아픈 사람을 돌보는 간호사는 nurse라고 하는데, 이 단어는 원래 전문적인 훈련을 받아 아이들을 양육하는 일을 하는 여성인 '유모'를 의미하는 단어였어. 그래서 nurse에서 파생된 nursery는 아이들을 양육하는 장소인 탁아소나 육아실을 의미하고

nursery school은 보육원, 어린이집을 뜻하지.

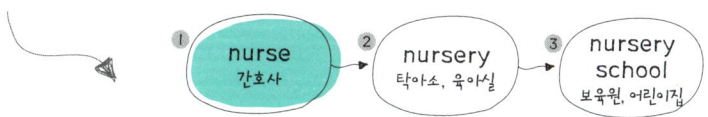

군대에서 위생이나 간호를 담당하는 위생병은 medic이라고 하는데, 이 medic 앞에 접두사 para를 붙인 paramedic은 구급차인 ambulance를 타고 와서 긴급 상황에 놓인 환자를 구하거나 응급처치를 해주는 긴급의료원이나 구급대원을 뜻하지. 구급대원과 비슷하게 화재가 난 긴급 상황에서 불을 끄고 사람을 구하는 소방관은 fire fighter나 fireman이라고 해. fire는 명사로 불, 화재를 의미하고 동사로는 발사하다, 해고하다를 뜻하는 단어야. fighter는 싸우다라는 뜻을 지니고 있는 fight에 접미사 er이 붙어서 생긴 단어로 싸우는 사람을 의미해서, fire fighter는 불과 싸우는 사람인 소방관을 의미하게 되었지.

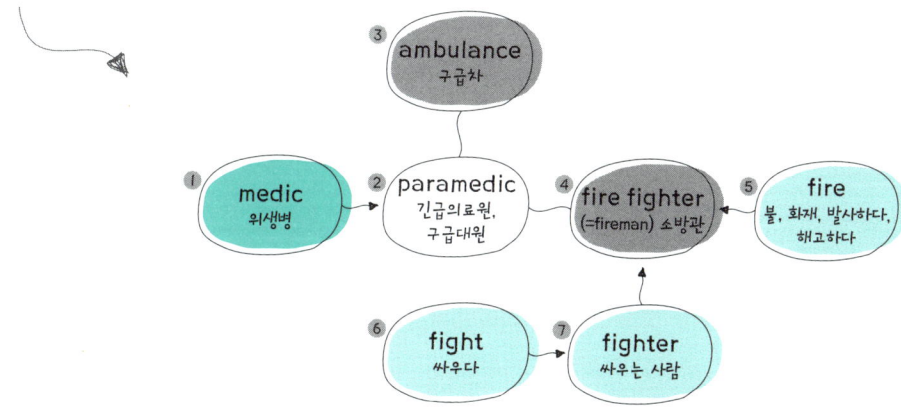

medic에서 파생된 단어를 좀 더 보면, medical은 형용사로 의학의라는 뜻이고, medicine은 사람이 병을 치료하거나 예방하기 위해 먹는 약을 의미하는 단어야. 영어에는 '약'을 의미하는 단어가 여러 개 있는데 그중에서도 가장 많이 사용되는 단어가 바로 이 medicine과 drug이야. drug은 일반적으로 사용되는 약을 의미하기도 하지만, 마취 효과가 있으며 중독을 유발하는 마약으로 많이 사용되는 단어지. 약을 파는 약국은 drug과 store(상점)가 합쳐진 drugstore라고도 하고, 미국에서는 주로 pharmacy라고 해. 약국에서 약을 제조하는 약사는 뒤에 접미사 ist를 붙인 druggist나 pharmacist라고 하는데, 미국에서는

대부분 pharmacist라는 단어를 사용해.

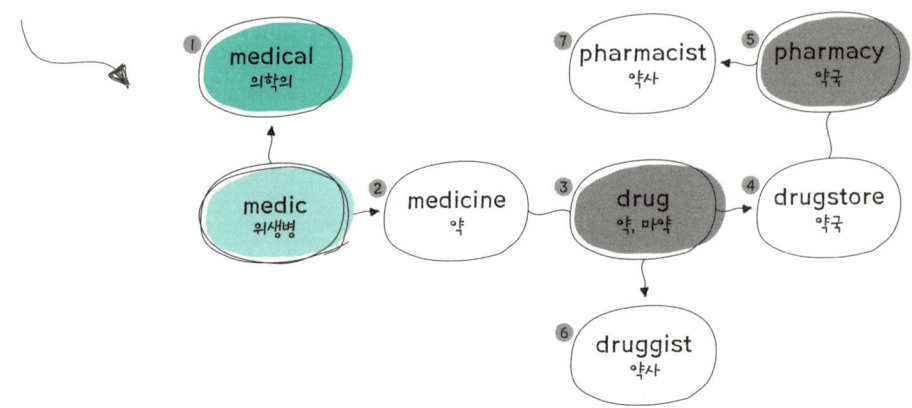

의사에 대해 살펴본 김에, 의미상 별 연관은 없지만 장의사에 대해서도 알아보도록 할게. 죽은 사람의 장례 절차를 관리하는 장의사는 undertaker라는 단어를 사용해. 한자로 장의사(葬儀社)는 사람을 의미하는 단어가 아닌 장례에 필요한 것을 제공해 주는 영업소를 의미하는데, 영어의 undertaker는 장례를 맡아서 하는 사람인 '장의사'를 의미해. 앞의 undertake는 '아래'를 뜻하는 접두사 under와 잡다, 가지고 가다라는 뜻의 take가 합쳐진 단어로, 어떠한 일을 자신의 아래로 가지고 오는 맡다, 착수하다라는 의미야. 그래서 여기에 사람으로 만들어주는 접미사 er이 붙은 undertaker는 원래 어떠한 사업이나 일을 착수하는 사람인 '기업가'를 뜻하는 단어였지만, 현재는 좀 더 좁은 의미로 사람이 죽은 후 장례 절차에 착수하는 사람인 장의사로 쓰이게 된 거지.

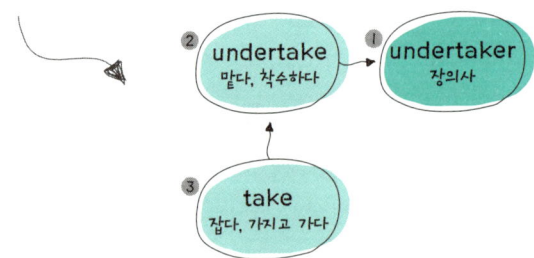

## 정리해보자

**doctor** [dάktər] 몡 의사, 박사
Why don't you see a **doctor**? **의사**한테 가보는 게 어때?

**document** [dάkjəmənt] 몡 서류, 문서
What **documents** do I need to give him? 내가 어떤 **서류**를 그에게 주어야 하죠?

**documentary** [dὰkjəméntəri] 몡 서류의 몡 기록영화 (다큐멘터리)

**nurse** [nəːrs] 몡 간호사
The **nurse** did a blood test. 그 **간호사**는 혈액 검사를 했다.

**nursery** [nə́ːrsəri] 몡 탁아소, 육아실
**nursery school** [nə́ːrsəri-skùːl] 몡 보육원, 어린이집
He sends his kids to **nursery school**. 그는 아이들을 **보육원**에 보낸다.

**medic** [médik] 몡 위생병
**paramedic** [pὰerəmédik] 몡 긴급의료원, 구급대원
**ambulance** [ǽmbjuləns] 몡 구급차
**fire fighter** [fáiər-fàitər] 몡 소방관
**fireman** [fáiərmən] 몡 소방관
The **fireman** puts the fire out. 그 **소방관**은 화재를 진압한다.

**fire** [faiər] 몡 불, 화재 동 발사하다, 해고하다
If you mess up again, you are **fired**. 네가 다시 망치면 너는 **해고다**.

**fighter** [fáitər] 몡 싸우는 사람
**fight** [fait] 동 싸우다
We began to **fight**. 우리는 **싸우기** 시작했다.

**medical** [médikəl] 몡 의학의
The sick people need **medical** help. 그 병든 사람들은 **의학적인** 도움이 필요하다.

**medicine** [médəsən] 몡 약
I recommend you take this **medicine**. 이 **약**을 먹으라고 권하고 싶네요.

**drug** [drʌg] 몡 약, 마약
She no longer takes **drugs**. 그녀는 더 이상 **마약**을 하지 않는다.

**drugstore** [drʌ́gstɔ̀ːr] 몡 약국
Are there any **drugstores** around here? 여기 근처에 **약국** 있어요?

**pharmacy** [fάːrməsi] 몡 약국
**druggist** [drʌ́gist] 몡 약사
**pharmacist** [fάːrməsist] 몡 약사
Take this prescription to the **pharmacist**. 이 처방전을 **약사**에게 가져가세요.

**undertaker** [ʌ́ndərtèikər] 몡 장의사
He does not want to be an **undertaker**. 그는 **장의사**가 되기를 원하지 않는다.

**undertake** [ʌ̀ndərtéik] 동 맡다, 착수하다
Students are required to **undertake** simple experiments. 학생들은 간단한 실험을 **착수하게** 되어 있다.

**take** [teik] 동 잡다, 가지고 가다

✽ 빈 칸에 들어갈 우리말 해석을 쓰시오.

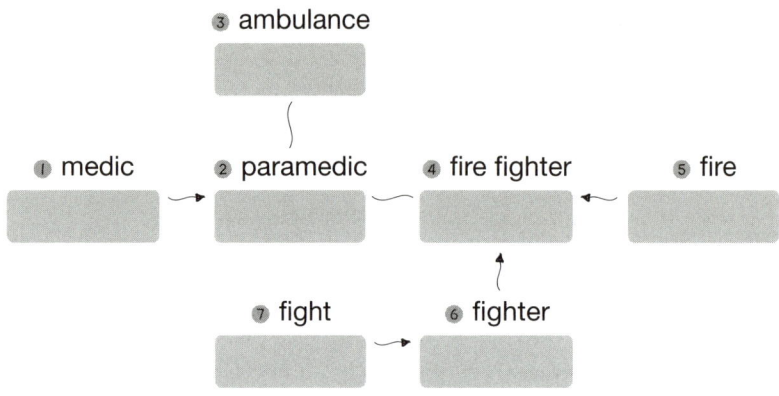

✽✽ 빈 칸에 들어갈 영어 단어를 쓰시오.

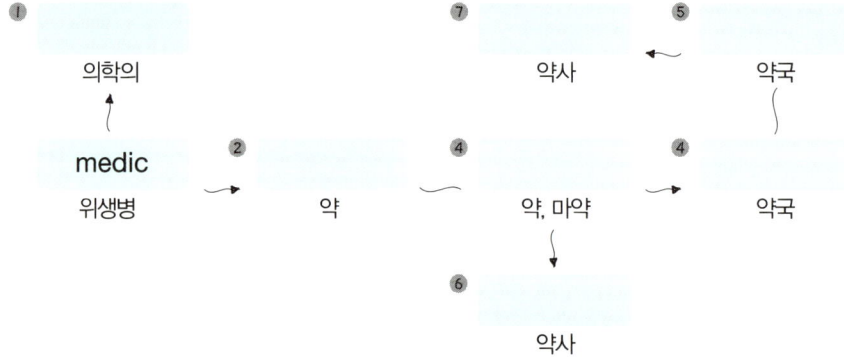

○ 답은 본문에서 확인하세요!

1  다음 문장이 설명하는 단어를 고르시오.

> He or she is a person whose job is to care for people who are ill in a hospital.

① teacher  ② nurse  ③ fire fighter  ④ undertaker  ⑤ terrorist

2  다음 빈칸에 공통으로 들어갈 적절한 단어를 고르시오.

> She works at a _____ school.
> His baby sleeps in the _____.

① nurse  ② nose  ③ nursery  ④ north  ⑤ near

3  다음 밑줄 친 부분과 바꿔 쓸 수 있는 말을 고르시오.

> I need to get some medicine from a <u>pharmacy</u>.

① drug  ② druggist  ③ bookstore  ④ pharmacist  ⑤ drugstore

4~5  다음 빈칸에 들어갈 가장 알맞은 단어를 보기 에서 골라 쓰시오.

> 보기  pharmacist   documentary   document   ambulance

4  I'll send you the _____ by email.
5  Our teacher showed a _____ on animal communication.

정답은 310쪽에!

173

# Day 29 professor 교수

이번에는 앞에서 배운 doctor와 같이 전문적인 지식이 필요한 다른 전문 직업에 대해 알아보기로 할게. 먼저 대학교에서 학생들을 가르치는 **교수**는 professor라는 단어를 사용해. professor는 profess에서 나온 단어인데, profess에서 pro는 '앞의'라는 뜻을 지닌 접두사이고 fess는 '말하다'라는 의미를 지니고 있지. 그래서 profess는 사람들 앞에서 자신의 의견이나 사상을 얘기하는 **주장하다**, **공언하다**를 의미하게 되었고, 뒤에 or을 붙인 professor는 대학교에서 학생들 앞에 서서 전문적인 의견이나 사상을 가르치는 **교수**를 뜻하게 된 거지. profess에서 파생된 또 다른 단어인 profession은 대학 교수와 같은 전문적인 직업을 총칭하는 **전문직**과 일반적인 **직업**이라는 뜻이고, professional은 형용사로 **전문적인**, **전문가의**라는 뜻과 명사로 **전문가**를 뜻하는 말이야. 그래서 흔히 '프로'라는 단어는 이 professional을 줄여서 사용하는 것이지.

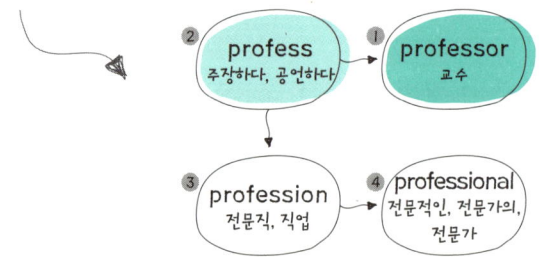

전문직 하면 변호사를 빼놓을 수 없지. 법률에 관한 일에 종사하는 변호사는 lawyer라고 하는데, **법**이라는 뜻을 지닌 단어인 law에 '~한 직업의 사람'을 의미하는 er에서 변형된 yer이 붙어서 생겼지. w로 끝나는 단어 뒤에 yer이 붙는데, 예로 **톱**을 의미하는 saw에 yer을 붙인 sawyer는 톱질을 전문으로 하는 **톱질꾼**이고, 활 또는 **절하다**라는 뜻을 지니고 있는 bow에 yer을 붙인 bowyer는 **활을 만드는 사람**을 뜻해. 참고로 활을 쏘는 사람인

궁수는 archer라고 하는데, 앞에 붙어 있는 arch는 활처럼 반원 형태를 띠고 있는 아치를 뜻하는 단어야. archer 뒤에 y를 붙인 archery는 활을 쏘아 표적을 맞추는 경기인 양궁을 의미하지.

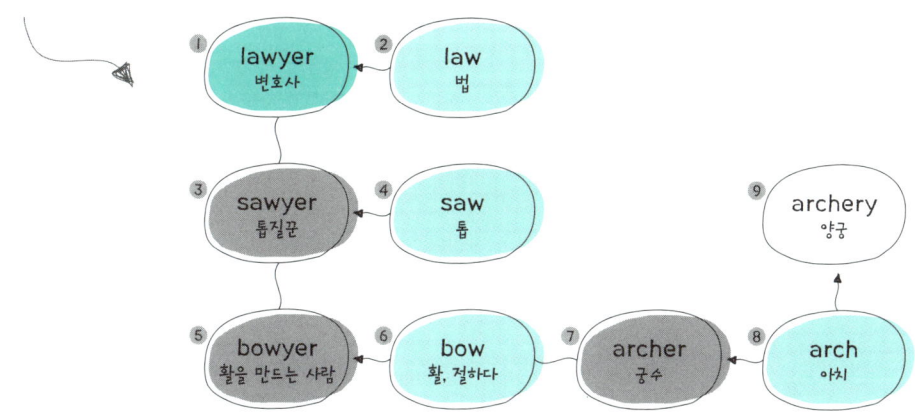

재판을 통해 죄에 대한 공정한 판결을 내리는 판사는 judge라고 하는데, 이 단어는 동사로 심판하다, 재판하다, 판단하다라는 의미 또한 지니고 있어. 이 '심판하다'라는 의미의 judge에 명사로 만드는 접미사 ment를 붙인 judgment는 어떠한 사건에 대해 판결이 내려지는 심판이나 재판을 뜻하지. judge는 어느 한 쪽으로 치우치지 않고 공평하고 바르다는 것을 나타내는 공정한, 올바른이라는 뜻의 형용사인 just에서 파생된 단어야. just는 한 쪽으로 치우치지 않는 것을 의미하기에 나중에는 부사로 정확히, 딱이라는 의미도 지니게 되었고, 막이나 지금이라는 뜻도 지니고 있어. just에서 파생된 justice는 도덕적으로 올바른 정의나 공정성이라는 뜻이고, just에 동사로 만드는 ify가 합쳐져 생긴 justify는 정당하고 공평한 것으로 만드는 정당화하다라는 뜻이야.

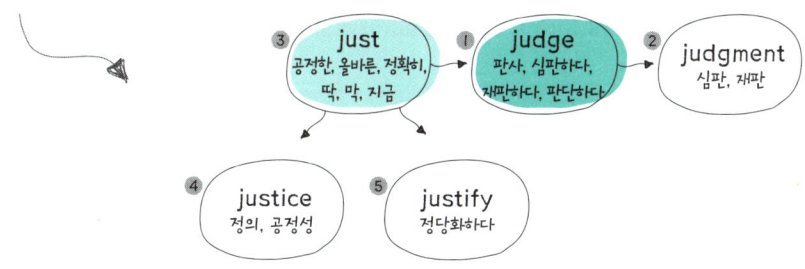

숫자를 다루는 전문직인 회계사는 영어로 accountant라고 해. 이 단어를 자세히 살펴보면 가운데 count가 있다는 걸 알 수 있어. count는 숫자를 헤아리는 세다, 계산하다를 뜻하는 단어인데, count 뒤에 접미사 er을 붙이면 상점에서 물건 값을 계산하는 계산대를 뜻하는 counter라는 단어가 되지. count 앞에 '방향'을 뜻하는 ad가 붙으면서 변형된 단어인 account는 숫자로 셈을 하는 계산, 또는 은행에 맡긴 돈의 액수가 증감되는 것을 기록하고 계산하는 계좌를 의미해. 또 accounting은 개인이나 회사가 벌어들이고 쓰는 돈에 대한 내용을 일일이 기록하고 계산하는 회계를 뜻하지. count 앞에 '줄이다'라는 뜻의 접두사 dis를 붙인 discount는 백화점이나 매장에서 물건을 싸게 파는 가격 할인을 뜻하고, discount store는 할인되는 물건을 판매하는 장소인 할인매장을 의미해.

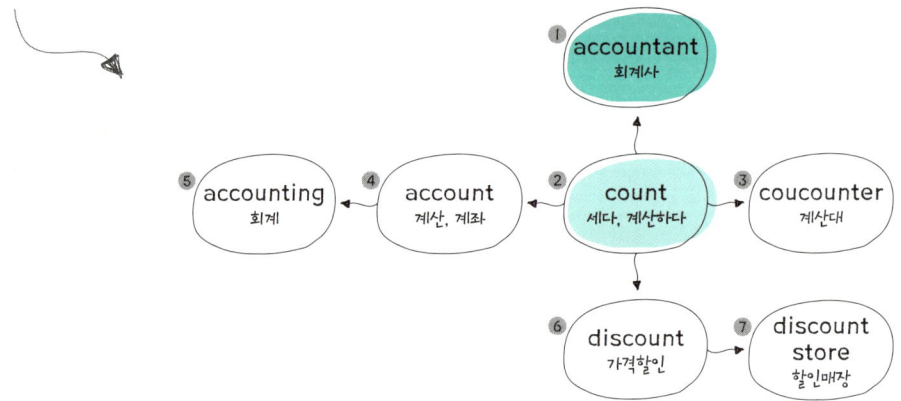

'회계' 하면 바로 '감사'라는 말이 떠오를 거야. 이때 사용하는 단어인 audit은 무언가에 대해 자세하게 조사하는 심사 또는 회계감사라는 뜻이지. 연기자나 가수가 되기 위해 실제로 연기를 하거나 노래를 부르는 시험인 오디션을 뜻하는 audition과 회사의 회계를 감독하고 검사하는 회계감사관인 auditor가 바로 이 audit에서 파생된 단어야.

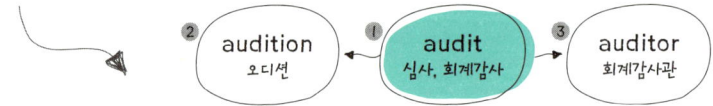

## 정리해보자

**professor** [prəfésər] 명 교수
I'm looking for a position as a **professor**. 나는 **교수** 자리를 찾고 있습니다.

**profess** [prəfés] 동 주장하다, 공언하다
I don't **profess** to know all the details about the case. 나는 그 사건에 대한 모든 세부사항을 안다고 공언하지 않는다.

**profession** [prəféʃən] 명 전문직, 직업

**professional** [prəféʃənəl] 형 전문적인, 전문가의, 전문가
He has been a **professional** paperhanger for years. 그는 **전문적인** 도배장이가 된 지 몇 년 되었다.

---

**lawyer** [lɔ́:jər] 명 변호사
I hired a **lawyer**. 나는 **변호사**를 고용했다.

**law** [lɔ:] 명 법

**sawyer** [sɔ́:jər] 명 톱질꾼

**saw** [sɔ:] 명 톱

**bowyer** [bóujər] 명 활을 만드는 사람

**bow** [bou] 명 활 동 절하다
He **bowed** his head in greeting. 그는 고개 숙여 인사했다.

**archer** [á:rtʃər] 명 궁수
The **archer** aimed at the target. **궁수**는 목표물을 겨누었다.

**arch** [a:rtʃ] 명 아치

**archery** [á:rtʃəri] 명 양궁

---

**judge** [dʒʌdʒ] 명 판사 동 심판하다, 재판하다, 판단하다
The **judge** imposed a fine on me. 그 **판사**는 나에게 벌금을 부과했다.

**judgment** [dʒʌ́dʒmənt] 명 심판, 재판
I was right in my **judgment**. 내 **판단**은 옳았다.

**just** [dʒʌst] 형 공정한, 올바른 부 딱, 막, 지금, 그냥
You **just** press the button. **그냥** 버튼만 누르세요.

**justice** [dʒʌ́stis] 명 정의, 공정성
**Justice** is very important here. 여기서는 **정의**가 매우 중요하다.

**justify** [dʒʌ́stəfài] 동 정당화하다

---

**accountant** [əkáuntənt] 명 회계사
She is an **accountant**. 그녀는 회계사입니다.

**count** [kaunt] 동 세다, 계산하다
I **counted** the money by machine. 나는 기계로 돈을 세었다.

**counter** [káuntər] 명 계산대
I left my valuables at the **counter**. 나는 귀중품을 계산대에 맡겼다.

**account** [əkáunt] 명 계산, 계좌
I want to cancel my **account**. **계좌**를 해지하고 싶습니다.

**accounting** [əkáuntiŋ] 명 회계

**discount** [dískaunt] 명 할인
Give me a **discount**. 값을 **할인**해 주세요.

**discount store** [dískaunt-stɔ̀:r] 명 할인매장

---

**audit** [ɔ́:dit] 명 심사, 회계감사

**audition** [ɔːdíʃən] 명 오디션

**auditor** [ɔ́:ditər] 명 회계감사관

✽ 빈 칸에 들어갈 우리말 해석을 쓰시오.

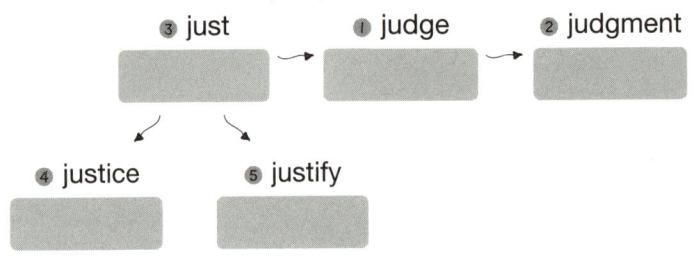

✽✽ 빈 칸에 들어갈 영어 단어를 쓰시오.

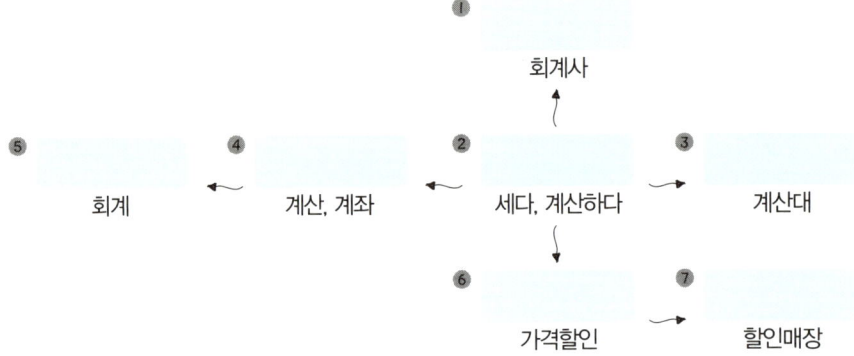

○ 답은 본문에서 확인하세요!

**1** 다음 빈칸에 공통으로 들어갈 가장 적절한 단어를 고르시오.

> I had a _____ handling my case.
> A _____ is a person who advises people about the law.

① sawyer  ② lawyer  ③ professor  ④ bowyer  ⑤ auditor

**2** 다음 문장 중 judge의 의미가 다른 하나를 고르시오.

① The judge gave him a sentence.
② You can't judge people by education.
③ We need to judge him from his conduct.
④ He judged the case.
⑤ The tour was judged a great success.

**3** 다음 빈칸에 들어갈 가장 적절한 단어를 고르시오.

> An _____ is a person who shoots arrows using a bow.

① archon  ② architect  ③ arch  ④ artist  ⑤ archer

**4** 다음 문장 중 문법적으로 올바른 문장을 고르시오.

① We is just friends.
② I has left my bag at the counter.
③ Can you give me a discount?
④ I will bowed my head.
⑤ I were right in my judgment.

○ 정답은 310쪽에!

179

# Day 30　farmer 농부

이번에는 직업과 관련된 표현을 알아보는 마지막 시간으로, 앞에서 다루지 않은 기타 다양한 직업에 관련된 표현들을 살펴볼 거야. 먼저 농사를 짓는 농부는 farmer라고 하는데, 농사를 짓거나 가축을 키우는 농장이나 농원을 뜻하는 farm에서 나온 단어지. 이 farm과 물을 뜻하는 aqua가 합쳐진 aquafarm은 물고기나 해조류 등을 양식하는 양식장을 의미해. 동물을 의미하는 animal과 합쳐진 *Animal Farm*은 영국의 소설가 조지 오웰의 유명한 작품의 제목인 "동물농장"이지.

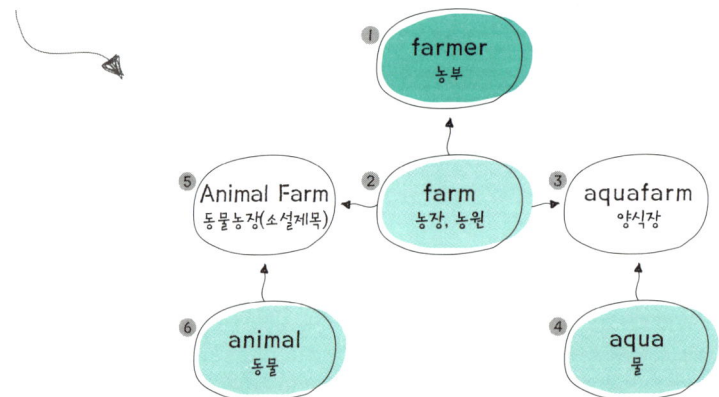

농부가 땅에서 일하는 사람이라면, 물이나 바다에서 일하는 사람은 어부지. 물고기를 잡아 생계를 유지하는 어부 또는 낚시꾼을 과거에는 fisher라고 했지만, 오늘날에는 뒤에 man을 붙인 fisherman이라는 단어를 더 많이 사용해. 이 단어는 fish에서 나왔지. fish는 명사로는 물고기를 뜻하고, 동사로는 물고기를 잡는 행위인 낚시하다를 뜻하는 단어야. fish의 명사형인 fishing은 낚시를 의미하는데, 뒤에 막대나 장대라는 뜻을 지닌 rod나 pole을 붙인 fishing rod, fishing pole은 낚시를 하기 위해 필요한 낚싯대를 뜻해. 갈고리를 뜻하

는 hook과 fish가 합쳐진 fishhook은 낚싯대에 걸려있는 낚싯바늘을 의미하는 단어야.

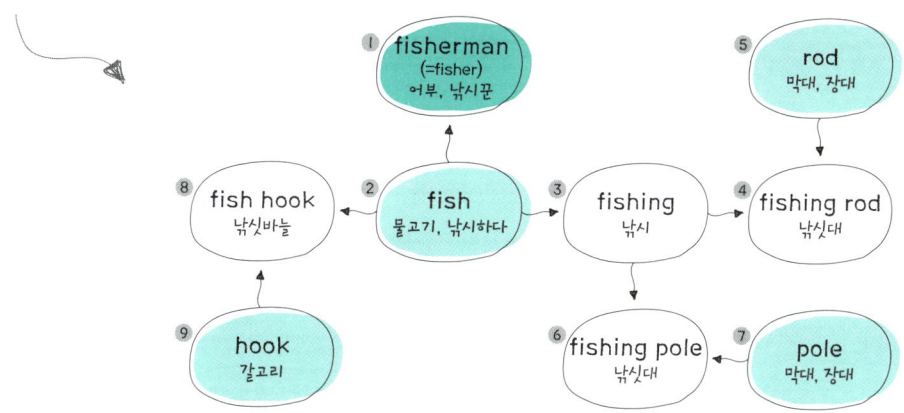

광산에서 광물을 캐는 광부는 miner라 해. mine은 광산, 채굴하다라는 뜻이고, 광부가 캐는 광물은 mineral이라고 하지. 목재(wood)로 집을 짓거나 가구를 만드는 사람인 목수는 영어로 carpenter인데, 이 단어를 자세히 보면 단어 속에 자동차를 의미하는 car가 포함되어 있어. 지금은 car가 '자동차'를 뜻하지만, 자동차가 없던 시절에는 무언가를 싣고 옮기는 나무로 만든 '수레' 같은 것을 car라고 했지. penter는 현재 사용하는 단어는 아니지만 무언가를 만드는 사람(maker)을 뜻했던 말로, carpenter는 '나무로 수레를 만드는 사람'이라고 해서 목수를 뜻하게 된 거야. 이 '수레'라는 의미의 car에서 파생된 cart는 백화점이나 마트에서 쉽게 볼 수 있는 카트를 뜻하고, 동사로 사용되는 carry는 무언가를 옮기는 옮기다라는 뜻으로 사용되지. carry에 접미사 er을 붙인 carrier는 옮기는 사람인 운반인이나 운반기를 의미하는 단어야.

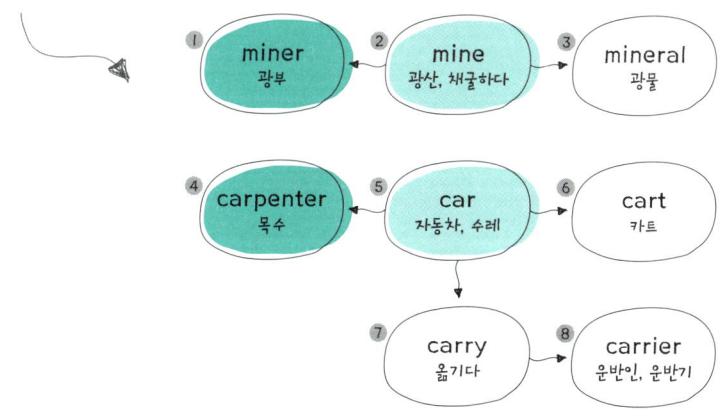

춤을 추는 댄서는 춤, 춤추다라는 뜻의 dance에 er을 붙인 dancer야. 또 운동선수를 훈련시키는 트레이너는 train에서 파생된 trainer라고 하지. train은 라틴어의 '당기다'라는 말에서 나온 단어로, 맨 앞칸에서 기관사가 엔진을 작동시켜 줄줄이 연결된 뒤칸들을 당기면서 나아가는 기차를 의미해. 또한 사람이 무언가를 할 수 있도록 앞에서 이끌고 당겨주는 것, 즉 훈련시키는 것을 의미하는 훈련시키다라는 동사의 뜻도 가지고 있지. 이러한 의미에서 train 뒤에 er이 붙은 trainer는 사람들에게 운동을 체계적으로 가르치고 이끌어주는 트레이너가 된 것이고, train 뒤에 ee를 붙인 trainee는 트레이너로부터 교육을 받는 훈련생을 의미해.

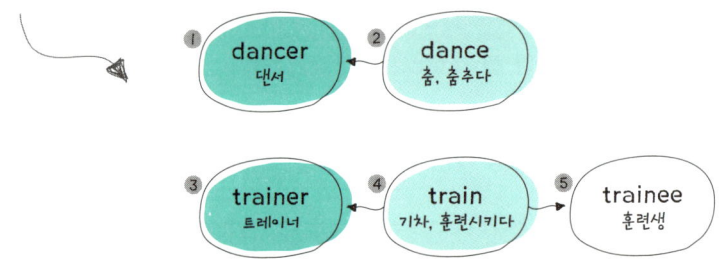

마지막으로 음악가들을 살펴보자면, 음악을 연주하는 악기에 접미사 ist를 붙이면 그 악기를 연주하는 연주자를 뜻하는 경우가 많아. piano에 ist를 붙인 pianist는 피아노를 연주하는 피아니스트가 되고, violin에 ist를 붙인 violinist는 바이올린을 연주하는 바이올리니스트를 의미하지. 또 guitar를 연주하는 기타리스트는 guitarist라 하고, saxophone을 부는 색소포니스트는 saxophonist가 되지. 두드리는 악기인 drum을 연주하는 드러머는 접미사 ist를 사용하지 않고 er을 붙여 drummer라 하고, trumpet을 부는 트럼펫연주자는 trumpeter나 trumpet player라고 해.

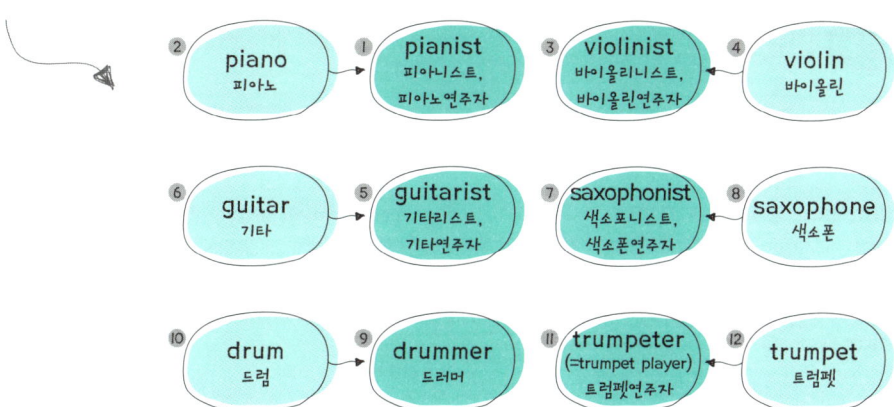

## 정리해보자

**farmer** [fáːrmər] 명 농부
My father is a **farmer**. 나의 아버지는 **농부**이십니다.
**farm** [faːrm] 명 농장, 농원
I was seized of a large **farm**. 나는 큰 **농장**을 소유하고 있었다.
**aquafarm** [ǽkwəfàːrm] 명 양식장
**aqua** [ǽkwə] 명 물
**Animal Farm** [ǽnəməl-fàːrm] 명 동물농장
**animal** [ǽnəməl] 명 동물

**fisherman** [fíʃərmən] 명 어부, 낚시꾼
**fish** [fiʃ] 명 물고기 동 낚시하다
She can't eat raw **fish**. 그녀는 날생선을 먹지 못합니다.
**fishing** [fíʃiŋ] 명 낚시
I go **fishing** day after day. 나는 매일 **낚시**를 하러 간다.
**fishing rod** [fíʃiŋ-rɔd] 명 낚싯대
**rod** [rɔd] 명 막대
**fishing pole** [fíʃiŋ-poul] 명 낚싯대
**pole** [poul] 명 막대, 장대
I set the **pole** in the snow. 나는 눈 속에 **장대**를 세웠다.
**fish hook** [fíʃ-hùk] 명 낚싯바늘
You should put bait on a **fish hook**. 너는 미끼를 **낚싯바늘**에 매달아야 한다.
**hook** [huk] 명 갈고리

**miner** [máinər] 명 광부
His father was a coal **miner**. 나의 아버지는 석탄을 캐는 **광부**이셨다.
**mine** [main] 명 광산 동 채굴하다
**mineral** [mínərəl] 명 광물
**carpenter** [káːrpəntər] 명 목수
The **carpenter** is fixing the roof. **목수**가 지붕을 고치고 있다.
**car** [kaːr] 명 자동차
What make and model is your **car**? 네 **차**는 어느 회사 모델이냐?

**cart** [kaːrt] 명 카트
I brought a **cart**. 나는 카트를 가지고 왔다.
**carry** [kǽri] 동 옮기다
**Carry** my bags to the room. 가방 좀 방으로 **옮겨주**세요.
**carrier** [kǽriər] 명 운반인, 운반기

**dancer** [dǽnsər] 명 댄서
**dance** [dæns] 명 춤, 춤추다
I hate to **dance**. 난 **춤추**는 것을 싫어한다.
**trainer** [tréinər] 명 트레이너
**train** [trein] 명 기차 동 훈련시키다
We have a **train** leaving at 4:50. 4시 50분에 출발하는 **열차**가 있습니다.
**trainee** [treiníː] 명 훈련생

**pianist** [piǽnist] 명 피아노 연주자
**piano** [piǽnou] 명 피아노
My hobby is playing the **piano**. 나의 취미는 **피아노** 연주입니다.
**violinist** [vàiəlínist] 명 바이올린 연주자
**violin** [vàiəlín] 명 바이올린
**guitarist** [gitáːrist] 명 기타 연주자
**guitar** [gitáːr] 명 기타
This **guitar** is out of tune. 이 **기타**는 음이 안 맞는다.
**saxophonist** [sǽksəfòunist] 명 색소폰 연주자
**saxophone** [sǽksəfòun] 명 색소폰
**drummer** [drʌ́mər] 명 드러머
**drum** [drʌm] 명 드럼
I beat a **drum**. 나는 **드럼**을 친다.
**trumpeter/trumpet player** [trʌ́mpitəːr] [trʌ́mpit-plèiər] 명 트럼펫연주자
**trumpet** [trʌ́mpit] 명 트럼펫

1. 다음 밑줄 친 부분과 바꿔 쓸 수 있는 말을 고르시오.

   **My brother received a <u>fishing rod</u> for his birthday.**

   ① fishing pole  ② fishing line  ③ fishing glove  ④ fisherman  ⑤ fish

2. 다음 악기와 연주자의 관계가 잘못 연결된 것을 고르시오.

   ① piano     –  pianist
   ② guitar    –  guitarist
   ③ drum      –  drumist
   ④ saxophone –  saxophonist
   ⑤ violin    –  violinist

3. 다음 빈칸에 공통으로 들어갈 가장 적절한 단어를 고르시오.

   **Where can I rent a _____?**
   **Many people were killed in the _____ accident.**

   ① carry  ② carpenter  ③ cart  ④ car  ⑤ carrier

4. 다음 문장 중 train의 의미가 다른 하나를 고르시오.

   ① Where should I change trains?
   ② We have a train leaving at 2:50.
   ③ I will go there by train.
   ④ Horses were trained by her.
   ⑤ I'll take the next train.

○ 정답은 310쪽에!

# Day 31  school 학교

교육기관인 학교를 뜻하는 영어단어 school은 다들 잘 아는 단어일 거야. 이 school에서 가운데 있는 o를 하나 빼고 맨 뒤에 ar를 붙이면 scholar라는 단어가 만들어지지. 뒤에 붙은 ar은 er에서 변형된 것으로 사람이나 사물로 만드는 접미사지. 이렇게 만들어진 단어인 scholar는 학교에서 열심히 교육을 받아 학문에 능통하게 된 사람인 학자를 뜻해. 그리고 공부를 열심히 한 결과 좋은 성적을 거둬서 받게 되는 학교에서 수여하는 장학금을 scholarship이라고 하는데, 뒤에 붙은 ship은 물에 떠있는 배를 뜻하는 영어단어 ship이 아니라 '지위'나 '신분' 등을 의미하는 접미사라는 것도 알아둬.

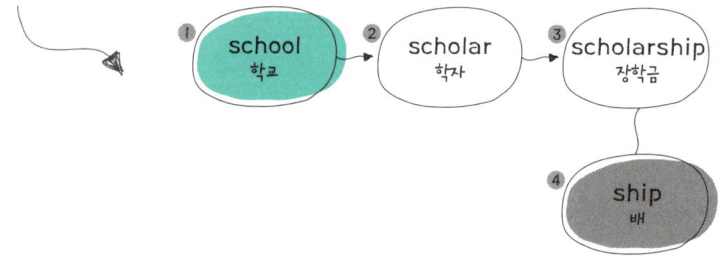

학교는 연령에 따른 단계별 과정이 있어서 초등학교, 중학교, 고등학교로 나누어지고 모두 '학교'라는 단어가 붙지. 영어도 마찬가지야. 어떤 학교든 공통적으로 school이라는 단어를 사용해. 초등학교는 elementary school이라고 하지. 좀 길어서 복잡해 보이기도 하는 elementary는 성분이나 요소 또는 기본이라는 의미를 지닌 element에 '관련된'이란 뜻을 지닌 접미사 ary가 붙어서 기본적인, 초보의라는 의미의 형용사로 쓰이는 단어야. 이 element의 앞에 붙은 ele는 '하나'라는 뜻이고, ment는 단어를 명사로 만드는 접미사야. 그래서 숫자 11을 나타내는 eleven에도 ele가 붙는데, '10에 1을 더한 수'라고 해서 생긴

단어지. element는 원래 '전체의 중요한 하나'를 뜻하는 단어였는데, 현재는 전체를 이루는 하나의 중요한 '성분'이나 '요소'로 쓰이기도 하고, 또 전체적인 것의 핵심을 이루는 '기본'이라는 뜻도 갖게 되었어. 그래서 형용사형인 elementary는 '기본적인, 초보의'라는 의미이고, elementary school은 가장 기초적인 것을 배우는 교육기관인 초등학교가 된 것이지. 중학교는 가운데를 뜻하는 middle과 합쳐진 middle school이라고 많이들 알고 있을 거야. 물론 이 단어도 사용하지만 미국에서는 junior high school이라는 단어를 더 많이 써. junior는 하급의라는 뜻을 지닌 단어로, 고등학교인 high school의 아래에 있는 학교라고 해서 junior high school이 되었어.

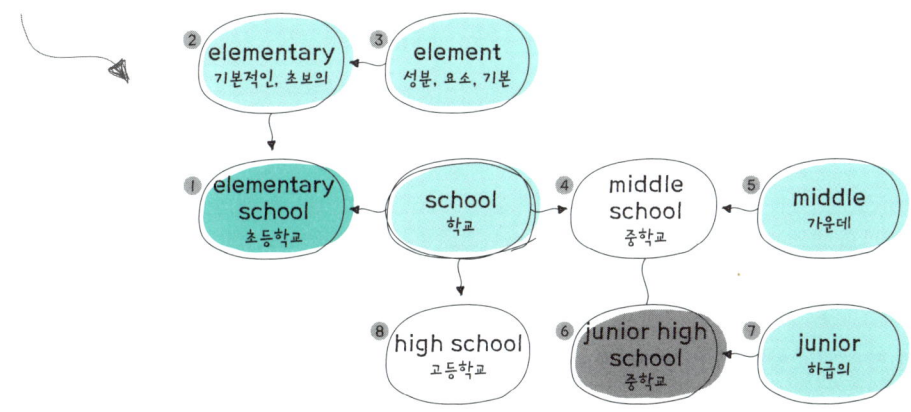

학교에서 학생들을 가르치는 선생님을 teacher라고 하지. 이 단어는 가르치다라는 뜻을 지닌 teach에 사람을 의미하는 접미사 er이 붙어서 생긴 단어야. 또 선생님들 중 가장 높은 지위에 있는 교장선생님은 principal이라고 하는데, 이 단어를 자세히 보면 왕자를 뜻하는 prince와 비슷해. 원래 prince는 '가장 첫 번째'를 뜻하는 단어였어. 그 후 나라에서 첫 번째로 높은 사람을 의미해서 '왕'이라는 뜻으로 사용되었지만, 나중에 왕이 king이라는 단어로 대체되면서 prince는 '왕 다음으로 첫 번째가 되는 사람'이라는 의미로 '왕자'가 된 거지. 이 prince 뒤에 여성을 의미하는 접미사 ess를 붙이면 공주를 뜻하는 princess라는 단어가 쉽게 만들어지지. principal 역시 학교에서 첫 번째로 높은 사람을 의미해서 교장이라는 뜻으로 사용되는 것이고, 이 단어는 형용사로도 쓰여서 가장 우선이 되는 것을 뜻하는 주요한이라는 의미로도 쓰이고 있지. 또, principal에서 뒤에 있는 al을 없애고

대신 le를 붙이면 principle이라는 단어가 돼. 이 단어는 사람이 살아가면서 도덕적으로나 법적으로 가장 최우선적으로 지켜야 하는 원칙을 의미하지.

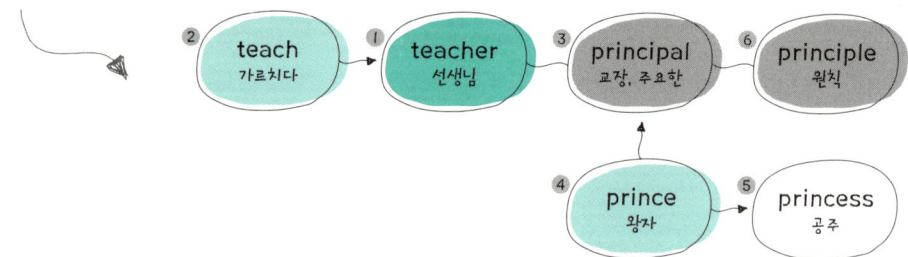

학생의 임무는 공부를 하는 것이지. 영어에서 공부, 공부하다는 study라 하고 이 study를 통해서 공부를 하는 사람인 학생을 의미하는 student라는 단어가 나오게 되었어. 뒤에 붙은 ent는 '행위를 하는 사람'을 의미하는 접미사야. 대통령을 뜻하는 president도 '앞'을 뜻하는 pre와 '앉다'라는 뜻의 sit에서 변형된 side가 합쳐진 preside(통솔하다)에 접미사 ent가 붙어서 생긴 단어로, '가장 앞에 앉아 있는 사람'이라고 해서 '대통령'을 의미하게 된 거야. study에 있는 y를 io로 바꾸면 studio라는 단어가 되지. 이 단어는 현재 음악이나 방송을 녹음하거나 춤을 연습하거나 그림을 그리는 작업실인 스튜디오로 쓰이고 있어. 과거 서양에서는 음악, 미술, 문학 등의 예술 활동은 모두 '공부'를 의미했고, 그래서 미술이나 음악을 하는 장소를 지칭할 때 studio라는 단어를 사용했지. 이러한 studio에서 하는 작업은 주로 오랫동안 몰두해야 하는 경우가 많아 기본적인 생활이 가능한 공간으로 꾸며졌고, 현재 우리가 콩글리시로 원룸이나 오피스텔이라고 표현하는 '방 한 칸으로 이루어진 생활공간'을 실제 영어에서는 studio라고 하지.

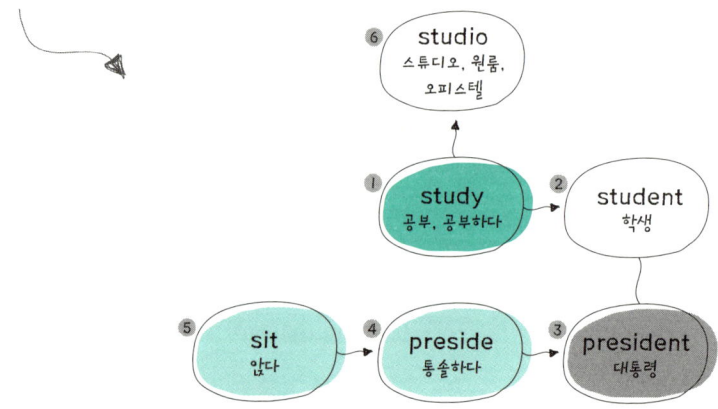

## 정리해보자

**school** [skuːl] 명 학교
What time does her **school** finish? 그녀의 **학교**는 몇시에 끝나나요?

**scholar** [skɔ́lər] 명 학자
The **scholar** has made his mark on literature. 그 **학자**는 문학에서 명성을 얻었다.

**scholarship** [skɔ́lərʃìp] 명 장학금
The college awarded me a **scholarship**. 그 대학은 나에게 **장학금**을 주었다.

**ship** [ʃip] 명 배

---

**elementary school** [èləméntəri-skuːl] 명 초등학교
We graduated from **elementary school** in the same year. 우리는 같은 해에 **초등학교**를 졸업했습니다.

**elementary** [èləméntəri] 형 기본적인, 초보의
They need books at very **elementary** levels. 그들은 **초급** 수준의 책이 필요하다.

**element** [éləmənt] 명 성분, 요소, 기본
The **element** is harmless in itself. 그 **요소**는 그것 자체로는 해가 없다.

**middle school** [mídl-skuːl] 명 중학교
My little sister is a freshman at a **middle school**. 내 여동생은 **중학교** 1학년이다.

**middle** [mídl] 형 가운데의 명 중간, 중앙
Take it from the top, not in the **middle**. 위에서부터 가져가, **중간**에서부터 말고.

**junior high school** [dʒúːnjər-hai-skuːl] 명 중학교

**junior** [dʒúːnjər] 형 하급의, 아래의 명 하급자
Seniors should set an example for their **juniors**. 선배들은 **후배들**에게 모범을 보여야 합니다.

**high school** [hái-skùːl] 명 고등학교

---

**teacher** [tíːtʃər] 명 선생님
The **teacher** answered my questions. 그 **선생님**은 내 질문들에 대답을 했다.

**teach** [tiːtʃ] 가르치다
She'll be **teaching** history and sociology next term. 그녀는 다음 학기에 역사와 사회학을 **가르치게** 된다.

**principal** [prínsəpəl] 명 교장 형 주요한
I went to the **principal's** office. 나는 **교장실**에 갔다.

**prince** [prins] 명 왕자
They were detached to guard the visiting **prince**. 내방한 **왕자**를 경호하기 위해 그들이 파견되었다.

**princess** [prínsis] 명 공주
The **princess** changes into a witch. 그 **공주**는 마녀로 변한다.

**principle** [prínsəpəl] 명 원칙
He agreed with you in **principle**. 그는 **원칙적으로**는 동의했다.

---

**study** [stʌ́di] 명 공부 동 공부하다
I'm **studying** business management. 나는 경영을 공부한다.

**student** [stjúːdənt] 명 학생
He is popular with the **students**. 그는 **학생들**에게 인기가 있다.

**president** [prézidənt] 명 대통령, 회장
Who is the **president** of your company? 당신 회사의 **회장**은 누구죠?

**preside** [prizáid] 동 통솔하다

**sit** [sit] 동 앉다
We'd like to **sit** by the window. 우리는 창가 자리에 **앉고** 싶어요.

**studio** [stjúːdiòu] 명 스튜디오, 원룸, 오피스텔

✱ 빈 칸에 들어갈 우리말 해석을 쓰시오.

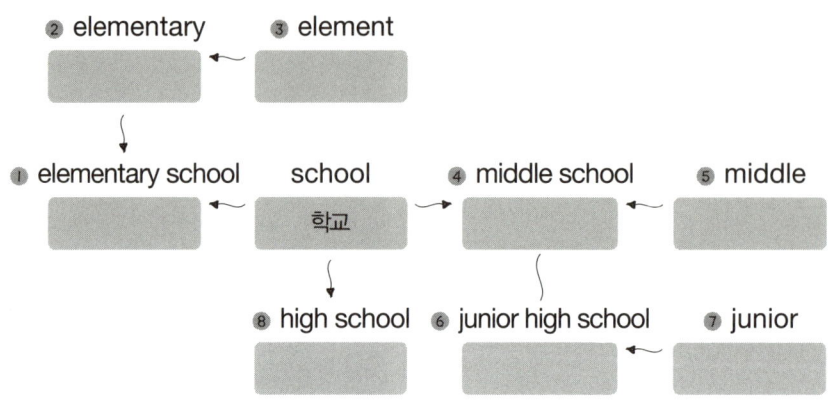

✱✱ 빈 칸에 들어갈 영어 단어를 쓰시오.

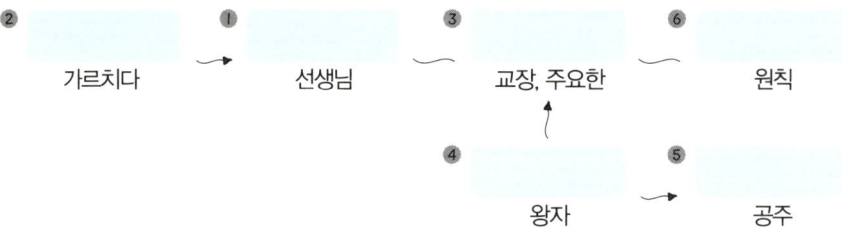

○ 답은 본문에서 확인하세요!

1 다음 문장 중 principal의 의미가 다른 하나를 고르시오.

① I went to the principal's office.
② He was sent to the principal.
③ Iraq's principal export is oil.
④ Our principal introduced the history of the school.
⑤ My school principal invited my father for me.

2 다음 빈칸에 공통으로 들어갈 가장 적절한 단어를 고르시오.

> He is an English _____.
> A _____ is someone whose job is to teach in a school.

① student ② scholar ③ study ④ teach ⑤ teacher

3 다음 밑줄 친 부분과 바꿔 쓸 수 있는 말을 고르시오.

> She is a middle school teacher.

① high school ② college ③ preschool ④ university ⑤ junior high school

4 다음 문장 중 단어에 대한 설명이 잘못된 것을 고르시오.

① A studio is a room where a painter works.
② A student is a person who is learning at a school.
③ A teacher is a person who teaches, usually as a job at a school.
④ A school is a place where children are educated.
⑤ A princess is a son of the king or queen.

○ 정답은 311쪽에!

# Day 32  classroom 교실

이제 학교 안에 있는 여러 장소와 관련된 단어들에 대해 알아보도록 할 거야. 우선 학교에서 가장 중요한 역할을 하는 장소인 교실부터 살펴볼게. 수업이 이루어지는 장소인 **교실**을 영어로는 classroom이라고 하는데, 이 단어는 **수업**을 뜻하는 class와 **방**을 뜻하는 room이 합쳐져서 생긴 단어야. 이 class라는 단어는 원래 과거 로마시대에 사회적으로 사람들의 신분을 분류하는 **계급**을 뜻하는 단어였어. 그러나 나중에는 학교에서 여러 가지 지식을 분류하여 가르치고 배우는 '수업'이라는 뜻을 갖게 되었고, 또 수업을 받는 학생들을 소집단으로 분류하는 **학급**이라는 의미로도 사용하게 되었지. 그래서 class에 동사로 만드는 접미사 ify가 붙어서 만들어진 classify는 종류에 따라서 세분화하는 **분류하다**라는 의미로 쓰이고, 명사형인 classification은 **분류**라는 뜻을 갖고 있어.

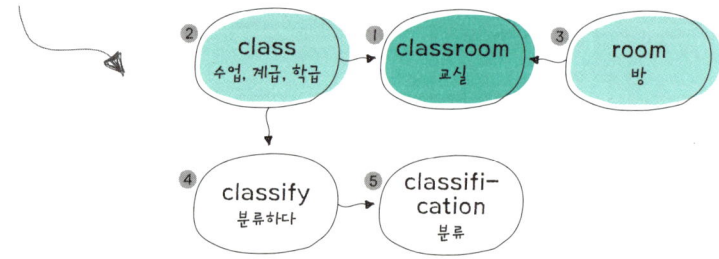

음악을 통해 자주 접할 수 있는 단어 classic도 class에 형용사나 명사로 만드는 접미사 ic가 붙어서 생긴 단어야. 이 classic은 형용사로 **고전적인**이라는 의미로 쓰이는데, 원래 이 단어는 계급 중에서도 특히 가장 높은 계급을 표현하는 **최고의**와 최고로서 하나의 기준이 되는 **대표적인**이라는 뜻으로 사용되는 단어였지. 이런 맥락에서 classic은 과거 서양의 문화를 대표했던 고대 그리스와 로마시대의 문화를 표현하는 단어로 쓰였고, 이들 문화는 전통적으로 뿌리가 깊이 박혀있어 웬만한 변화에 영향을 받지 않는다고 하여 **고전적인**이

라는 뜻을 갖게 된 거야. 우리가 흔히 '클래식 음악'이라고 하는 단어는 classic에 접미사 al이 붙어서 만들어진 classical(클래식의, 고전주의의) music(음악)을 의미하고, 예술적으로 최고의 형식을 갖추고 있으면서 오랜 시간 동안 사람들의 사랑을 받아온 고전음악을 뜻하지.

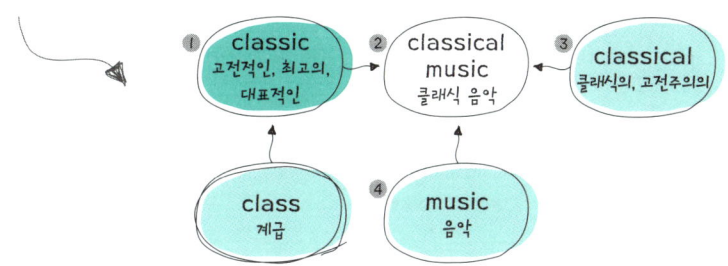

학교에서 공부만 하는 것은 아니지. 학생들이 함께 모여 몸을 움직이며 노는 일도 중요한 교육 활동이야. 이때 사용하는 단어가 play인데, play는 어떠한 것을 움직이게 하는 '활동'이나 '움직임'을 의미하는 단어로, 사람이 자신의 즐거움을 위해 활동한다고 하여 놀다라는 뜻과 운동선수들이 몸을 움직여 경기를 하다라는 뜻이 있고, 또 음악이나 영상이 돌아갈 수 있게 움직임을 주어 작동을 시키는 틀다와 연주하다라는 의미로도 쓰이지. 그래서 명사로 사용된 play는 놀이라는 뜻과 움직이면서 말하고 활동하는 공연인 연극이라는 뜻을 가져. play에 사람이나 사물로 만드는 접미사 er이 붙어서 생긴 player는 운동을 하는 운동선수라는 뜻과 녹음 및 녹화 재생장치인 플레이어라는 의미로 쓰여. 그래서 음악을 듣기 위해 사용하는 장치를 MP3 player나 CD player라고 하지. play 앞에 '다시'라는 뜻을 지닌 re가 붙어서 생긴 replay는 한번 했던 경기를 다시 하는 재경기를 의미하기도 하고, 또 지나간 장면이나 경기를 다시 보는 다시보기라는 뜻도 있어.

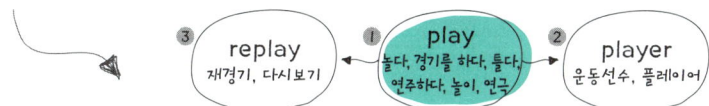

학교에서 체육 활동을 위해 사용되는 장소인 운동장은 playground라는 단어를 사용해. playground 뒤에 붙어 있는 ground는 땅바닥이나 지면을 뜻하는 단어야. 그래서 playground는 운동하는 땅바닥인 '운동장'이라는 뜻도 있지만, 또 '아이들이 뛰어노는 장

소'라 해서 놀이터라는 의미도 지니고 있어. ground에서 파생된 단어로 뒤를 뜻하는 back과 합쳐진 background는 뒤에서 사람이나 사물을 뒷받침해주는 배경을 의미하고, '아래'를 뜻하는 under와 합쳐진 underground는 땅 아래를 지칭하는 지하의라는 의미로 사용되는 형용사야.

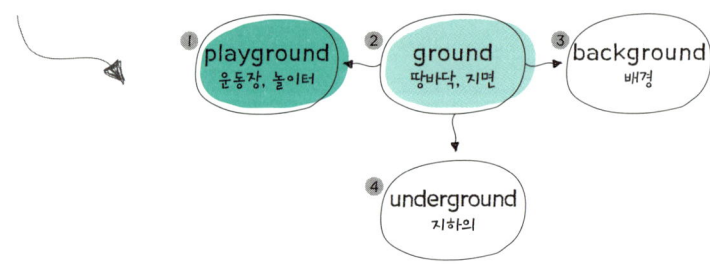

## 정리해보자

**classroom** [klǽsruːm] 명 교실
I really miss you in our **classroom**. 나는 **교실**에 네가 없어서 정말로 그립다.

**class** [klæs] 명 수업, 계급, 학급
You have to rush to the **class**. 너는 서둘러서 **수업**에 가야 한다.

**room** [ruːm] 명 방
What kind of **room** do you want? 어떤 **방**을 원하시죠?

**classify** [klǽsəfài] 동 분류하다
The books in the library are **classified** by subject. 도서관의 책들은 주제별로 **분류되어** 있다.

**classification** [klæ̀səfikéiʃən] 명 분류
The **classification** of steel is as a metal. 강철은 금속으로 **분류**된다.
Do you understand the system of **classification** used in ornithology? 조류학에서 사용되는 **분류**체계를 이해하고 계십니까?

---

**classic** [klǽsik] 형 고전적인, 대표적인, 최고의
The story tells of a **classic** conflict between love and money. 그 이야기는 사랑과 돈 사이의 **고전적인** 갈등에 대해 들려주고 있다.

**classical music** [klǽsikəl-mjùːzik] 명 고전음악

**classical** [klǽsikəl] 형 클래식의, 고전주의의
I like listening to **classical** music. 저는 **고전음악** 듣는 걸 좋아합니다.

**music** [mjúːzik] 명 음악
I'm not interested in **music** at all. 저는 **음악**에는 전혀 관심이 없습니다.

---

**play** [plei] 동 놀다, 뛰다, 틀다, 연주하다 명 놀이, 연극
I **play** the piano just for fun. 저는 그냥 재미로 피아노를 **칩니다**.

**player** [pléiər] 명 운동선수, 플레이어
The **player** is very clever with his head. **선수**가 머리를 잘 쓰는군.

**replay** [riːpléi] 명 재경기, 다시보기
We rolled them over in the **replay**. 우리는 **재경기**에서 그들을 가볍게 이겼다.

---

**playground** [pléi-gràund] 명 운동장, 놀이터
Kids are playing on the **playground**. 아이들이 **놀이터**에서 놀고 있다.

**ground** [graund] 명 땅바닥, 지면
I started to dig down into the **ground**. 나는 **땅바닥**을 파내려가기 시작했다.

**background** [bǽkgràund] 명 배경
They don't have a stable financial **background**. 그들은 탄탄한 경제적인 **배경**도 없습니다.

**underground** [ʌ́ndərgràund] 형 지하의

✤ 빈 칸에 들어갈 우리말 해석을 쓰시오.

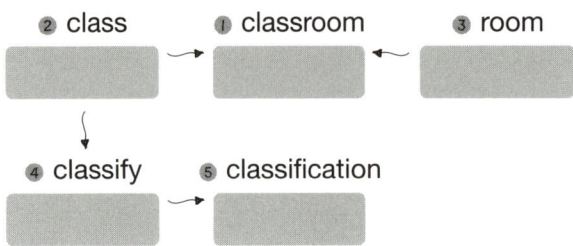

✤✤ 빈 칸에 들어갈 영어 단어를 쓰시오.

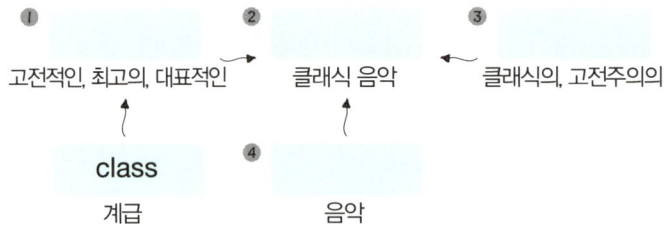

○ 답은 본문에서 확인하세요!

**1~2** 다음 빈칸에 들어갈 수 없는 단어를 고르시오.

**1** What time does the _____ start?

① movie　② class　③ study　④ music　⑤ teach

**2** Would you like to hear _____ music?

① slow　② classical　③ fast　④ contemporary　⑤ class

**3** 다음 문장 중 play의 의미가 다른 하나를 고르시오.

① We played parlor games after dinner.
② Do you play any musical instruments?
③ I like playing the violin.
④ Leave the kid to his play.
⑤ We played hide-and-seek.

**4** 다음 빈칸에 공통으로 들어갈 가장 적절한 단어를 고르시오.

The basketball _____ made a dunk shot.
The opposite _____ received a warning.

① boxer　② ball　③ money　④ box　⑤ player

**5** 다음 빈 칸에 알맞은 단어를 적으시오.

A _____ is a group of students who are taught together.

197

앞에서 배운 '운동장'이 실외에 있는 것과는 반대로 실내에서 운동을 할 수 있는 장소인 체육관을 영어로는 gym이라고 하지. 이 단어는 원래 gymnasium이라는 긴 철자를 가지고 있었는데, 영어권의 사람들은 간편하게 줄인 gym이라는 형태로 더 많이 사용해. 이와 마찬가지로, 학교 안에서 숙식을 해결할 수 있는 시설인 기숙사를 영어로 dormitory라고 하는데 이 단어 역시 길기 때문에 짧게 줄인 dorm을 많이 사용하지. 기숙사 하면 또 룸메이트를 빠뜨릴 수 없겠지. 기숙사에서 방을 함께 사용하는 한방 친구, 룸메이트는 앞에서 배운 '방'을 의미하는 room과 친구를 뜻하는 mate가 합쳐진 단어인 roommate라고 해. 이 mate는 고기를 뜻하는 meat에서 파생되었는데, 과거에 meat는 음식 전체를 의미하는 말이었고, '음식을 같이 나누어 먹는 사이'라고 해서 mate가 '친구'라는 뜻을 지니게 된 거지.

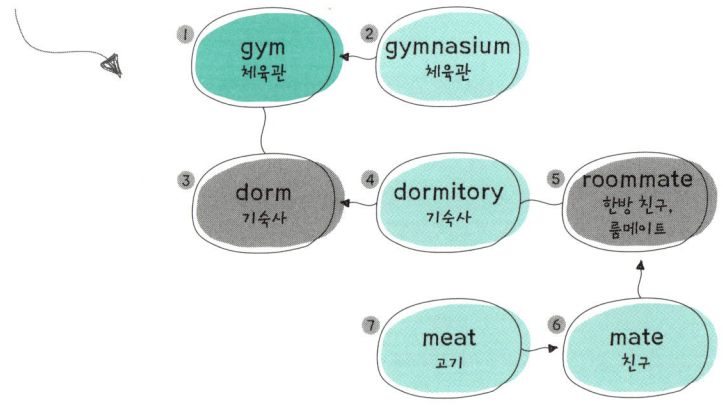

기숙사 안에서 잠을 자려면 침대가 필요하겠지. 침대는 bed라는 단어를 사용하고, bedroom은 침대가 놓여 있는 방인 침실을 뜻해. 또 시간을 의미하는 time과 합쳐

진 bedtime은 잠자는 시간인 취침시간을 뜻하는 단어야. 잠을 잘 때 몸에 덮는 이불은 blanket과 duvet라는 단어를 사용하지. blanket은 원래 하얀 양의 털을 깎아 만든 요를 뜻하는 단어였는데, 현재는 털을 짜서 만든 얇은 이불인 담요를 뜻하고 있지. 이 blanket은 백지의, 빈이라는 뜻의 형용사 blank에서 파생된 단어이고, blank는 나중에 명사의 뜻도 갖게 되어서 공백이라는 의미로도 쓰이지. duvet는 오리나 거위 등 새의 깃털을 안에 집어넣은 '두꺼운 이불'을 뜻했는데, 이 단어는 '아래'를 뜻하는 down이 아닌 '새의 솜털'을 뜻하는 down에서 파생된 단어야. 그래서 다운 재킷(down jacket)이라고 하는 것은 천 속에 거위털이나 오리털을 넣은 옷으로 우리가 흔히 '오리털 파카'라고 하는 재킷을 의미해. 잠을 잘 때 머리에 베고 자는 베개는 pillow라는 단어를 사용해. 여기에 '상자'를 뜻하는 case를 붙인 pillowcase는 베개에 씌우는 베갯잇을 뜻하지.

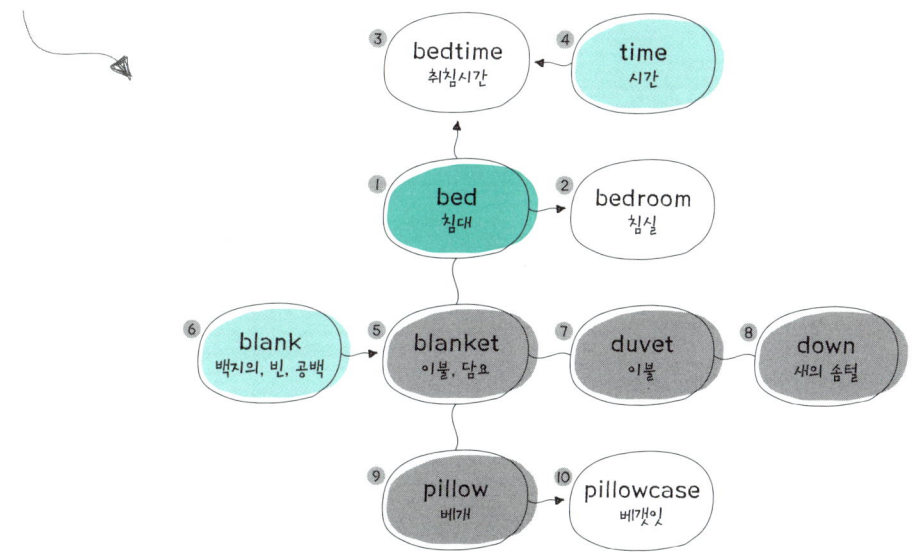

학교나 기숙사 건물에 길게 나있는 복도는 corridor, hall, passage라는 다양한 단어를 사용할 수 있어. corridor는 현재는 사용하지 않는 '달리다'라는 뜻의 cor와 '장소'를 의미하는 orio가 합쳐져서 변형된 단어야. 즉, '달리는 장소'라는 의미를 지니는 corridor는, 현재는 건물 안에 놓인 복도를 의미하지만, 옛날 서양에서의 복도는 건물과 건물 사이를 연결하는 긴 길을 의미했기에 달려가야 할 정도로 꽤 먼 길을 나타냈지. 이 cor에서 파생된 또

다른 단어인 course는 육상 경주에서 달리는 길인 코스라는 뜻이 있고, 학습에서 목표를 이루기 위해 단계적으로 진행해 나가는 과정이라는 뜻으로도 쓰이는 단어야. 다시 복도로 돌아가서, hall은 건물 안에 있는 커다란 방인 홀이라는 뜻을 지니고 있지만 홀로 통하는 길이라고 해서 복도란 뜻도 지니고 있어. passage는 지나다, 통과하다라는 뜻의 pass에서 파생되어 나온 단어야. 즉, '통과하는 길'이라 하여 통로와 복도라는 의미로 사용하고 있는 것이지.

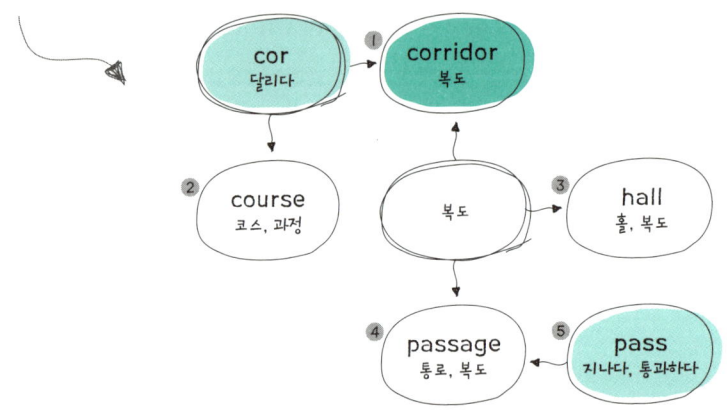

pass에서 파생된 단어들을 좀 더 살펴볼게. 우선 passenger는 여행을 하기 위해 비행기나 배를 타고 가는 사람인 승객을 의미하는데, 출발하는 장소에서 여행에 도착하는 장소까지 '통과해서' 지나가는 사람이라고 해서 생긴 단어야. 또, pass에 항구라는 의미의 port를 붙인 passport는 다른 나라의 항구를 통과하기 위해 필요한 여권을 의미하지. pass에서 파생된 past는 지나간 시간을 의미하는 단어로 지나간이라는 형용사의 뜻과 과거라는 명사의 뜻을 모두 지니고 있지.

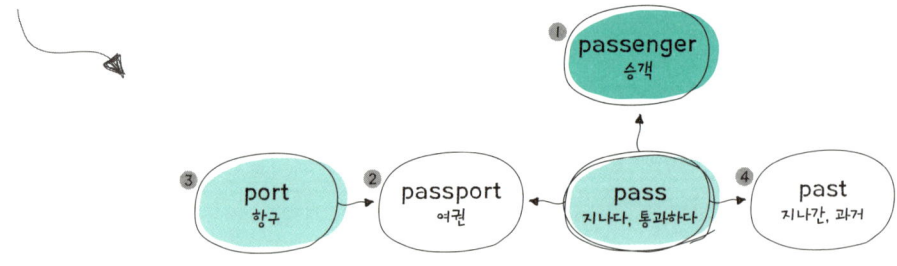

## 정리해보자

**gym** [dʒim] 명 체육관
How can I find you when I arrive at the **gym**? 내가 **체육관**에 도착하면 너희를 어떻게 찾지?

**gymnasium** [dʒimnéiziəm] 명 체육관

**dorm** [dɔːrm] 명 기숙사
Is there a **dorm** on campus? 학교 내에 **기숙사**가 있어요?

**dormitory** [dɔ́ːrmətɔ̀ːri] 명 기숙사

**roommate** [rúːmmèit] 명 한방 친구, 룸메이트
He was my **roommate** during our first year at university. 그는 대학교 1학년 동안 나의 **한방 친구**였다.

**mate** [meit] 명 친구

**meat** [miːt] 명 고기
This **meat** is tender. 이 **고기**는 부드럽다.

---

**bed** [bed] 명 침대
May I make the **bed**? **침대**를 정돈해 드릴까요?

**bedroom** [bédrùːm] 명 침실
We have two **bedrooms** and two baths. 우리는 **침실** 두 개와 화장실 두 개를 갖고있어요.

**bedtime** [bédtàim] 명 취침시간
She asks her mother to read a **bedtime** story. 그녀는 엄마에게 **잠자리** 이야기를 들려줄 수 있냐고 물어보았다.

**time** [taim] 명 시간
Where were we last **time**? 우리가 지난 **시간**에 어디까지 했더라?

**blanket** [dormitory] 명 담요
May I have a **blanket**? **담요** 한 장 주시겠습니까?

**blank** [blǽŋkit] 형 백지의, 빈 명 공백
Sign your name in the **blank** space at the bottom of the form. 서식의 맨 아래에 있는 **빈칸**에 서명을 해주세요.

**duvet** [djuːvéi] 명 이불
I covered him up with a **duvet**. 나는 그에게 **이불**을 덮어주었다.

**down** [daun] 명 새의 털

**pillow** [pílou] 명 베개
I put a **pillow** under his head. 나는 그의 머리에 **베개**를 베어주었다.

**pillowcase** [píloukèis] 명 베갯잇

---

**corridor** [kɔ́ridər] 명 복도
He ran out into the **corridor**. 그는 **복도**로 뛰어나갔다.

**course** [kɔːrs] 명 코스, 과정
What was the easiest **course**? 무슨 **과정**이 가장 쉬웠니?

**hall** [hɔːl] 명 홀, 복도
I led him across the **hall**. 나는 그 **홀**을 가로질러 그를 안내했다.

**passage** [pǽsidʒ] 명 통로, 복도
The **passage** was dimly lit. 그 **복도**는 희미하게 불이 켜져 있었다.

**pass** [pæs] 동 지나다, 통과하다
Don't worry, we can **pass** it. 걱정 마, 우리는 **통과**할 수 있어.

---

**passenger** [pǽsəndʒər] 명 승객
The taxi driver picked up a **passenger**. 그 택시 운전사가 **승객**을 태웠다.

**passport** [pǽspɔ̀ːrt] 명 여권
I have lost my **passport**. **여권**을 잃어버렸어요.

**port** [pɔːrt] 명 항구

**past** [pæst] 형 지나간 명 과거
Do you want me to tell you about her **past**? 너는 내가 그녀의 **과거**에 대해서 말해주기를 원하니?

## check up

확인 해보자

✲ 빈 칸에 들어갈 우리말 해석을 쓰시오.

① gym ← ② gymnasium

③ dorm ← ④ dormitory — ⑤ roommate

⑦ meat → ⑥ mate

✲✲ 빈 칸에 들어갈 영어 단어를 쓰시오.

① ____ 승객

③ ____ 항구 → ② ____ 여권 ← ____ 지나다, 통과하다 → ④ ____ 지나간, 과거

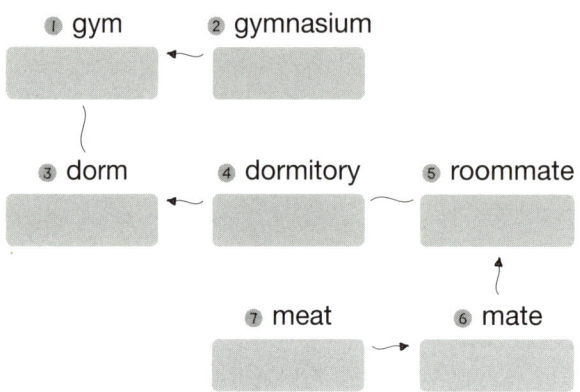

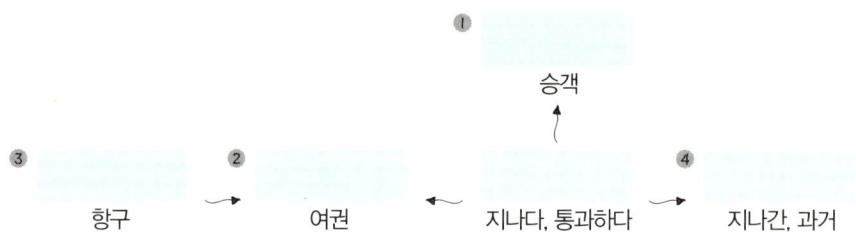

답은 본문에서 확인하세요!

**1** 다음 빈칸에 공통으로 들어갈 가장 적절한 단어를 고르시오.

> Which do you prefer _____ or fish?
> They dine off _____ and vegetables.

① money  ② air  ③ meat  ④ pen  ⑤ bell

**2** 다음 빈칸에 들어갈 가장 적절한 단어를 고르시오.

> A _____ is a piece of furniture that you lie on when you sleep.

① book  ② bed  ③ bedroom  ④ ball  ⑤ ring

**3** 다음 문장이 설명하는 단어를 고르시오.

> He or she is a person who you share a room with for a period of time.

① witness  ② roommate  ③ thief  ④ killer  ⑤ police

**4~6** 다음 빈칸에 알맞은 단어를 보기 에서 골라 쓰시오.

> 보기  passengers    passport    bedroom    blanket

**4** I fold up the _____.

**5** Stewardesses walked down the aisles waking the _____ one by one.

**6** May I see your _____, please?

○ 정답은 311쪽에!

203

# Day 34 restroom 화장실

수업을 하다가 쉬는 시간이 되면 해야 할 빼놓을 수 없는 일이 바로 화장실에 가는 거지. 화장실은 영어로 무척이나 다양한 단어가 사용되는데 여기서 하나하나 자세히 알아보도록 할게. 먼저 공공장소라면 어디에나 있는 화장실은 restroom이나 toilet이라는 단어를 사용해. restroom의 rest는 동사로 쉬다라는 뜻을, 명사로 휴식, 정지라는 뜻을 가진 단어야. 그래서 '팔'을 뜻하는 arm과 합쳐진 armrest는 비행기나 차 안에서 편히 쉴 수 있도록 팔을 올려놓는 팔걸이를 지칭하고, 지역이나 구역을 뜻하는 area와 합쳐진 rest area는 고속도로 중간 중간에 위치해 있어 운전자들이 휴식을 취할 수 있는 구역인 휴게소를 의미하지. 직접적인 파생 관계가 있는 것은 아니지만, arrest라는 단어는 rest와 뜻과 형태가 무척이나 유사해. 이 arrest는 경찰이 앞서 가는 범인을 정지시키는 것을 의미하는 단어로, 동사로는 체포하다라는 뜻이고 명사로는 체포를 의미하지.

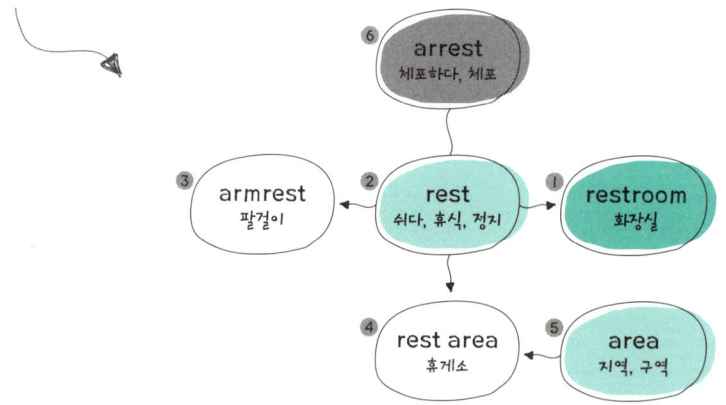

toilet은 현재는 거의 쓰이지 않는 그물이나 천을 뜻하는 toil에서 파생되어 나온 단어야. toilet은 여성이 용모를 꾸미기 위해 사용된 천으로 만든 옷을 의미하게 되었고, 나중에는

복장을 가다듬는 것뿐만이 아니라 화장을 하거나 얼굴을 씻기 위한 장소라는 의미로 쓰여서 현재의 화장실이 되었고, 또 화장실에서 사용되는 변기라는 뜻도 지니고 있어. 화장실에서 사용하는 화장지는 '종이'인 paper와 합쳐진 toilet paper라고 하지. 참고로, 변기를 사용한 후 물을 내리다라고 할 때는 flush라는 단어를 사용해.

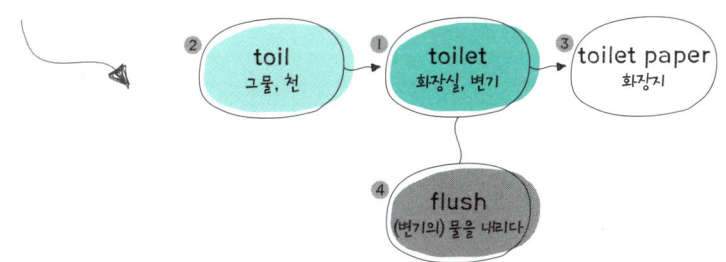

lavatory는 영국에서 사용되는 화장실이라는 단어로, 현재 많이 사용되지는 않지만 씻다라는 뜻의 lave에서 파생되었어. lave 뒤에 명사로 만드는 age를 붙인 lavage는 의학 용어로 위나 장을 깨끗이 씻어내는 세척이라는 뜻이지. 음식점 등의 공중 화장실에 가보면 문 앞에 대문자로 W.C라고 쓰여 있는 것을 본 적이 있을 거야. 이 W.C는 water closet이라는 단어의 앞 글자를 딴 것인데, closet은 지금은 벽장이나 옷장이라는 뜻으로 쓰이지만 과거에는 조그만 방을 의미하던 단어였어. 그래서 water closet이 '물이 있는 방'이라고 해서 화장실을 의미하게 된 것이지. 또한 공중화장실은 남성용 화장실과 여성용 화장실로 구분되어 있는데, 간단하게 man과 woman을 복수로 써서 men's room 과 women's room이라고 해.

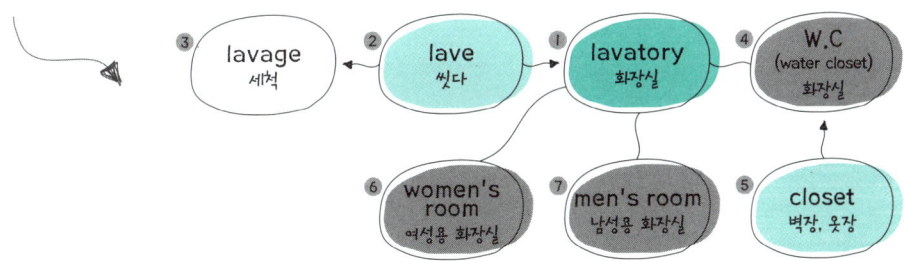

가정집에 있는 화장실은 bathroom 또는 washroom이라고 해. bath는 물로 몸을 씻는 목욕과 목욕하는 장소인 욕실을 뜻하는 단어야. 그래서 bathroom은 화장실과 목욕탕이라

는 뜻을 모두 가지고 있지. bath에서 파생된 bathe는 동사로 씻다, 목욕시키다라는 뜻이고, 통이라는 뜻을 지닌 tub과 합쳐진 bathtub은 목욕을 위해 물을 담는 통인 욕조를 뜻해.

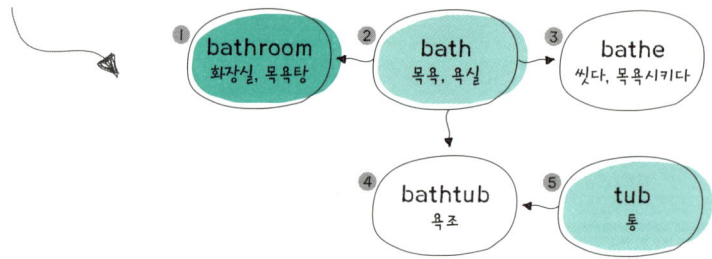

washroom(화장실)의 wash는 동사로 씻다라는 뜻을 지니고 있고 명사로는 자신이 입던 옷을 빠는 세탁과 씻기라는 뜻이야. 이 wash는 물을 뜻하는 water에서 파생되었고, 이 water 또한 젖은이라는 의미의 wet에서 파생된 단어지. wet에 명사로 만드는 ness가 합쳐진 wetness는 축축함이라는 뜻이고, 땅을 뜻하는 land와 합쳐진 wetland는 젖어있는 땅인 습지를 의미하지. water에서 파생된 단어를 더 살펴보면, 떨어지다라는 뜻의 fall과 합쳐진 waterfall은 물이 아래로 떨어지는 폭포를 의미하고, 과일 melon(멜론)과 합쳐져서 생긴 watermelon은 물기가 가득한 과일인 수박을 뜻해. otter 또한 이 water에서 파생된 단어로서, 물속에서 서식하는 동물인 수달을 의미해.

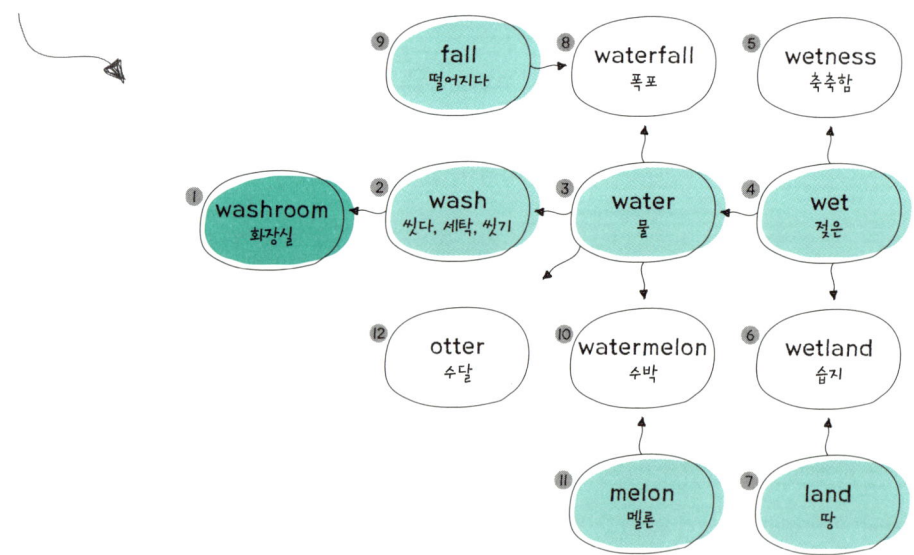

## 정리해보자

**restroom** [réstrùːm] 명 화장실
He excused himself and went to the **restroom**. 그는 양해를 구하고 **화장실**에 갔다.

**rest** [rest] 동 쉬다 명 휴식, 정지
You'd better get some **rest**. 너는 좀 **쉬는** 게 좋겠다.

**armrest** [áːrmrèst] 명 팔걸이

**rest area** [rest-ɛ̀əriə] 명 휴게소

**area** [ɛ́əriə] 명 구역, 지역
He is not familiar with this **area**. 그는 이 **지역**에 익숙하지 않아요.

**arrest** [ərést] 명 체포 동 체포하다
He was **arrested** on suspicion of heroin. 그는 헤로인 흡입 혐의로 **체포되었다**.

---

**toilet** [tɔ́ilit] 명 화장실, 변기
My **toilet** won't flush properly. 우리집 **변기**가 물이 잘 내려가지 않아요.

**toil** [tɔil] 명 그물

**toilet paper** [tɔ́ilit-pèipər] 명 화장지
We're out of **toilet paper**. **화장지**가 떨어졌어요.

**flush** [flʌʃ] 동 (변기의) 물을 내리다

---

**lavatory** [lǽvətɔ̀ːri] 명 화장실
Smoking in the **lavatory** will activate the smoking detector system. **화장실**에서 담배를 피우면 연기 탐지 시스템이 작동됩니다.

**lave** [leiv] 동 씻다

**lavage** [ləváːʒ] 명 세척

**W.C(water closet)** [wɔ́ːtər-klɑ̀zit] 명 화장실

**closet** [klázit] 명 벽장, 옷장
I hung up my coat in the **closet**. 나는 **옷장**에 코트를 걸었다.

**men's room** [menzruːm] 명 남성용 화장실
Where is the **men's (ladies') room**? 남자(여자) 화장실은 어디 있습니까?

**women's room** [wíminzruːm] 명 여성용 화장실

---

**bathroom** [bǽθrùːm] 명 화장실
There's no towel in the **bathroom**. 화장실에 수건이 없어요.

**bath** [bæθ] 명 목욕, 욕실
She took a **bath** this morning. 그녀는 오늘 아침에 **목욕**을 했다.

**bathe** [beið] 동 씻다, 목욕시키다
I **bathe** my baby in water. 나는 아기를 물속에서 **목욕시킨다**.

**bathtub** [bǽθtʌ̀b] 명 욕조
I put the stopper in the **bathtub**. 나는 마개로 **욕조**를 막았다.

**tub** [tʌb] 명 통

---

**washroom** [wɑ́ʃruːm] 명 화장실
Can you tell me where the **washroom** is? **화장실**이 어디 있는지 알려주실래요?

**wash** [wɑʃ] 동 씻다 명 세탁, 씻기
Did you **wash** your face this morning? 오늘 아침에 얼굴을 **씻었니**?

**water** [wɔ́ːtər] 명 물
He plunged down into the **water**. 그는 물속으로 곧바로 뛰어내렸다.

**wet** [wet] 형 젖은
He dried **wet** clothes by the fire. 그는 **젖은** 옷을 불에 말렸다.

**wetness** [wétnis] 명 축축함

**wetland** [wétlænd] 명 습지

**land** [lænd] 명 땅

**waterfall** [wɔ́ːtərfɔ̀ːl] 명 폭포

**fall** [fɔːl] 동 떨어지다 명 가을
The doll **falls** behind the sofa. 인형이 소파 뒤로 떨어진다.

**watermelon** [wɔ́ːtərmèlən] 명 수박
When are **watermelons** going to be in season? **수박**은 언제 제철이 됩니까?

**melon** [mélən] 명 멜론

**otter** [átər] 명 수달

207

※ 빈 칸에 들어갈 우리말 해석을 쓰시오.

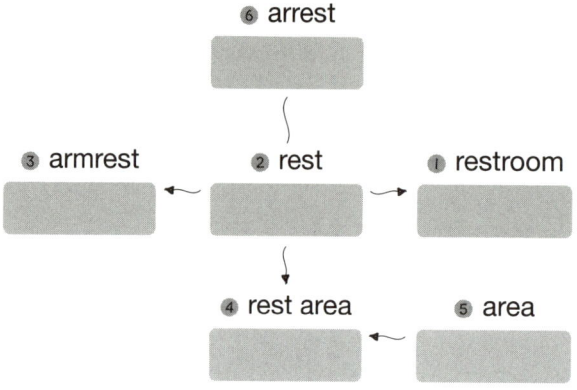

※※ 빈 칸에 들어갈 영어 단어를 쓰시오.

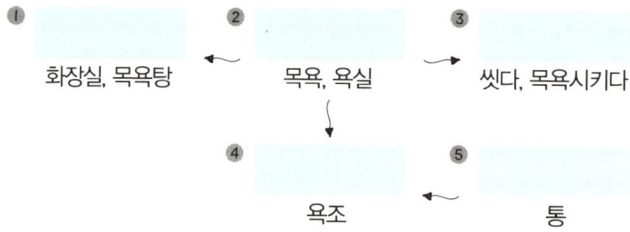

1. 다음 빈칸에 들어갈 가장 적당한 단어를 고르시오.

   Flush the _____ before you leave.

   ① toilet   ② paper   ③ book   ④ pencil   ⑤ eraser

2. 다음 중 '화장실'을 의미하는 단어가 아닌 것을 고르시오.

   ① lavatory   ② restroom   ③ men's room   ④ W.C   ⑤ bedroom

3. 다음 문장이 설명하는 단어를 고르시오.

   It is a long container which you fill with water and sit in to wash your body.

   ① china   ② water   ③ watermelon   ④ fish   ⑤ bathtub

4. 다음 빈칸에 공통으로 들어갈 가장 적절한 단어를 고르시오.

   Blood is thicker than _____.
   I'd like to have a glass of _____, please.

   ① water   ② bleed   ③ gas   ④ mouth   ⑤ juice

5~6 다음 빈칸에 알맞은 단어를 보기 에서 골라 쓰시오.

   | 보기 | area | waterfall | melon | wet |

5. I twisted the _____ towel.
6. Is there a vacant seat in the smoking _____ ?

○ 정답은 311쪽에!

# Day 35 desk 책상

오랜 시간 수업을 듣기 위해서는 편하게 앉을 수 있는 의자와 책을 올려놓을 수 있는 책상이 필요하겠지. 의자를 영어로는 chair라고 하는데, 이 단어와 합쳐져서 생겨난 몇 개의 단어를 살펴볼게. 먼저 앞에 나왔던 사람의 '팔'을 의미하는 arm을 붙인 armchair는 편안하게 팔을 기댈 수 있는 안락의자를 의미하고, 바퀴를 뜻하는 wheel을 붙인 wheelchair는 걷지 못하는 환자들이 앉은 채로 이동할 수 있게 만든 바퀴 달린 의자인 휠체어를 뜻하지. 또 chair와 '사람'을 뜻하는 man이 합쳐진 chairman은 그냥 앉아있는 사람이 아니라 '가장 높은 위치에 앉아 있는 특별한 사람'이라고 해서 회장이나 의장을 뜻하는 단어야.

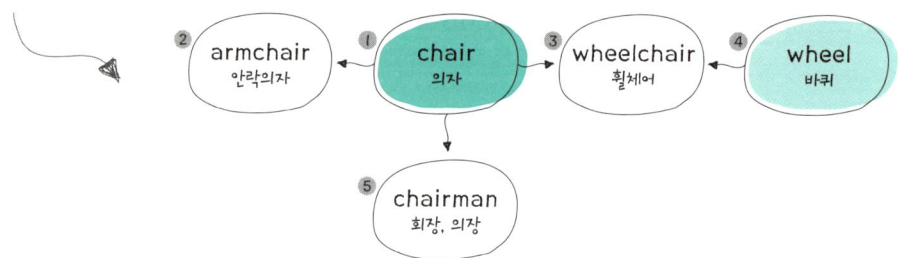

책상은 영어로 desk라는 단어를 사용하는데, 이 desk는 오랫동안 여러 단어들을 거치면서 완성된 단어야. 그 과정을 간단히 되짚어볼게. 과거 dish라는 단어는 어떤 물건을 위에 올려놓을 수 있는 '평평한 물체'를 뜻하는 단어였어. 이 dish가 나중에 음식을 담는 둥그렇고 평평한 접시가 되었고, 이 단어를 통해서 앞에서 배운 disk(disc)라는 단어가 나왔지. disk도 원래는 야외에서 던지며 놀던 둥글납작한 '원반'을 의미했는데, 현재는 음악이 담겨 있는 CD(compact disk)나 컴퓨터에서 사용되는 HD(hard disk) 등을 지칭하는 '디스크'라는 뜻으로 널리 사용되고 있어. 이 disk에서 나온 단어가 바로 desk이고, 공부를

하기 위해 만들어진 '평평한 가구'를 뜻하는 책상이 된 것이야. 이 desk가 들어간 단어로 요즘 많이 쓰는 desktop computer를 빼놓을 수 없겠지. 책상 위에 놓고 쓰는 컴퓨터라 해서 데스크톱 컴퓨터라는 이름을 갖게 되었는데, computer를 빼고 간단히 desktop이라고도 하지. 반대로 책상에서만 사용하는 게 아니라 들고 다니면서 아무 데서나 편리하게 사용할 수 있는 컴퓨터를 우리는 노트북이라고 부르는데, 영어에서는 이 notebook이라는 단어는 거의 사용하지 않고 주로 laptop computer라고 해. '무릎 위에' 올려놓고 쓸 수 있는 가볍고 간편한 컴퓨터라 해서 무릎을 뜻하는 lap과 합쳐진 laptop computer가 된 거지. 이 단어도 줄여서 laptop이라고 많이 써.

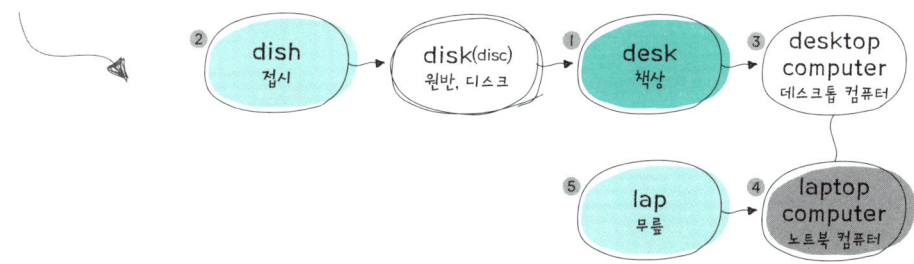

선생님이 교실에서 학생들을 가르치면서 필요한 내용을 적을 때 사용되는 칠판은 영어로 blackboard라는 단어를 사용하는데, 이 단어는 검은, 검은색을 뜻하는 black과 판자를 의미하는 board가 합쳐진 단어야. 그래서 흰, 흰색을 뜻하는 white와 합쳐진 white board는 흰색 칠판이 되는 것이야. 뒤에 붙은 board는 모든 종류의 '판자'에 다 붙을 수 있는 말이야. 그래서 스케이트 바퀴를 판자에 붙여 타고 노는 스케이트보드는 skateboard라 하고, 눈 위에서 타는 스노보드를 snowboard라고 하지.

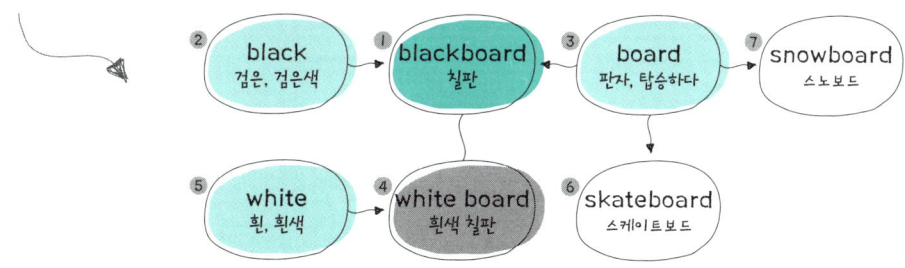

이 board는 동사로도 쓰이는데, 배에 사람이 올라탈 수 있게 평평하게 판자로 만든 갑판에 오르는 것을 의미하여 탑승하다라는 뜻을 지니고 있어. 그래서 board 앞에 a를 붙인 aboard는 배나 비행기에 탑승하여 가는 것을 나타내는 부사 타고, 배로라는 뜻이고, 이 단어는 "Welcome aboard!(탑승을 환영합니다!)"라는 문장으로 자주 접할 수 있을 거야. '판자'라는 것은 사각형 형태라 무조건 끝부분이 있게 마련이지. 그 끝부분을 board에서 파생된 border라 부르게 되었고, 현재 사물의 끝자락인 가장자리와 국가 토지의 끝부분인 경계나 국경이라는 뜻으로 쓰이고 있어. 그래서 나라와 나라 사이에 세워진 국경선, 경계선을 border line이라 하는 거야. line은 줄이나 선을 의미하는 단어야.

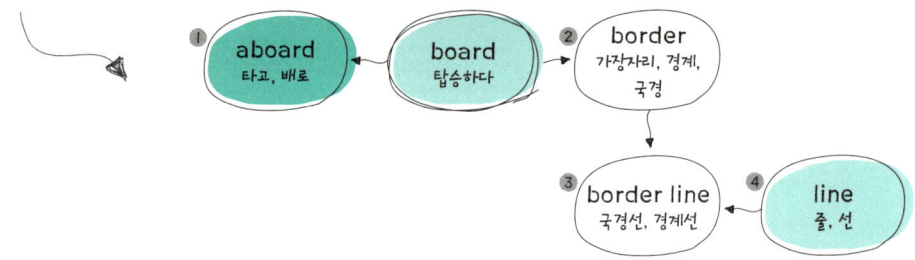

## 정리해보자

**chair** [tʃɛər] 명 의자
I pulled a **chair** forward. 나는 **의자**를 앞으로 당겼다.
**armchair** [ɑ́ːrmtʃɛ̀ər] 명 안락의자
I lie back in an **armchair**. 나는 **안락의자**에 등을 기댄다.
**wheelchair** [hwíːltʃɛ̀ər] 명 휠체어
The **wheelchair** helped my recovery. 그 **휠체어**는 내가 회복하도록 도와주었다.
**wheel** [hwiːl] 명 바퀴
I need to fix the hind **wheel**. 나는 오른쪽 뒷**바퀴**를 수리할 필요가 있다.
**chairman** [tʃɛ̀ərmən] 명 회장, 의장
We acted on the **chairman**'s suggestion. 우리는 **의장**의 제안에 따랐다.

---

**desk** [desk] 명 책상
Drop the book off on your **desk**. 네 **책상**에 그 책을 놓아두기만 해.
**dish** [diʃ] 명 접시
She takes the **dishes** off the table. 그녀는 탁자에서 **접시**들을 치운다.
**desktop computer** [désktɑ̀p-kəmpjúːtər] 명 데스크톱 컴퓨터
**laptop computer** [lǽptɑ̀p-kəmpjúːtər] 명 노트북 컴퓨터
How much will you charge me for repairing this **laptop**? 이 **노트북**을 수리하는 데 얼마가 들죠?
**lap** [læp] 명 무릎
I spread my napkin on my **lap**. 나는 냅킨을 **무릎** 위에 올려놓았다.

---

**blackboard** [blǽkbɔ̀ːrd] 명 칠판
I pointed to the **blackboard**. 나는 **칠판**을 가리켰다.
**black** [blæk] 형 검은 명 검은색
Her eyes are **black** with double eyelids. 그녀의 눈은 **검은색**이며 쌍꺼풀이 있습니다.
**board** [bɔːrd] 명 판자 동 탑승하다
He **boarded** the plane. 그는 비행기에 **탑승했다**.
**white board** [hwaítbɔ̀ːrd] 명 흰색 칠판
**white** [hwait] 형 흰, 하얀 명 흰색
Her **white** skin was in sharp contrast to her dark eyes. 그녀의 **하얀** 피부는 검은 눈과 뚜렷이 대조를 이루었다.
**skateboard** [skéitbɔ̀ːrd] 명 스케이트보드
**snowboard** [snóubɔ̀ːrd] 명 스노보드

---

**aboard** [əbɔ́ːrd] 전 타고 부 배로
Please ask him to come **aboard**. 그 남자한테 배에 **타라고** 해.
**border** [bɔ́ːrdər] 명 가장자리, 경계, 국경
We need a passport to cross the **border**. **국경**을 넘으려면 여권이 있어야 한다.
**border line** [bɔ́ːrdər-làin] 명 경계선
**line** [lain] 명 줄, 선

* 빈 칸에 들어갈 우리말 해석을 쓰시오.

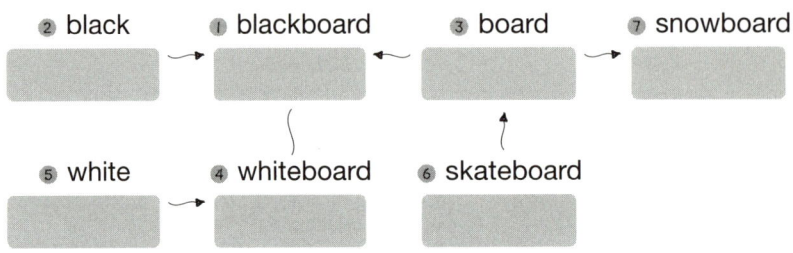

**빈 칸에 들어갈 영어 단어를 쓰시오.

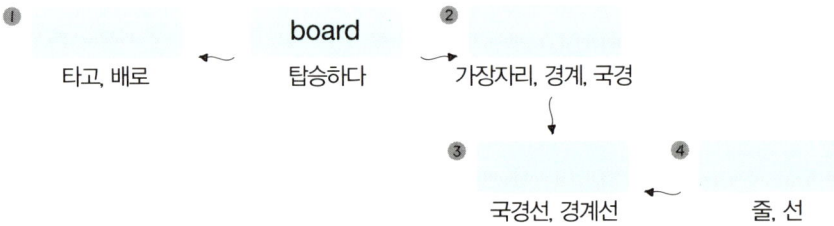

○ 답은 본문에서 확인하세요!

1. 다음 중 desk를 설명하는 문장으로 알맞은 것을 고르시오.

   ① A desk is a type of table, often with drawers, which you sit at to write or work.
   ② A desk is a square container which is used for storing computer information.
   ③ A desk is a piece of furniture for one person to sit on.
   ④ A desk is a small circle of metal that you can wear on your finger.
   ⑤ A desk is a small clock which is worn on a strap around the wrist.

2. 다음 밑줄 친 부분과 바꿔 쓸 수 있는 말을 고르시오.

   My computer keyboard is not working.

   ① desktop   ② desk   ③ chair   ④ dish   ⑤ disk

3. 다음 문장이 설명하는 단어를 적으시오.

   He or she is a person in charge of a meeting or organization.

4. 다음 문장이 설명하는 단어를 고르시오.

   It is a small computer which is designed for use outside an office.

   ① lap   ② neck   ③ disk   ④ board   ⑤ laptop

○ 정답은 312쪽에!

215

# Day 36 chalk 분필

칠판에 글씨를 쓰려면 분필이 필요하고 지울 때는 지우개를 사용하지. 분필은 탄산석회 가루를 굳혀서 만든 것으로 영어로는 chalk라고 해. 지우개는 지우다라는 뜻을 지닌 erase에 접미사 er이 붙은 eraser라는 단어를 사용하는데, 이 말은 미국에서 많이 쓰는 단어이고 영국에서는 주로 rubber라는 단어를 사용하지. rubber는 문지르다라는 뜻을 지닌 rub에서 파생되어 나온 단어이고, rubber는 지우개라는 뜻과 고무라는 의미도 지니고 있으니 둘 다 기억해둬.

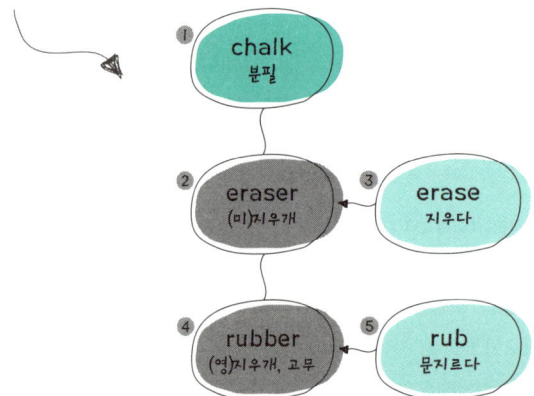

white board에 사용되는 지우개도 eraser라는 단어를 사용하지만, 글씨를 쓸 때는 분필이 아니라 우리가 마커펜이라고 부르는 marker pen을 사용하지. 이 marker는 앞에서 소개했던 표시나 흔적이란 뜻으로 사용되는 mark에 접미사 er이 붙어서 생긴 단어야. 표시하기 위해 사용되는 것을 의미해서 현재 pen(펜)과 합쳐진 marker pen이 된 것이지. 앞에서 다 살펴보지 못했던 mark에서 파생된 단어들을 잠시 보도록 할게. mark는 남이 알아볼 수 있게 표시한 것이거나 흔적을 남긴 것이기에, 강조를 뜻하는 re가 붙은

remark는 한곳에 관심이 집중되는 주의, 주의하다라는 의미야. 이 단어에서 나온 형용사 remarkable은 주의를 끌 수 있게 하는 주목할 만한이라는 뜻이고 부사인 remarkably는 두드러지게라는 뜻으로 사용되지.

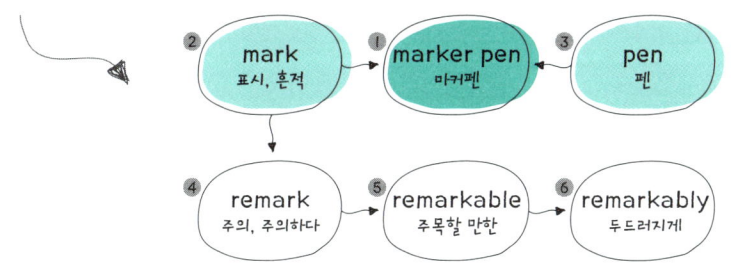

pen은 원래 새의 깃털을 뽑아 뾰족한 깃대 끝에 잉크를 찍어 사용한 것을 의미하던 단어였고, 그 후 이것을 응용하여 금속으로 만든 뾰족한 촉에 잉크가 묻어나오는 형태를 띤 현재의 펜이 나오게 된 것이지. 흔히 사용되는 볼펜은 영어로는 ball point pen이라 하는데, 기존의 날카로운 펜과는 다르게 글씨를 쓰는 뾰족한 끝(point)이 공처럼 둥글게 생겨 부드럽게 써지는 펜을 의미해. 연필은 pencil이라는 단어를 사용하는데, 이 단어는 사실 pen에서 파생된 단어는 아니지만 의미와 형태 면에서 비슷하기 때문에 묶어서 외우는 게 도움이 될 거야. 펜이나 연필 등 이러한 필기도구들을 담는 필통은 pencil case라는 단어를 사용하는데, 뒤에 붙은 case는 상자라는 뜻을 지닌 단어야.

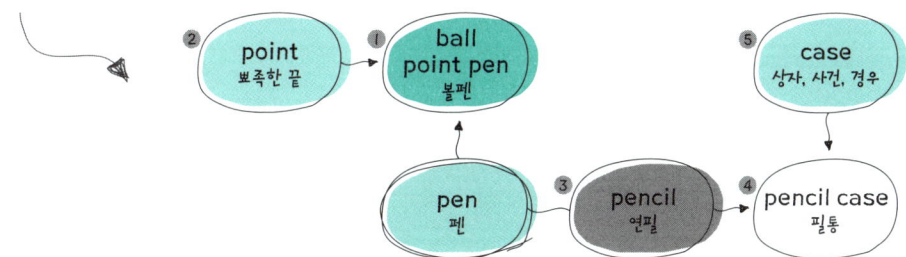

이 case는 상자라는 뜻으로 쓰이는 단어와 사건, 경우라는 전혀 다른 뜻을 지니고 있는 단어가 따로 있는 동음이의어야. 이 단어들에서 파생되어 나온 단어를 살펴볼게. 먼저 '상자'라는 뜻에서 파생되어 나온 suitcase는 여행가방을 의미하는 단어인데, suit는 앞서 배웠듯이 '정장, 옷'이라는 의미를 지니고 있어서 '옷을 담는 상자'라고 해서 생긴 단어지. 짧

은, 간단한이라는 뜻을 지닌 brief와 합쳐져 생긴 briefcase는 간단한 서류나 원고 등을 넣고 다니는 서류가방을 의미해. '사건, 경우'라는 의미를 지닌 case에서 파생된 단어는 casual이 있는데, 이 단어는 '갑자기 일어난 사건'을 뜻해 우연한이라는 의미를 지니게 되었어. 우연하다는 것은 평소에 자주 일어나는 일이 아닌 것을 의미하기에, 그러한 상황이 발생할 것에 신경 쓰지 않는다고 해서 무심한이라는 뜻도 나오게 되었지. 그래서 현재 자주 쓰이는 '캐주얼 복장'이라는 말은 다른 사람의 시선을 신경 쓰지 않고 아무렇게나 편하게 입는 옷을 의미하는 거야.

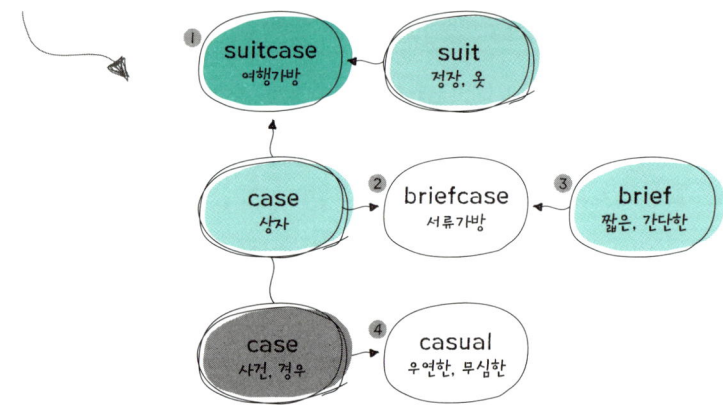

## 정리해보자

**chalk** [tʃɔːk] 명 분필
He wrote on the blackboard with white chalk. 그는 흰 분필로 칠판에 글씨를 썼다.

**eraser** [iréisər] 명 지우개
I brushed off the eraser bits. 나는 지우개 가루를 털었다.

**erase** [iréiz] 동 지우다
I erased the blackboard for my teacher. 나는 선생님을 위해 칠판을 지웠다.

**rubber** [rʌ́bəːr] 명 지우개, 고무
This is a substitute for rubber. 이것은 고무의 대용품입니다.

**rub** [rʌb] 동 문지르다
Don't rub your eyes. 눈을 문지르지 말아요.

**marker pen** [máːrk-pèn] 명 마커펜

**mark** [maːrk] 명 표시, 흔적
There were dirty marks on her trousers. 그녀의 바지에는 더러운 흔적이 있었다.

**pen** [pen] 명 펜
I twirled my pen with my fingers. 나는 펜을 손가락 사이에 놓고 돌렸다.

**remark** [rimáːrk] 명 주의 동 주의하다
The exhibition contains nothing that is worthy of remark. 그 전시회에는 주목할 만한 가치가 있는 것이 아무 것도 없다.

**remarkable** [rimáːrkəbəl] 형 주목할 만한
We made remarkable progress. 우리는 주목할 만한 향상을 이루었다.

**remarkably** [rimáːrkəbli] 부 두드러지게

**ball point pen** [bɔ́ːlpɔ̀int-pén] 명 볼펜
I'd like to see that ball point pen, please. 저 볼펜을 보여주세요.

**point** [pɔint] 명 뾰족한 끝

**pencil** [pénsəl] 명 연필
I have a pencil behind my ear. 나는 귀 뒤에 연필을 꽂는다.

**pencil case** [pénsəl-kèis] 명 필통

**case** [keis] 명 상자, 사건, 경우
This rule applies to all cases. 이 규칙은 모든 경우에 적용이 된다.

**suitcase** [súːtkèis] 명 여행가방
My suitcase is missing. 제 여행가방이 없어졌어요.

**briefcase** [bríːfkèis] 명 서류가방
I put the documents in my briefcase. 나는 서류가방에 서류를 넣었다.

**brief** [briːf] 형 짧은, 간단한
I'll give you a brief summary. 간단한 요약을 해드리겠습니다.

**casual** [kǽʒuəl] 형 우연한, 무심한

✽ 빈 칸에 들어갈 우리말 해석을 쓰시오.

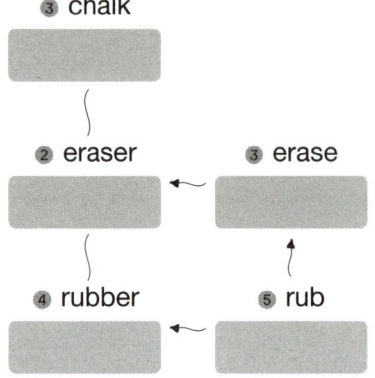

✽✽ 빈 칸에 들어갈 영어 단어를 쓰시오.

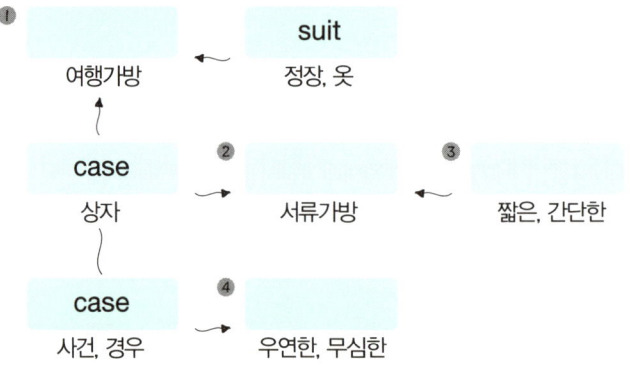

○ 답은 본문에서 확인하세요!

**1** 다음 빈칸에 공통으로 들어갈 가장 적절한 단어를 고르시오.

> In _____ of fire, break glass and push button.
> I brought a _____ to a lawyer.

① pen  ② case  ③ briefcase  ④ casual  ⑤ brief

**2** 다음 빈칸에 들어갈 가장 적절한 단어를 고르시오.

> An _____ is a small piece of rubber used to remove the marks made by a pencil.

① eraser  ② pen  ③ pencil  ④ erase  ⑤ ball point pen

**3** 다음 주어진 관계가 나머지와 다른 하나를 고르시오.

① erase  –  eraser
② mark   –  marker
③ rub    –  rubber
④ wise   –  wiser
⑤ farm   –  farmer

**4** 다음 영어 단어와 뜻이 일치하도록 바르게 연결하시오.

① brief       •            • ⓐ 주목할 만한
② casual      •            • ⓑ 여행 가방
③ suitcase    •            • ⓒ 우연한, 무심한
④ remarkable  •            • ⓓ 짧은, 간단한

○ 정답은 312쪽에!

221

# Day 37 sharp 날카로운

학생들이 연필 대신 자주 쓰는 '샤프'는 상품 이름일 뿐 영어로는 이 단어를 이렇게 사용하지 않아. 우리가 말하는 샤프는 영어로는 automatic pencil(자동 연필)이나 mechanical pencil(기계 연필)이라고 하지. 영어 단어 sharp는 물건을 자를 수 있을 정도로 예리하다는 것을 표현하는 단어로 날카로운이나 뾰족한이라는 뜻을 지니고 있어. 그래서 만약 영어로 sharp pencil이라는 표현을 쓴다면 말 그대로 뾰족한 연필을 의미할 뿐, 연필을 손수 깎아서 쓸 필요가 없이 규격화 된 흑연심을 넣어 편리하게 눌러 쓰는 기계적인 필기도구를 의미하는 게 아냐. 이 sharp에서 파생된 단어를 보면, 뒤에 ly를 붙인 부사 sharply는 날카롭게라는 뜻이고, 동사로 쓰이는 sharpen은 칼날이나 연필 등을 뾰족하고 날카롭게 만드는 예리하게 하다라는 의미야. 또 sharpen에 er이 붙어서 생긴 sharpener는 '깎는 기구'를 뜻하지만 주로 연필깎이란 뜻으로 자주 사용되지.

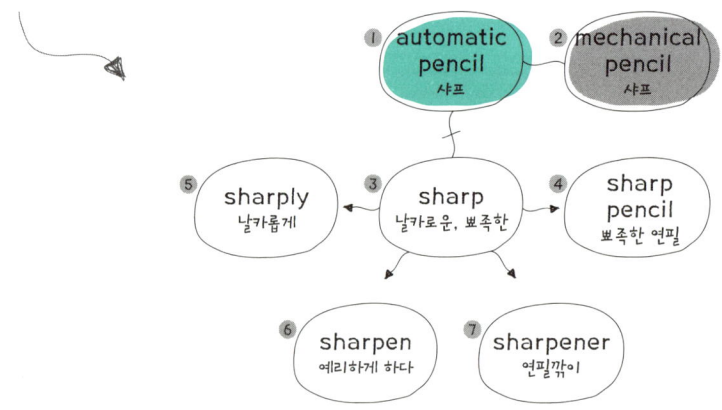

automatic pencil이 나온 김에 automatic에 대해서도 알아볼게. 접두사로 사용되는 auto는 '자신의'라는 뜻과 스스로 움직이는 '자동의'라는 뜻을 지니고 있어. 그래서 미국에서는 자동차를 car라고도 하지만 이 auto에 움직이는이라는 뜻을 지닌 mobile을 붙인 단어인 automobile이라고도 해. 위의 automatic pencil에서 나온 automatic은 자동의라는 뜻의 형용사로 automaton이라는 단어에서 파생된 단어야. 뒤에 있는 maton은 현재 사용하지 않는 단어로, 어떠한 '물건'이나 '사물'을 뜻하는 단어이고 automaton은 '움직이는 것'을 뜻하는 자동 장치나 자동으로 움직이는 자동 인형을 뜻해. automaton에서 파생된 또 다른 단어인 automate는 다른 힘을 빌리지 않고 자기 스스로 움직이거나 작용하게 하는 자동화하다라는 뜻의 동사이고, automation은 명사로 자동화를 뜻하지.

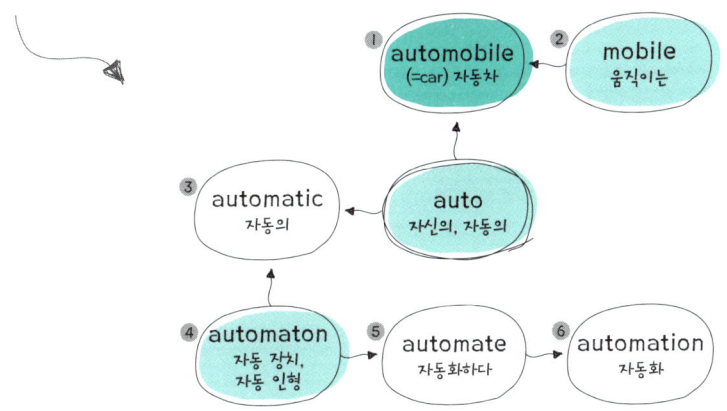

이번에는 mechanical pencil의 mechanical과 관련해서 잠깐 살펴볼게. machine은 동력을 이용해서 움직이는 기계를 뜻하는데 이 단어를 통해서 기계를 고치는 사람인 정비공을 의미하는 mechanic이 나오게 되었어. 또 이 mechanic에서 파생된 mechanics는 기계의 원리와 구조를 연구하는 학문인 기계학을 의미하고, mechanical은 기계의, 기계로 작동되는이라는 형용사의 뜻을 가지게 되었지. 그래서 mechanical pencil이 기계로 작동되는 연필인 '샤프'가 된 것이지. machine에서 파생된 단어를 좀 더 보면, 동사로 만드는 ize가 붙어서 변형된 mechanize는 기계화하다라는 뜻이고, 명사 mechanization은 사람이나 동물의 힘을 빌리지 않고 기계가 대신하는 기계화라는 뜻이야.

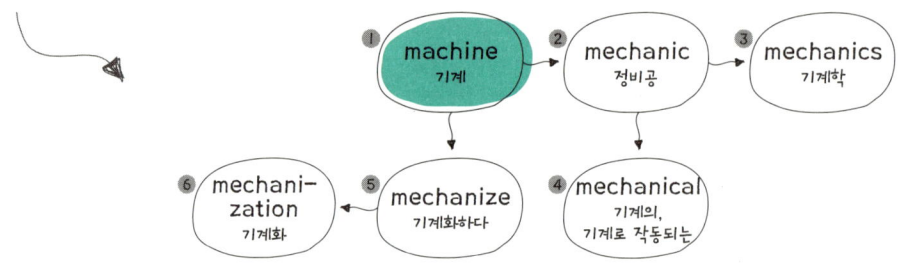

연필이나 샤프를 이용해서 반듯하게 줄을 그을 때 사용하는 자는 ruler라는 단어를 사용하는데, 이 단어는 나라를 통치하는 통치자라는 뜻도 지니고 있어. ruler는 rule에서 파생되었는데, rule은 원래 통치, 통치하다라는 뜻이었지만 나중에는 통치자가 자신의 통치 범위를 정확히 다스리기 위해 영토의 범위를 측정한다고 해서 '선을 긋다'라는 뜻도 생겨났어. 이 뜻에서 파생된 ruler는 범위만큼 선을 그을 수 있는 '자'와 통치하는 사람인 '통치자'로 쓰이게 된 것이지. 선이 아니라 원을 그릴 때 사용하는 제도용 컴퍼스는 영어로 compass라는 단어를 사용해. 이 단어는 앞에서 배운 '통과하다'라는 뜻의 pass 앞에 '함께'나 '모두'를 뜻하는 접두사 com이 붙어서 만들어졌지. 이 compass가 처음에는 자신이 지나가는 한계 안에 보이는 모든 길을 뜻하여 범위라는 뜻으로 쓰이게 되었고, 그 후 자신이 놓여 있는 범위를 알 수 있게 해주는 나침반과 제도에서 쓰이는 장비로 범위를 원으로 그릴 수 있는 컴퍼스를 의미하게 된 것이지. 선을 분할하는 디바이더(분할 컴퍼스)는 영어로 divider라고 하는데, 이 단어는 나누다라는 뜻을 지니고 있는 divide에 접미사 er이 붙어서 생긴 단어야.

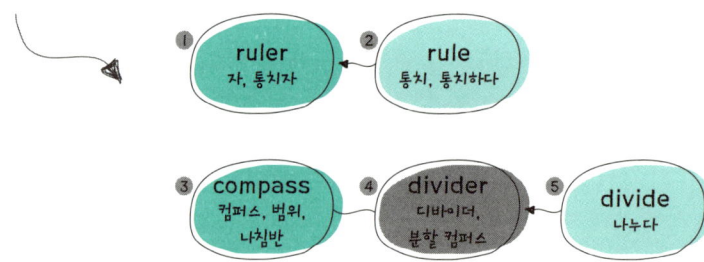

## 정리해보자

**automatic pencil** [ɔ̀ːtəmǽtik-pènsəl] 명 샤프
**mechanical pencil** [məkǽnikəl-pènsəl] 명 샤프
I put lead in a **mechanical pencil**. 나는 샤프에 심을 넣었다.

**sharp** [ʃɑːrp] 형 날카로운, 뾰족한
He has **sharp** eyes. 그는 눈이 날카롭다.
**sharp pencil** [ʃɑːrp-pénsəl] 명 뾰족한 연필
**sharply** [ʃɑ́ːrpli] 부 날카롭게
**sharpen** [ʃɑ́ːrpən] 동 예리하게 하다
I **sharpened** my senses. 나는 나의 감각을 예민하게 했다.
**sharpener** [ʃɑ́ːrpənər] 명 연필깎이

---

**automobile** [ɔ́ːtəməbìːl] 명 자동차
The invention of airbags is a breakthrough in **automobile** safety. 에어백의 발명은 자동차 안전의 획기적인 신기원이다.

**mobile** [móubəl] 형 움직이는
**automatic** [ɔ̀ːtəmǽtik] 형 자동의
I went through an **automatic** car wash. 나는 자동 세차를 했다.
**automaton** [ɔːtǽmətàn] 명 자동 장치
**automate** [ɔ́ːtəmèit] 동 자동화하다
This factory is now fully **automated**. 그 회사는 이제 완전히 자동화되었다.
**automation** [ɔ̀ːtəméiʃən] 명 자동화

---

**machine** [məʃíːn] 명 기계
The **machine** is out of order. 기계가 고장났습니다.
**mechanic** [məkǽnik] 명 정비공
The **mechanic** checked out the machine. 그 정비사가 그 기계를 점검했다.
**mechanics** [məkǽniks] 명 기계학
**mechanical** [məkǽnikəl] 형 기계의, 기계로 작동되는
**mechanize** [mékənàiz] 동 기계화하다
Farming has been **mechanized**, reducing the need for labor. 영농이 **기계화되어** 노동 수요가 줄어들었다.

**mechanization** [mèkənizéiʃən] 명 기계화

---

**ruler** [rúːləːr] 명 통치자, 자
The kid made a line with a bent **ruler**. 그 아이는 구불구불한 자로 선을 그리고 있었다.
**rule** [ruːl] 명 통치 동 통치하다
He once **ruled** over a vast empire. 그가 한때는 방대한 제국을 통치했다.

**compass** [kʌ́mpəs] 명 범위, 나침반, 컴퍼스
The **compass** needle was pointing north. 나침반의 바늘이 북쪽을 가리키고 있었다.

**divider** [diváidər] 명 디바이더, 분할 컴퍼스
**divide** [diváid] 동 나누다
We **divided** people into three teams. 우리는 사람들을 세 팀으로 나누었다.

✽ 빈 칸에 들어갈 우리말 해석을 쓰시오.

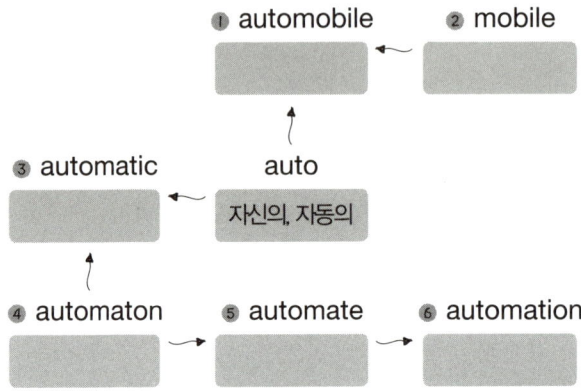

✽✽ 빈 칸에 들어갈 영어 단어를 쓰시오.

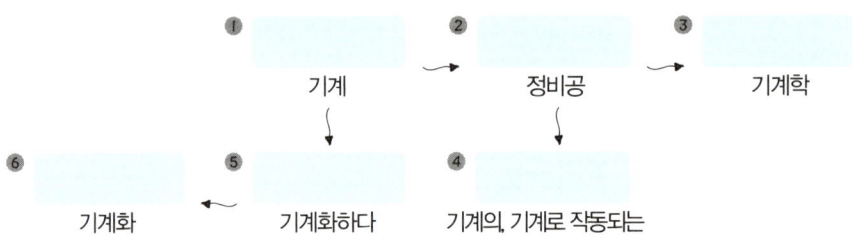

○ 답은 본문에서 확인하세요!

**1** 다음 빈칸에 공통으로 들어갈 가장 적절한 단어를 고르시오.

> How much is twenty _____ by four?
> The school year is _____ into two terms.

① divider   ② divide   ③ divided   ④ compass   ⑤ mechanic

**2** 다음 중 단어와 뜻이 잘못 연결된 것을 고르시오.

① machine         - 기계
② ruler           - 자
③ divider         - 분할 컴퍼스
④ mechanical pencil - 샤프
⑤ sharpener       - 뾰족한 연필

**3** 다음 문장 중 ruler의 의미가 다른 하나를 고르시오.

① I used a ruler to draw a line.
② The teacher hit my palms with a ruler.
③ The kid made a line with a bent ruler.
④ The country was without a ruler after the queen died.
⑤ Use your ruler to underline his name.

**4** 다음 빈칸에 들어갈 가장 적절한 단어를 보기 에서 골라 쓰시오.

> 보기  mechanics   sharpener   machine   mechanic

A _____ is someone whose job is repairing the engines of vehicles.

○ 정답은 312쪽에!

227

# Day 38 book 책

학생들이 필기를 하는 **공책**이 영어로 notebook이라는 것은 다들 잘 알 거야. 앞에 붙은 note는 필요한 내용을 알 수 있게 간략하게 적는 **메모**나 **쪽지**를 의미하는 단어인데, **알다** 라는 뜻으로 사용되는 동사 know에서 파생되어 나온 단어지. 이 note에 동사로 만드는 ify가 붙어서 생긴 notify는 누군가에게 자신의 생각이나 의견을 전하는 **알리다**, **통지하 다**라는 뜻의 단어이고, 명사로 쓰이는 notification은 **알림**이나 **통지**라는 의미로 쓰여. 또 note에서 파생된 notice는 많은 사람들을 대상으로 공지사항을 전하는 **공고문**이나 **경고** 를 뜻하고, notion은 어떠한 사물에 대한 일반적인 지식인 **개념**이나 **관념**을 뜻하는 단어 지.

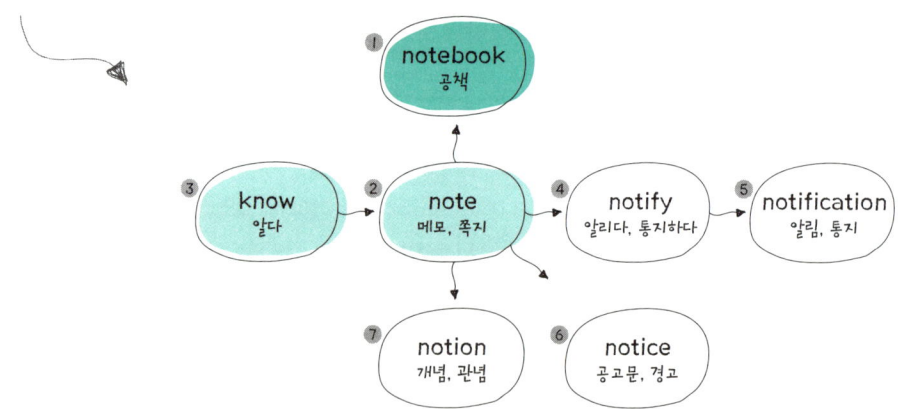

notebook의 뒤에 붙은 book은 **책**을 의미해. 이 단어를 통해 나온 bookstore는 책을 파 는 **서점**을 의미하고 textbook은 학교 수업에 사용되는 **교과서**를 뜻하지. text라는 단어는 **문자**를 의미하지만 이런 문자로 쓰여진 글인 **원고**라는 뜻도 있기에 textbook이 교과서 라는 뜻이 된 것이고, 우리가 핸드폰으로 주고받는 **문자메시지**도 영어로는 text message

라고 하는 것이야. 책을 꽂아놓는 **책꽂이**는 bookshelf나 bookcase라는 단어를 사용해. shelf는 작은 물건이나 책을 올려놓을 수 있는 **선반**을 뜻하고, case는 앞에서 배웠듯이 '상자'를 뜻하는 단어야. 또 책을 읽다가 중간에 멈출 경우 읽던 곳을 쉽게 찾기 위해 책에 끼워두는 **책갈피**는 앞에서 배운 mark와 합쳐진 bookmark라 하고, **은행**을 뜻하는 bank와 합쳐진 bankbook은 은행에서 발행된 **예금통장**을 의미하지.

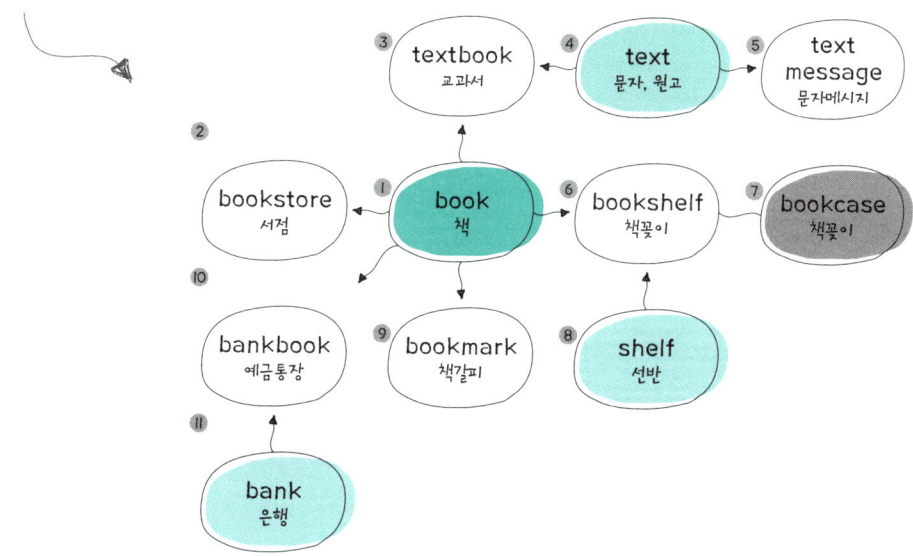

**종이**는 영어로 paper라는 단어를 사용해. 그래서 **소식, 뉴스**라는 뜻을 지닌 news와 합쳐진 newspaper는 아침에 집으로 배달되는 **신문**을 뜻하지. 종이 여러 장을 한 묶음으로 고정시킬 때 사용하는 **클립**은 영어로 clip이라고 하는데, 인터넷이나 TV에서 쉽게 볼 수 있는 '부분 영상' 또한 clip과 똑같은 철자의 단어를 사용한다는 것도 알아둬. **부분 영상**을 뜻하는 clip은 **자르다, 깎다**라는 동사의 의미에서 발전된 의미로, 영화나 방송 내용의 일부를 '잘라서 보여준다'고 해서 생긴 단어야. 종이 여러 장을 고정시키는 의미의 clip에서 파생된 clipboard는 판 위에 종이를 끼울 수 있게 클립이 달려있는 **클립보드**를 뜻하는 단어이고, '자르다'라는 뜻을 지닌 clip에서 파생된 clipper는 **자르는 도구**를 의미하는데 특히 손톱이나 발톱을 뜻하는 nail과 합쳐진 nail clipper는 손톱을 자르는 **손톱깎이**를 뜻하지.

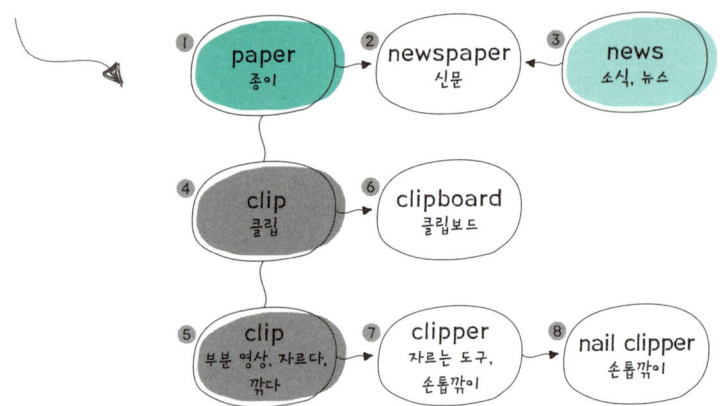

종이를 자르는 도구인 가위는 scissors라는 단어를 사용해. 이 단어는 현재 사용되지 않지만 '자르다'라는 뜻을 지니고 있는 cis에서 파생되었어. 이 cis는 여러 언어를 거치면서 앞에 s가 붙은 sciss로 쓰이다가, 사람이나 사물을 의미하는 접미사 or이 붙어서 '자르는 도구'를 의미하는 scissor가 된 후, 가위가 두 개의 날을 지니고 있다고 해서 복수 형태로 쓰여 현재의 scissors가 된 것이지. 참고로 '가위바위보'는 영어로 rock-paper-scissors라고 해. '가위'는 앞에서 배운 scissors, 보자기를 뜻하는 '보'를 영어에서는 paper(종이)라고 하고, '바위'에 해당하는 rock은 일반적인 돌(stone)보다 큰 바위나 암석을 의미해.

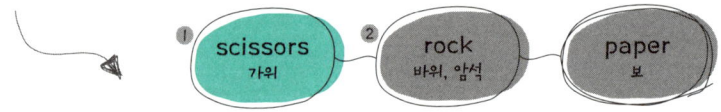

## 정리해보자

**notebook** [nóutbùk] 몡 공책
I filled my **notebook** with sketches. 나는 내 공책을 스케치로 가득 채웠다.

**note** [nout] 몡 메모, 쪽지
I'm going to make a speech in English without **notes**. 나는 **메모** 없이 영어로 연설을 할 것이다.

**know** [nou] 동 알다
She doesn't **know** this area well herself. 그녀 자신도 이 지역을 잘 **알지** 못한다.

**notify** [nóutəfài] 동 알리다, 통지하다
Would you **notify** him the result by phone? 그에게 전화로 결과를 **알려주실** 수 있어요?

**notification** [nòutəfikéiʃ] 몡 알림, 통지
She should receive **notification** of our decision in the next week. 그녀는 다음 주에 우리 결정을 알리는 **통지**를 받게 될 겁니다.

**notice** [nóutis] 몡 공고문, 경고
I nailed a **notice** on the wall. 나는 벽에 **공고문**을 못질해 붙였다.

**notion** [nóuʃən] 몡 개념, 관념
We have no **notion** of understanding. 우리는 이해에 대한 **개념**이 없다.

---

**book** [buk] 몡 책
I'd like to return these **books**. 이 **책**들을 반납하려고 해요.

**bookstore** [búkstɔ̀:r] 몡 서점
I go down to the **bookstore** in the city. 나는 시내의 **서점**에 간다.

**textbook** [téksbùk] 몡 교과서
I share my **textbook** with my classmate. 나는 내 급우와 **교과서**를 같이 본다.

**text** [tekst] 몡 문자, 원고
This is an ancient sacred **text**. 이것은 고대의 신성한 **문자**입니다.

**text message** [tekst-mèsidʒ] 몡 문자

**bookshelf** [búkʃèlf] 몡 책꽂이
I dust off a **bookshelf**. 나는 **책장**의 먼지를 턴다.

**bookcase** [búkkèis] 몡 책꽂이

**shelf** [ʃelf] 몡 선반
I put the box on the **shelf**. 나는 박스를 **선반**에다 올려놓는다.

**bookmark** [búkmá:rk] 몡 책갈피
I put a **bookmark** in a book. 나는 책에 **책갈피**를 넣는다.

**bankbook** [bǽŋkbùk] 몡 예금통장
I'll update my **bankbook**. 나는 내 **통장**을 정리할 것이다.

**bank** [bæŋk] 몡 은행

---

**paper** [péipər] 몡 종이
**newspaper** [njú:zpèipər] 몡 신문
**news** [nju:z] 몡 소식, 뉴스
**clip** [klip] 동 자르다, 깎다 몡 클립, 부분 영상
I **clipped** my toenails. 나는 발톱을 **깎았다**.

**clipboard** [klípbɔ̀:rd] 몡 클립보드
**clipper** [klípər] 몡 손톱깎이
**nail clipper** [neil-klìpər] 몡 손톱깎이

---

**scissors** [sízə:rz] 몡 가위
**rock** [rak] 몡 바위, 암석
A **rock** falls over the cliff. **바위**가 벼랑에서 떨어진다.

✻ 빈 칸에 들어갈 우리말 해석을 쓰시오.

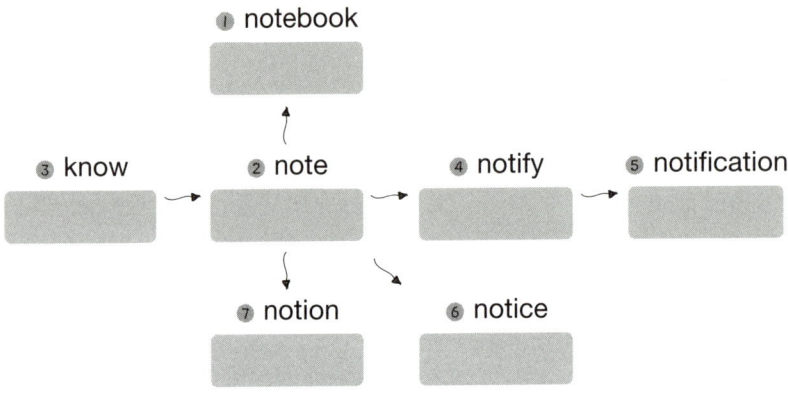

✻✻ 빈 칸에 들어갈 영어 단어를 쓰시오.

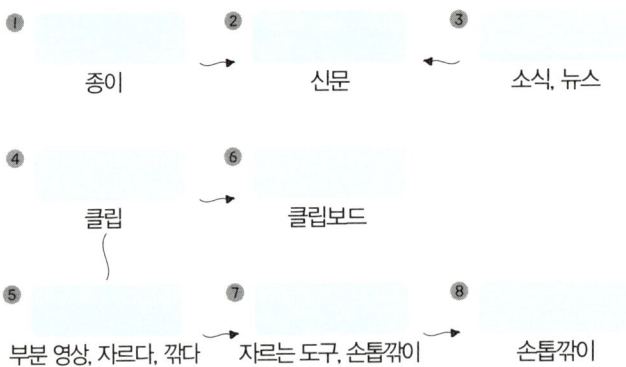

○ 답은 본문에서 확인하세요!

1. 다음 영어 단어와 뜻이 일치하도록 바르게 연결하시오.

   ① newspaper •          • ⓐ 책꽂이
   ② clipper •            • ⓑ 손톱깎이
   ③ bookshelf •          • ⓒ 개념, 관념
   ④ notion •             • ⓓ 신문

2. 다음 빈칸에 들어갈 가장 적절한 단어를 고르시오.

   > _____ is information about a recently changed situation or a recent event.

   ① bank   ② movie   ③ shelf   ④ game   ⑤ news

3. 다음 빈칸에 공통으로 들어갈 가장 알맞은 단어를 고르시오.

   > I want to close a _____ account.
   > I draw my money from the _____.

   ① box   ② bank   ③ band   ④ banana   ⑤ bad

4. 다음 중 문법적으로 틀린 문장을 고르시오.

   ① He doesn't know this part of the city.
   ② I put the book back on the shelf.
   ③ she inserts a bookmarks in the book.
   ④ They have very shocking news that will surprise you.
   ⑤ I cut the papers with scissors.

○ 정답은 312쪽에!

## Day 39 locker 사물함

이번에는 물건을 보관하는 장소와 그에 연관된 단어들을 알아보도록 할게. 학교 등에서 책이나 물품을 넣어두는 사물함은 locker라는 단어를 사용해. 이 단어는 동사로는 잠그다, 명사로는 자물쇠를 뜻하는 lock에서 파생된 단어야. locker room은 이러한 사물함이 있는 방으로서 학교나 체육관 등에서 옷을 갈아입을 수 있는 장소인 탈의실, 라커룸을 의미하지. 이와 다르게 백화점이나 상점에서 옷을 구입하기 전에 이것저것 입어볼 수 있는 탈의실은 fitting room이나 dressing room이라는 단어를 사용해. fitting은 어울리는, 꼭 맞는이라는 형용사로 fit이라는 단어에서 파생되었어. fit는 형용사, 동사, 명사로 다양하게 쓰이는 단어인데, 간단하게 fit이란 '뭔가 딱 맞는 것'을 의미하는 말이라고 생각하면 돼. 그래서 형용사로는 무언가가 정확하게 맞는 알맞은, 적합한이라는 뜻과 몸이 균형이 잡혀 있고 튼튼하다고 해서 건강한이라는 뜻으로 쓰여. 동사로는 맞다, 적절하다는 뜻이고, 명사로는 알맞게 들어맞은 적합이라는 뜻이지. 그래서 fit에 추상명사로 만드는 ness가 붙어서 생긴 fitness는 정신적으로나 육체적으로 튼튼한 건강 또는 신체를 건강하게 만드는 신체 단련을 의미하고, fitness club은 건강을 단련하는 장소인 헬스클럽을 뜻해. 여기서 club은 클럽, 동호회를 뜻하는 단어지.

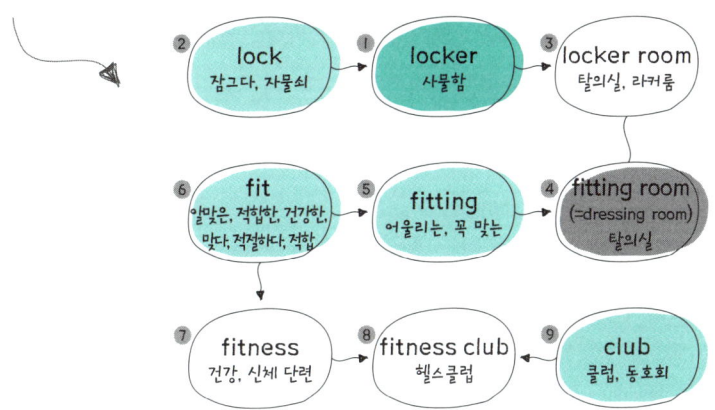

사물함 말고도 물건을 보관할 수 있는 곳으로 책상에 붙어 있는 '서랍'이 있지. 서랍은 drawer라는 단어를 사용하는데, 이 단어는 draw에 접미사 er이 붙어서 만들어졌어. draw는 힘을 가해 한쪽으로 이끌려오게 만드는 끌어당기다라는 뜻과, 색칠을 하기 전 펜이나 붓을 끌어당기듯 움직이며 그리는 그리다라는 뜻으로 사용되는 단어지. 그래서 draw의 명사형인 drawing은 그림이나 소묘라는 의미로 사용되는 거야. 주로 서류를 보관하는 데 사용되는 캐비닛은 영어로 cabinet이라고 하는데, cabin이라는 단어에서 파생되었지. cabin은 원래 전투 중 적의 공격을 피해 잠시 숨어 지내는 '작은 대피소'로 사용되었던 단어인데, 현재는 산속에 있는 작은 오두막집 또는 배나 비행기에서 잠시 머무르는 작은 방이라고 해서 객실이나 선실을 의미하는 말로 쓰이지. 그래서 영어권의 국가로 여행을 하게 되면 산속에서 흔히 볼 수 있는 통나무집은, 통나무를 뜻하는 log와 합쳐진 log cabin이라고 해.

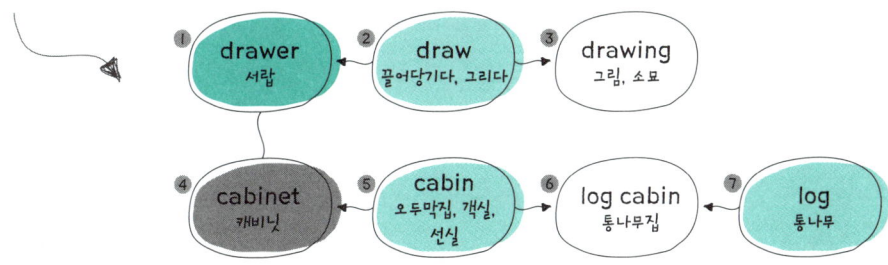

옷을 넣어 보관하는 **옷장**은 wardrobe라는 단어와 앞서 화장실에 관련해서 배웠던 단어인 closet을 사용해. wardrobe의 ward는 원래 '보호하다, 지켜보다'라는 뜻으로 사용되는 단어였는데, 현재는 아픈 환자를 보호하는 **병실** 또는 죄인들이 도망가지 못하게 가둬놓는 **감방**을 의미하는 명사로 쓰이는 단어지. 이러한 의미에서 파생된 warder는 **교도관**을 뜻하고, warden은 특정 지역을 대표하는 **관리소장**이나 교도소를 대표하는 **교도소장**을 의미해. 또 ward 앞에 강조를 뜻하는 re가 붙어 생긴 reward는 원래 보호한다기보다는 지켜보는 것을 의미하는 단어로, 물건이나 상품을 지켜보며 값을 매기는 '평가'라는 뜻으로 쓰였어. 그러나 나중에는 상품이 아니라 어떠한 일이나 사건에 대해 평가하여 돈을 제공하는 **보상금**이나 **보상**을 의미하게 되었고, 동사로도 쓰이게 되어 **사례하다**, **보상하다**라는 뜻도 갖게 되었지. wardrobe의 뒤에 붙은 robe는 일반적인 옷을 의미하는 말로도 가끔 쓰이긴 하지만 주로 특별한 의식이나 행사 때 입는 긴 옷인 **가운**으로 쓰이는 단어야. 그래서 목욕을 하고 나서 입는 **목욕가운**을 bathrobe라고 하지.

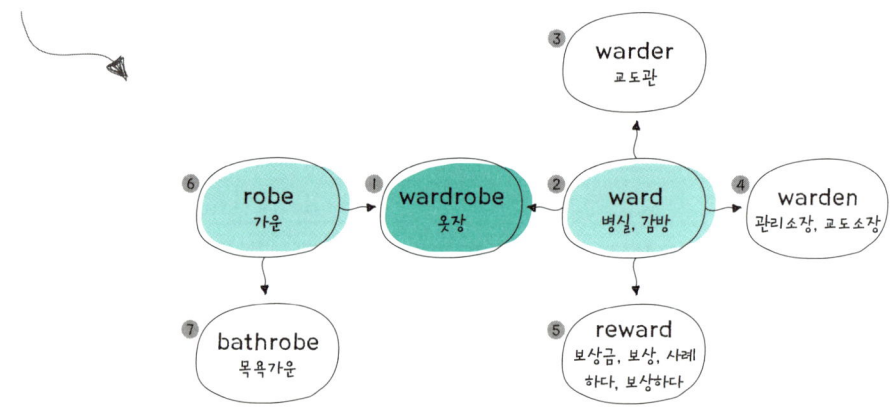

## 정리해보자

**locker** [lákər] 명 사물함
I took my clothes out of the **locker**. 나는 옷을 **사물함**에서 꺼냈다.

**lock** [lak] 명 자물쇠 동 잠그다
The **lock** of my room is broken. 내 방 **자물쇠**가 고장났습니다.

**locker room** [lákər-rùːm] 명 탈의실
She sent the player to the **locker room**. 그녀는 선수를 **탈의실**로 보냈다.

**fitting room** [fítiŋ-rùːm] 명 탈의실
Where's the **fitting room**? **탈의실**이 어디죠?

**fitting** [fítiŋ] 형 어울리는, 꼭 맞는

**fit** [fit] 형 알맞은, 적합한, 건강한 동 맞다, 적절하다 명 적합
The pants were perfectly **fitted** to my figure. 그 바지는 내 몸에 꼭 **맞았다**.

**fitness** [fítnis] 명 건강, 신체 단련
I'm trying to improve my **fitness** by eating a balanced diet. 나는 균형잡힌 식사로 **건강**을 증진시키려고 하고 있다.

**fitness club** [fítnisklʌb] 명 헬스클럽

**club** [klʌb] 명 동호회, 클럽
Is he doing any **club** activities? 그는 **동아리** 활동을 하고 있나요?

---

**drawer** [drɔ́ːər] 명 서랍
I put the clothes in the **drawer**. 나는 옷을 **서랍**에 넣었다.

**draw** [drɔː] 동 끌어당기다, 그리다
Please **draw** a map here. 여기에 약도 좀 **그려주세요**.

**drawing** [drɔ́ːiŋ] 명 그림, 소묘

**cabinet** [kǽbənit] 명 캐비닛
I took out my file from the **cabinet**. 나는 **캐비닛**에서 서류철을 꺼낸다.

**cabin** [kǽbin] 명 오두막집, 객실, 선실
He is exploring the abandoned **cabin**. 그는 그 버려진 **오두막집**을 살펴보고 있다.

**log cabin** [lɔːg-kǽbin] 명 통나무집

**log** [lɔːg] 명 통나무
I cut the **log** with a saw. 나는 **통나무**를 톱으로 잘랐다.

---

**wardrobe** [wɔ́ːrdròub] 명 옷장

**ward** [wɔːrd] 명 병실, 감방
He is in charge of this **ward** of the hospital. 그가 이 **병실**을 책임지고 있습니다.

**warder** [wɔ́ːrdər] 명 교도관

**warden** [wɔ́ːrdn] 명 관리소장, 교도소장

**reward** [riwɔ́ːrd] 명 보상금, 보상 동 사례하다, 보상하다
I'll **reward** you for your services. 나는 너의 서비스에 대해서 **보상**을 해 줄 것이다.

**robe** [roub] 명 가운
Judges wear black **robes** when they are in court. 판사들은 법정에 있을 때 검은색 **가운**을 입는다.

**bathrobe** [bǽθròub] 명 목욕가운

✽ 빈 칸에 들어갈 우리말 해석을 쓰시오.

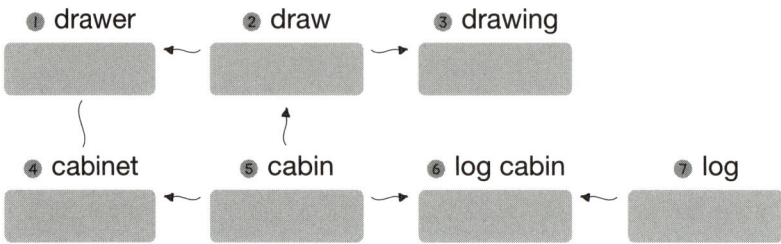

✽✽ 빈 칸에 들어갈 영어 단어를 쓰시오.

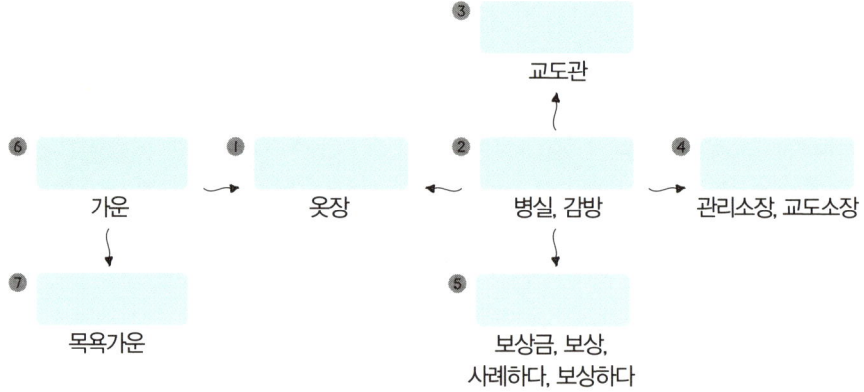

1 다음 문장 중 fit의 사용이 다른 하나를 고르시오.

① This doesn't fit me.
② The dress fits you just right.
③ We fit together like hand and glove.
④ I'm sure he is fit for this job.
⑤ It fits every occasion.

2 다음 밑줄 친 부분과 바꿔 쓸 수 있는 말을 고르시오.

> Did you <u>draw</u> the picture?

① cut  ② have  ③ move  ④ tell  ⑤ sketch

3 다음 빈칸에 공통으로 들어갈 가장 적절한 단어를 고르시오.

> I draw out my file from the _____.
> The papers are in the _____.

① cab  ② captain  ③ cabin  ④ cap  ⑤ cabinet

4 다음 영어 단어와 뜻이 일치하도록 바르게 연결하시오.

① log •         • ⓐ 교도관
② warde •       • ⓑ 옷장
③ reward •      • ⓒ 보상금, 보상
④ closet •      • ⓓ 통나무

○ 정답은 312쪽에!

# Day 40 schedule 시간표

학교에서는 시간표에 맞춰 수업이 진행되지. 이번에는 학교생활에 관련된 표현들을 배워 보도록 할게. 영어로 시간표는 schedule이라는 단어와 timetable이라는 단어를 사용해. schedule은 과거 라틴어에서 파생된 단어로, '글씨가 적힌 종이'를 뜻하는 schede라는 단어가 변형되어 만들어졌어. 옛날에는 종이가 무척이나 귀했기에 아주아주 중요한 내용만을 선별해서 간결하게 종이에 기록했고, 이렇게 기록한 종이를 schedule이라 불렀지. 이 schedule이 현재에 와서 자신의 생활 계획을 기록한 스케줄이라는 의미로 쓰이게 되고, 또 학교에서 사용되는 시간표가 된 거야. 또 timetable이라는 단어도 많이 사용하는데, 왜 '식탁'이나 '탁자'를 뜻하는 table이 붙어있는 단어가 시간표가 되었는지 의아할 거야. 원래 table은 평평한 돌이나 나무를 의미하는 단어였어. 종이가 귀하던 옛날에는 평평한 돌 등에 글자를 새겨넣곤 했지. 그래서 table이 표나 목록이라는 뜻을 갖게 된 것이고, 이 뜻을 통해 timetable은 시간과 계획을 작성해놓는 표인 '시간표'가 된 거지. 그 후 서양 사람들은 평평한 돌이나 나무로 음식을 올려놓고 먹을 수 있는 가구를 만들어 사용하게 되었고, 그렇게 해서 현재 table이 식탁, 탁자란 뜻을 갖게 된 거야. 또한 '평평한 물체'를 뜻하는 table에서 파생된 tablet은 컴퓨터에서 그래픽 작업을 할 때 사용하는 평평하게 생긴 그래픽 도구인 태블릿을 의미하는 것이고, '탁자'라는 의미에서 사용된 table tennis는 탁자 위에서 공을 치고받는 탁구를 뜻하는 거야.

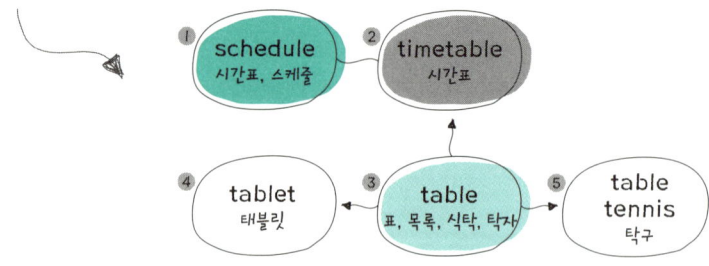

시간표에 적힌 수업이 끝나면 종이 울리고 쉬는 시간이 되지. 이때 울리는 **종**은 영어로 bell이라는 단어를 사용하는데, 학교에서 울리는 **수업종**은 school bell이라 하고 집의 현관에 붙어있는 **초인종**은 그냥 bell이나 doorbell이라고 하지. doorbell의 앞에 붙어 있는 door는 건물이나 집에 사람이 드나들 수 있게 만든 **문**을 의미하는 단어인데, 이 door에 **바람**을 뜻하는 wind가 합쳐져 생겨난 단어가 바로 **창문**을 의미하는 window야. 한자어인 '창문(窓門)'은 '빛이 들어오는 벽에 달린 문'을 의미해서 생긴 단어이고, 영어 window는 '바람이 들어오는 문'이라는 뜻에서 만들어진 말이지.

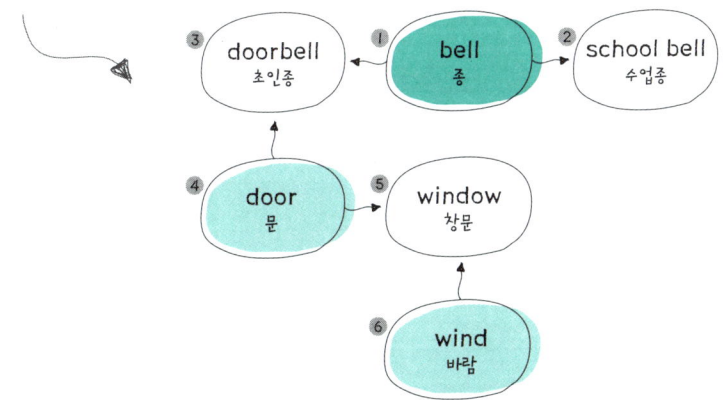

**쉬는 시간**이나 **휴식 시간**은 break time 또는 이 단어를 줄여서 그냥 break라고도 해. 이 break은 **깨다**, **부수다**라는 뜻으로, 수업이나 작업의 진행을 깨고 잠시 쉬는 시간을 가진다고 해서 생겨난 단어야. break가 들어간 다른 단어로 **아침식사**를 뜻하는 breakfast가 있어. break 뒤에 있는 fast는 형용사로 쓰이는 '빠른'이라는 뜻의 단어가 아니라 명사로 쓰이는 '단식'이나 '금식'을 뜻하는 단어야. breakfast는 원래 종교적으로 행하던 아침의 단식을 깨고 다시 식사를 하는 것을 의미했고, 이것이 현재의 '아침식사'를 뜻하게 된 것이지. **점심식사**는 영어로 lunch라고 하는데, 이 lunch는 들에서 일을 하는 중간에 가볍게 먹는 치즈 조각이나 햄 조각을 의미하던 단어에서 아침과 저녁 사이에 먹는 점심식사라는 의미로 쓰이게 되었지. 그래서 뒤에 box를 붙인 lunchbox는 밖에서 가볍게 식사를 할 수 있게 음식을 싸놓은 **도시락**을 의미하고, lunch에서 파생된 luncheon은 손님을 접대하기 위해 잘 차린 점심식사인 **오찬**을 뜻해.

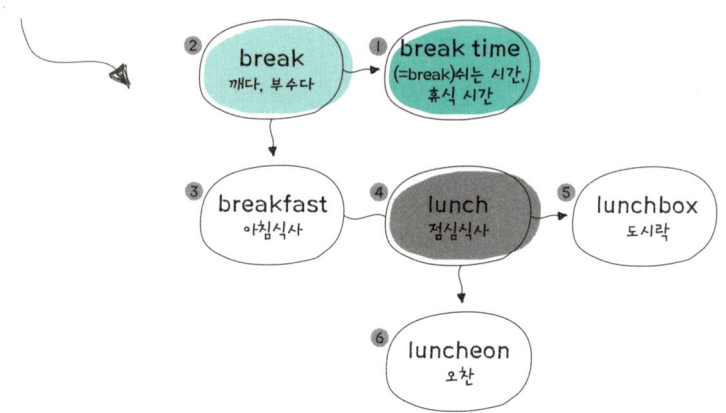

하루 중 마지막으로 먹는 식사인 저녁식사는 supper라는 단어를 사용하고, 또 dinner라는 단어도 자주 사용되지. 원래 dinner는 하루 중 음식을 가장 잘 차려먹는 정찬이나 만찬이라는 뜻으로 쓰이는 단어이지만, 대부분의 가정에서 저녁을 가장 특별히 챙기기에 저녁식사라는 의미로도 사용되는 것이지. 이 dinner는 식사를 하다라는 뜻의 dine에서 파생된 단어이고, dinner에서 n이 하나 빠진 diner는 특히 미국에서 어디서든 쉽게 볼 수 있는 단어로, 도로변에 있는 간이식당이나 식당차를 뜻하는 단어야.

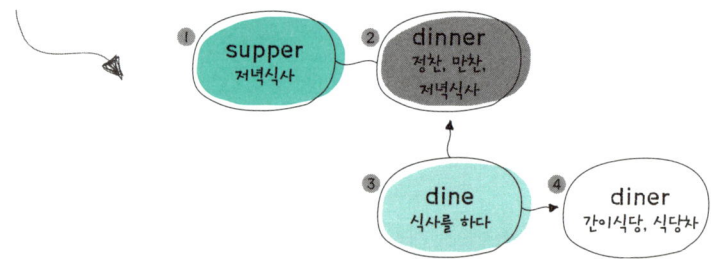

## 정리해보자

**schedule** [skédʒuːl] 명 스케줄, 시간표
My **schedule** is pretty tight. 내 스케줄이 빡빡하다.
**timetable** [táimtèibəl] 명 시간표
Please let me have a bus **timetable**. 버스 시간표 한 장 주세요.
**table** [téibəl] 명 식탁, 탁자
Take your seat after we make the **table**. 저희가 **식탁**을 정돈한 후에 앉아 주세요.
**tablet** [tǽblit] 명 태블릿
**table tennis** [téibəl-tènis] 명 탁구
**Table tennis** is my favorite sport. **탁구**는 내가 가장 좋아하는 운동입니다.

---

**bell** [bel] 명 종
I fixed a **bell** on the door. 나는 문에 **벨**을 달았다.
**school bell** [skuːl-bel] 명 수업종
**doorbell** [dɔ́ːrbél] 명 초인종
She rang the **doorbell**. 그녀가 **초인종**을 울렸다.
**door** [dɔːr] 명 문
**window** [wíndou] 명 창문
**wind** [wind] 명 바람

---

**break time** [breiktaim] 명 쉬는 시간, 휴식 시간
We also ate fruit at **break time**. 우리는 또한 **쉬는 시간**에 과일을 먹었다.
**break** [breik] 동 깨다, 부수다
Don't **break** your promise. 너의 약속을 **깨지** 마라.
**breakfast** [brékfəst] 명 아침식사
Does this rate include **breakfast**? 이 요금이 **아침식사**가 포함된 것입니까?
**lunch** [lʌntʃ] 명 점심식사
Shall we eat **lunch** together? 같이 **점심식사** 할까요?
**lunchbox** [lʌntʃbaks] 명 도시락
Our **lunchboxes** keep food warm for a long time. 우리의 **도시락들**은 오랫동안 음식을 따뜻하게 유지시켜 준다.
**luncheon** [lʌntʃən] 명 오찬

---

**supper** [sʌ́pər] 명 저녁식사
**dinner** [dínər] 명 정찬, 만찬
How about having **dinner** with my family? 우리 가족과 함께 **정찬(저녁식사)** 하는 거 어때요?
**dine** [dain] 동 식사를 하다
I'm going to **dine** with co-workers. 회사 동료들과 **식사를 할** 겁니다.
**diner** [dáinər] 명 간이식당, 식당차

✻ 빈 칸에 들어갈 우리말 해석을 쓰시오.

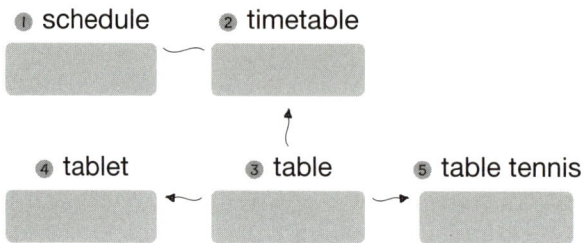

✻✻ 빈 칸에 들어갈 영어 단어를 쓰시오.

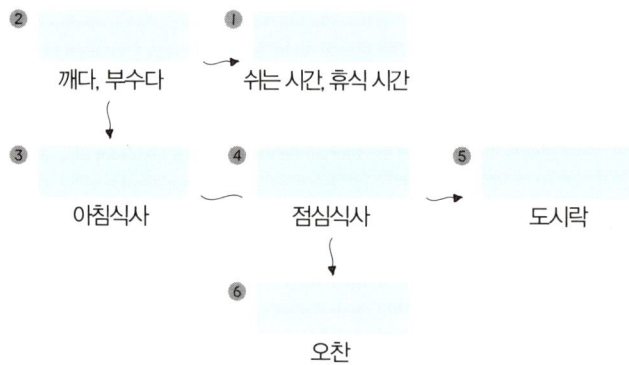

○ 답은 본문에서 확인하세요!

1 다음 문장이 설명하는 단어를 적으시오.

   It is a device that makes a ringing sound.

2 다음 중 '식사'를 의미하는 단어가 아닌 것을 고르시오.
   ① lunch   ② supper   ③ dinner   ④ diner   ⑤ breakfast

3 다음 빈칸에 공통으로 들어갈 가장 적절한 단어를 고르시오.

   My _____ is pretty tight.
   We'll arrive 20 minutes behind _____.

   ① schedule   ② money   ③ small   ④ water   ⑤ snow

4 다음 빈칸에 들어갈 가장 적절한 단어를 고르시오.

   They _____ the law for their friends.

   ① bell   ② break   ③ dine   ④ school   ⑤ luncheon

5 다음 영어 단어와 뜻이 일치하도록 바르게 연결하시오.
   ① table tennis  •              • ⓐ 탁구
   ② timetable    •              • ⓑ 아침식사
   ③ breakfast    •              • ⓒ 오찬
   ④ luncheon    •              • ⓓ 시간표

○ 정답은 312쪽에!

245

# Day 41 vacation 방학

학창시절에 누릴 수 있는 가장 큰 즐거움은 아마도 방학일 거야. **방학**은 영어로 vacation 이라는 단어를 사용하는데, 이것은 **비우다**라는 뜻으로 쓰이는 vacate에 명사로 만드는 접미사 ion이 붙어서 생긴 단어야. 이 접미사 ion은 행동이나 상태를 나타내는데, 공식적으로 학교가 비워진 '상태'를 의미하는 거지. 미국에서는 학교가 8월말이나 9월초에 시작해서 1년 중 가장 먼저 시작되는 방학이 **겨울방학**인데, winter vacation이라고 하지. **봄방학**은 무척 짧기 때문에 vacation을 사용하지 않고 spring break이라는 단어를 사용해. 한 학년이 끝나고 다음 학년으로 올라가기 전까지 두 달이 넘는 긴 기간을 쉬는 **여름방학**은 summer vacation이라고 하지. 이 vacation은 직장을 다니다가 잠시 쉬는 **휴가**라는 의미로도 사용되는 단어야. 또 여름이면 자주 접할 수 있는 단어인 **바캉스**는 프랑스어 vacances를 뜻하는데, 이 단어도 vacation처럼 앞부분에 vac이라는 철자가 포함되어 있다는 것을 알 수 있을 거야. 이 두 단어 모두 라틴어 vac에서 파생되어 나왔기 때문이지.

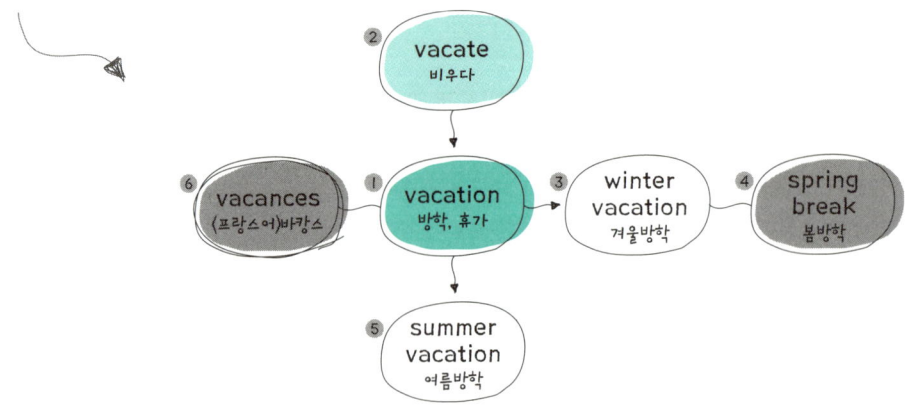

국가에서 정한 공휴일이나 근로자들이 일반적으로 쉬는 날을 지칭하는 휴일은 holiday라는 단어를 사용하는데, 이 단어는 신성한이라는 뜻을 갖고 있는 holy와 날을 뜻하는 day가 합쳐져서 생긴 단어야. holiday는 원래 종교적으로 큰 의미가 있는 날을 기념하기 위해 일을 하지 않고 신께 경건히 기도드리는 날을 뜻했기에 '신성한 날'로 표현했던 거야. 하지만 현재는 일에서 벗어나 자유롭게 쉴 수 있는 날을 전부 holiday라고 하게 되었지.

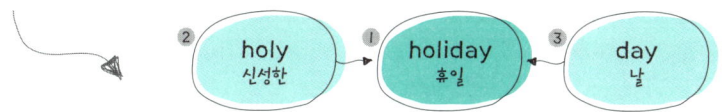

휴일 하면 또 빼놓을 수 없는 게 명절이지. 우리나라에서도 추석을 가장 큰 명절로 치듯, 미국에서는 추수감사절이 일 년 중 가장 중요한 명절로 여겨지고 있어. 이 '추수감사절'을 영어로는 Thanksgiving Day라 하는데, 초기에 미국에 건너온 영국의 청교도들이 자신들이 그 해에 농사 지어 추수한 첫 곡식을 하나님께 '감사하며 드리는 날'이라는 의미로 만든 명절이지. 첫 글자를 항상 대문자로 쓴다는 것을 기억해 둬. 앞에 붙어 있는 thank는 감사하다라는 뜻의 단어인데, 이것은 생각하다라는 뜻을 지니고 있는 think에서 파생되어 나왔어. thank는 그냥 생각하는 것이 아니라 특히 다른 사람에 대해 호의적이고 좋은 생각을 갖는 것을 의미하여 '감사하다'라는 뜻으로 사용하게 된 것이지. 뒤에 있는 giving은 주다라는 뜻의 동사 give를 형용사의 형태로 나타낸 것이야. 이 give에서 파생되어 나온 단어를 보면, '다른 사람에게 무언가를 주는 것'을 지칭하는 선물이라는 의미의 gift가 있고, 또 '없애다'라는 뜻을 지닌 for와 합쳐진 forgive는 다른 사람이 저지른 잘못을 없애준다고 해서 용서하다라는 뜻으로 쓰이지.

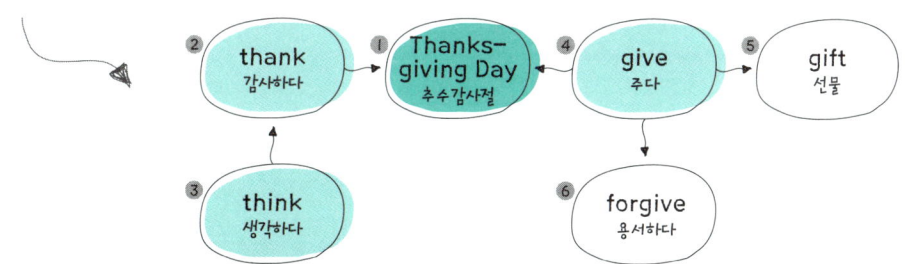

## 정리 해보자

**vacation** [veikéiʃən] 명 방학, 휴가
He is taking a long **vacation**. 그는 장기 **휴가**를 보내고 있다.

**vacate** [véikeit] 동 비우다
You should **vacate** the room by noon. 정오까지 방을 **비워**주셔야 합니다.

**winter vacation** [wíntər-veikéiʃən] 명 겨울방학
The children are longing for the **winter vacation**. 아이들은 **겨울방학**을 학수고대하고 있다.

**spring break** [spríŋ-breik] 명 봄방학

**summer vacation** [sʌ́mər-veikéiʃən] 명 여름방학
My family made plans to visit the U.S. for **summer vacation**. 우리 가족은 이번 **여름방학** 동안 미국으로 여행할 계획을 세웠다.

---

**holiday** [hálədèi] 명 휴일
How do you spend your **holidays**? **휴일**은 어떻게 보내니?

**holy** [hóuli] 형 신성한
We believe that marriage is a solemn and **holy** thing. 우리는 결혼은 엄숙하고 **신성한** 것이라고 믿는다.

**day** [dei] 명 날

---

**Thanksgiving Day** [θæŋksgíviŋ-dei] 명 추수감사절
They eat turkey on **Thanksgiving Day**. 그들은 **추수감사절**에 칠면조 고기를 먹는다.

**thank** [θæŋk] 동 감사하다
I don't know how to **thank** you enough. 어떻게 **감사드려야** 할지 모르겠어요.

**think** [θiŋk] 동 생각하다
I **think** everything she says is exaggerated. 나는 그녀가 하는 모든 말이 허풍이라고 **생각한다**.

**give** [giv] 동 주다
Will you **give** me a wake-up call at 5:30? 5시 30분에 모닝콜 좀 해 **주시겠어요**?

**gift** [gift] 명 선물
This **gift** is something I made myself. 이 **선물**은 제가 직접 만든 것입니다.

**forgive** [fəːrgív] 동 용서하다

Please **forgive** me for breaking the promise. 약속을 지키지 못한 걸 **용서해주**세요.

1. 다음 밑줄 친 부분과 바꿔 쓸 수 있는 말을 고르시오.

   When do you go on <u>vacation</u>?

   ① vacance　② break　③ holiday　④ holy　⑤ vacate

2. 다음 빈칸에 공통으로 들어갈 가장 적절한 단어를 고르시오.

   _____ you very much for your kindness.
   I really don't know how to _____ you for your help.

   ① think　② thank　③ give　④ forgive　⑤ help

3~4 다음 빈칸에 들어갈 가장 적절한 단어를 보기 에서 골라 쓰시오.

   | 보기 give　　holiday　　spring break　　gift |

3. Sunday is a bank _____.
4. A _____ is something that you give someone.

5. 다음 중 문법적으로 틀린 문장을 고르시오.

   ① You should vacate the room by noon.
   ② Do you have any plans for your summer vacation this year?
   ③ Could you give me a hand with my studying?
   ④ Please forgive me for breaking the promise.
   ⑤ Here's an gift for you.

○ 정답은 313쪽에!

# Day 42 picnic 소풍

봄, 가을에 학교에서 단체로 가는 소풍은 picnic이라는 단어를 사용하는데 이 단어는 pick이라는 단어에서 파생되었지. pick은 원래 새가 뾰족한 부리로 모이를 쪼아 먹는 '쪼다'라는 뜻으로 쓰이던 단어였는데, 지금은 새가 부리로 콕 쪼는 것처럼 여러 개 중 무언가를 선택하는 고르다라는 의미를 지니게 되었어. 이렇듯 pick이 원래 뾰족한 것을 의미했던 단어였기에 이빨을 쑤시는 이쑤시개를 '이빨'인 tooth와 합쳐진 toothpick라 하고, 남의 주머니나 가방에서 지갑만을 '쏙 빼서' 훔쳐가는 소매치기는 주머니를 뜻하는 pocket과 합쳐져 만들어진 단어인 pickpocket이라고 하지. picnic 역시 원래 많은 사람들이 야외에서 자신들이 직접 싸온 음식들을 모두 펼쳐놓고 새가 모이를 먹듯 이것저것 나눠먹는 것을 의미해서 생긴 말이고, 현재는 야외에서 견학을 하거나 산책을 하는 '소풍'이라는 뜻으로 쓰이게 된 것이지.

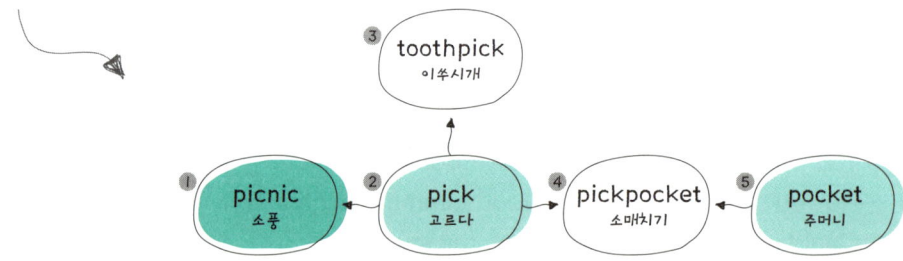

학교의 공식적인 교육 활동 중 하나로, 학교 밖의 현장으로 나가 자연과 문화를 체험하고 배우는 수학여행은 school trip과 school excursion이라는 단어를 사용해. trip과 excursion은 관광을 위해 짧게 떠나는 여행이라는 뜻으로 사용되는 단어지. excursion은 현재는 쓰이지 않는 '여행하다'라는 뜻을 지닌 excur에서 파생된 단어로, 앞에 붙은 ex는

'밖의'라는 뜻을 지닌 접두사이고 cur는 '가다'라는 의미를 지니고 있어. 참고로 이 cur에 '함께, 모두'를 뜻하는 con이 붙어 생긴 concur는 모든 사람들이 함께 일을 하러 간다고 해서 '진행하다'라는 뜻으로 쓰였던 단어지만, 현재는 하나의 의견에 모두가 같은 생각을 갖게 되는 동의하다라는 뜻으로 쓰이고 명사로 만드는 ence를 붙인 concurrence는 동의를 뜻해. 또 concur에 형용사로 만드는 ent가 붙어서 생긴 concurrent는 일치하는이라는 뜻으로 쓰이는 단어지.

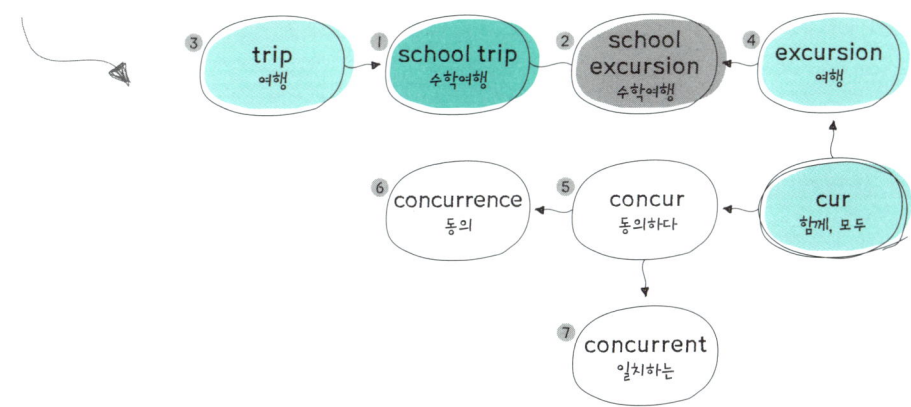

영어에서는 trip이나 excursion 말고도 '여행'을 의미하는 단어가 무척이나 많은데 그 중 대표적인 것들만 꼽아보자면 journey, travel, voyage 등을 들 수 있지. 먼저 journey는 프랑스어로 '하루'나 '날'을 뜻하는 jour에서 파생되어 나온 단어인데, 이 jour가 영어로 넘어가면서 뒤에 n이 붙은 journ으로 변형되었고, 여기에서 후에 journey라는 단어가 나오게 된 거야. 이 journey는 원래 하루 동안의 이동 거리를 일일이 기록하며 이동하는 여행을 의미하였으나, 지금은 시간에 상관없이 일이나 유람을 목적으로 타지에 가는 일반적인 여행을 뜻하지. 또, 이 journ에서 파생된 journal은 하루 동안 일어났던 많은 사건들을 체계적으로 기록하여 출판하는 신문을 의미했고, 현재는 다양한 자료들을 한 데 모아서 정리한 잡지라는 뜻으로 많이 쓰이고 있어.

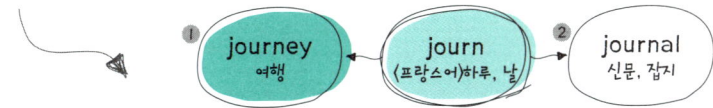

travel은 고생 혹은 아기를 낳을 때 겪는 고통인 산고를 뜻하는 travail에서 변형되어 생겨난 단어야. 과거에는 교통수단이 발달하지 못했기 때문에 장거리 이동을 한다는 것은 굉장히 고생스러운 일이었지. 그래서 travel은 처음에는 '애써서 가다'라는 의미로 쓰이는 말이었지만, 교통수단이 점점 발달하면서부터 장거리로 떠나게 되는 여행하다, 여행의 뜻으로 쓰이게 되었어. 마지막으로 voyage는 과거에 '길'의 의미로 쓰였던 via에 명사로 만드는 접미사 age가 붙은 후 변형된 단어로 여행, 항해라는 뜻으로 많이 쓰여. via는 현재 전치사로 쓰이게 되어서 ~을 경유하여, ~을 통하여라는 뜻을 지니고 있지.

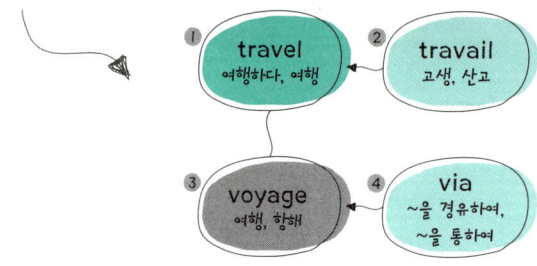

## 정리해보자

**picnic** [píknik] 명 소풍
Their **picnic** got rained out. 그들의 **소풍**은 비 때문에 취소되었다.

**pick** [pilk] 동 고르다
I'll **pick** and choose. 나는 **고르고** 선택할 것이다.

**toothpick** [túːθpìk] 명 이쑤시개
She covers her mouth while she uses the **toothpick**. 그녀는 **이쑤시개**를 사용할 때에는 입을 가린다.

**pickpocket** [píkpɔ̀kit] 명 소매치기
My friend apprehended a **pickpocket** on the beach. 내 친구는 해변에서 **소매치기**를 체포했다.

**pocket** [pɔ́kit] 명 주머니
He paid for it out of his **pocket**. 그는 **주머니**의 돈을 털어서 그것을 지불했다.

---

**school trip** [skul-trip] 명 수학여행
We went on a **school trip**. 우리는 **수학여행**을 갔다.

**school excursion** [skul-ikskə́ːrʒən] 명 수학여행
We went on a **school excursion** to Canada. 우리는 캐나다로 **수학여행**을 갔다.

**trip** [trip] 명 여행
I hope you have enjoyed your **trip**. 여러분들 좋은 **여행**이 되셨길 바랍니다.

**excursion** [ikskə́ːrʒən] 명 여행

**concur** [kənkə́ːr] 동 동의하다
We totally **concur** with what he said. 우리는 전적으로 당신이 말한 것에 대해 **동의한다**.

**concurrence** [kənkə́ːrəns] 명 동의, 의견의 일치
Is there any concurrence of opinion? 의견의 **일치**가 있었습니까?

**concurrent** [kənkə́ːrənt] 형 일치하는
My opinions are **concurrent** with yours. 나의 의견은 너의 의견과 **일치한다**.

---

**journey** [dʒə́ːrni] 명 여행
When is he planning to set forth on his **journey**? 그는 언제 **여행**을 떠나려고 계획하고 있나요?

**journal** [dʒə́ːrnəl] 명 신문, 잡지

---

**travel** [trǽvəl] 동 여행하다 명 여행
He **travels** all over the world. 그는 전 세계를 **여행한다**.

**travail** [trəvéil] 명 산고, 고생

**voyage** [vɔ́idʒ] 명 여행, 항해
Life is compared to a **voyage**. 인생은 **항해**에 비유된다.

**via** [víːə] 전 ~을 경유하여, ~을 통하여
People started to escape **via** the fire exit. 그들은 화재 비상구를 **통하여** 탈출하기 시작했다.

✽ 빈 칸에 들어갈 우리말 해석을 쓰시오.

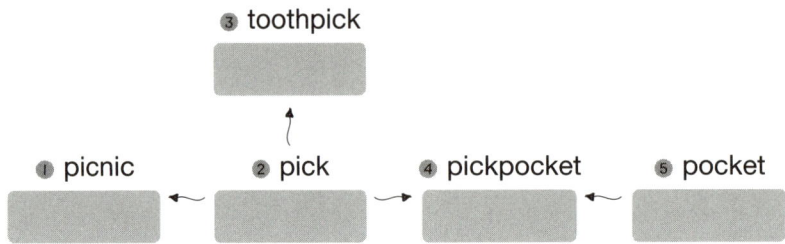

✽✽ 빈 칸에 들어갈 영어 단어를 쓰시오.

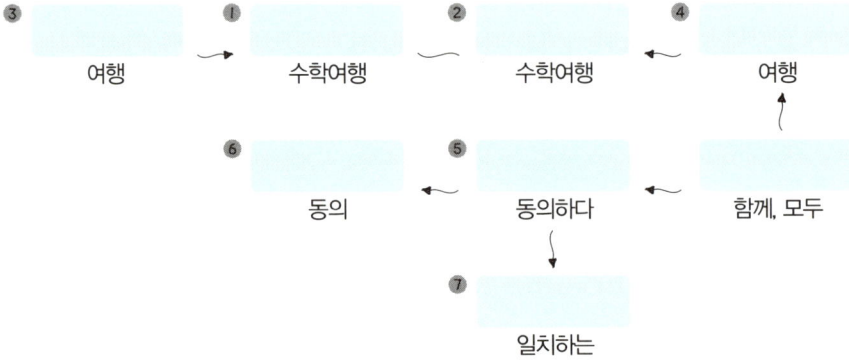

○ 답은 본문에서 확인하세요!

1. 다음 밑줄 친 부분과 바꿔 쓸 수 있는 말을 고르시오.

   **I need to get some maps for my journey.**

   ① trip  ② travail  ③ pocket  ④ journal  ⑤ trouble

2~3 다음 빈칸에 들어갈 가장 알맞은 단어를 보기 에서 골라 쓰시오.

   | 보기 | concurrence    tooth    via    toothpick |

2. People started to escape _____ the fire exit.
3. A _____ a small stick which you use to remove food from between your teeth.

4. 다음 빈칸에 공통으로 들어갈 가장 적절한 단어를 고르시오.

   **I was robbed by a _____.**
   **The policeman apprehended a _____ on the beach.**

   ① toothpick  ② pocket  ③ pickpocket  ④ picnic  ⑤ pick

5. 다음 영어 단어와 뜻이 일치하도록 바르게 연결하시오.

   ① travail       • ⓐ 동의
   ② concurrence • ⓑ 소풍
   ③ picnic       • ⓒ 산고, 고생

○ 정답은 313쪽에!

# Day 43 weather 날씨

소풍을 앞두고 가장 걱정되는 것은 아마 날씨일 거야. 영어로 날씨는 weather라고 하는데 이 단어는 많이 변형되어서 철자가 비슷하진 않지만, 앞서 배웠던 '바람'을 뜻하는 wind에서 파생되었어. 미국 서부영화나 옛 시대를 배경으로 한 드라마에서 바람이 불면 뱅글뱅글 돌아가는 닭 모양의 풍향계를 한번쯤 본 적이 있을 거야. 이 풍향계를 weathercock이라고 하는데, 뒤에 붙어있는 cock은 수탉을 의미해. 그런데 cock은 주로 영국에서 사용하는 말이고, 미국에서는 '수탉'이라는 뜻으로 rooster를 쓰지. cock에서 파생된 단어인 chicken은 '닭'을 의미하고 닭의 암컷인 암탉은 hen이라는 단어를 사용해.

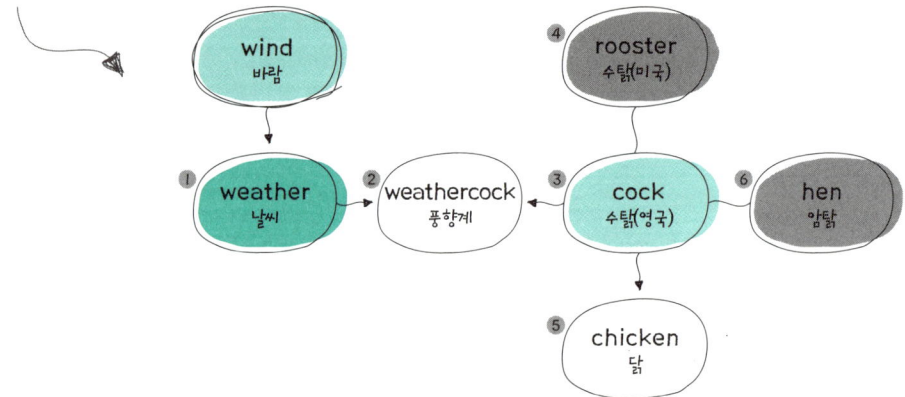

weather에 예측, 예측하다를 의미하는 forecast를 붙인 weather forecast는 날씨를 미리 알려주는 일기예보라는 뜻이야. forecast는 '앞'을 뜻하는 fore와 던지다라는 의미를 지닌 cast가 합쳐진 단어로, 어떠한 계획을 사전에 미리 던져놓는다고 해서 생긴 뜻이지. 이 forecast에 '사람'을 뜻하는 접미사 er을 붙인 forecaster는 예측하는 사람을 뜻하고, weather forecaster는 날씨를 예측하는 일기예보관, 기상캐스터를 뜻해.

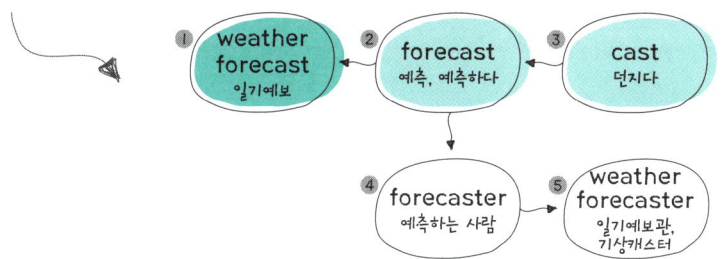

춥거나 더운 날씨를 표현할 때는 우리말에서처럼 날씨 앞에 형용사를 붙여주면 돼. 먼저 추운 날씨는 추운, 차가운이라는 뜻을 지니고 있는 cold를 붙인 cold weather인데, 이 cold는 시원한, 차분한을 뜻하는 cool에서 파생된 단어야. 더운 날씨는 더운, 뜨거운, 매운을 뜻하는 hot을 붙인 hot weather라 하고, 이 hot은 열이나 불을 뜻하는 heat에서 파생되었지.

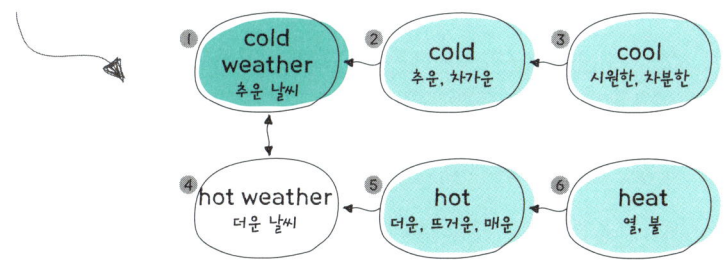

따뜻하고 습한 날에는 비가 내리고 춥고 습한 날에는 눈이 내리지. 비는 rain이라고 하는데 이 rain에 '가득한'을 뜻하는 접미사 y를 붙이게 되면 비가 많이 오는이라는 뜻의 rainy가 되고, 여기에 '날'을 뜻하는 day를 붙이면 비 오는 날을 의미하는 rainy day가 되지. 비가 그친 후 가끔 하늘에 무지개가 뜨는 것을 볼 수 있는데 이 무지개는 영어로 rainbow라고 해. rain 뒤에 앞에서 배운 '절하다'라는 뜻을 지닌 bow가 합쳐져서 생겨난 단어지. '눈'도 '비'와 마찬가지야. 눈을 뜻하는 snow에 y를 붙인 snowy는 눈이 가득한, 눈이 덮인이라는 의미로, snowy day는 눈 오는 날을 의미해. 또 구름을 뜻하는 cloud에 y를 붙인 cloudy는 구름이 가득하기에 흐린이라는 뜻을 지니게 되어서 cloudy day는 흐린 날을 뜻하지. cloud는 흙이 뭉쳐져 있는 덩어리를 뜻하는 clod에서 파생되어 생겨난 단어라는 것도 알아둬.

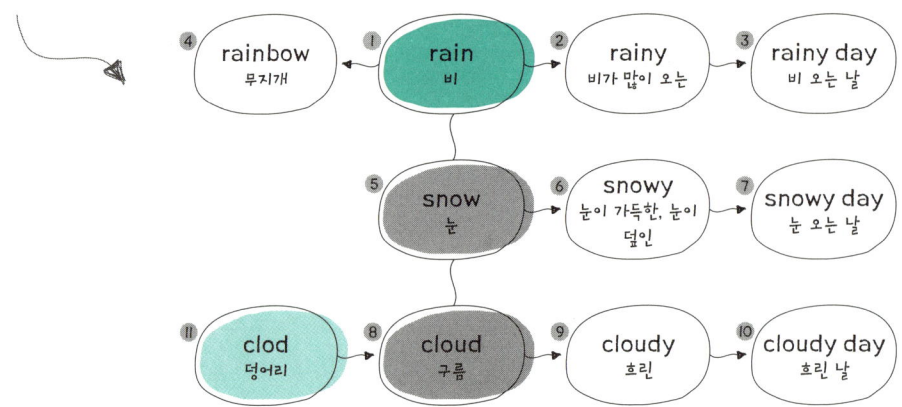

주로 더운 여름에 폭우가 쏟아지면서 천둥과 번개가 치는 날씨를 볼 수 있지. 영어로 **천둥**은 thunder라 하고 **번개**는 lightning이라는 단어를 사용해. thunder는 북유럽 신화에 나오는 **천둥의 신**인 Thor(토르)에서 파생되어 생긴 단어인데, 이 단어를 통해서 '목요일'인 Thursday도 나오게 되었지. lightning은 옛날에는 가운데 e가 붙어 있는 lightening이라고 썼는데 현대로 오면서 철자가 바뀌게 되었어. 이 단어는 **빛**이나 **발광체**를 뜻하는 light에 동사로 만드는 en이 붙은 lighten(**밝게 하다**)에 ing가 붙어서 생겨난 단어야. light는 뜻이 전혀 다른 동음이의어가 있는데, 그 뜻은 형용사로 **가벼운**이고 이 단어의 동사형도 뒤에 en을 붙인 lighten으로 **가볍게 하다, 경감시키다**라는 뜻이야.

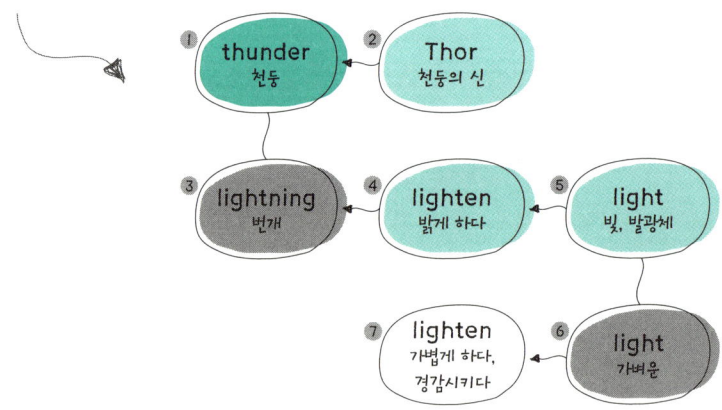

## 정리해보자

**weather** [wéðə:r] 명 날씨
The **weather** showed signs of clearing. 날씨가 갤 것 같은 징조가 보인다.

**weathercock** [wéðə:rkák] 명 풍향계

**cock** [kak] 명 수탉

**rooster** [rú:stə:r] 명 수탉

**chicken** [tʃíkin] 명 닭
She likes **chicken** better than beef. 그녀는 소고기보다 닭고기를 더 좋아해요.

**hen** [hen] 명 암탉

**weather forecast** [wéðə:r-fɔ́:rkæst] 명 일기예보
What's the **weather forecast** for today? 오늘 일기예보가 어때요?

**forecast** [fɔ́:rkæst] 명 예측 동 예측하다
Sometimes the **forecasts** are incorrect. 때로는 예측이 틀릴 때도 있습니다.

**cast** [kæst] 동 던지다

**forecaster** [fɔ́:rkæstər] 명 예측하는 사람

**weather forecaster** [wéðə:r-fɔ́:rkæstər] 명 일기예보관, 기상캐스터
I am a **weather forecaster** in charge of two men. 나는 두 사람을 책임지고 있는 일기예보관입니다.

**cold weather** [kould-wéðə:r] 명 추운 날씨

**cold** [kould] 형 추운, 차가운
A **cold** wind started to spring up. 찬바람이 갑자기 불기 시작했다.

**cool** [ku:l] 형 시원한, 차분한
It's too **cool** for July. 7월 치고는 너무 선선하다.

**hot weather** [hat-wéðə:r] 명 더운 날씨

**hot** [hat] 형 더운, 뜨거운, 매운
I'd like something **hot** to drink. 나는 뭔가 뜨거운 마실 것을 원합니다.

**heat** [hi:t] 명 열, 불
I can't stand this **heat**. 이 열기는 못 참겠어.

**rain** [rein] 명 비
According to the weather forecast, it is going to **rain**. 일기예보에 따르면, 비가 올 겁니다.

**rainy** [réini] 형 비가 많이 오는
I hate the **rainy** season. 장마철은 너무 싫어요.

**rainy day** [réini-dei] 명 비 오는 날

**rainbow** [réinbòu] 명 무지개
This diamond gives off all colors of the **rainbow**. 이 다이아몬드는 온갖 무지개 색을 다 발산한다.

**snow** [snou] 명 눈
I wiped the **snow** from my socks. 나는 양말에서 눈을 털었다.

**snowy** [snóui] 형 눈이 가득한, 눈이 덮인

**snowy day** [snóui-dei] 명 눈 오는 날
It looks like a **snowy day**. 눈이 오는 날이 될 것 같다.

**cloud** [klaud] 명 구름
Can you see the flying **clouds**? 저 흘러가는 구름이 보이니?

**cloudy** [kláudi] 형 흐린
I think it's going to be a **cloudy** weekend. 흐린 주말이 될 것 같다.

**cloudy day** [kláudi-dei] 명 흐린 날

**clod** [klɔd] 명 덩어리

**thunder** [θʌ́ndə:r] 명 천둥
All of a sudden, it started to **thunder**. 갑자기 천둥이 치기 시작했다.

**Thor** [θɔ:r] 명 천둥의 신

**lightning** [láitniŋ] 명 번개
There's going to be **lightning**. 번개가 칠 것입니다.

**lighten** [láitn] 동 밝게 하다
You use bleach to **lighten** the wood. 나무 색깔을 밝게 하려면 표백제를 쓰시오.

**light** [lait] 명 빛, 발광체
He turned on the **lights**. 그는 조명을 켰다.

**light** [lait] 형 가벼운
This bag is **light** to lift. 이 가방은 가볍게 들 수 있다.

**lighten** [láitn] 동 가볍게 하다, 경감시키다

✱ 빈 칸에 들어갈 우리말 해석을 쓰시오.

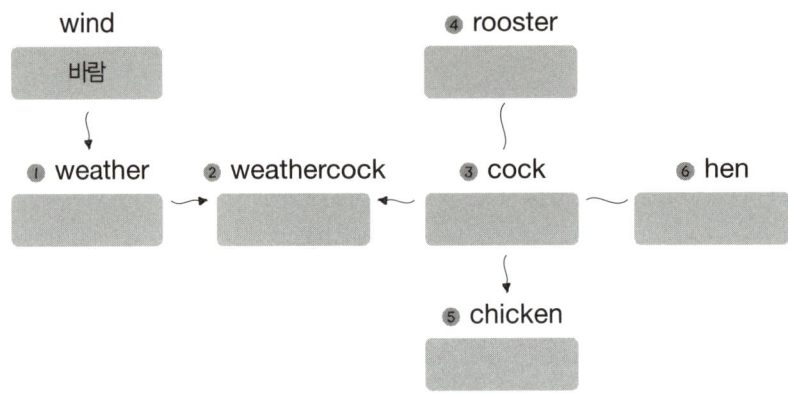

✱✱ 빈 칸에 들어갈 영어 단어를 쓰시오.

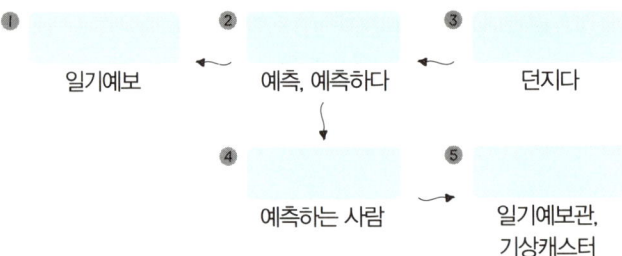

○ 답은 본문에서 확인하세요!

1 다음 빈칸에 들어갈 수 없는 단어를 고르시오.

> She only drinks _____ water.

① hot　② cold　③ cool　④ heat　⑤ warm

2 다음 밑줄 친 부분과 바꿔 쓸 수 있는 말을 고르시오.

> His <u>cock</u> crowed at the crack of dawn.

① hen　② rooster　③ chicken　④ weathercock　⑤ bird

3 다음 빈칸에 공통으로 들어갈 가장 적절한 단어를 고르시오.

> This food soon goes bad in _____.
> I go swimming day after day of _____.

① cold weather　② rainy day　③ hot weather　④ snowy day　⑤ weather

4 다음 문장 중 hot의 의미가 다른 하나를 고르시오.

① This tastes hot.
② Hot water doesn't come out for a bath.
③ The coffee is very hot still.
④ My face feels hot.
⑤ It is too hot to go out.

# Day 44 season 계절

앞에서는 날씨에 대해 알아봤으니 이번에는 계절에 대해 살펴보도록 할게. **계절**은 season 이라는 단어를 사용하는데, 이 단어는 **씨를 뿌리다**, **심다**라는 뜻을 지니고 있는 sow에서 파생되어 생긴 단어야. 그래서 season이 동사로 쓰일 때는 심어놓은 곡식을 추수해서 음식을 먹을 때 맛을 내는 **양념하다**, **맛을 내다**라는 의미로 사용되고, seasoning은 음식에 맛을 내는 **조미료**나 **양념**을 뜻하지. 형용사형인 seasonal은 '계절'이라는 뜻에서 파생이 되어 **계절의**라는 의미를 갖고, **~을 할 수 있는**이라는 의미의 able이 붙어서 생긴 seasonable은 **시기적절한**이라는 뜻이야. 참고로 sow에서 파생된 다른 단어로 seed가 있는데, 밭에 뿌리는 **씨앗**을 뜻하는 단어지.

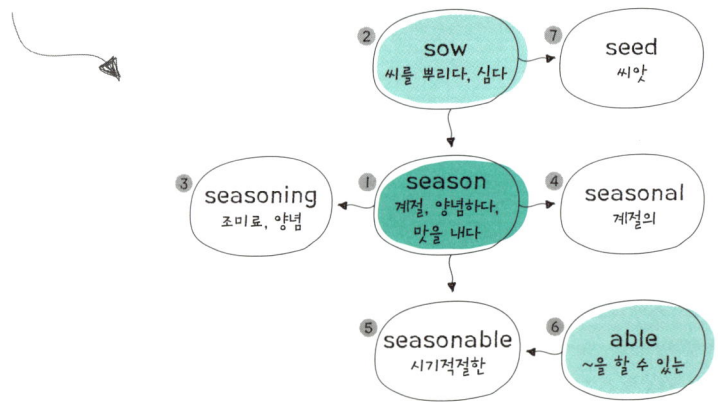

계절은 봄, 여름, 가을, 겨울 이렇게 사계절(four seasons)이 있지. 먼저 대략 3월부터 5월까지 이어지는 **봄**은 spring이라고 하는데, 이 단어는 '튀어오르다, 솟아나다'의 의미를 지닌 말로, '땅속에서 새순이 솟아오르는 계절'이라고 해서 spring이라 부르게 되었어. 그래서 둥글게 감겨 있다가 탄력있게 튀어오르는 쇠줄인 **용수철**도 spring이라고 하는 거야. 3

월인 March는 그리스 신화에 나오는 **전쟁의 신**인 Mars에서 파생된 단어이고, 이 Mars는 현재 태양에서 네 번째로 가까운 행성의 이름인 **화성**으로 사용되고 있어. **4월**인 April은 '열다'라는 뜻을 지니고 있던 라틴어에서 파생된 단어로, 4월이 되면 꽃과 나뭇잎이 '피어난다'고 해서 생긴 단어야. **5월**인 May는 그리스 신화 속의 봄의 여신인 마이아(Maia)에서 파생되었지.

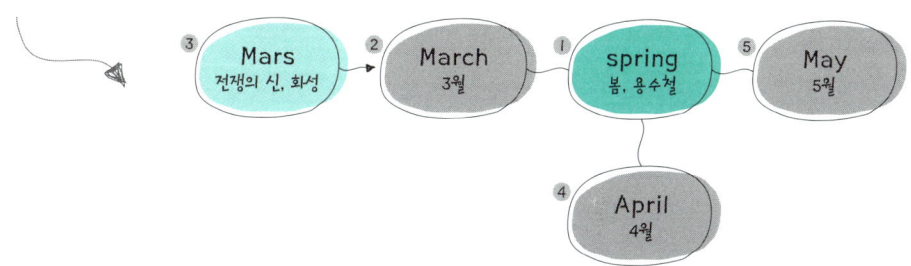

6월부터 8월에 걸친 **여름**은 summer라 하고, 특히 여름 중에서도 가장 무더운 때를 지칭하는 **한여름**은 앞에서 배웠던 '중간'을 뜻하는 middle에서 생겨난 mid(**중간의**)와 합쳐진 midsummer라고 해. **6월**은 June이라 하는데, 이것은 로마신화에서 결혼과 가정을 관장하는 최고의 여신인 유노(Juno, 그리스신화의 Zeus에 해당하는 최고신인 Jupiter의 아내)에서 따온 이름이지. **7월**인 July는 고대 로마의 뛰어난 정치가였던 줄리어스 시저(Julius Caesar)의 이름에서 나온 것이고, **8월**인 August는 고대 로마제국의 초대 황제인 아우구스투스(Augustus)의 이름을 따서 생겨난 단어지.

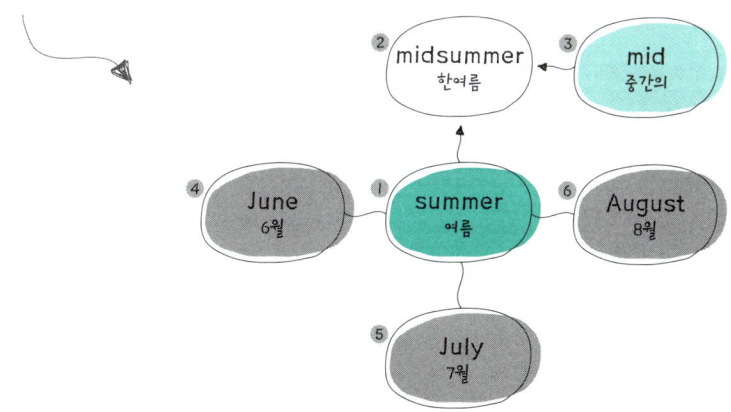

대략 9월부터 11월까지 지속되는 가을은 영어로 autumn과 fall을 사용해. 굳이 구분하자면 영국에서는 autumn을, 미국에서는 fall을 많이 쓰지. fall은 앞에서도 배웠듯 동사로 떨어지다라는 뜻을 지니고 있는데, 이 뜻을 통해 낙엽이 떨어지는 계절인 '가을'이라는 명사의 뜻도 갖게 된 거야. 고대 서양에서는 일 년을 열 달로 나눴어. 그러다가 로마시대에 와서야 두 달이 늘어나 열두 달이 되었지. 그래서 현재 9월을 의미하는 September는 과거 '7월'을 의미했던 말이고, 앞에 붙은 Septem은 숫자 7(seven)을 의미하며 ber는 '달'을 뜻해. 10월인 October도 과거에는 '8월'을 의미하는 이름이었다는 것을 앞에서 배워서 잘 알 거야. 11월인 November 역시 과거 '9월'을 의미했던 단어로 숫자 9(nine)를 의미하는 말에서 생겨났어.

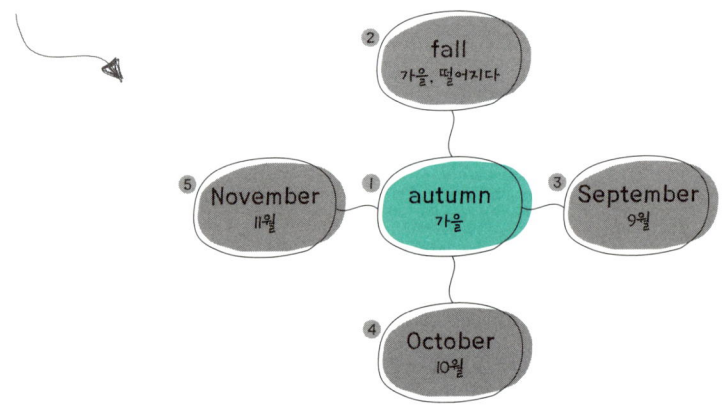

12월에서 2월까지 이어지는 겨울은 winter라 하는데, 겨울 중에서도 가장 추운 한겨울은 mid와 합쳐진 midwinter라고 해. 12월은 December라 하는데 앞에 붙은 decem은 라틴어로 숫자 10(ten)을 뜻하던 단어야. 그래서 10년을 decade라 하고, 이탈리아 작가 보카치오의 소설집인 〈데카메론(Decameron)〉은 '열흘의 이야기'를 뜻하지. 1월은 January라 하는데, 이 단어는 로마신화에서 두 얼굴을 지니고 있는 문의 수호신 야누스(Janus)의 이름을 따서 생겨났지. 2월은 February라 하는데, 앞에 붙은 febru는 현재 쓰이지 않는 단어로 몸을 깨끗이 하는 '정화'를 뜻해. 몸을 정화시키는 의식을 2월에 하기에 생겨난 단어지.

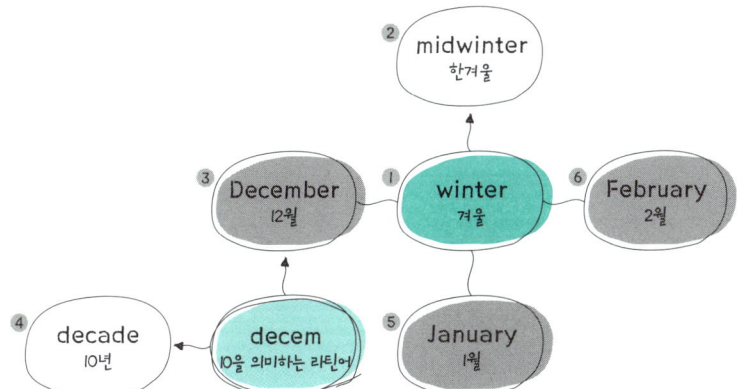

## 정리해보자

**season** [síːzən] 명 계절 동 양념하다, 맛을 내다
It's different each **season**. 그것은 계절마다 다릅니다.

**sow** [sou] 동 씨를 뿌리다, 심다
**Sow** the seed in due time. 적당한 시기에 씨를 뿌리세요.

**seasoning** [síːzəniŋ] 명 조미료, 양념
The **seasoning** is perfect. 양념이 딱 맞네요.

**seasonal** [síːzənəl] 형 계절의

**seasonable** [síːzənəbəl] 형 시기적절한
His suggestion came at a **seasonable** time. 마침 시기적절한 때에 그의 제안이 나왔다.

**able** [éibəl] 형 ~을 할 수 있는

**seed** [siːd] 명 씨앗

---

**spring** [spriŋ] 명 봄, 용수철
**Spring** is just around the corner here. 봄이 이제 가까이 왔구나.

**March** [maːrtʃ] 명 3월
The first term begins in **March** and closes in the middle of July. 1학기는 3월에 시작되며 7월 중순에 끝납니다.

**Mars** [maːrz] 명 전쟁의 신, 화성

**April** [éiprəl] 명 4월
She went to Japan last **April**. 그녀는 작년 4월에 일본에 갔다.

**May** [mei] 명 5월
The results are due on **May** 30th. 그 결과는 5월 30일에 나올 예정입니다.

---

**summer** [sʌ́mər] 명 여름
What are you going to do in early **summer**? 초여름에 뭘 할 거니?

**midsummer** [mídsʌ́mər] 명 한여름

**mid** [mid] 형 중간의
I blew the **mid** term. 중간고사를 망쳤어.

**June** [dʒuːn] 명 6월
We go on a picnic on the 1st of **June**. 6월 1일에 우리는 소풍을 간다.

**July** [dʒuːlái] 명 7월
Thank you very much for your letter dated **July** 1st. 7월 1일자 편지 잘 받았습니다.

**August** [ɔ́ːgəst] 명 8월
Can you finish it by **August** 25th? 8월 25일까지 끝낼 수 있습니까?

---

**autumn** [ɔ́ːtəm] 명 가을
This is a sign of **autumn** coming. 이것은 가을이 오는 신호다.

**fall** [fɔːl] 명 가을 동 떨어지다

**September** [səptémbər] 명 9월

**October** [ɔktóubər] 명 10월

**November** [nouvémbər] 명 11월

---

**winter** [wíntər] 명 겨울
It is beginning to feel like **winter**. 겨울처럼 느껴지기 시작한다.

**midwinter** [mídwíntər] 명 한겨울

**December** [disémbər] 명 12월
The firm folded last **December**. 그 회사는 지난 12월에 망했습니다.

**decade** [dékeid] 명 10년
I have been the night turnkey here for one **decade**. 나는 여기서 10년 동안 야간 교도관으로 일해 왔다.

**January** [dʒǽnjuèri] 명 1월

**February** [fébruèri] 명 2월

1. 다음 빈칸에 들어갈 적절한 단어를 고르시오.

   Sow the _____ in due time.

   ① spring   ② seed   ③ sow   ④ season   ⑤ seasonal

2. 다음 문장 중 spring의 의미가 다른 하나를 고르시오.
   ① Everything comes to life again in spring.
   ② Can you feel a breath of spring?
   ③ The tree branches out in spring.
   ④ The children have jumped on the couch so much that they've ruined the springs.
   ⑤ We go on a picnic in spring.

3. 다음 문장이 설명하는 단어를 고르시오.

   It is a substance that is added to food to improve its flavor.

   ① season   ② seasoning   ③ seasonal   ④ seed   ⑤ sow

4~5 다음 빈칸에 들어갈 가장 적절한 단어를 보기 에서 골라 쓰시오.

   | 보기 summer | winter | spring | autumn |

4. Leaves change color in _____.
5. Spring changes to _____.

○ 정답은 313쪽에!

앞에서는 계절과 달력에 나오는 매 '월'의 이름을 살펴보았지. 달력은 calender라고 해. 오늘은 '날'에 대해서 하나하나 알아보도록 할게. 날은 영어로 day라고 하고, 하루와 낮이라는 뜻으로 쓰여. 이 단어에서 파생된 dawn은 날이 시작되는 새벽을 뜻하지. 또 day에서 파생된 daily는 해가 반복해서 뜨고 지는 것을 표현하는 매일의라는 형용사의 뜻과 매일이라는 부사의 뜻이 있어. 역시 day에서 파생된 diary는 그날 있었던 일을 매일 노트에 적는 일기를 의미하는 단어야. 날짜는 date라고 하는데 이 단어는 특정한 때를 지칭하는 시기라는 뜻과 남녀가 만나는 데이트라는 뜻도 지니고 있지. 참고로 제삼자의 소개로 안면이 없는 남녀가 처음 만나는 소개팅은 blind date라고 하는데, blind는 형용사로 맹인의, 못 보는, 맹목적인이라는 의미이고, 명사로는 빛을 차단하기 위해 창문에 설치하는 블라인드를 뜻하는 단어야.

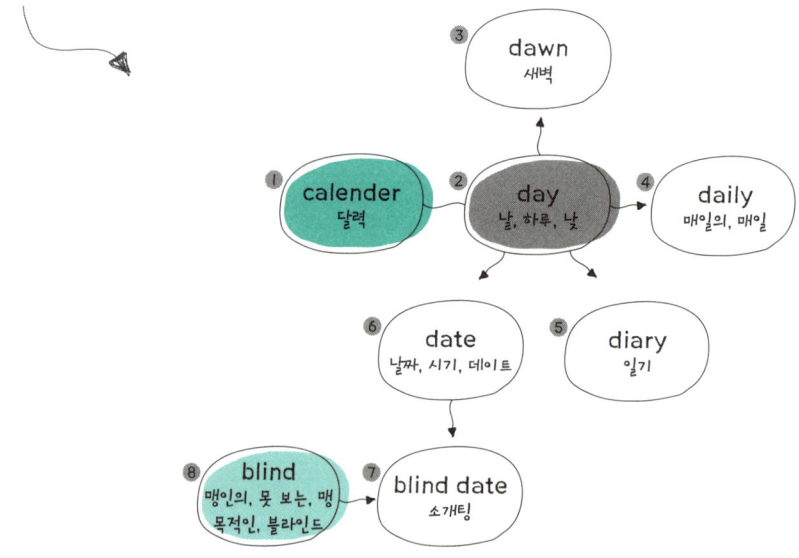

월요일은 영어로 Monday라고 하는데, 앞에 붙어있는 mon은 달을 뜻하는 moon을 의미하는 단어지. 우리말로 번역된 월요일의 '월'도 '달'을 뜻하는 한자 月이잖아. 우리말로는 하늘에 떠 있는 달도 '달'이고, 한 달, 두 달 할 때도 '달'을 쓰지. 영어도 비슷한데, 하늘에 떠있는 달을 moon이라 하고 '몇 월'인지를 지칭하는 달, 한 달은 moon에서 파생된 month라는 단어를 써. 달이 지구 주위를 한 바퀴 도는 공전주기가 대략 한 달이기 때문에 그런 거지. 화요일을 뜻하는 Tuesday는 북유럽 신화에 등장하는 하늘의 신이자 전투의 신인 Tiw(티우)의 이름에서 나오게 된 단어야. 수요일인 Wednesday도 북유럽 신화 속 최고의 신인 Woden(Odin, 보단, 오딘)의 이름에서 따온 단어지. 과거 서양에서는 요일이 일요일부터 시작되었기에 일요일부터 토요일까지의 일주일 중 딱 가운데 있는 날이라고 해서 수요일을 midweek라고도 불렀어. 목요일인 Thursday는 앞에서 배웠던 천둥의 신 Thor(토르)의 이름에서 파생되었지. 금요일인 Friday는 북유럽 신화에서 결혼과 출산을 관장하는 최고의 여신인 Frigg(프리그)의 영향을 받아서 생긴 단어야. 토요일인 Saturday는 태양계 행성 중의 하나인 토성을 의미하기도 하는, 로마신화의 농경의 신 Saturn(사투르누스)과 합쳐진 단어이고, Sunday는 태양을 의미하는 sun과 합쳐져 일요일을 뜻하게 되었지.

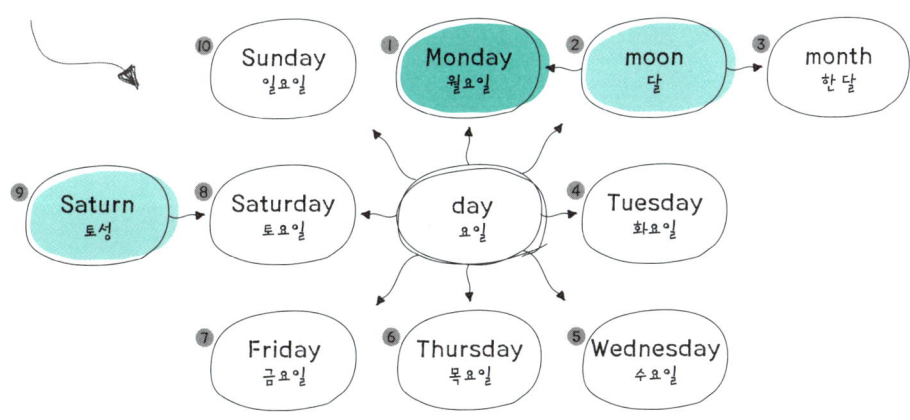

월요일부터 일요일까지 7일을 뜻하는 일주일은 week라고 하는데, 여기에 day를 붙인 weekday는 월요일부터 금요일까지인 평일을 지칭하고, 끝을 뜻하는 end와 합쳐진 weekend는 일주일의 끝인 토요일과 일요일을 의미하는 주말을 뜻하지. 접미사 ly를 붙인 weekly는 형용사로는 매주의, 주간의라는 뜻으로 사용되고, 명사로 사용될 때는 일주일에 한 번씩 출간하는 주간지를 뜻해. weekly 앞에 '둘'을 뜻하는 bi를 붙인 biweekly는 매 2주마다 나오는 격주의라는 뜻이야. 이 단어와 마찬가지로 '달'을 뜻하는 month에 ly를 붙인 monthly는 매월의 라는 뜻과 매월 발간되는 월간지라는 뜻을 지니고 있지.

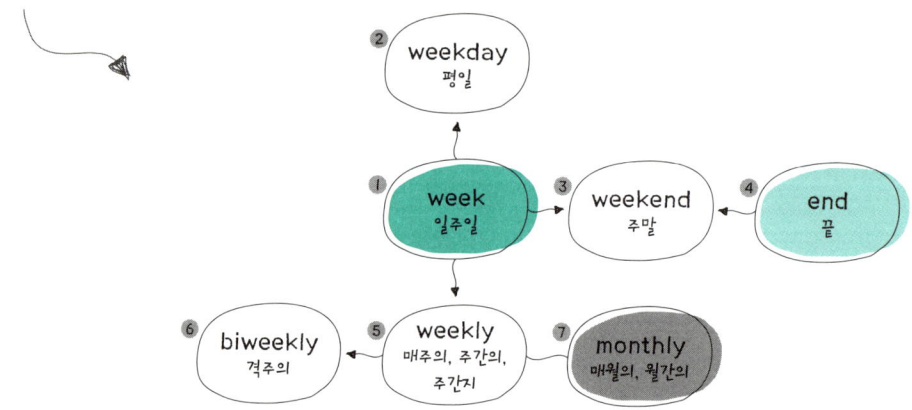

## 정리해보자

**calender** [kǽləndər] 명 달력
He tears off a page from a **calendar**. 그는 **달력**을 한 장 뜯는다.

**day** [dei] 명 날
He works 8 hours a **day**. 그는 **하루**에 8시간 일한다.

**dawn** [dɔːn] 명 새벽
We woke at **dawn**. 우리는 **새벽**에 일어났다.

**daily** [déili] 형 매일의 부 매일
My patient was gaining **daily**. 내 환자는 **매일** 좋아지고 있었다.

**diary** [dáiəri] 명 일기
Do you keep a **diary** everyday? 매일 **일기**를 쓰나요?

**date** [deit] 명 날짜, 데이트

**blind date** [blaínd-deit] 명 소개팅
How was your **blind date**? **소개팅**은 어땠니?

**blind** [blaind] 형 맹인의, 못 보는, 맹목적인 명 블라인드
He is **blind** in one eye. 그는 한쪽 눈이 **보이지 않는다**.

---

**Monday** [mʌ́ndei] 명 월요일
I go see a movie on **Monday**. 나는 **월요일**에 영화를 보러 간다.

**moon** [muːn] 명 달
The full **moon** will soon emerge from behind the clouds. 보름**달**이 곧 구름 뒤에서 나타날 것이다.

**month** [mʌnθ] 명 달
The movie has been running for two **months**. 그 영화는 두 **달**째 상영되고 있어요.

**Tuesday** [tjúːzdei] 명 화요일
I think I can get away for an hour or two on **Tuesday**. **화요일**에는 한두 시간 정도 시간을 낼 수 있을 것 같아요.

**Wednesday** [wénzdèi] 명 수요일
Christmas Day falls on a **Wednesday** this year. 올해 크리스마스 날은 **수요일**이다.

**Thursday** [θə́ːrzdei] 명 목요일
I'm having my hair cut after work on **Thursday**. **목요일**에 일이 끝난 후 머리를 자를 것이다.

**Friday** [fráidei] 명 금요일
Usually, we're open Monday through **Friday**. 보통 저희는 월요일에서 **금요일**까지 영업합니다.

**Saturday** [sǽtərdèi] 명 토요일
The deadline is next **Saturday**. 마감은 다음 주 **토요일**입니다.

**Saturn** [sǽtəːrn] 명 토성

**Sunday** [sʌ́ndei] 명 일요일
She is not always at home on **Sundays**. 그녀는 **일요일**에 항상 집에 있는 것은 아니다.

---

**week** [wiːk] 명 일주일
We'll have a quiz next **week**. 우리는 다음 **주**에 쪽지시험을 볼 것이다.

**weekday** [wíːkdèi] 명 평일

**weekend** [wíːkènd] 명 주말
We're open till six on **weekdays** and till five on **weekends**. 주중에는 6시까지이고 **주말**에는 5시까지입니다.

**end** [end] 명 끝

**weekly** [wíːkli] 형 매주의, 주간의 명 주간지
What is your **weekly** pay? 당신의 **주급**은 얼마죠?

**biweekly** [baiwíːkli] 형 격주의

**monthly** [mʌ́nθli] 형 매월의 명 월간지

## check up

확인해보자

✱ 빈 칸에 들어갈 우리말 해석을 쓰시오.

1. calender
2. day
3. dawn
4. daily
5. diary
6. date
7. blind date
8. blind

✱✱ 빈 칸에 들어갈 영어 단어를 쓰시오.

1. 일주일
2. 평일
3. 주말
4. 끝
5. 매주의, 주간의, 주간지
6. 격주의
7. 매월의, 월간의

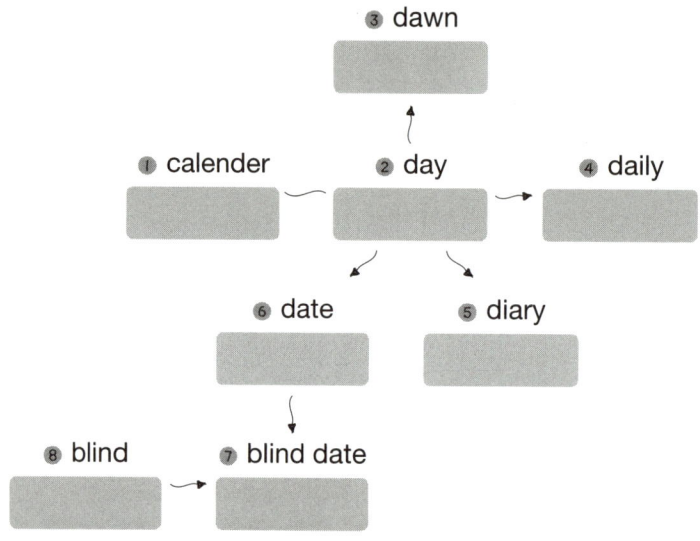

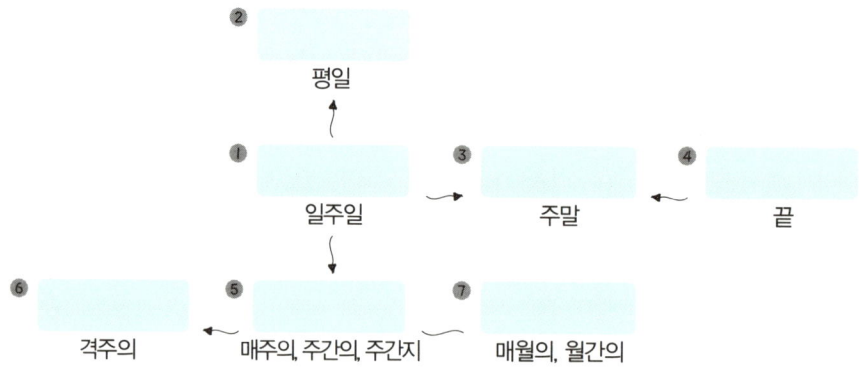

답은 본문에서 확인하세요!

1  다음 주어진 관계가 나머지와 다른 하나를 고르시오.
   ① Thor    – Thursday
   ② moon    – Monday
   ③ sun     – Sunday
   ④ Saturn  – Saturday
   ⑤ wooden  – Wednesday

2  다음 문장이 설명하는 단어를 적으시오.

   It is a chart showing all the days, weeks and months of the year.

3~4  다음 빈칸에 들어갈 가장 적절한 단어를 보기 에서 골라 쓰시오.

   보기  diary     sun     moon     blind

3  He is _____ in one eye.
4  The _____ can be seen in the sky at night.

5  다음 영어 단어와 뜻이 일치하도록 바르게 연결하시오.
   ① weekend  •        • ⓐ 달
   ② diary    •        • ⓑ 토성
   ③ month    •        • ⓒ 일기
   ④ Saturn   •        • ⓓ 주말

○ 정답은 313쪽에!

273

# Day 46 traffic 교통

학교를 가거나 소풍을 가기 위해서는 여러 가지 교통수단을 이용해야겠지. 이번에는 이러한 교통수단에 대해서 알아보도록 할게. 먼저 **교통**은 영어로 traffic이라는 단어를 사용해. 교통의 흐름이 원활하지 않고 많은 차들이 도로에 꽉 차있는 것을 말하는 **교통정체**는 traffic jam이라고 하지. 뒤에 붙은 jam은 빵에 발라서 먹는 **잼**(jam)과 같은 철자를 지녔지만 뜻은 전혀 다른 **혼잡**, **정체**를 의미하는 단어야. 자동차, 버스, 트럭, 배, 비행기 등 사람과 물건을 나르는 모든 운송수단을 통틀어 일컫는 말인 **교통수단**은 transportation이라는 단어를 사용해. 앞에 붙은 trans는 '횡단, 가로질러'라는 뜻을 지닌 접두사이고 port는 '옮기다'를 뜻해. 그래서 transport라는 단어는 명사로는 **수송**, **운송**, 동사로는 **수송하다**, **이동시키다**라는 뜻을 지니지. 바로 위에서 소개한 transportation이라는 단어는 이 동사의 뜻에서 파생된 거야.

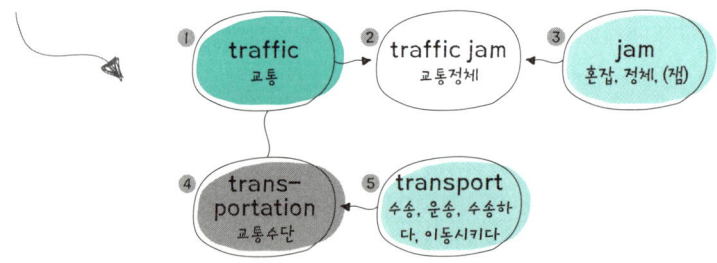

많은 사람들이 이용하는 대중교통 수단인 **버스**는 bus라는 단어를 쓰는데, 이것은 omnibus라는 단어가 줄어서 생겨난 단어야. 앞의 omni는 '모든 것'을 뜻하는 접두사로 '모든 사람들을 태울 수 있는 운송수단'를 의미해서 생겨났어. 현재 omnibus는 호텔에서 운영하는 **고급형 버스**를 지칭하기도 하고, 또 예술가들이 자신의 모든 작품을 모아놓은 **작품집**을 뜻하기도 해. 영화나 음악계에서 사용하는 '옴니버스'의 의미는, 여러 사람들이

하나의 주제를 놓고 각자 작품을 만든 다음 그것들을 모두 연결해서 하나로 통합하는 것이지. 학교에 가기 위해 타는 학교버스는 school bus라 하고, 직장인들이 회사에 가기 위해 타는 통근버스는 commuter bus라고 해. commuter는 통근을 하는 사람인 통근자를 뜻하는 단어인데, 통근하다라는 뜻을 지닌 commute에 사람이나 사물을 의미하는 접두사 er이 붙은 파생어야. 이 commute도 '함께'를 의미하는 com과 현재 사용되지 않는 단어지만 '바꾸다, 변화시키다'라는 뜻을 지닌 mute가 합쳐진 단어야. '같은 날 같은 시간에 함께 움직인다'는 의미로, 버스와 같은 대중 교통수단의 승차권과 '맞바꾸며' 출퇴근했던 것에서 유래되었다고 볼 수 있지. 여기서 mute에서 파생된 단어로 mutant가 있는데, 유전자의 구조 변화로 탄생하게 되는 돌연변이를 하는 단어야. 동사형인 mutate는 변형되다, 돌연변이가 되다라는 뜻을 지니고 있는데, 이 mutate에서 파생된 mutation은 변형이라는 뜻과 mutant와 같은 뜻인 돌연변이라는 의미를 지니고 있지.

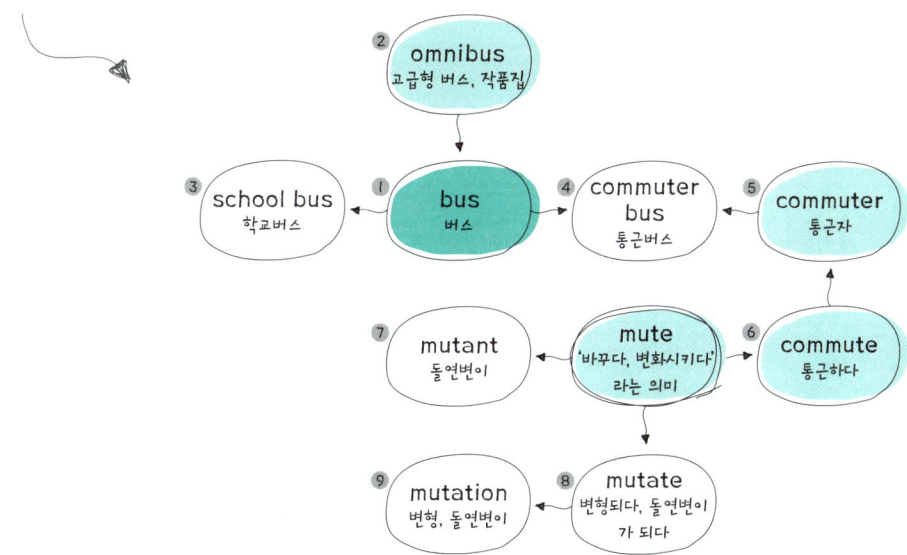

버스와 함께 사람들이 자주 이용하는 대표적인 교통수단인 택시는 taxi라고 하는데, 이 단어는 taximeter-cabriolet라는 긴 단어를 줄인 단어야. 영어권에서는 이 단어의 앞부분을 줄여 쓴 taxi를 쓰기도 하지만, 뒷부분에 있는 cabriolet를 줄여 쓴 cab을 사용하기도 해. 먼저 taximeter는 세나 세금을 뜻하는 tax와 길이의 단위인 미터와 계량기를 뜻하는

meter가 합성된 단어로, 현재는 택시의 요금이 표시되는 미터기라는 의미로 사용되고 있어. 사물의 크기나 양을 측정하는 '계량기'라는 뜻의 meter가 들어간 다른 단어를 살펴보면, 기체나 가스를 뜻하는 gas와 합쳐진 gas meter는 가스계량기이고 전기의라는 형용사의 뜻을 지닌 electric과 합쳐진 electric meter는 전기계량기를 의미하지. cabriolet는 앞에서 배웠던 '자동차'를 뜻하는 car에서 파생되어 생겨난 단어로, 지금은 잘 쓰지 않지만 '지붕을 접을 수 있는 차'를 의미해. 맨 끝의 t는 묵음이라는 것도 알아둬.

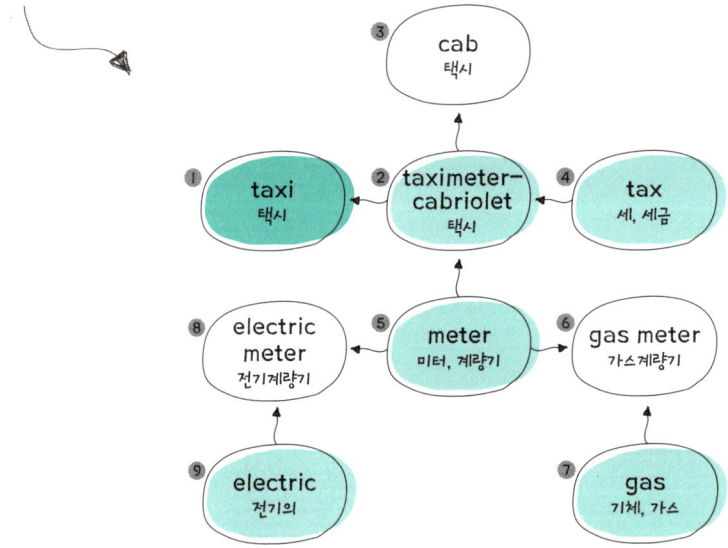

등하교 시 제일 많이 이용되는 또 다른 교통수단인 자전거는 cycle이나 bicycle이라고 해. cycle은 동그라미나 원형을 뜻하는 circle에서 파생된 단어로 자전거라는 뜻과 회전이라는 뜻을 지니고 있는데, 자전거는 바퀴가 두 개이므로 2를 뜻하는 bi를 붙인 bicycle이라도 하지. 그래서 바퀴가 하나인 외발자전거는 1을 뜻하는 uni를 붙인 unicycle이라고 하고, 바퀴가 세 개인 세발자전거는 3을 뜻하는 tri을 붙인 tricycle이라고 하는 거야. 영어에서 '자전거'를 bike라고도 하는데, 이 단어는 bicycle을 줄여서 발음하다가 만들어진 단어야. 자전거처럼 바퀴가 두 개지만 바퀴가 엔진의 힘으로 돌아가는 오토바이를 영어로는 motorcycle이라고 하는데, motor는 모터, 전동기를 뜻하는 단어로 움직이다라는 뜻을 지닌 move에서 파생된 단어야.

276

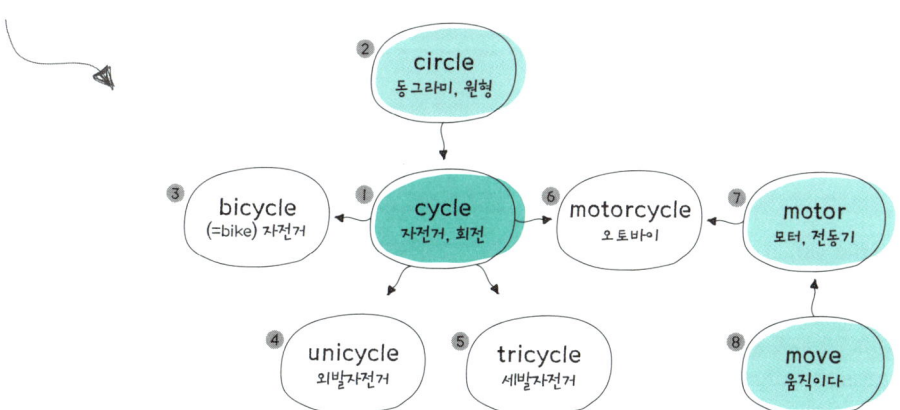

## 정리해보자

**traffic** [trǽfik] 명 교통
Why isn't **traffic** moving? 왜 **교통**이 꿈쩍도 하지 않지?
**traffic jam** [trǽfik-dʒǽm] 명 교통정체
I was caught in an awful **traffic jam**. 지독한 교통정체에 걸려들었어.
**jam** [dʒæm] 명 혼잡, 정체
**transportation** [trænspəːrtéiʃən] 명 교통수단
There is convenient **transportation**. **교통**이 편리합니다.
**transport** [trænspɔ́ːrt] 명 수송, 운송 동 수송하다, 이동시키다
They tried to **transport** the dead and injured by helicopter. 그들은 헬기로 사상자를 **수송**하려고 시도했다.

---

**bus** [bʌs] 명 버스
Which is the shortcut to the **bus** stop? 그 버스 정류장에 가는 지름길은 어느 길이죠?
**omnibus** [ɔ́mnəbʌs] 명 고급형 버스, 작품집
**school bus** [skúːl-bùs] 명 학교버스
**commuter bus** [kəmjúːtər-bùs] 명 통근버스
**commuter** [kəmjúːtər] 명 통근자
The train was packed with **commuters**. 기차는 **통근자**들로 초만원이었다.
**commute** [kəmjúːt] 동 통근하다
He **commutes** for an hour and a half to work. 그는 일하러 한 시간 반을 **통근한다**.
**mutant** [mjúːtənt] 명 돌연변이
He is a **mutant** who is born with latent superhuman abilities. 그는 잠재적으로 초능력을 지니고 태어난 **돌연변이**다.
**mutate** [mjúːteit] 동 변형되다, 돌연변이가 되다
John has **mutated** from an awkward teenager into a sophisticated young man. 존은 다루기 힘든 십대에서 교양있는 청년으로 **변했다**.
**mutation** [mjuːtéiʃən] 명 변형, 돌연변이

---

**taxi** [tǽksi] 명 택시
It's very difficult to get a **taxi** around here. 이 주변에서 **택시**를 잡는 것은 정말로 어렵습니다.
**taximeter-cabriolet** [tǽksimìːtəːr-kæ̀briəléi] 명 택시
**taximeter** [tǽksimìːtəːr] 명 미터기
**cab** [kæb] 명 택시
**tax** [tæks] 명 세, 세금
Is the **tax** included? 세금이 포함되어 있습니까?
**meter** [míːtər] 명 미터, 계량기
Snow lay three **meters** deep on the ground. 눈이 3미터나 쌓였다.
**gas meter** [gǽs-mìːtəːr] 명 가스계량기
**gas** [gæs] 명 기체, 가스, 기름
Our **gas** bill averages about $100 a month. 우리 **가스** 요금은 한 달에 평균 약 100달러이다.
**electric meter** [iléktril-mìːtəːr] 명 전기계량기
**electric** [iléktril] 형 전기의
I play the **electric** guitar as a hobby. 취미로 **전기기타**를 칩니다.

---

**cycle** [sáikl] 명 자전거, 회전
**circle** [sə́ːrkl] 명 동그라미, 원형
We sat in a **circle**. 우리는 둥글게 **원**을 그리며 앉았다.
**bicycle(bike)** [báisikəl] [baik] 명 자전거
I put a **bicycle** against the wall. 나는 **자전거**를 벽에 기대어 놓았다.
**unicycle** [júːnəsàikəl] 명 외발자전거
**tricycle** [tráisikəl] 명 세발자전거
**motorcycle** [móutəːrsàikl] 명 오토바이
It gets smoother when the **motorcycle** gets up to speed. 그 **오토바이**는 속도를 높이면 승차감이 더 부드러워진다.
**motor** [móutəːr] 명 모터, 전동
**move** [muːv] 동 움직이다

1   다음 빈칸에 공통으로 들어갈 가장 적절한 단어를 고르시오.

> It goes around in _____.
> A _____ is a shape consisting of a curved line completely surrounding an area.

① cycle   ② bicycle   ③ circle   ④ tricycle   ⑤ unicycle

2   다음 밑줄 친 부분과 바꿔 쓸 수 있는 말을 고르시오.

> I lock my <u>bicycle</u> to the rack behind the building.

① motorcycle   ② bike   ③ motor   ④ circle   ⑤ taxi

3   다음 빈칸에 알맞은 단어를 적으시오.

> A _____ is someone who regularly commutes between work and home.

4   다음 영어 단어와 뜻이 일치하도록 바르게 연결하시오.

① mutation        •     • ⓐ 세발자전거
② electric        •     • ⓑ 전기의
③ tricycle        •     • ⓒ 교통수단
④ transportation  •     • ⓓ 변형, 돌연변이

○ 정답은 314쪽에!

279

# Day 47 accident 사고

차를 타고 다니다 보면 크고 작은 사고가 발생할 수 있지. 사고는 accident라고 해. 이 단어는 특히 자동차 사고를 의미하는 말로 쓰이고, 재해나 여타 불의의 사고를 지칭할 때 자주 쓰이지. 이 accident는 '방향'을 뜻하는 ac(ad에서 변형)와 '떨어지다, 일어나다'라는 뜻을 지닌 cid에 접미사 ent가 붙어서 만들어진 단어야. 예측하지 못했던 무언가가 자신의 '방향'으로 갑자기 '떨어졌다'고 해서 우연이라는 뜻도 지니고 있지. 여기에 형용사로 만드는 al을 붙인 accidental은 우연한이라는 뜻이야. 또 accident 앞에 있는 ac 대신 in을 붙이면 incident라는 단어가 되는데, 이 단어의 뜻은 어떠한 일이 눈앞에서 갑자기 벌어지는 사건이라는 뜻이지.

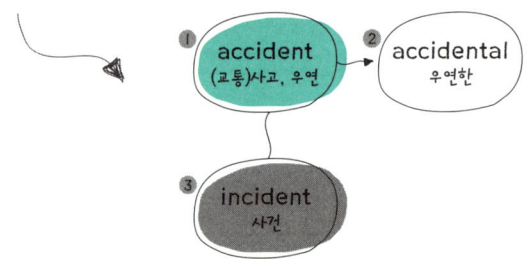

accident, incident와 비슷하게 생긴 Occident라는 단어가 있어. 이 말은 '사건'이나 '사고'와는 관련이 없고, 라틴어에서 변형된 단어로 서양이라는 뜻이야. 이 단어를 알기 위해서는 Orient라는 단어를 먼저 짚고 넘어가지 않을 수 없는데, 고대 로마인들은 로마를 중심으로 해가 뜨는 대서양 방향을 '해가 솟아오르는 곳'이라는 의미의 oriens라고 불렀지. 이 라틴어가 영어로 변한 게 현재 동양이라는 뜻의 Orient야. '떠오르다'라는 뜻의 ori(영어의 rise)에 접미사 ent가 합쳐진 말이지. 이에 대하여 해가 지는 서쪽 방향은 '해 지는

곳'이라는 뜻의 라틴어 occidens에서 변형된 Occident가 된 거야. 참으로 로마 중심의, 즉 서양 중심의 사고에서 생겨난 단어라고 볼 수 있어. 이 orient라는 단어는 동사로도 사용되어 동쪽으로 향하는 지향하다와 환경에 맞추어서 조화를 이루는 적응하다라는 뜻도 지니고 있어. 그래서 이 orient에서 파생된 orientation은 방향이라는 뜻과 대학 신입생이나 회사 신입사원 등이 새로운 생활에 잘 적응할 수 있도록 돕는 예비 교육인 오리엔테이션이라는 뜻을 갖고있지.

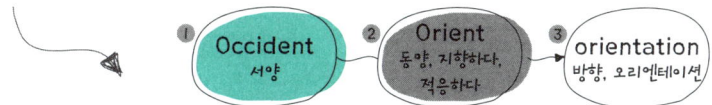

학교에서 큰 화재나 비상사태가 발생하면 경보기가 울리고 비상문을 통해서 밖으로 빠져나오게 되어 있지. '화재'는 앞에서 배운 fire라는 단어를 사용하고, 비상사태는 emergency라고 해. 이 emergency는 나오다, 드러나다라는 뜻을 지닌 emerge에서 파생된 단어지. 마찬가지로 이 단어에서 파생된 emergence는 출현이나 등장을 뜻해. emerge는 '밖'을 뜻하는 e와 '(물에) 담그다, 잠기다'라는 뜻을 지닌 merge가 합쳐진 말로, 물에 담겨있던 것이 밖으로 솟아오른다고 해서 '나오다, 드러나다'라는 뜻을 지니게 된 거야. 여기서 merge는 과거에는 '담그다'라는 뜻으로 쓰였지만, 현대에 와서는 물속에 담그면 모두 녹아 하나로 융합되듯 두 회사를 하나로 합병하다라는 뜻을 가지게 되었고, 이 단어에서 파생된 merger는 합병을 의미하지.

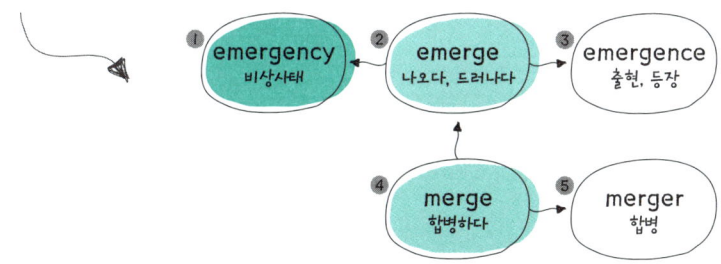

비상문은 앞에서 배운 emergency와 출구를 뜻하는 exit가 합쳐진 emergency exit이라고 하지만 단어가 길기에 그냥 exit으로 사용하기도 해. 이 exit은 '밖'을 뜻하는 ex와 '가다'라는 뜻을 지니고 있는 it이 합쳐져서 생긴 단어야. 이와 비슷한 형태로, '보다'라는 뜻

을 지닌 vise와 it이 합쳐져서 생긴 visit은 '가서 보는 것'을 뜻하는 방문하다라는 의미가 되고, visitor는 방문하는 사람인 방문객을 의미하지. 화재나 재난 사고 발생 시 위험을 알리는 경보기는 영어로 alarm이라고 하는데, 이 단어는 놀람, 두려움이라는 뜻도 지니고 있어. 이 단어는 이탈리아어의 all'arme에서 온 말인데, 이 말을 영어로 풀자면 "To arms!(무기로!)"가 돼. 즉, 비상사태니 무장을 하라는 뜻이지. 알람시계의 알람도 바로 이 alarm을 말해.

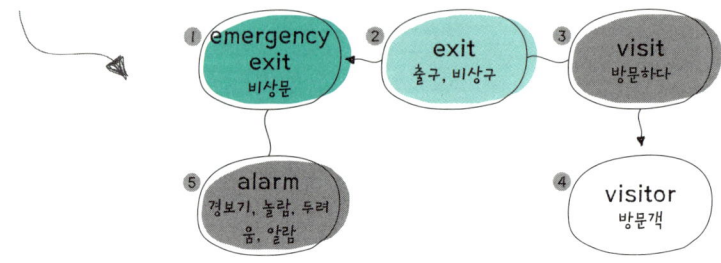

## 정리해보자

**accident** [ǽksidənt] 명 사고, 우연
There is a car **accident** farther up the road.
길 앞쪽에서 차 **사고**가 났어요.

**accidental** [æksidéntl] 형 우연한

**incident** [ínsədənt] 명 사건
The **incident** was a black mark against me.
그 **사건**은 내게 불명예스런 오점이었다.

---

**Occident** [ɔ́ksədənt] 명 서양
He has never visited the **Occident**. 그는 서양을 방문한 적이 없다.

**Orient** [ɔ́:riənt] 명 동양 동 지향하다, 적응하다

**orientation** [ɔ̀:rientéiʃən] 명 방향, 오리엔테이션
Is there an **orientation** for foreign students?
외국 학생을 위한 **오리엔테이션**이 있나요?

---

**emergency** [imə́:rdʒənsi] 명 비상사태
We should have some water and food stored up for an **emergency**. 우리는 **비상사태**를 대비해서 물과 음식을 저장해놓아야 한다.

**emerge** [imə́:rdʒ] 동 나오다, 드러나다

**emergence** [imə́:rdʒəns] 명 출현, 등장
She appeared to be surprised at my sudden **emergence**. 그녀는 나의 갑작스런 **출현**에 놀란 듯 보였다.

**merge** [mə:rdʒ] 동 합병하다
Our company is supposed to be **merged** sooner or later. 우리 회사는 조만간 **합병되기**로 되어있습니다.

**merger** [mə́:rdʒər] 명 합병
**Merger** and acquisition(M&A) is his expertise.
기업의 인수**합병**은 그의 전문 분야입니다.

---

**emergency exit** [imə́:rdʒənsi-èksit] 명 비상문

**exit** [éksit] 명 출구
People rushed to the **exit**. 사람들은 **출구**로 몰렸다.

**visit** [vízit] 동 방문하다
I'm here to **visit** my friend. 친구를 **방문하러** 왔습니다.

**visitor** [vízitər] 명 방문객
The patient is now up to seeing **visitors**. 환자는 이제 **방문객**들과 만날 수 있다.

**alarm** [əláːrm] 명 경보기, 알람
Her **alarm** didn't go off. 그녀의 **알람**이 울리지 않았습니다.

✽ 빈 칸에 들어갈 우리말 해석을 쓰시오.

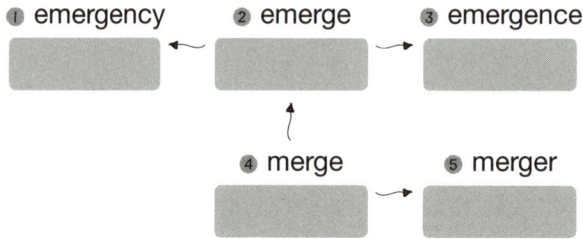

✽✽ 빈 칸에 들어갈 영어 단어를 쓰시오.

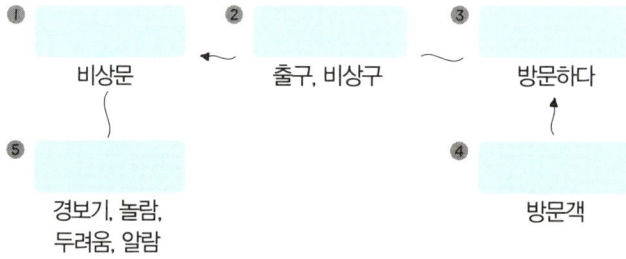

◯ 답은 본문에서 확인하세요!

1 다음 밑줄 친 단어와 반대의 뜻을 가진 단어를 고르시오.

> The <u>Orient</u> closed the door against to Western civilization.

① Occident  ② Accident  ③ Orientation  ④ Incident  ⑤ Accidental

2 다음 빈칸에 공통으로 들어갈 가장 적절한 단어를 고르시오.

> Which _____ should I go out?
> Where's the nearest emergency _____?

① enter  ② entry  ③ exit  ④ exist  ⑤ entrance

3 다음 문장이 설명하는 단어를 적으시오.

> It is the joining together of two separate companies or organizations.

4~5 다음 빈칸에 들어갈 가장 알맞은 단어를 보기 에서 골라 쓰시오.

| 보기 | visit | merge | visitor | alarm |

4 He hit the _____ switch.
5 Can I _____ you at home on this coming Sunday?

◯ 정답은 314쪽에!

285

# Day 48 attendance 출석

학교 수업에 참석하는 출석은 attendance라는 단어를 사용하는데 이 단어는 참석하다, 다니다라는 뜻의 attend에서 파생되었어. 이 attend는 '방향'을 뜻하는 at(ad에서 변형)과 원래 '뻗다, 펼치다'라는 뜻을 지녔던 tend가 합쳐져 생긴 단어인데, 현재 tend는 행동이나 생각 등이 어느 한쪽으로 뻗어가는 것을 나타내는 경향이 있다, 성향이 있다라는 뜻으로 쓰이고 있어. 야외에서 취침을 하기 위해 사용하는 텐트(tent)도 이 tend에서 변형된 단어로, 텐트 천을 '펼쳐서' 세우기에 생긴 뜻이지. attend에서 파생된 단어를 좀 더 보면, attendant는 눈과 귀를 고객에게 '향한' 채로 봉사를 하는 종업원을 의미하고 attention은 마음이나 감각이 관심이 쏠리는 곳으로 '향하는' 주의라는 뜻으로 사용되는 단어야.

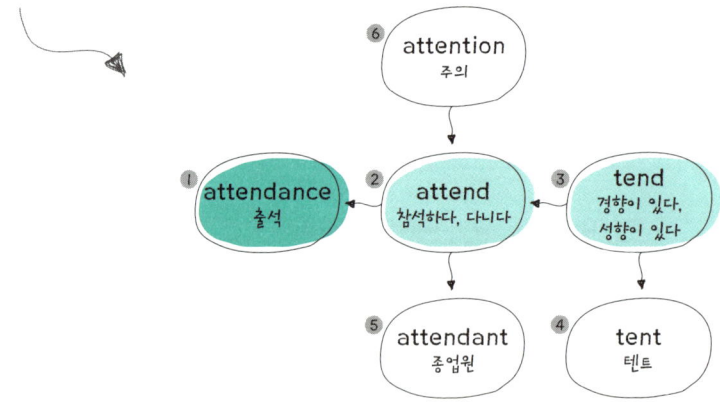

출석과는 반대로 학교를 빠지게 되는 결석은 absence라는 단어를 사용하는데, 이 단어는 결석한, 부재한이라는 뜻을 지닌 형용사 absent에서 파생된 단어지. 이 absent 역시 '멀리'나 '결여'를 뜻하는 ab과, 현재는 쓰이지 않지만 '존재'를 뜻하는 sent가 합쳐져 생긴 단어야. 그래서 이 sent에 '앞'을 의미하는 접두사 pre를 붙인 present는 원래 '앞에 존재하

다'라는 의미로 사용되었다가 지금은 형용사로서 실질적으로 존재하는 시점을 표현하는 현재의와 존재를 표현한 존재하는이라는 뜻이 있고, 동사로는 존재하는 것을 앞으로 놓는 주다와 많은 사람 앞에 놓는 보여주다라는 뜻이 있어. 또 present는 명사의 뜻도 지니고 있는데, 형용사의 뜻인 '현재의'에서 파생되어 나온 현재라는 뜻과, 동사의 뜻인 '주다'를 통해서 나온 선물이라는 뜻을 갖게 되었지. present에서 파생된 단어를 보면, presence는 '앞에 놓여있는 것'이라 하여 존재라는 뜻이야. 또 presentation은 '앞으로 내어놓는다'고 하여 제출이라는 뜻과 '사람들 앞에서 보여준다' 하여 발표라는 뜻도 함께 지니고 있는 단어야. present 앞에 re를 붙인 represent는 앞에 존재했던 사람을 대신하여 다시 존재하는 것을 의미하는 단어로 대표하다라는 뜻이 되었고, 또 어떠한 현상이나 사실을 말로써 대신하여 표현하는 묘사하다라는 의미도 지니게 되었지. 그래서 여기서 파생된 representation은 묘사, 표현, 대표를 의미하는 단어이고, representative는 무언가를 대표하는 대표자를 뜻해.

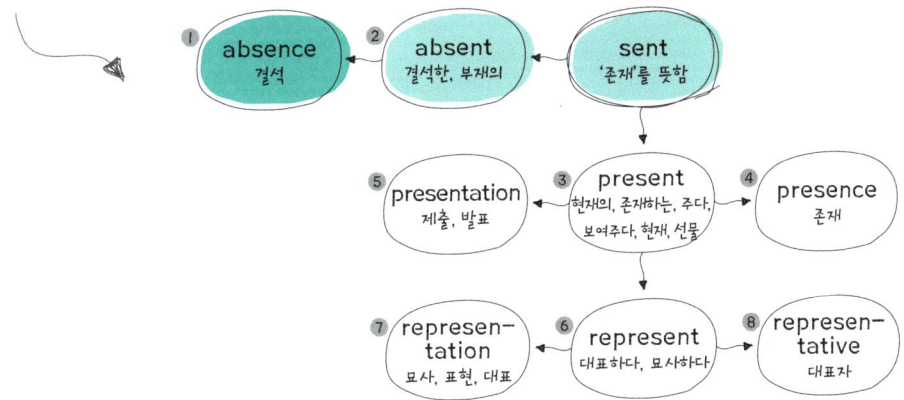

'결석'이 학생 본인이 결정해서 학교를 빠지는 것이라면, 교칙을 어겨 학교에 못 나가게 되는 경우도 있지. 학교에서 교칙을 심각하게 어겼을 때 일정 기간 동안 학교에 나오지 못하게 하는 벌칙인 정학은 suspension이라고 하는데, 이 단어는 매달다, 징계하다라는 뜻을 지니고 있는 suspend에서 나온 단어야. 이 단어에서 파생된 suspense는 급박한 상황에 처해 정신적으로나 육체적으로 마치 대롱대롱 매달려 있는 것처럼 마음을 졸이게 되는 긴장감을 뜻하지. 학교에서 받을 수 있는 최악의 징계로 학교에서 완전히 쫓겨나는 퇴학은

expulsion을 사용하는데, 이 단어는 추방하다, 퇴학시키다라는 뜻을 지니고 있는 expel 에서 파생된 단어야.

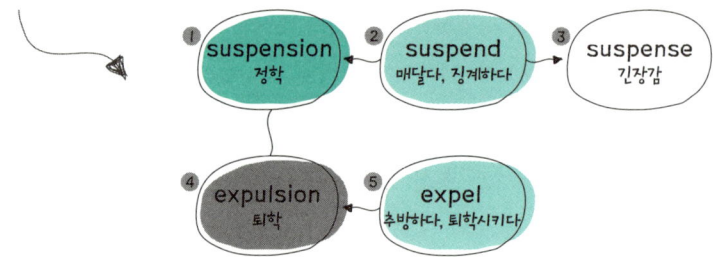

## 정리해보자

**attendance** [əténdəns] 몡 출석
Attendance is not optional. 출석은 선택사항이 아닙니다.

**attend** [əténd] 동 참석하다, 다니다
She doesn't attend regularly at the count. 그녀가 법정에 매번 참석하는 것은 아니다.

**tend** [tend] 동 경향이 있다, 성향이 있다
He tends to lose his temper when he is told to do something. 누가 무엇을 시키면 그는 화를 내는 경향이 있다.

**tent** [tent] 몡 텐트
We put up our tent. 우리는 텐트를 쳤다.

**attendant** [əténdnt] 몡 종업원
Flight attendants, please prepare for takeoff. 승무원 여러분, 이륙 준비를 해 주십시오.

**attention** [əténʃən] 몡 주의
He asks the audience for attention. 그는 청중에게 주의를 기울일 것을 부탁한다.

---

**absence** [ǽbsəns] 몡 결석
He needs to account for the true reason of his absence. 그는 그가 결석한 진짜 이유를 설명해야 할 필요가 있다.

**absent** [ǽbsənt] 혱 결석한, 부재한
Why were you absent yesterday? 어제 왜 결석했지?

**present** [prézənt] 혱 현재의, 존재하는 동 주다, 보여주다 몡 현재, 선물
I selected a birthday present for my father. 나는 아버지의 생신선물을 골랐다.

**presence** [prézəns] 몡 존재
The document was signed in the presence of two witnesses. 그 문서는 두 명의 증인이 입회한 곳에서 서명되었다.

**presentation** [prèzəntéiʃən] 몡 제출, 발표
I prepared my presentation. 나는 발표를 준비했다.

**represent** [rèzprizént] 동 대표하다, 묘사하다
They chose a famous barrister to represent them in court. 그들은 법정에서 자신들을 대변해 줄 유명한 변호사를 선임했다.

**representation** [rèzprizentéiʃən] 몡 묘사, 표현, 대표
**representative** [rèzprizéntətiv] 몡 대표자
The firm has two representatives in every European city. 그 회사는 모든 유럽 도시마다 두 명의 대표자를 두고 있다.

---

**suspension** [səspénʃən] 몡 정학, 징계
They are appealing against their suspensions from school. 그들은 학교로부터의 정학에 대항하여 항의하고 있다.

**suspend** [səspénd] 동 매달다, 징계하다
His body was suspended by a rope. 그의 시체는 밧줄에 매달려있었다.

**suspense** [səspéns] 몡 긴장감

**expulsion** [ikspʌ́lʃən] 몡 퇴학
They threatened him with expulsion from school. 그들은 학교에서 그를 퇴학시키겠다고 협박했다.

**expel** [ikspél] 동 추방하다, 퇴학시키다
He was expelled from school. 그는 학교에서 퇴학당했다.

✻ 빈 칸에 들어갈 우리말 해석을 쓰시오.

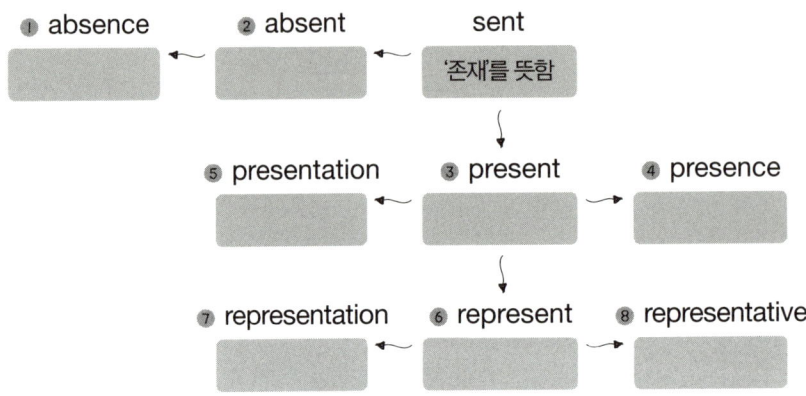

✻✻ 빈 칸에 들어갈 영어 단어를 쓰시오.

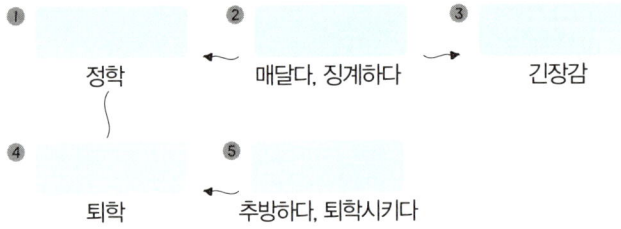

○ 답은 본문에서 확인하세요!

1  다음 빈칸에 공통으로 들어갈 가장 적절한 단어를 고르시오.

> They _____ school from their home.
> Did you _____ the seminar last night?

① attend   ② attending   ③ attendant   ④ attendance   ⑤ attention

2  다음 빈 칸에 알맞은 단어를 적으시오.

> Someone's _____ from a place is the fact that they are not there.

3  다음 문장 중 present의 의미가 다른 하나를 고르시오.

① I have a present for him.
② She did not accept my present.
③ He selected a birthday present for his father.
④ The girl is wrapping a present.
⑤ I do not have any information at the present time.

4  다음 문장이 설명하는 단어를 고르시오.

> He or she is someone who speaks or does something officially for another person.

① represent   ② attendant   ③ representative   ④ presence   ⑤ suspense

# Day 49 exam 시험

학교생활 중에서 학생들이 가장 싫어하는 것은 아마 시험일 거야. '시험'을 뜻하는 영어 단어는 exam, quiz, test 등 여러 가지가 있지만, 조금씩 다르게 사용되므로 각각 살펴보도록 할게. 먼저 quiz는 정식 시험과는 달리 배운 것을 간단히 확인하는 차원에서 짧고 단순하게 묻고 답하는 형식의 '쪽지시험'을 의미해. test는 학교에서는 학생들의 실력을 평가하기 위해 치러지는 다양한 '시험'을 의미하기도 하지만, 국가가 주관하는 '공인 시험'을 지칭할 때도 사용되는 단어야. quiz와 test에 대해서는 밑에서 좀 더 자세히 살펴보도록 할게. 마지막으로 exam은 시험, 조사, 검사를 뜻하는 examination이라는 긴 단어의 줄임말이야. 이 단어는 조사하다, 검사하다라는 뜻을 지닌 examine에서 파생되었고, examine에서 파생된 단어로는 심사를 하는 심사위원이나 조사관을 뜻하는 examiner와 시험을 앞둔 수험생을 의미하는 examinee가 있지.

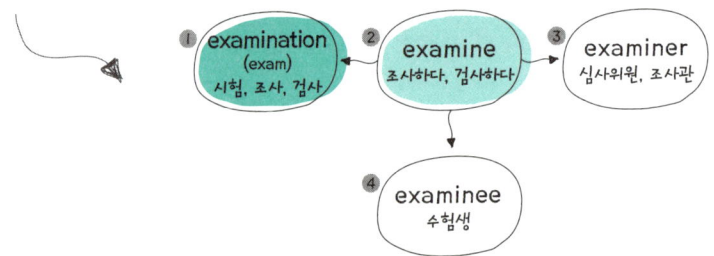

quiz는 간단한 질문 형식으로 가볍게 치러지는 시험인 퀴즈, 쪽지시험을 의미하는 단어로, 영어권에서는 예고 없이 불시에 보게 되는 깜짝 퀴즈를 pop quiz라고 하지. pop은 동사로 뻥하고 소리 나다라는 뜻의 단어인데, 이 pop에 옥수수인 corn을 합친 popcorn은 옥수수에 소금을 뿌려 튀겨낸 간식인 팝콘을 의미하지.

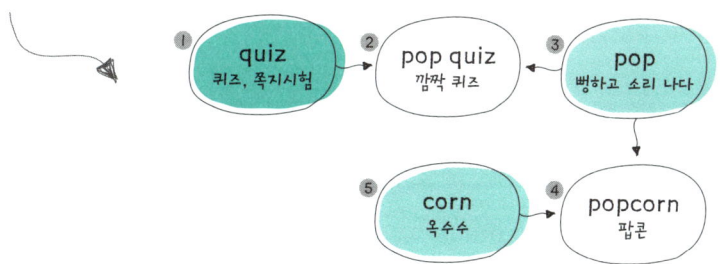

test는 어떠한 현상에 대해 과학적이고 실제적으로 연구를 시행하고 결과를 분류하는 실험이라는 뜻으로 먼저 쓰이게 된 단어인데, 그 후 누군가의 실력이나 지식 능력을 평가하는 시험이나 검사라는 뜻도 갖게 되었어. 그래서 개인의 지능지수를 측정하는 지능검사는 IQ test라 하고, 개인이 어떤 분야에 소질을 갖고 있는지를 측정하는 적성검사는 aptitude test라고 해. IQ는 intelligence quotient이라는 긴 단어의 약자인데, intelligence는 지능이나 정보를 뜻하는 단어로 총명한, 지능이 높은이라는 뜻을 지닌 intelligent에서 파생된 단어야. 또 intelligent는 지적인 능력을 나타내는 지력이나 지성을 뜻하는 intellect에서 파생된 단어지. quotient는 여럿으로 나누어진 각각의 분량을 나타내는 몫을 의미하는 단어로, 비슷한 뜻인 몫, 할당량 등의 뜻을 지니고 있는 quota에서 파생되었어. 적성, 기질을 뜻하는 aptitude는 적절한, 잘 하는이라는 뜻을 지니고 있는 apt에 '성질'이나 '성향'을 뜻하는 접미사 tude가 붙어서 만들어진 단어야.

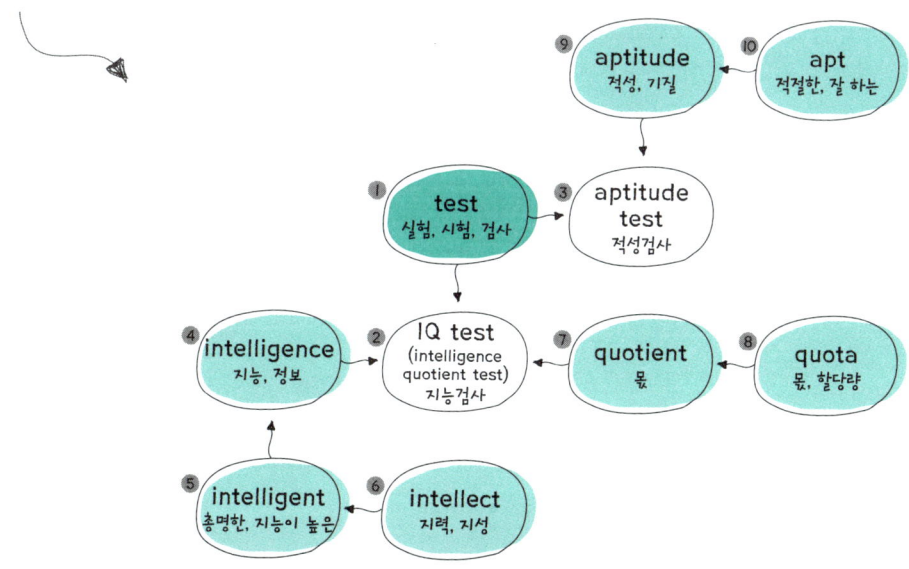

지금은 잘 쓰이지 않는 의미이지만 test는 실험을 통해 도출되는 증거라는 뜻도 지니고 있었어. 그래서 이러한 의미에서 파생된 동사 testify는 어떠한 사실을 증거에 입각하여 말하는 증언하다와 증명하다라는 뜻으로 쓰이고, 명사인 testimony는 증언 또는 증거라는 의미의 단어야. test에서 파생된 많은 단어들 중 몇 가지를 더 보면, attest는 testify와 같은 뜻인 증언하다, 증명하다이고 명사형인 attestation은 증명, 입증을 뜻하지. test 앞에 '함께'라는 의미의 con이 붙어서 생긴 contest는 자신의 재능을 펼쳐보이며 다른 사람들과 승부를 겨루는 대회나 시합을 의미하는 단어야. 이렇게 대회나 시합에 참가하는 참가자는 contestant라고 하지.

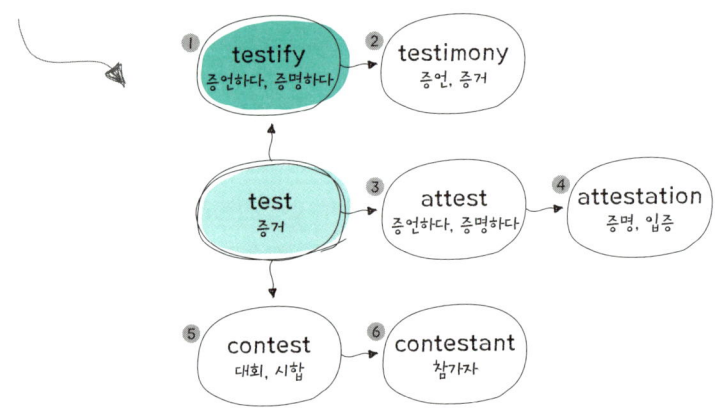

'시험'을 뜻하는 단어들 중 마지막으로 trial을 살펴볼게. trial이라는 단어는 어떤 물건이나 제품의 성능을 확인하기 위해 실제 사용해보는 시험이나 시도를 뜻하는데, 사람의 잘잘못을 평가할 때도 쓰여서 재판이라는 의미로도 사용하는 단어야. 이 단어는 시도하다, 노력하다라는 뜻을 지닌 try에서 파생되었지.

## 정리해보자

**examination** [igzæmənéiʃən] 명 시험, 조사, 검사
I'm not a student to cheat during **examinations**. 나는 **시험** 도중 부정행위를 할 학생이 아닙니다.

**examine** [igzǽmin] 동 조사하다, 검사하다
They need to **examine** the scientific evidence in an open and impartial way. 그들은 공개되는 공정한 방법으로 과학적 증거들을 **조사할** 필요가 있다.

**examiner** [igzǽmənər] 명 심사위원, 조사관
As an **examiner**, he showed no favour to any candidate. **심사위원**으로서 그는 어떤 지원자에 대해서도 편애를 보이지 않았다.

**examinee** [igzæməní:] 명 수험생

---

**quiz** [kwiz] 명 퀴즈, 쪽지시험
We got a **quiz** yesterday. 우리는 어제 **쪽지시험**을 보았다.

**pop quiz** [páp-kwìz] 명 깜짝 퀴즈
Our professor gave us a **pop quiz** yesterday. 우리 교수님은 어제 우리에게 **깜짝 퀴즈**를 내주셨다.

**pop** [páp] 동 뻥하고 소리 나다
**popcorn** [pápkɔ̀:rn] 명 팝콘
I watched the movie eating **popcorn**. 나는 팝콘을 먹으며 영화를 봤다.

**corn** [kɔ:rn] 명 옥수수

---

**test** [test] 명 실험, 시험, 검사, 증거
Take the physical exam after the written **test**. 필기**시험**을 본 후에 신체검사를 받으세요.

**IQ test (intelligence quotient test)** [intélədʒəns-kwòuʃənt-test] 명 지능검사

**aptitude test** [ǽptitù:d] 명 적성검사

**intelligence** [intélədʒəns] 명 지력, 지성
I couldn't match her **intelligence**. 나는 그녀의 **지성**에 당할 수 없었다.

**intelligent** [intélədʒənt] 형 총명한, 지능이 높은
The ability to speak doesn't make you **intelligent**. 말할 줄 아는 능력이 너를 **총명하게** 만들어 주진 않아.

**intellect** [íntəlèkt] 명 지력, 지성

**quotient** [kwóuʃənt] 명 몫
**quota** [kwóutə] 명 몫, 할당량
**aptitude** [ǽptitù:d] 명 적성, 기질
They say the **aptitude** should be considered in searching for a job. 사람들은 직업을 찾는 데 있어서 **적성**이 고려되어야 한다고 말한다.

**apt** [ǽpt] 형 적절한, 잘 하는
The ground is **apt** for the plow. 그 땅은 경작하기에 **적합하다**.

---

**testify** [téstəfài] 동 증언하다, 증명하다
He refused to **testify** against his friend. 그는 친구에게 불리한 **증언**을 하기를 거부했다.

**testimony** [téstəmòuni] 명 증언, 증거
I'm living **testimony** for that. 그것에 관해서는 내가 살아있는 **증거**이다.

**attest** [ətést] 동 증언하다, 명하다
**attestation** [æ̀testéiʃən] 명 증명, 입증, 증언
There is no obligation to accept such **attestations**. 그러한 **증언**들을 받아들일 의무는 없다.

**contest** [kántest] 명 대회, 시합
She won the first prize in the writing **contest** as usual. 그녀는 평소처럼 글쓰기 **대회**에서 일등상을 탔다.

**contestant** [kəntéstənt] 명 참가자
In tonight's quiz, our **contestants** have come from all over the country. 오늘 퀴즈 대회의 **참가자**들은 전국에서 왔다.

---

**trial** [tráiəl] 명 시험, 시도, 재판
We had the machine on **trial** for a week. 우리는 그 기계를 일주일 동안 **시험**했다.

**try** [trai] 동 시도하다, 노력하다
She is **trying** to lose some weight. 그녀는 살을 좀 빼려고 **노력하고** 있다.

* 빈 칸에 들어갈 우리말 해석을 쓰시오.

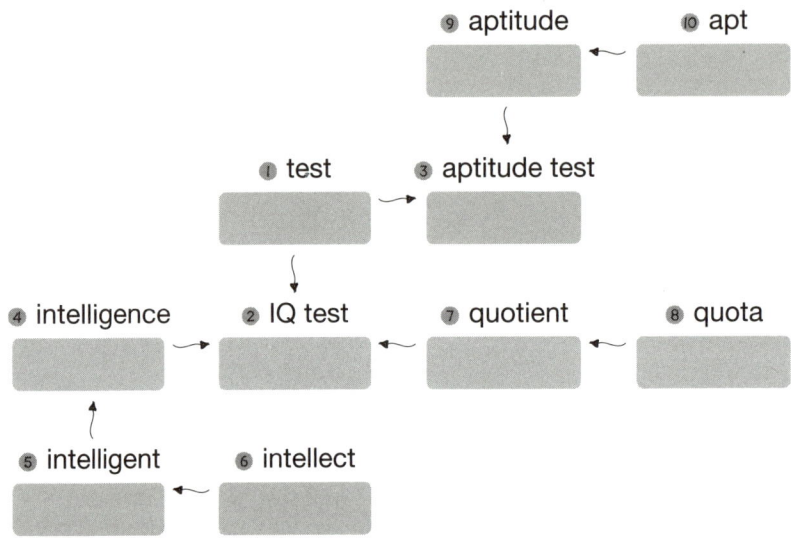

** 빈 칸에 들어갈 영어 단어를 쓰시오.

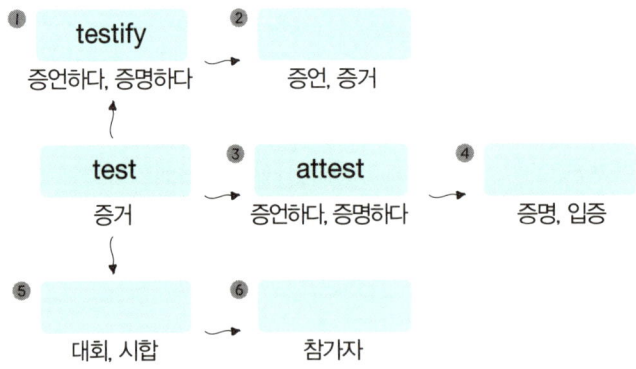

○ 답은 본문에서 확인하세요!

1. 다음 밑줄 친 부분과 바꿔 쓸 수 있는 말을 고르시오.

   **I'm not a student to cheat during examinations.**

   ① tests  ② examine  ③ pop  ④ intelligence  ⑤ testify

2. 다음 문장이 설명하는 단어를 적으시오.

   **It is a competition or game in which people try to win.**

3. 다음 문장 중 test의 의미가 다른 하나를 고르시오.

   ① I passed the Math test.
   ② She blew the test.
   ③ I got an eye test.
   ④ Good luck on your test.
   ⑤ I got a hundred on the English test.

4. 다음 영어 단어와 뜻이 일치하도록 바르게 연결하시오.

   ① examinee        ⓐ 총명한, 지능이 높은
   ② intelligent     ⓑ 적절한, 잘 하는
   ③ apt             ⓒ 증언하다, 증명하다
   ④ attest          ⓓ 수험생

○ 정답은 314쪽에!

# Day 50 language 언어

이번에는 마지막으로 학교에서 비중있게 배우는 '언어'와 '역사'에 대해 알아보도록 할게. 먼저 영국사람들의 언어인 영어, English는 Engle과 접미사 ish가 합쳐져서 생겨난 단어야. 앞의 Engle은 과거 5세기에 독일의 Angeln(앙엘른) 지역에 살던 게르만인들이 현재의 영국 영토를 침략해 터를 이루고 살면서 붙인 지역명인데, 이 Engle에 앞에서 배웠던 '땅'을 뜻하는 land가 합쳐진 England가 지금의 영국이 된 것이지. English뒤에 붙은 ish는 '~에 속한'이나 '~와 같은'이라는 뜻으로 사용되는 접미사야. 그래서 애초에 English는 '영국에 속한 사람'을 의미해서 영국인이라는 뜻을 갖게 되었고, 나중에는 '영국에 속한 언어'라고 해서 영어라는 뜻도 갖게 된 것이야.

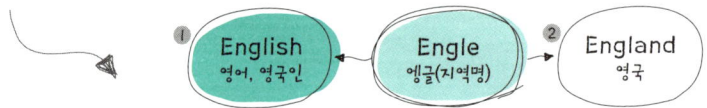

영어보다 더 중요한 건 국어지. '국어'는 말 그대로 '그 나라에 살고 있는 국민이 사용하는 언어'로, 대한민국의 국어는 한국어야. 한국어는 한국을 뜻하는 Korea에 '~한 사람이나 성질'을 뜻하는 an이 붙어서 생긴 Korean이라 하고, 이 단어 역시 한국인이라는 의미도 지니고 있어. 다른 예로, 러시아도 영어로는 Russia라는 단어를 사용하고, 러시아인이나 러시아어를 의미할 때는 Russian을 쓰지.

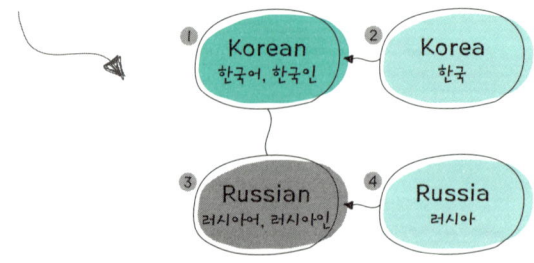

이렇듯 사람이 자기가 속한 나라에 태어나면서부터 줄곧 듣고 자라며 배우는 '모국어'는 우리가 앞에서 '혀'를 배울 때 나왔던 mother tongue이라고 하지. 반면 모국어가 아닌 모든 언어, 즉 외국어를 영어로는 foreign language라고 해. 먼저 앞의 foreign은 '바깥'을 의미하는 접두사 fore가 변형되어 생긴 단어로 외국의라는 뜻이야. 참고로, 숲을 의미하는 forest도 집을 벗어난 '바깥'에 있다고 해서 생겨난 단어지. 뒤의 language는 사람의 혀나 말을 뜻하는 tongue이 변형된 형태인 langue에 접미사 age가 붙어서 만들어진 단어로 언어를 의미해.

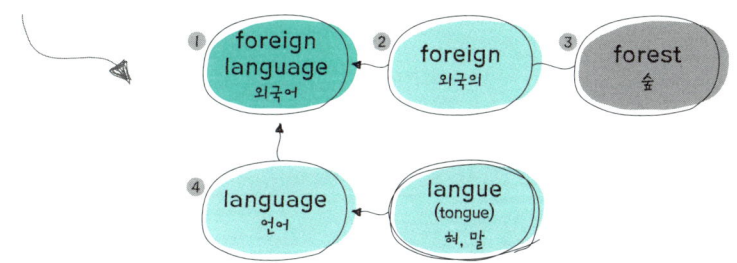

모든 나라들은 길든 짧든 고유한 역사를 지니고 있어. 역사를 영어로는 history라 하고, 역사 수업은 학과, 교습이라는 뜻의 lesson을 붙여 history lesson이라 하지. 이 history를 뜯어보면 이야기나 줄거리를 뜻하는 story라는 단어가 포함되어 있어. 원래 history는 실제로 있었던 일이나 상상한 일을 다른 사람에게 말해주는 '이야기'를 뜻하는 단어였어. 그러다가 차츰 실제로 일어난 사건을 글로 기록해 놓은 것을 history라 칭하게 되었고, 이 단어에서 hi를 뺀 story는 보다 포괄적인 의미인 '이야기', '줄거리'라는 의미를 갖게 된 것이지. history 앞에 '앞, 전'을 뜻하는 pre를 붙인 prehistory는 '역사가 기록되기 전'이라고 해서 선사시대를 의미하는 단어이고, history를 형용사로 만든 historical은 역사상의라는 뜻이야. story에 파생된 단어를 보면, 말하다라는 뜻을 지닌 tell에 사람으로 만드는 접미사 er을 붙인 '말하는 사람'을 의미하는 teller를 story 뒤에 붙인 storyteller는 이야기를 만들어내는 소설가나 이야기꾼을 뜻해. 또 storybook은 아이들이 읽는 이야기책이나 동화책을 의미하지.

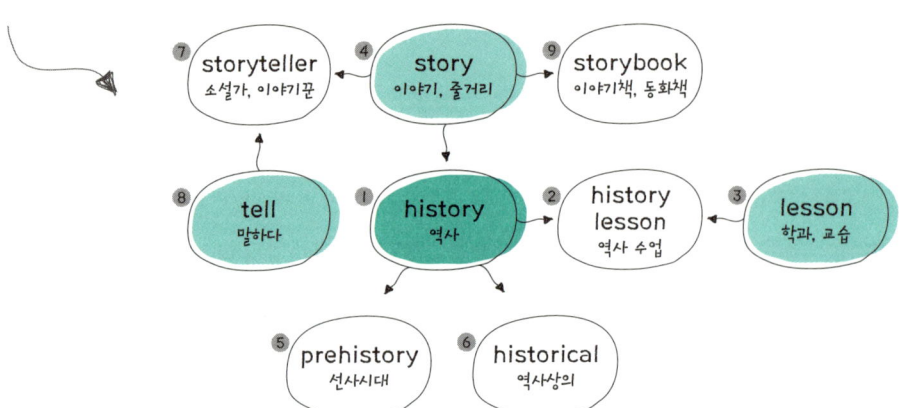

## 정리해보자

**English** [íŋgliʃ] 영 영어, 영국인 형 영국인의, 영어의
This **English** novel is very easy to read. 이 영어 소설은 읽기가 참 쉽다.

**England** [íŋglənd] 영 영국
I've been to **England** twice for sightseeing. 나는 관광 차 **영국**에 두 번 가 보았다.

**Korean** [kərí:ən] 영 한국인, 한국어 형 한국의, 한국어의
I work for a **Korean** company. 나는 **한국인** 회사에서 일합니다.

**Korea** [kərí:ə] 영 한국
**Korea** has four distinct seasons. **한국**은 사계절이 뚜렷하다.

**Russian** [rʌ́ʃən] 영 러시아인, 러시아어 형 러시아의

**Russia** [rʌ́ʃə] 영 러시아

---

**foreign language** [fɔ́:rin-læ̀ŋgwidʒ] 영 외국어
Do you speak any **foreign** language? 당신은 구사할 수 있는 **외국어**가 있나요?

**foreign** [fɔ́:rin] 형 외국의
Have you collected many **foreign** stamps? **외국** 우표를 많이 수집하셨습니까?

**forest** [fɔ́:rist] 영 숲
They are cutting down the trees in this **forest**. 그들은 이 **숲**에서 나무들을 잘라내고 있다.

**language** [lǽŋgwidʒ] 영 언어

---

**history** [hístəri] 영 역사
He made **history** when he stepped on the moon in July of 1969. 그는 1969년 달에 첫 발을 내디딤으로써 **역사**를 만들었다.

**history lesson** [hístəri-lèsn] 영 역사 수업

**lesson** [lésn] 영 학과, 교습

**story** [stɔ́:ri] 영 이야기, 줄거리
I have never heard such a sad **story**. 그런 슬픈 **이야기**를 들어본 적이 없다.

**prehistory** [pri:hístəri] 영 선사시대

**historical** [histɔ́rikəl] 형 역사상의
At the same time, you must consider the **historical** aspect. 동시에 너는 **역사적인** 면을 고려해야 한다.

**storyteller** [stɔ́:ritèlə:r] 영 소설가, 이야기꾼

**tell** [tel] 동 말하다

**storybook** [stɔ́:ribùk] 영 이야기책, 동화책
If you're looking for a **storybook** romance, you're always going to be disappointed. 네가 만약 **동화책** 같은 연애를 기대한다면 너는 언제나 실망하게 될 거야.

✱ 빈 칸에 들어갈 우리말 해석을 쓰시오.

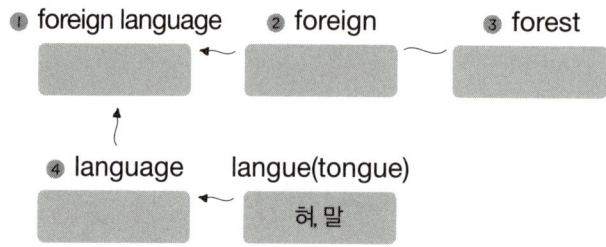

✱✱ 빈 칸에 들어갈 영어 단어를 쓰시오.

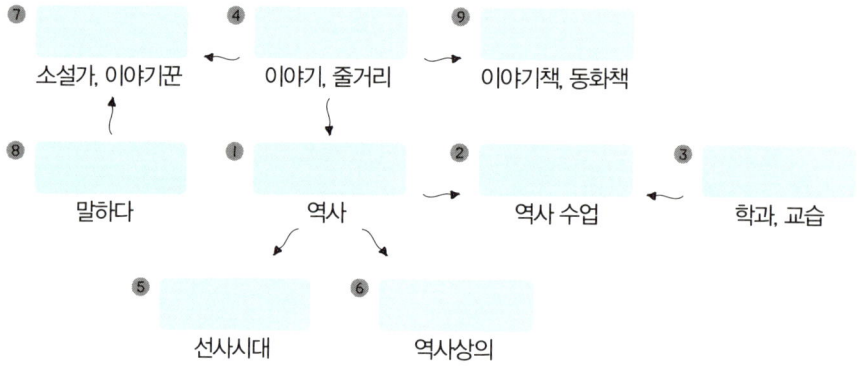

○ 답은 본문에서 확인하세요!

1. 다음 빈칸에 들어갈 가장 적절한 단어를 고르시오.

   A _____ is a large area of land covered with trees and plants.

   ① foreign   ② forest   ③ tongue   ④ history   ⑤ story

2~3 다음 빈칸에 들어갈 가장 적절한 단어를 보기 에서 골라 쓰시오.

   보기  story   storyteller   foreign language   historical

2. The movie _____ remains fresh in my memory.
3. What _____ are you learning at your school?

4. 다음 문장 중 문법적으로 틀린 문장을 고르시오.

   ① Have you collected many foreign stamps?
   ② Russian is hard for me to learn.
   ③ He is a professor of ancient history.
   ④ Shows me your tongue.
   ⑤ Have you had Korean food before?

5. 다음 영어 단어와 뜻이 일치하도록 바르게 연결하시오.

   ① history lesson   •          • ⓐ 동화책
   ② storybook         •          • ⓑ 선사시대
   ③ prehistory        •          • ⓒ 언어
   ④ language          •          • ⓓ 숲
   ⑤ forest            •          • ⓔ 역사 수업

○ 정답은 314쪽에!

# 정답 및 해설

## Day 01

1. ③
   그는 호텔이나 레스토랑에서 요리하는 요리사가 되었다.
   thief 도둑 / officer 장교, 공무원
2. ① (②~⑤의 head는 '사람의 머리'를 뜻하고 ①은 '회사에서 가장 높은 지위를 가진 사람'을 뜻합니다.)
   ① 그는 소프트웨어를 만드는 회사의 사장이다.
   make 만들다
   ② 나는 차를 탈 때 차에 머리를 부딪쳤다.
   bang 부딪치다 / get in 타다
   ③ 청중에 있는 많은 사람들이 고개를 끄덕이며 동의했다.
   audience 청중 / nod 끄덕이다 / agreement 동의, 합의 / agree 동의하다
   ④ 머리를 계속 따뜻하게 하기 위해서 모자를 써라!
   warm 따뜻한
   ⑤ 머리는 목 위에 있으며 눈과 코 그리고 뇌가 포함되어 있는 몸의 일부분이다.
   contain 담고 있다, 포함하다 / brain 뇌
3. ⑤ (①~④는 반대말의 관계로 되어있고 ⑤의 wider는 wide의 비교급입니다.)
   hairy 털이 많은 / health 건강 / wide 폭넓은, 광범위한
4. ①
   그들은 우리 회사를 경영하기 위해 새로운 사장을 임명했다.
   appoint 임명하다, 지명하다 / manage 경영하다, 다루다 / employee 종업원 / servant 하인 / slave 노예 / student 학생

## Day 02

1. ①
   그 혹은 그녀는 범죄나 사고 같은 사건을 본 사람이다.
2. ② (②에서만 eye가 '쳐다보다'라는 동사로 사용되었습니다.)
   ① 그는 눈을 감고 잠을 잤다.
   close 감다, 닫다 / sleep 자다
   ② 그들은 나를 의심스럽게 쳐다봤다.
   suspiciously 의심스럽게 / suspicious 의심스러운
   ③ 눈은 우리가 보는 데 사용하는 몸의 일부분이다.
   use 사용하다, 이용하다, 사용, 이용
   ④ 내 눈에 뭔가 있다.
   ⑤ 그녀는 예쁜 눈을 가지고 있다.
   beautiful 아름다운, 예쁜 / beauty 아름다움, 미인
3. wit
   (재치)는 영리하고 재미있는 방법으로 단어를 사용하는 능력이다.
   ability 능력, 재능 / cleve 영리한, 현명한 / humorous 재미있는
4. wisdom
   그는 훌륭한 (지혜)를 가진 사람이다.
5. earring
   (귀걸이)를 하고 있는 그 여성은 매우 사랑스럽다.
   lovely 사랑스러운, 아름다운 / love 사랑하다, 사랑

## Day 03

1. ④ (face 뒤에 명사인 problem이 있으므로 현재 진행형인 facing이 사용됩니다.)
   그 회사는 문제에 직면해 있다.
2. ①
   그는 사고로 많은 (피)를 흘렸다.
   lose (과거형-lost) 잃다 / accident 사고
   (피)는 물보다 진하다.
   thick (비교급-thicker) 두꺼운
3. ③ (③은 트렁크(나무 줄기)가 아닌 나뭇가지를 설명하는 문장입니다.)
   ① 트렁크는 차 뒤에 있는 공간이다.
   ② 트렁크는 코끼리의 코이다.
   ③ 트렁크는 나뭇잎과 꽃을 지니고 있는 나무의 일부분이다.
   ④ 트렁크는 옷을 저장하기 위해 사용되는 크고 강한 상자이다.
   ⑤ 나무의 트렁크는 나무의 가장 중요한 줄기이다.
   main 중요한, 주된
4. preface
   (서문)은 책의 시작에 있는 서론이다.
   introduction 소개, 서론 / beginning 시작, 출발

## Day 04

1. ② (과거를 의미하는 yesterday가 있기에 hid를 사용합니다.)
   어제 그는 베개 밑에 약간의 책을 숨겼다.
   yesterday 어제, 어제(는) / pillow 베개
2. ④ (나머지는 명사-형용사 관계이고, ④는 둘 다 명사입니다.)
3. ②
   그것은 뇌를 둘러싸고 있는 머리의 뼈이다.
4. ⑤ (hideout은 가족과 상관이 없는, 숨겨진 '은신처'를 뜻합니다.)
5. skinny
   그녀는 직장에서 (스키니) 진을 입기를 희망한다.

6. skin
그녀는 태양으로부터 (피부)를 보호하기 위해 햇볕차단제를 바른다.
sunscreen lotion 자외선 차단제 / protect 보호하다

## Day 05

1. ④
존은 쉰 목소리로 나에게 말했다.
greedy 탐욕스러운 / sadly 슬피, 몹시 / sad 슬픈 / silly 어리석은

2. ①
여성은 밖에 나갈 때 열쇠와 돈을 가지고 다니기 위해 (핸드백)을 사용한다.
carry 옮기다, 가지고다니다
수잔은 그녀의 (핸드백)을 열고 핸드폰을 꺼냈다.
case 상자 / wallet 지갑

3. ①
토니는 눈 덮인 언덕을 미끄러지듯 내려왔다.
hill 언덕 / 경사로 / slow 느린 / smile 웃다, 웃음 / rise 올라가다, 일어나다, 증가

4. ③
그것은 셔츠의 깃 아래에 묶는 긴 천 조각이다.

## Day 06

1. ④ (①, ②, ③, ⑤의 접미사 er은 사람이나 사물을 의미하는 것이고, ④의 further는 far의 비교급으로 사용된 단어입니다.)
far 멀리 / further 더 멀리

2. prey
(사냥감)은 다른 동물들에게 사냥당하거나 먹히는 동물이다.

3. predator
(포식자)는 다른 동물들을 사냥하거나 먹는 동물이다.

4. ④ (④의 bow는 명사로 '활'을 의미합니다.)
① 우리는 왕에게 고개를 숙였다.
② 우리가 처음 만날 때는 일반적으로 서로 고개를 숙여 인사한다.
③ 그는 머리 숙여 기도했다.
prayer 기도
④ 화살을 쏘기 위해 그는 활을 만들었다.
shoot 쏘다, 사격하다
⑤ 그녀는 왕에게 자비를 베풀어 달라고 무릎을 꿇어 간청했다.
beg 간청하다 / mercy 자비

5. ③
그곳은 무기가 저장되어 있는 장소이다.
park 공원, 주차하다 / factory 공장 / storage 저장고

## Day 07

1. ①-ⓓ, ②-ⓒ, ③-ⓐ, ④-ⓑ

2. chest
(가슴)은 심장과 폐가 있는 사람 몸의 앞 부위이다.
(상자)는 어떤 것을 저장하기 위해 사용되는 튼튼한 박스이다.

3. ⑤ (⑤는 green belt에 관한 설명입니다.)
① 그는 차 안에서 안전벨트를 착용한다.
② 당신은 운전 할 때 안전벨트를 착용해야 합니다.
③ 안전벨트는 교통사고에서 사람을 구하고 보호한다.
④ 안전벨트를 매 주세요!
fasten 매다
⑤ 안전벨트는 사람들이 무언가를 짓는 것이 법으로써 허락되지 않은 장소이다.
allow 허락하다

4. ④
고통에 시달리시나요?
suffer 고통받다, 시달리다

## Day 08

1. ②
(정사각형)은 같은 길이의 네 변을 가지고 있다.
equal 같은, 동등한 / length 길이
우리 고등학교 악단은 시내 (광장)에서 연주했다.
town 시내, 읍, 마을

2. ③ (octagon은 8각형을 의미합니다.)

3. ⑤
축구는 열한 명의 두 팀이 시합을 하는 게임이다.
dodge ball 피구 / dodge 피하다 / volleyball 배구 / volley 맞받아치다 / basketball 농구 / basket 바구니

4. calf
이것은 발과 무릎 사이에 사람 다리의 뒤에 있는 부위이다.

5. hind legs
이것은 네 다리를 지닌 동물의 뒤에 있는 2개의 다리이다.

## Day 09

1. ③
   우리 고양이는 탁자의 다리에 자신의 (발톱)을 날카롭게 하는 것을 좋아한다.
   sharpen 날카롭게 하다 / sharp 날카로운

2. ①
   그것은 알파벳순으로 저장된 정보의 수집이다.
   information 정보 / collection 수집품, 수집

3. ②
   내 구두 (뒤축)이 닳았다.
   (숙어로 wear down은 '마모되다'라는 뜻입니다.)
   그는 나의 신발의 (굽)을 수선하기 위해 노력했다.
   repair 수선하다, 수선

4. solo
   (독창곡)은 한 사람 혼자서 해내는 음악 연주이다.

5. toenail
   (발톱)은 발가락 끝을 보호하고 덮는 단단한 부위이다.

## Day 10

1. ④ (weigh는 동사로 사용되는 단어(무게를 달다)이고 weight는 명사(무게)와 동사(무겁게 하다)로 사용되는 단어입니다.)

2. ②
   나는 고개를 (든다).
   이 가방은 아이가 (들기에는) 너무 무겁다.

3. ③ (주어인 hands가 복수이므로 동사는 are가 사용됩니다.)

4. weight
   그는 (체중)을 감량하기 위해 노력중이다.
   lose 잃다, 줄다

5. high
   비행기는 도시 위를 (높이) 날고 있다.
   city 도시

## Day 11

1. ④
   저는 초콜릿 케이크 한 (조각)을 원합니다.
   그녀는 종이 한 (장)을 반으로 접었다.
   fold 접다

2. ②
   이것은 행운을 가져다주는 것으로 여겨지는 사람, 동물 혹은 사물이다.
   dove 비둘기 / circus 서커스 / luck 운, 행운 / lucky 행운의

3. ⑤ (다른 것들은 모두 동사-명사의 관계이고, wider는 wide의 비교형입니다.)

4. ③ (3은 glass의 복수로 '안경'을 의미합니다.)
   ① 나는 잔을 비운다.
   ② 모두를 위해 잔을 들자.
   raise 들다, 들어올리다
   ③ 안경이 무척이나 잘 어울린다.
   ④ 나는 잔에 물을 부었다.
   pour 붓다, 따르다
   ⑤ 탁자 위에 우유 한 잔이 있다.

## Day 12

1. ④ (clothe가 아닌 clothes가 사용되어야 합니다.)
   그녀는 빨간 스웨터와 청바지를 입고 있었다.

2. clothes
   (옷)은 사람이 몸을 덮기 위해 입는 것이다.

3. ③ (나머지는 '위, 정상'이라는 뜻으로 쓰였고, 3만 '상의'라는 뜻으로 쓰였습니다.)
   ① 그는 학급에서 수석이다.
   ② 그녀는 계단 꼭대기에서 나를 기다렸다.
   wait 기다리다 / stair 계단
   ③ 너는 이 바지와 어울리는 상의가 필요하다.
   go with 어울리다, 동행하다
   ④ 빌딩 꼭대기에 깃발이 있었다.
   flag 기, 깃발
   ⑤ 그는 언덕 꼭대기에 있다.

4. ③
   그녀는 집에서 솜사탕을 만들어보기를 원한다.

## Day 13

1. ②
   이 장갑은 (가죽)으로 만들었다.
   나는 검은 (가죽) 재킷을 찾고 있다.
   look fo 찾다 / stone 돌 / sand 모래

2. ①
   네가 이 잠바를 좋아하기를 나는 바란다.

3. ⑤
   그것은 긴 단추와 후드가 있는 무거운 코트이다.

4. button
   너는 셔츠의 (단추)를 꿰맬 수 있다.

sew 꿰매다
5. sweater
춥다면, (스웨터)를 입어라.
put on ~을 입다

## Day 14

1. ② (my hands가 아니라 my right hand이기에 단수인 2가 정답입니다.)
   나는 오른쪽 (장갑)을 벗었다.
   pull off ~을 벗다
2. ⑤ (5의 boot는 동사로 '차다'라는 뜻으로 사용되었습니다.)
   ① 제인은 장화를 신고 있다.
   ② 그녀의 장화는 소가죽으로 만들었다.
   ③ 나는 등산화 한 켤레를 사기를 원한다.
   ④ 젊은이가 탁자 위에 장화를 놓았다.
   ⑤ 그들은 그의 머리를 찼다.
3. ②
   그것은 특별히 처음으로 무언가를 찾아내는 과정이다.
4. recover
   당신이 병에서 (회복되기를) 희망합니다.
   illness 병, 아픔 / ill 아픈, 병든, 나쁜
5. recovery
   나의 할아버지는 수술에서 완전히 (회복)되었다.
   operation 수술, 작업, 운용 / weather 날씨

## Day 15

1. ⑤ (doublet은 중세 시대 때 입던 남자들의 겉옷을 뜻합니다.)
   사람들은 속옷으로 (  )를 입는다.
2. ① (lingerie는 여성용 속옷인 란체리를 뜻합니다. 아마포는 linen.)
3. ③
   우리는 정장과 넥타이를 (착용해야) 한다.
   나는 파티에 (입을) 드레스를 찾고 있다.
   well 잘, 아주, 건강한 / work 일하다, 일 / ware 상품, 물건
4. ⑤
   우리는 발의 부상을 방지하기 위해서 꼭 맞는 신발을 신어야 한다.
   correct 적당한, 옳은 / injury 부상 / prevent 막다, 방지하다

## Day 16

1. ④ (insight는 사람의 안을 본다고 하여 '통찰력'이라는 뜻으로 쓰이는 단어입니다.)
2. ① (1의 contact는 동사로 사용되었고 나머지는 명사로 사용되었습니다.)
   ① 그들은 그와 접촉하려고 시도했다.
   ② 그녀는 삼촌과 많은 연락을 하지 않는다.
   ③ 나는 아직 그녀와 연락을 한다.
   ④ 나는 나의 오래된 친구와 연락이 끊기고 싶지 않다.
   ⑤ 그녀는 마침내 파리에서 그와 연락이 되었다.
3. ③ (salt는 '소금'을 의미하며 명사로 사용되고 나머지 단어들은 형용사입니다.)
   그것은 맛이 (  ).
4. ②
   너의 발에서 불쾌한 (냄새)가 난다.
   unpleasant 불쾌한
   담배 (냄새)는 아기들에게 매우 해롭다.
   smoke 연기, 담배, 담배를 피우다 / harmful 해로운
5. ①
   그는 상식적인 (감각)을 지니고 있는 사람이다.
   common 공통의, 흔한 / sentence 문장, 형벌

## Day 17

1. ③ (나머지는 반대 성을 일컫는 명사이고, 3은 형용사와 명사의 관계입니다.)
   gentleman 신사 / lady 숙녀
2. monarch
   그 혹은 그녀는 나라를 다스리는 사람이다.
   rule 다스리다, 지배하다, 규칙, 자
3. boy
   (소년)은 자라서 성인 남자가 되는 아이이다.
4. woman
   (여성)은 성인인 여자이다.
5. ②
   ① 그녀의 남자친구는 잘생긴 남자였다.
   ② 사람들은 급속히 지구를 파괴하고 있다.
   rapidly 급속히 / rapid 빠른 / destroy 파괴하다
   ③ 그녀는 유머감각이 있는 남자를 좋아한다.
   ④ 나는 그녀가 다른 남자와 있는 것을 보았다.
   ⑤ 남자와 여자의 관계는 공정하고 평등해야 한다.
   fair 공정한, 타당한 / equal 똑같은, 동등한

## Day 18

1. ⑤ (①~④는 형용사로서 빈칸에 어울리지만 ⑤는 명사라서 빈칸에 들어갈 수 없습니다.)
   너 정말 ( )해 보인다.
2. youth
   (젊음)은 젊었을 때의 삶의 기간이다.
   period 기간, 시기
3. adult
   (어른)은 완전한 크기로 자란 사람이다.
   size 크기
4. ③
   (청소년)은 어른으로 성장하고 있는 젊은 사람이다.
   develop 성장하다, 발달하다 / development 성장, 발달
5. ①
   ① 아기는 특별히 걷거나 말할 수 있는 매우 강한 어린이이다.
   ② 유아기는 누군가가 아기일 때의 시간이다.
   ③ 아이는 아직 어른이 되지 않은 사람이다.
   ④ 곰은 두꺼운 털을 지닌 크고 강한 야생 동물이다.
   wild 야생의
   ⑤ 아기는 아직 걸을 수도 말할 수도 없는 매우 어린 아이이다.
   walk 걷다 / talk 말하다

## Day 19

1. ②
   우리는 존의 결혼식에 초대받았다.
2. ④ (④는 명사 '종류'라는 뜻으로 사용된 kind입니다.)
   ① 그는 매우 친절하고 배려 깊은 사람이다.
   thoughtful 배려심이 있는, 생각에 잠긴
   ② 너의 형에게 제발 친절해라!
   ③ 친절하게 나를 도와주셔서 감사합니다.
   ④ 어떤 종류의 음악을 좋아하세요?
   ⑤ 당신의 친절한 초대에 감사드립니다.
   invitation 초대 / invite 초대하다
3. ③
   (이혼)은 법에 의해 결혼이 공식적으로 끝나는 것이다.
   formal 공식적인, 형식적인 / join 연결하다, 가입하다
4. ⑤ (apple은 우리가 먹는 '사과'이고 apply는 동사로 '신청하다, 지원하다'라는 뜻으로, 이 두 단어는 전혀 관련이 없습니다.)

## Day 20

1. ①-ⓔ, ②-ⓐ, ③-ⓓ, ④-ⓒ, ⑤-ⓑ
2. cousin
   (사촌)은 삼촌 혹은 고모의 아이이다.
3. stepfather
   그는 나의 아버지가 돌아가신 후 나의 어머니와 결혼하신 (의붓아버지)이다.
4. niece
   나의 (조카딸)이 방문했을 때, 우리는 그녀를 환영했다.
   welcome 환영하다, 맞이하다
5. ②
   ① 너 굉장히 좋아 보인다!
   ② 너는 너의 증조부와 닮아 보인다.
   ③ 당신을 보는 것은 언제나 큰 기쁨입니다.
   ④ 나는 월마트에서 큰 세일이 있다는 것을 들었다.
   ⑤ 맛이 굉장히 좋다.

## Day 21

1. haven
   그 정원은 도시의 소음으로 부터의 (안식처)이다.
   garden 정원 / noise 소음
2. behavior
   그의 (행동)에 대해 제가 사과드립니다.
   apologize 사과하다
3. ③
   그녀는 매주 일요일에 그녀 어머니의 무덤을 방문한다.
   gravity 중력
4. ④ (breath는 '숨'을 뜻하는 명사입니다.)
5. ① (①의 live는 형용사로 사용된 것이고 ②~⑤는 동사로 사용된 것입니다.)
   ① 나는 라이브 음악을 좋아한다.
   ② 나는 부모님 그리고 형과 함께 산다.
   ③ 장수하시기를 기원합니다!
   ④ 나의 할아버지는 혼자서 사신다.
   ⑤ 그녀는 우리 옆집에 살고 있다.

## Day 22

1. ③ (①, ②, ④, ⑤는 형용사와 명사의 관계이고, ③은 여성을 의미하는 접미사 ess가 붙은 것입니다. lioness는 암사자를 의미합니다.)

2. apartment
당신에게 (아파트) 열쇠를 줄게요.
3. arrive
몇 시에 열차가 (도착하나)요?
4. ③ (full은 형용사로 '가득 찬'이란 뜻이고, fill은 동사로 '채우다'를 뜻합니다.)
5. ② (②는 글을 쓰는 소설가나 작가에 대한 설명입니다.)
① 종업원은 누군가를 위해 일을 하고 돈을 받는 사람이다.
② 사업가는 책을 쓰는 사람이다.
③ 고용주는 사람을 고용하는 사람이다.
④ 직원은 회사를 위해 일하는 사람들의 집단이다.
⑤ 직업은 돈을 얻기 위해 하는 일이다.

## Day 23

1. ③ (2개의 출입구가 있기에 복수인 ③이 정답입니다.)
이 건물 안에는 앞에 하나와 뒤에 하나씩 2개의 (출입구)가 있다.
2. ④ (assist는 접미사가 붙은 명사가 아니라 동사로 사용되는 단어로, '돕다'라는 뜻을 지니고 있습니다.)
3. talent
나는 노래 부르는 (재능)이 전혀 없다.
4. comic
가끔씩 나는 (만화)책을 읽는 것을 좋아하지만 자주 보는 것은 아니다.
read 읽다
5. ⑤ (teacher는 '선생님'으로 연예인에 속하는 직업이 아닙니다.)
그 저널리스트는 연예인과 인터뷰를 가질 것이다.

## Day 24

1. ③
모짜르트는 클래식 음악의 (거장)이었다.
beggar 거지 / beg 간청하다, 구걸하다
2. master
(달인)은 특별한 직업에 매우 숙련된 사람이다.
3. ④ (다른 문장은 모두 '닻'으로 쓰였고, ④만 뉴스를 진행하는 '앵커'로 사용되었습니다.)
① 그 배는 정박 중이다.
② 우리는 물속에 닻을 내렸다.
③ 닻을 올렸다.
④ 그는 저녁 뉴스의 단독 앵커가 되었다.
nightly 밤의 / night 밤

⑤ 우리는 당장 닻을 내릴 수 있다.
4. ceremony
(의식)은 결혼식과 같은 하나의 형식적인 행사이다.
5. broadcast
우리는 오늘 이 프로그램을 라이브로 (방송할) 것이다.

## Day 25

1. ②
그 목사는 30년의 목회 생활 후에 은퇴를 하게 되었다.
2. ⑤
설교를 하시겠습니까, 신부님?
sermon 설교
3. ⑤
지금까지는 (좋다).
so far 지금까지
작별(인사)를 해야 할 시간이네요.
4. ④ (My mother's는 My mother is를 줄인 것이고, 앞에 동사인 is가 있기에 preach는 현재분사인 preaching으로 사용됩니다.)
나의 어머니 언제나 방을 청소하라고 설교하신다.
clean 청소하다, 깨끗한
5. ⑤
① 북쪽이 어느 쪽이죠?
(주어가 단수이기에 are가 아닌 is가 사용됩니다.)
② 서부영화를 좋아하나요?
(의문문에서는 동사의 원형이 오기에 likes가 아닌 like가 들어갑니다.)
③ 태양은 동쪽에서 떠서 서쪽으로 진다.
(and 뒤의 set은 앞의 sun을 주어로 받기에 sets를 사용해야 합니다.)
④ 나는 남쪽에서 북쪽으로 간다.
(주어가 1인칭이기에 동사는 go를 사용해야합니다.)
⑤ 그녀의 집은 영국 동쪽에 있다.

## Day 26

1. ④
우리는 공군에서 (복무했다).
군대에서 (복무 했습)니까?
sergeant 하사관
2. ③, ④ (police office는 police station과 같은 뜻인 경찰서이고, 주로 영국에서 사용되는 단어입니다.)

경찰은 나에게 멈추라고 신호했다.
sign 신호를 보내다, 서명하다, 신호
3. ① (cop은 '경찰'이라는 의미로 군대(army)에 속하지 않습니다)
( )은 군대에서 일하고 군복을 입는다.

4. ③ (3은 '군대'를 뜻하고 나머지는 '힘'을 의미합니다)
① 바람의 힘으로 많은 나무가 쓰러졌다.
② 경찰은 다수의 힘으로 군중을 통제했다.
crowd 군중
③ 그녀는 공군에서 장교이다.
④ 그는 그것을 힘으로 해결했다.
settle 해결하다, 앉다, 정리하다
⑤ 그의 힘은 너의 마음을 움직일 수 있다.

## Day 27

1. ⑤
2. ③
그녀는 나의 돈을 훔치려고 했다.
save 구하다, 모으다 / help 돕다
3. ④
나는 (지독한) 충치가 있다.
우리는 방금 (끔찍한) 뉴스를 받게 되었다.
terran 지구인
4. ③ (나머지는 모두 '범죄자, 범인'으로 쓰였고, 3에서만 '범죄의'라고 쓰였습니다)
① 나는 범인을 체포했다.
② 우리는 범인을 쫓고 있다.
chase 쫓다, 추적하다
③ 그는 범죄 기록을 가지고 있다.
record 기록하다, 녹음하다, 기록
④ 우리는 범인을 놓쳤다.
⑤ 경찰은 범인을 찾을 수 없었다.

## Day 28

1. ②
그 혹은 그녀의 직업은 병원에서 아픈 사람을 돌보는 것이다.
2. ③
그녀는 (유아원)에서 일한다.
그의 아기는 (육아실)에서 잠을 잔다.
near 가까운, 가까이
3. ⑤

나는 약국에서 약을 좀 사와야 한다.
4. document
(서류)를 이메일로 보낼게.
5. documentary
우리 선생님은 동물의 의사소통에 관한 (다큐멘터리)를 보여주었다.
show 보여주다 / communication 의사소통, 통신

## Day 29

1. ②
나는 나의 사건을 다룰 (변호사)를 두고 있었다.
case 사건, 경우 (case는 상자를 뜻하는 case와 같은 철자를 사용합니다)
(변호사)는 법에 관해서 사람들에게 조언해주는 사람이다.
advise 조언하다, 충고하다 / advice 조언, 충고
2. ① (1 만 '판사'라는 뜻의 명사로 사용되었고, 나머지는 동사 '판단하다, 심판하다'라는 의미로 사용되었습니다)
① 판사가 그에게 형을 내렸다.
② 너는 사람을 학력으로 판단해서는 안 된다.
③ 우리는 그의 행동으로부터 그를 판단할 필요가 있다.
④ 그는 그 사건을 심판(판단)했다.
⑤ 그 투어는 큰 성공을 거둔 것으로 판단되었다.
success 성공
3. ⑤
(궁수)는 활을 이용해 화살을 쏘는 사람이다.
4. ③
① 우리는 그냥 친구이다.
(We는 복수이기에 동사 are가 사용됩니다)
② 나는 계산대에 가방을 두고 왔다.
(I는 1인칭이기에 have가 사용됩니다)
③ 할인 좀 해주시겠어요?
④ 나는 머리를 숙여 절할 것이다.
(미래형 조동사 will 다음에 오면 동사는 원형인 bow가 사용됩니다)
⑤ 나의 판단은 옳았다.
( 뒤에는 과거로 was가 사용됩니다)

## Day 30

1. ①
내 형은 그의 생일날 낚싯대를 받았다.
receive 받다

2. ③ (drum을 연주하는 연주가는 drummer입니다.)
3. ④
내가 어디에서 (차)를 빌릴 수가 있나요?
rent 빌리다, 임대하다, 집세
많은 사람들은 (자동차) 사고로 죽음을 당한다.
4. ④ (4의 train은 동사로 사용된 것이고, 나머지는 명사 '기차'를 의미합니다.)
① 어디서 기차를 갈아타야 해요?
② 2시 50분에 떠나는 기차가 한 대 있습니다.
③ 나는 기차로 거기에 갈 거예요.
④ 말은 그녀의 의해서 교육되어졌다.
⑤ 저는 다음 기차를 탈 거예요.

## Day 31

1. ③ (3의 principal은 형용사로 사용되었습니다.)
① 나는 교장실에 갔다.
② 그는 교장실로 보내졌다.
③ 이라크의 주요 수출품은 석유이다.
④ 우리의 교장선생님은 학교의 역사를 소개했다.
⑤ 우리 학교 교장선생님은 나를 위해 우리 아버지를 초청했다.
2. ⑤
그는 영어(선생님)이다.
(선생님)은 학교에서 가르치는 직업을 가진 사람이다.
3. ⑤
그녀는 중학교 선생님이다.
4. ⑤
① 스튜디오는 화가들이 일하는 장소이다.
② 학생은 학교에서 배우는 사람이다.
③ 선생님은 학교에서 직업적으로 가르치는 사람이다.
④ 학교는 아이들이 교육을 받는 장소이다.
⑤ 공주는 왕이나 여왕의 아들이다.

## Day 32

1. ⑤ (teach는 동사로만 쓸 수 있는 단어이므로 빈칸에 들어갈 수 없습니다.)
(     )은 언제 시작하나요?
2. ⑤ (빈칸에는 명사인 music을 꾸며주는 형용사가 들어가야 합니다. class는 명사입니다.)
(     ) 음악 듣는 것을 좋아하세요?
contemporary 동시대의

3. ④ (나머지는 동사로 쓰였고, 4에서만 '놀이'라는 의미의 명사로 쓰였습니다.)
① 식사를 한 뒤에 알아맞히기 놀이를 했어.
② 다루는 악기 있나요?
③ 나는 바이올린 연주하는 것을 좋아한다.
④ 그 아이가 놀이를 하도록 두어라.
⑤ 우리는 숨바꼭질을 했다.
4. ⑤
그 농구(선수)는 덩크슛을 성공했다.
그 상대편 (선수)는 경고를 받았다.
opposite 상대편의, 다른 편의 / warning 경고
5. class
(학급)은 함께 교육을 받는 학생들의 모임이다.

## Day 33

1. ③
너는 생선과 (고기) 중 어느 것을 더 좋아하니?
그들은 (고기)와 채소로 식사를 한다.
2. ②
(침대)는 당신이 잘 때 눕는 가구의 하나이다.
3. ②
그 혹은 그녀는 일정한 기간 동안 너와 방을 같이 사용하는 사람이다.
4. blanket
나는 (담요)를 접었다.
5. passengers
스튜어디스가 통로를 따라 가면서 (손님들)을 하나씩 깨우고 있었다.
aisle 통로
6. passport
(여권) 좀 보여주시겠어요?

## Day 34

1. ①
나가기 전에 (변기) 물을 내리시오.
2. ⑤
3. ⑤
그것은 물을 가득 채우고 몸을 씻기 위해 앉는 긴 통이다.
4. ①
피는 (물)보다 진하다
저는 (물)을 한잔 하겠습니다.

5. wet
나는 (젖은) 수건을 비틀었다.
6. area
흡연(구역)에 빈 자리가 있나요?

## Day 35

1. ①
   ① 책상은 일을 하거나 글씨를 쓰기 위해 앉는, 종종 서랍을 지닌 탁자의 한 종류이다.
   ② 책상은 컴퓨터 정보가 저장되어 있는 네모난 용기이다.
   ③ 책상은 한 명의 사람이 앉을 수 있게 만들어진 가구이다.
   ④ 책상은 손가락에 낄 수 있는 금속으로 만들어진 작은 원이다.
   ⑤ 책상은 손목에 끈으로 착용할 수 있는 작은 시계이다.
2. ①
   내 컴퓨터의 키보드가 작동되지 않는다.
3. chairman
   그 혹은 그녀는 회의나 단체의 책임을 지닌 사람이다.
   organization 조직, 단체
4. ⑤
   그것은 사무실 밖에서 사용하기 위해 설계된 작은 컴퓨터이다.

## Day 36

1. ②
   불이 날 (경우), 유리를 깨고 버튼을 눌러라.
   나는 변호사에게 (사건)을 의뢰했다.
2. ①
   (지우개)는 연필에 의해 생긴 자국을 지우기 위해 사용되는 고무의 작은 조각이다.
3. ④ (나머지는 동사-명사의 관계이고, wiser는 wise의 비교급으로 사용되는 단어로 둘 다 형용사입니다.)
4. ①-ⓓ, ②-ⓒ, ③-ⓑ, ④-ⓐ

## Day 37

1. ③
   20을 4로 (나누면) 얼마입니까?
   한 학년은 2학기로 (나누어져) 있다.
2. ⑤ (sharpener는 연필깎이를 뜻합니다.)
3. ④ (4에서는 '통치자'로 쓰였고, 나머지 문장에서는 '자'로 쓰였습니다.)
   ① 나는 선을 그리기 위해 자를 사용했다.
   ② 선생님은 나의 손바닥을 자로 때렸다.
   ③ 소년은 구부러진 자로 선을 그렸다.
   ④ 여왕이 죽은 후 그 나라는 통치자가 없었다.
   ⑤ 그의 이름에 밑줄을 긋기 위해 너의 자를 사용해라.
4. mechanic
   (정비공)은 자동차의 엔진을 고치는 직업을 가진 사람이다.

## Day 38

1. ①-ⓓ, ②-ⓑ, ③-ⓐ, ④-ⓒ
2. ⑤
   (뉴스)는 최근의 사건이나 변화된 상황에 관한 정보이다.
3. ②
   나는 (은행)계좌를 폐쇄하기를 원한다.
   나는 내 돈을 (은행)에서 인출했다.
4. ③ (bookmarks 앞에 a가 붙어 있기에 단수인 bookmark로 써야 합니다.)
   ① 그는 그 도시의 이 지역은 알지 못한다.
   ② 나는 선반에 책을 다시 올려놓았다.
   ③ 그는 책에 책갈피를 꽂았다.
   ④ 그들은 너를 놀라게 할 충격적인 소식을 가지고 있다.
   ⑤ 나는 가위로 종이를 자른다.

## Day 39

1. ④ (4의 fit은 형용사로 사용되었습니다.)
   ① 이것은 나에게 적합하지 않다.
   ② 그 옷은 너에게 아주 잘 맞는다.
   ③ 우리는 마치 손과 장갑처럼 잘 어울린다.
   ④ 그가 이 직업에 적합하다고 나는 확신한다.
   ⑤ 그것은 어느 경우에도 적합하다.
2. ⑤
   너는 그림을 그렸니?
3. ⑤
   나는 (캐비닛)에서 서류철을 꺼낸다.
   종이는 (캐비닛)에 있다.
4. ①-ⓓ, ②-ⓐ, ③-ⓒ, ④-ⓑ

## Day 40

1. bell
그것은 땡땡 소리를 내는 장치이다.
2. ④
3. ①
나의 (스케줄)이 빡빡하다.
(스케줄)보다 20분 늦게 도착하겠습니다.
4. ②
그들은 그들의 친구를 위해 법을 (어겼다).
5. ①-ⓐ, ②-ⓓ, ③-ⓑ, ④-ⓒ

## Day 41

1. ①
너는 언제 휴가를 가니?
2. ②
당신의 친절에 매우 (감사)드립니다.
나는 네가 도와줘서 얼마나 (고마운지) 모르겠어.
3. holiday
일요일은 은행의 (휴일)이다.
4. gift
(선물)은 누군가에게 무엇을 주는 것이다.
5. ⑤ (gift는 모음으로 시작하는 단어가 아니기 때문에 앞에 an이 아닌 a를 씁니다.)
① 당신은 오후까지 방을 비워줘야 합니다.
② 올해 여름방학에 무슨 계획 있니?
③ 공부하는 것 좀 도와줄래?
④ 약속을 지키지 못한 것을 용서해주세요.
⑤ 여기 당신을 위한 선물이 있어요.

## Day 42

1. ① 나는 여행을 위한 지도가 필요하다.
2. via
그들은 화재 비상구를 (통하여) 탈출하기 시작했다.
3. toothpick
(이쑤시개)는 이빨 사이에 낀 음식을 제거하는 데 사용되는 작은 막대기이다.
4. ③
나는 (소매치기)를 당했다.
경찰은 해변에서 (소매치기)를 잡았다.
5. ①-ⓒ, ②-ⓐ, ③-ⓑ

## Day 43

1. ④ (water를 꾸며주는 형용사가 와야 합니다. heat는 명사이기에 올 수 없습니다.)
그녀는 오직 (   )한 물을 마신다.
2. ②
그의 수탉은 새벽에 울었다
3. ③
음식은 (더운 날씨)에 금방 상한다.
매일같이 계속되는 (더운 날씨)에는 수영을 하러 간다.
4. ①
① 이것은 맵다.
② 화장실에 온수가 안 나온다.
③ 커피가 아직까지 뜨겁다.
④ 내 얼굴이 뜨겁다.
⑤ 나가기에는 너무 뜨겁다.

## Day 44

1. ②
적당한 시기에 (씨)를 뿌려라.
2. ④ (나머지는 모두 '봄'을 의미하고 ④의 spring은 '용수철'을 의미합니다.)
① 봄에는 모든 것이 다시 생겨난다.
② 봄의 기운을 느낄 수 있나요?
③ 나무는 봄에 가지가 나온다.
④ 아이들이 소파에서 너무 많이 뛰었기에 스프링이 망가졌다.
⑤ 우리는 봄에 소풍을 간다.
3. ②
그것은 음식의 맛을 향상시키기 위해 첨가하는 물질이다.
4. autumn
나뭇잎은 (가을)에 색깔이 바뀐다.
5. summer
봄은 (여름)으로 바뀐다.

## Day 45

1. ⑤ (①~④는 각각 요일명과 그 어원의 관계이고, ⑤ Wednesday의 어원은 wooden이 아니라 북유럽 신화 속 최고신인 Woden입니다.)
2. calendar
그것은 한 해의 모든 날, 주 그리고 달을 보여주는 표이다.

3. blind
그녀는 한쪽 눈이 (보이지 않는)다.
4. moon
(달)은 밤에 하늘에서 볼 수 있다.
5. ①—ⓓ, ②—ⓒ, ③—ⓐ, ④—ⓑ

## Day 46

1. ③
그것은 (원)을 그리면서 돌아갑니다.
(원)은 한 부분을 완전히 곡선으로 둘러싸게끔 구성된 모양이다.
2. ②
나는 그 건물 뒤에 있는 거치대에 자전거를 걸어 잠근다.
3. commuter
(통근자)는 직장과 집 사이를 규칙적으로 통근하는 사람이다.
4. ①—ⓓ, ②—ⓑ, ③—ⓐ, ④—ⓒ

## Day 47

1. ①
동양은 서구사회의 문명을 받아들이지 않았다.
2. ③
어느 (출구)로 나가야 해요?
가장 가까운 비상 (출구)는 어디입니까?
3. merger
그것은 두 개의 분리된 회사나 기관을 함께 연결하는 것이다.
4. alarm
그는 (경보) 스위치를 쳤다.
5. visit
내가 이번 일요일에 너희 집을 (방문)해도 되니?

## Day 48

1. ①
그들은 집에서 학교에 (등교한다).
지난밤의 세미나에 (참석했니)?
2. absence
장소에서의 누군가의 (결석)은 그들이 거기에 있지 않은 것을 뜻한다.
3. ⑤ (나머지는 모두 '선물'로 사용되었고, ⑤의 present는 '현재의'라는 뜻으로 사용되었습니다.)

① 나는 그를 위한 선물을 가지고 있다.
② 그녀는 나의 선물을 받지 않았다.
③ 그는 그의 아버지의 생신선물을 골랐다.
④ 그 소녀는 선물을 포장하고 있다.
⑤ 나는 현재 아무런 정보를 지니고 있지 않다.
4. ③
그 혹은 그녀는 공식적으로 다른 사람을 위해 말을 하거나 무언가를 하는 사람이다.

## Day 49

1. ①
나는 시험 시간에 부정행위를 하지 않는 학생이다.
2. contest
그것은 사람이 이기기 위해 노력하는 대회나 게임이다.
3. ③ (나머지 문장에서는 모두 '시험'이라는 뜻으로 쓰였고, ③에서만 '검사'의 뜻으로 쓰였습니다.)
① 나는 수학 시험을 통과했다.
② 그녀는 시험을 망쳤다.
③ 나는 시력 검사를 받았다.
④ 시험 잘 보세요.
⑤ 나는 영어 시험에서 백점을 맞았다.
4. ①—ⓓ, ②—ⓐ, ③—ⓑ, ④—ⓒ

## Day 50

1. ②
(숲)은 나무와 식물로 가득한 넓은 범위의 땅이다.
2. story
그 영화의 (줄거리)는 나의 기억에서 생생히 기억난다.
3. foreign language
너는 학교에서 무슨 (외국어)를 배우니?
4. ④ (명령문에는 동사의 원형이 사용되기에 shows가 아니라 show라고 해야 합니다.)
① 외국 우표를 수집한 적이 있니?
② 러시아어는 내가 배우기에 너무 힘들다.
③ 그는 고대 역사를 가르치는 교수이다.
④ 너의 혀를 나에게 보여줘.
⑤ 전에 한국 음식을 먹어본 적 있나요?
5. ①—ⓔ, ②—ⓐ, ③—ⓑ, ④—ⓒ, ⑤—ⓓ

# 단어색인

## a

| | | | | | | | |
|---|---|---|---|---|---|---|---|
| abduct | 163 | armchair | 210 | bathrobe | 236 | bookmark | 229 |
| abductor | 163 | armchair | 38 | bathroom | 205 | bookshelf | 228 |
| able | 262 | armor | 38 | bathtub | 206 | bookstore | 228 |
| aboard | 212 | armory | 38 | beach | 94 | boot | 87 |
| absence | 286 | armpit | 38 | beachwear | 94 | border | 212 |
| absent | 286 | armrest | 204 | bean | 68 | border line | 212 |
| accident | 280 | army | 157 | bean ball | 68 | bottle | 15 |
| accidental | 280 | army | 38 | beanie | 68 | bottle cap | 15 |
| account | 176 | arrest | 204 | bear | 108 | bottlelid | 15 |
| accountant | 176 | arrival | 134 | bed | 198 | bottom | 74 |
| accounting | 176 | arrival time | 134 | bedroom | 198 | bow | 38 |
| ache | 8 | arrive | 134 | bedtime | 199 | bow | 174 |
| act | 140 | arrow | 39 | beerbelly | 45 | bowyer | 174 |
| actor | 140 | art | 146 | behave | 128 | box | 86 |
| actress | 140 | artist | 146 | behavior | 128 | boxer | 86 |
| adolescence | 109 | attend | 286 | behead | 8 | boxer shorts | 93 |
| adolescent | 109 | attendance | 286 | behind | 50 | boxing | 86 |
| adult | 108 | attendant | 286 | being | 104 | boxing glove | 86 |
| adulthood | 108 | attention | 286 | bell | 241 | boy | 103 |
| ahead | 8 | attest | 294 | belly | 45 | brassiere | 93 |
| air | 158 | attestation | 294 | bellydance | 45 | break | 241 |
| air force | 158 | audit | 176 | belong | 63 | break time | 241 |
| airman | 158 | audition | 176 | belt | 46 | breakfast | 241 |
| alarm | 282 | auditor | 176 | bicycle(bike) | 276 | breath | 127 |
| alive | 126 | August | 263 | big | 62 | breathe | 127 |
| ambulance | 169 | aunt | 122 | bigtoe | 57 | brief | 93 |
| amiable | 162 | automate | 223 | bikini | 94 | brief | 218 |
| amicable | 162 | automatic | 223 | birth | 108 | briefcase | 218 |
| amigo | 162 | automatic pencil | 222 | birthday | 108 | briefing | 93 |
| amity | 162 | automation | 223 | bite | 99 | briefs | 93 |
| anchor | 144 | automaton | 223 | bitter | 99 | broad | 144 |
| angel | 151 | automobile | 223 | bitter taste | 99 | broadcast | 144 |
| angle | 52 | autumn | 264 | bitterness | 99 | broadcaster | 144 |
| animal | 180 | **b** | | biweekly | 270 | brother | 120 |
| Animal Farm | 180 | baby | 108 | black | 211 | brow | 15 |
| ankle | 52 | babyhood | 108 | blackbelt | 46 | brush | 21 |
| anklebone | 52 | back | 27 | blackboard | 211 | buck | 163 |
| anklet | 52 | back | 46 | blank | 199 | build | 44 |
| announce | 144 | backpain(backache) | 46 | blanket | 199 | building | 44 |
| announcement | 144 | backbone | 27 | bleed | 20 | bus | 274 |
| announcer | 144 | background | 194 | blind | 268 | business | 132 |
| apart | 134 | bag | 33 | blind date | 268 | businessman | 132 |
| apartment | 134 | bald | 10 | blood | 20 | busy | 132 |
| April | 263 | baldeagle | 10 | blue | 75 | butcher | 163 |
| apt | 293 | baldhead | 10 | blue jean | 75 | button | 81 |
| aptitude | 293 | ball | 15 | board | 211 | **c** | |
| aptitudetest | 293 | ball point pen | 217 | body | 44 | cab | 275 |
| aqua | 180 | band | 139 | bodyhair | 9 | cabin | 235 |
| aquafarm | 180 | bank | 229 | bodybuilding | 44 | cabinet | 235 |
| arch | 175 | bankbook | 229 | bodyguard | 44 | calender | 268 |
| archer | 175 | barb | 10 | bone | 27 | calf | 50 |
| archery | 175 | barber | 10 | bonechina | 27 | candy | 75 |
| archon | 103 | barbershop | 10 | book | 39 | cap | 68 |
| area | 204 | baseball glove | 86 | book | 228 | car | 181 |
| arm | 38 | bath | 205 | bookcase | 228 | carpenter | 181 |
| | | bathe | 206 | booklet | 39 | carrier | 181 |

| | | | | | | | | |
|---|---|---|---|---|---|---|---|---|
| carry | 181 | comedy | 140 | department | 134 | element | 186 |
| cart | 181 | comic | 140 | department store | 134 | elementary | 186 |
| case | 217 | comic book | 140 | departure | 134 | elementary school | 186 |
| cast | 144 | commute | 275 | departure time | 134 | emerge | 281 |
| cast | 256 | commuter | 275 | desk | 210 | emergence | 281 |
| casting | 144 | commuter bus | 275 | desktop computer | 211 | emergency | 281 |
| casual | 218 | compact | 146 | diary | 268 | emergency exit | 281 |
| cell | 28 | compact disc | 145 | die | 127 | employ | 132 |
| cellular | 28 | compass | 224 | dine | 242 | employee | 132 |
| cellulartissue | 28 | concur | 251 | diner | 242 | employer | 132 |
| CEO | | concurrence | 251 | dinner | 242 | employment | 132 |
| (chief executive officer) | 9 | concurrent | 251 | disc | 146 | end | 269 |
| ceremony | 145 | condor | 10 | discount | 176 | enemy | 162 |
| chair | 38 | contact | 99 | discount store | 176 | England | 298 |
| chair | 210 | contest | 294 | discover | 87 | English | 298 |
| chairman | 210 | contestant | 294 | discovery | 87 | enmity | 162 |
| chalk | 216 | cool | 257 | dish | 210 | enter | 138 |
| chef | 8 | cop | 156 | divert | 115 | entertain | 138 |
| chest | 44 | corn | 292 | divide | 224 | entertainer | 138 |
| chestnut | 44 | corporate | 158 | divider | 224 | entertainment | 138 |
| chestnuttree | 44 | corporation | 158 | divorce | 115 | entrance | 138 |
| chicken | 256 | corps | 158 | doctor | 168 | entry | 138 |
| chief | 8 | corpse | 158 | documen | 168 | erase | 216 |
| child | 108 | corridor | 199 | documentary | 168 | eraser | 216 |
| childhood | 108 | cotton | 75 | door | 241 | ere | 14 |
| chin | 22 | cotton candy | 75 | doorbell | 241 | evangelist | 151 |
| China | 27 | cotton shirt | 75 | dorm | 198 | examination | 292 |
| china | 27 | cotton trousers/ | | dormitory | 198 | examine | 292 |
| circle | 276 | cotton pants | 75 | double | 92 | examinee | 292 |
| class | 192 | count | 176 | doublet | 92 | examiner | 292 |
| classic | 192 | counter | 176 | down | 199 | excursion | 250 |
| classical | 193 | course | 200 | draw | 235 | exhale | 127 |
| classical music | 193 | cousin | 122 | drawer | 235 | exit | 281 |
| classification | 192 | cover | 87 | drawing | 235 | expel | 288 |
| classify | 192 | cowhide | 26 | dress | 74 | explain | 58 |
| classroom | 192 | crime | 164 | dress shirt | 74 | explanation | 58 |
| claw | 57 | criminal | 164 | drug | 169 | expulsion | 288 |
| clip | 229 | curl | 10 | druggist | 169 | eye | 15 |
| clipboard | 229 | curly | 10 | drugstore | 169 | eye patch | 69 |
| clipper | 229 | cycle | 276 | drum | 182 | eyewitness | 16 |
| clod | 257 | **D** | | drummer | 182 | eyeball | 15 |
| closet | 205 | D.J(disc jockey) | 145 | duffel(duffle) | 81 | eyebrow | 15 |
| cloth | 74 | daily | 268 | duffel(duffle) coat | 81 | eyelid | 15 |
| clothe | 74 | dance | 182 | duvet | 199 | eyesight | 16 |
| clothes | 74 | dancer | 182 | **E** | | **F** | |
| cloud | 257 | date | 268 | ear | 14 | face | 22 |
| cloudy | 257 | daughter | 121 | early | 14 | fall | 206 |
| cloudy day | 257 | dawn | 268 | earmuff | 70 | fall | 264 |
| club | 234 | day | 247 | earplug | 70 | familiar | 115 |
| coat | 81 | day | 268 | earring | 14 | familiarity | 115 |
| cock | 256 | dead | 127 | earth | 15 | familiarize | 115 |
| coconut | 45 | death | 127 | east | 152 | family | 115 |
| cold | 257 | decade | 264 | Easter | 152 | farm | 180 |
| coldweather | 257 | December | 264 | eastern | 152 | farmer | 180 |
| collar | 27 | denim | 75 | elbow | 38 | father | 120 |
| collarbone | 27 | dentist | 21 | electric | 276 | Father | 153 |
| comedian | 140 | depart | 134 | electric meter | 276 | February | 264 |

| | | | | | | | | |
|---|---|---|---|---|---|---|---|---|
| female | 104 | give | 247 | heel | 58 | **J** | | |
| fight | 169 | glass | 68 | height | 62 | jacket | 81 | |
| fighter | 169 | glasses | 68 | hell | 128 | jam | 274 | |
| fill | 133 | glove | 86 | hen | 256 | January | 264 | |
| finger | 56 | glow | 69 | heptagon | 52 | jaw | 22 | |
| fingernail | 57 | good | 151 | herd | 150 | job | 133 | |
| fire | 169 | gospel | 151 | hexagon | 52 | jockey | 146 | |
| firefighter | 169 | grand | 121 | hide | 26 | journal | 139 | |
| fireman | 169 | granddaughter | 121 | hideout | 26 | journal | 251 | |
| fish | 180 | grandfather | 121 | high | 62 | journalist | 139 | |
| fishhook | 181 | grandmother | 121 | high heels | 88 | journey | 251 | |
| fishbone | 27 | grandparent | 121 | high school | 187 | judge | 175 | |
| fisherman | 180 | grandson | 121 | highlight | 62 | judgment | 175 | |
| fishing | 180 | grass | 69 | highly | 62 | July | 263 | |
| fishing pole | 180 | grave | 127 | highway | 62 | jump | 80 | |
| fishing rod | 180 | gravestone | 127 | hind | 50 | jumper | 80 | |
| fit | 234 | great | 121 | hindleg | 50 | June | 263 | |
| fitness | 234 | great grandfather | 122 | historical | 299 | junior | 187 | |
| fitness club | 234 | great grandson | 122 | history | 299 | junior high school | 187 | |
| fitting | 234 | green | 69 | history lesson | 299 | just | 175 | |
| fitting room | 234 | ground | 193 | holiday | 247 | justice | 175 | |
| five | 56 | group | 139 | holy | 247 | justify | 175 | |
| five senses | 98 | grow | 69 | hood | 68 | **K** | | |
| flesh | 28 | growth | 69 | hood shirt/hood T-shirt | 68 | kerchief | 87 | |
| flush | 205 | guard | 44 | hook | 181 | kid | 163 | |
| foot | 51 | guitar | 182 | horsehide | 26 | kidnap | 163 | |
| football | 51 | guitarist | 182 | hot | 257 | kidnapper | 163 | |
| footprint | 51 | gym | 198 | hot weather | 257 | kill | 163 | |
| footstep | 51 | gymnasium | 198 | human | 104 | killer | 163 | |
| footwear | 92 | **H** | | human | 139 | kind | 116 | |
| force | 158 | hair | 9 | human being | 104 | kindly | 116 | |
| forecast | 256 | hairsalon | 9 | humanism | 104 | kindness | 116 | |
| forecaster | 256 | hairshop | 9 | humanist | 139 | kindred | 116 | |
| forefinger/indexfinger | 56 | half | 120 | humanity | 104 | king | 116 | |
| forehead | 8 | half brother | 121 | hunt | 40 | kingdom | 116 | |
| foreign | 299 | halfsister | 121 | hunter | 40 | kingship | 116 | |
| foreign language | 299 | hall | 200 | husk | 32 | knee | 50 | |
| foreleg | 50 | hand | 39 | husky | 33 | kneel | 50 | |
| forest | 299 | handbag | 33 | **I** | | knit | 80 | |
| forgive | 247 | handkerchief | 86 | incident | 280 | knot | 80 | |
| fresh | 28 | handle | 40 | index | 56 | know | 228 | |
| Friday | 269 | handler | 40 | indicate | 57 | Korea | 298 | |
| fulfill | 133 | handsome | 40 | infancy | 108 | Korean | 298 | |
| full | 133 | handy | 40 | infant | 108 | **L** | | |
| full-time job | 133 | happy | 108 | inhale | 127 | lace | 32 | |
| fur | 81 | hat | 68 | inside | 46 | land | 206 | |
| fur coat | 81 | have | 128 | insider | 46 | language | 299 | |
| **G** | | haven | 128 | intellect | 293 | lap | 211 | |
| gag | 140 | head | 8 | intelligence | 293 | laptop computer | 211 | |
| gagman | 140 | headchef | 8 | intelligent | 293 | lavage | 205 | |
| gagwoman | 140 | headache | 8 | interface | 22 | lavatory | 205 | |
| gas | 276 | headlinenews | 8 | intimacy | 27 | lave | 205 | |
| gasmeter | 276 | hear | 14 | investigate | 164 | law | 174 | |
| German | 150 | hearing | 14 | investigation | 164 | lawyer | 174 | |
| German shepherd | 150 | heat | 257 | IQ test(intelligence quotient) | 293 | leather | 81 | |
| gift | 247 | heaven | 128 | | | leathercoat | 81 | |
| girl | 103 | heavenly | 128 | | | | | |

317

| | | | | | | | | | |
|---|---|---|---|---|---|---|---|---|---|
| leg | 50 | mask | 69 | muffler | 70 | overcoat | 81 | | |
| leggings | 76 | master | 145 | murder | 163 | **P** | | | |
| length | 63 | mate | 198 | murderer | 163 | pad | 81 | | |
| lesson | 299 | May | 263 | muscle | 28 | padding | 81 | | |
| lid | 15 | meat | 198 | muscular | 28 | pain | 46 | | |
| life | 126 | mechanic | 223 | musculartissue | 28 | painful | 46 | | |
| lift | 64 | mechanical | 223 | music | 193 | palm | 58 | | |
| lifter | 64 | mechanicalpencil | 222 | mutant | 275 | pantaloons | 75 | | |
| light | 62 | mechanics | 223 | mutate | 275 | pants | 75 | | |
| light | 258 | mechanization | 223 | mutation | 275 | papa | 120 | | |
| light | 258 | mechanize | 223 | **N** | | paper | 229 | | |
| lighten | 258 | medic | 169 | nail | 57 | paperbag | 33 | | |
| lighten | 258 | medical | 169 | navy | 157 | paramedic | 169 | | |
| lightning | 258 | medicine | 169 | navyman | 157 | parent | 120 | | |
| line | 212 | melon | 206 | neck | 32 | parka | 81 | | |
| linen | 93 | men's room | 205 | necklace | 32 | part | 133 | | |
| lingerie | 93 | merge | 281 | necktie | 32 | part-time job | 133 | | |
| lip | 21 | merger | 281 | nephew | 122 | pass | 200 | | |
| lipstick | 21 | mermaid | 157 | nerve | 28 | passage | 200 | | |
| listen | 14 | meter | 276 | nervous | 28 | passenger | 200 | | |
| listening | 14 | mid | 263 | nervoustissue | 28 | passport | 200 | | |
| little | 63 | middle | 187 | news | 229 | past | 200 | | |
| littlefinger | 57 | middlefinger | 57 | newspaper | 229 | paste | 21 | | |
| littletoe | 57 | middleschool | 187 | niece | 122 | pastor | 150 | | |
| live | 126 | midsummer | 263 | north | 152 | pasture | 150 | | |
| lock | 234 | midwinter | 264 | northern | 152 | patch | 69 | | |
| locker | 234 | military | 157 | nose | 20 | pea | 44 | | |
| locker room | 234 | military service | 157 | nosebleed | 20 | peanut | 44 | | |
| loft | 64 | mine | 181 | note | 228 | pen | 216 | | |
| lofty | 64 | miner | 181 | notebook | 228 | pencil | 217 | | |
| log | 235 | mineral | 181 | notice | 228 | pencil case | 217 | | |
| log cabin | 235 | miniskirt | 76 | notification | 228 | pentagon | 52 | | |
| long | 63 | minister | 145 | notify | 228 | people | 102 | | |
| lunch | 241 | mission | 151 | notion | 228 | person | 102 | | |
| lunchbox | 241 | missionary | 151 | November | 264 | personal | 102 | | |
| luncheon | 241 | mitt | 86 | nun | 153 | personality | 102 | | |
| **M** | | mitten | 86 | nurse | 168 | pharmacist | 169 | | |
| M.C | | mobile | 223 | nursery | 168 | pharmacy | 169 | | |
| (master of ceremonies) | 145 | monarch | 103 | nursery school | 169 | physical | 26 | | |
| machine | 223 | monarchy | 102 | nut | 44 | physicalintimacy | 26 | | |
| macho | 104 | Monday | 269 | **O** | | pianist | 182 | | |
| maestro | 145 | monk | 153 | Occident | 280 | piano | 182 | | |
| maid | 157 | month | 269 | octagon | 52 | pick | 250 | | |
| male | 104 | monthly | 270 | October | 52 | pickpocket | 250 | | |
| mama | 120 | moon | 269 | October | 264 | picnic | 250 | | |
| man | 103 | mother | 120 | octopus | 52 | piece | 69 | | |
| march | 114 | mothertongue | 22 | office | 156 | piece | 21 | | |
| March | 263 | motor | 276 | officer | 156 | pig | 39 | | |
| marine | 157 | motorcycle | 276 | old | 109 | piglet | 39 | | |
| mark | 216 | mouse | 28 | oldman | 109 | pillow | 199 | | |
| mark | 114 | mouthmouthpiece | 21 | omnibus | 274 | pillowcase | 199 | | |
| marker pen | 216 | move | 140 | Orient | 280 | pit | 38 | | |
| marriage | 114 | move | 276 | orientation | 281 | plain | 58 | | |
| marry | 114 | movie | 140 | otter | 206 | plasticbag | 33 | | |
| Mars | 263 | movie star | 140 | outside | 46 | play | 193 | | |
| marsh | 157 | muff | 70 | outsider | 47 | player | 193 | | |
| mascot | 69 | muffle | 70 | | | playground | 193 | | |

| | | | | | | | | |
|---|---|---|---|---|---|---|---|---|
| plug | 70 | recovery | 87 | scenery | 164 | sit | 188 |
| pocket | 250 | rectangle | 52 | schedule | 240 | skateboard | 211 |
| point | 217 | relate | 116 | scholar | 186 | skin | 26 |
| pole | 180 | relation | 116 | scholarship | 186 | skinny | 26 |
| police | 156 | relationship | 116 | school | 186 | skirt | 76 |
| police officer | 156 | relative | 116 | schoolbell | 241 | skull | 27 |
| police station | 156 | remark | 217 | schoolbus | 275 | slaughter | 163 |
| policeman | 156 | remarkable | 217 | school excursion | 250 | slay | 163 |
| policy | 156 | remarkably | 217 | school trip | 250 | slayer | 163 |
| polo | 74 | remarriage | 114 | scissors | 230 | sled | 33 |
| polo player | 74 | remarry | 114 | season | 262 | sledge | 33 |
| polo shirt | 74 | replay | 193 | seasonable | 262 | slide | 33 |
| pop | 292 | report | 144 | seasonal | 262 | slip | 88 |
| pop quiz | 292 | reporter | 144 | seasoning | 262 | slipper | 88 |
| pop song | 102 | represent | 287 | seat | 46 | small | 63 |
| popstar | 102 | representation | 287 | seatbelt | 46 | smell | 99 |
| popcorn | 292 | representative | 287 | see | 16 | smelly | 99 |
| popular | 102 | republic | 102 | seed | 262 | sneeze | 20 |
| port | 200 | rest | 204 | sell | 9 | snot | 20 |
| preach | 151 | restarea | 204 | sense | 98 | snow | 257 |
| preacher | 151 | restroom | 204 | sensitive | 98 | snowboard | 211 |
| predator | 40 | revival | 126 | sensor | 98 | snowy | 257 |
| preface | 22 | revive | 126 | separate | 115 | snowyday | 257 |
| prehistory | 299 | reward | 236 | separation | 115 | soccer | 51 |
| presence | 287 | ring | 14 | September | 264 | sock | 87 |
| present | 286 | ringfinger | 57 | serve | 157 | soldier | 157 |
| presentation | 287 | rob | 165 | service | 157 | sole | 58 |
| preside | 188 | robber | 165 | serviceman | 157 | solo | 58 |
| president | 188 | robbery | 165 | sharp | 222 | son | 121 |
| prey | 40 | robe | 236 | sharp pencil | 222 | song | 139 |
| priest | 153 | rock | 230 | sharpen | 222 | sour | 99 |
| prince | 187 | rod | 180 | sharpener | 222 | sourness | 99 |
| princess | 187 | room | 192 | sharply | 222 | south | 152 |
| principal | 187 | roommate | 198 | sheep | 150 | southern | 152 |
| principle | 188 | rooster | 256 | shelf | 229 | sow | 262 |
| print | 51 | rub | 216 | shepherd | 150 | spell | 151 |
| product | 163 | rubber | 216 | ship | 186 | spelling | 151 |
| production | 163 | rule | 224 | shirt | 74 | spread | 63 |
| profess | 174 | ruler | 224 | shoe | 87 | spring | 262 |
| profession | 174 | Russia | 298 | shoelace | 32 | spring break | 246 |
| professional | 174 | Russian | 298 | shop | 9 | square | 52 |
| professor | 174 | **S** | | shopping | 9 | staff | 132 |
| prolong | 63 | sale | 9 | short | 74 | star | 140 |
| prolongation | 63 | salon | 9 | shoulder | 33 | steal | 165 |
| public | 102 | salt | 99 | shoulder bag | 33 | stem | 20 |
| **Q** | | salty | 99 | shoulderstrap | 33 | step | 120 |
| quiz | 292 | salty taste | 99 | side | 46 | step | 51 |
| quota | 293 | sandal | 88 | sight | 16 | stepfather | 120 |
| quotient | 293 | Saturday | 269 | sin | 164 | stepmother | 120 |
| **R** | | Saturn | 269 | sing | 139 | stick | 21 |
| rain | 257 | saw | 174 | singer | 139 | stiff | 132 |
| rainbow | 257 | sawyer | 174 | singer-songwriter | 139 | stiffen | 133 |
| rainy | 257 | saxophone | 182 | single | 92 | stomach | 45 |
| rainy day | 257 | saxophonist | 182 | singlet | 92 | stomachache | 45 |
| rebirth | 108 | scarf | 70 | sinner | 164 | stone | 127 |
| recover | 87 | scenario | 164 | sister | 120 | store | 134 |
| | | scene | 164 | Sister | 153 | story | 299 |

| | | | | | | | | |
|---|---|---|---|---|---|---|---|---|
| storybook | 299 | textbook | 228 | T-shirt | 74 | wedding march | 114 |
| storyteller | 299 | thank | 247 | tub | 206 | Wednesday | 269 |
| straight | 10 | Thanksgiving Day | 247 | Tuesday | 269 | week | 269 |
| strap | 33 | the Marine Corps | 158 | tumid | 56 | weekday | 269 |
| stretch | 10 | thief | 165 | tumor | 56 | weekend | 269 |
| stretching | 10 | thieve | 165 | **U** | | weekly | 270 |
| student | 188 | thigh | 50 | uncle | 122 | weigh | 64 |
| studio | 188 | thighboot | 50 | underground | 194 | weight | 64 |
| study | 188 | think | 247 | underpants | 93 | weight lifter | 64 |
| suit | 80 | Thor | 258 | undershirt | 92 | weight lifting | 64 |
| suitcase | 217 | throat | 32 | undertake | 170 | west | 152 |
| summer | 263 | throaty | 32 | undertaker | 170 | western | 152 |
| summervacation | 246 | thumb | 56 | underwear | 92 | wet | 206 |
| Sunday | 269 | thunder | 258 | unfamiliar | 115 | wetland | 206 |
| sunglasses | 68 | Thursday | 269 | unicycle | 276 | wetness | 206 |
| sunglow | 68 | tie | 32 | untie | 32 | wheel | 210 |
| sunligh | 68 | time | 198 | **V** | | wheelchair | 210 |
| supper | 242 | timetable | 240 | vacance | 246 | white | 211 |
| surface | 22 | tissue | 28 | vacate | 246 | white board | 211 |
| survival | 126 | toe | 57 | vacation | 246 | wide | 63 |
| survive | 126 | toenail | 57 | via | 252 | widely | 63 |
| suspend | 287 | toil | 204 | video jockey | 146 | widen | 63 |
| suspense | 287 | toilet | 204 | violin | 182 | widespread | 63 |
| suspension | 287 | toilet paper | 205 | violinist | 182 | width | 63 |
| sweat | 80 | tomb | 127 | visit | 282 | wife | 103 |
| sweat suit | 80 | tombstone | 127 | visitor | 282 | wind | 241 |
| sweater | 80 | tongue | 22 | vocal | 139 | window | 241 |
| sweet | 99 | tooth | 21 | vocalist | 139 | windowshopping | 9 |
| sweet taste | 98 | toothache | 21 | voice | 146 | winter | 264 |
| sweetness | 98 | toothbrush | 21 | voice actor | 146 | winter vacation | 246 |
| swim | 94 | toothpaste | 21 | voice artist | 146 | wisdom | 16 |
| swimsuit | 94 | toothpick | 250 | voyage | 252 | wise | 16 |
| **T** | | top | 74 | vulture | 10 | wit | 16 |
| table | 240 | topknot | 80 | **W** | | witness | 16 |
| table tennis | 240 | touch | 99 | W.C(water closet) | 205 | woman | 103 |
| tablet | 240 | traffic | 274 | waist | 46 | women's room | 205 |
| take | 170 | traffic jam | 274 | walnut | 45 | world | 63 |
| talent | 140 | train | 182 | ward | 236 | worldwide | 63 |
| tall | 62 | trainee | 182 | warden | 236 | wrest | 39 |
| taste | 98 | trainer | 182 | warder | 236 | wrestle | 39 |
| tax | 275 | transport | 274 | wardrobe | 236 | wrestler | 39 |
| taxi | 275 | transportation | 274 | wash | 206 | wrestling | 39 |
| taximeter | 275 | trash | 15 | washroom | 206 | wrist | 39 |
| taximeter-cabriolet | 275 | trashcan | 15 | watchstrap | 33 | wristlet | 39 |
| teach | 187 | trashcanlid | 15 | water | 206 | write | 139 |
| teacher | 187 | travail | 252 | waterfall | 206 | writer | 139 |
| tend | 286 | travel | 252 | watermelon | 206 | **Y** | |
| tent | 286 | trial | 294 | way | 62 | young | 109 |
| terrible | 165 | triangle | 52 | wear | 92 | youngman | 109 |
| terrify | 165 | tricycle | 276 | weather | 256 | youth | 109 |
| terror | 165 | trip | 250 | weather forecast | 256 | youthful | 109 |
| terrorist | 165 | trousers | 75 | weatherforecaster | 256 | **Z** | |
| test | 293 | trumpet | 182 | weathercock | 256 | zipper | 81 |
| testify | 294 | trumpeter/ | | web | 64 | | |
| testimony | 294 | trumpet player | 182 | wed | 114 | | |
| text | 228 | trunk | 20 | wedding | 114 | | |
| text message | 228 | try | 294 | | | | |